Paul: Bibliotheks-Management

Herausgegeben vom
Wissenschaftszentrum Berlin für Sozialforschung

Beim Präsidenten

Gerd Paul

Bibliotheks-
Management

Leitung und Kooperation
in wissenschaftlichen
Bibliotheken – das Beispiel
Berlin

edition sigma

Die Deutsche Bibliothek - CIP-Einheitsaufnahme

Paul, Gerd:
Bibliotheks-Management : Leitung und Kooperation in
wissenschaftlichen Bibliotheken – das Beispiel Berlin /
Gerd Paul. [Hrsg. vom Wissenschaftszentrum Berlin für
Sozialforschung, beim Präsidenten]. – Berlin : Ed. Sigma, 2000
    ISBN 3-89404-206-0

© Copyright 2000 by edition sigma® rainer bohn verlag, Berlin.

Alle Rechte vorbehalten. Dieses Werk einschließlich aller seiner Teile ist urheberrechtlich geschützt. Jede Verwertung außerhalb der engen Grenzen des Urheberrechtsgesetzes ist ohne schriftliche Zustimmung des Verlags unzulässig und strafbar. Das gilt insbesondere für Vervielfältigungen, Mikroverfilmungen, Übersetzungen und die Einspeicherung in elektronische Systeme.

Konzeption und Gestaltung: Rother + Raddatz, Berlin.

Textverarbeitung: Klaus-Dieter Beißwenger, Berlin.

Druck: WZB   Printed in Germany

Inhalt

	Vorbemerkung/Danksagung	9
	Einführung und Aufbau der Arbeit	11
1.	**Die wissenschaftliche Bibliothek - Arbeitsorganisation, Akteure, Herausforderungen**	15
1.1	Arbeitsorganisation	15
1.1.1	Determinante „Öffentlicher Dienst"	15
1.1.2	Werkstückzergliederung als Arbeitssegmentierung	21
	Exkurs: Die wissenschaftliche Bibliothek im Spannungsverhältnis zwischen Administration und Wissenschaft	25
1.2	Akteure	27
1.2.1	Basisdaten	27
1.2.2	Ausbildung und Leitungsqualifikation	36
1.3	Herausforderungen an das wissenschaftliche Bibliothekswesen und ihr Widerhall in Wissenschaft und Fachkommunikation	42
1.3.1	Budgetreduzierung	43
1.3.2	Technologischer Wandel	45
1.3.3	Veränderte Kundenansprüche an Leistungsfähigkeit (Effizienz) und Dienstleistungsqualität	48
1.3.4	Fokus „Innerorganisatorische Interaktion": Leitung, Kooperation und Kommunikation im sozialen Wandel	50
	Exkurs: Anglo-amerikanische Literatur zum Thema	59
2.	**Bibliothek als soziales Gebilde**	63
2.1	(Betriebs-)Soziologische Perspektiven	63
2.2	Formelle und informelle Organisation	65
2.3	Führung	66

2.4	Basiskonstituenten innerbetrieblichen Führungsverhaltens	70
2.4.1	Kommunikation	70
2.4.2	Partizipation	73
2.4.3	Autonomie	77
2.4.4	Konflikt	79
2.4.5	Motivation	84
2.4.6	Kooperation	86
2.5	Betriebsklima als Indikator innerbetrieblicher Sozialbeziehungen	88
3.	**Konzept, Durchführung und Auswertungsansätze der empirischen Untersuchung**	**93**
3.1	Erkenntnisleitendes Interesse, Grundfragen und Prämissen	93
3.2	Untersuchungsgegenstand „Wissenschaftliche Bibliotheken Berlins"	94
3.3	Erhebungsmittel und -methoden	95
3.3.1	Fragebogen für Mitarbeiterschaft und Leitungspersonal	97
3.3.2	Persönliche Interviews mit den Leiterinnen und Leitern	100
3.4	Auswertungsansätze	103
3.5	Zentrales Unterscheidungskriterium „Betriebsklima"	105
3.6	Clusteranalytische Berechnungen und Signifikanztests	107
4.	**Grundauszählung der Untersuchung**	**109**
4.1	Soziodemographische Basisdaten	109
4.2	Berufsspezifische Basisdaten	111
4.3	Bibliotheksspezifische Basisdaten	116
4.4	Tätigkeitsspezifische Basisdaten	118
4.5	Basisdaten und Überlegungen mit Bezug zur Organisationsumwelt	123

5.	**Betriebsklima und innerorganisatorische Interaktion**	127
5.1	Fragen zum Betriebsklima und dessen Bedeutung	127
5.2	Strukturelle (betriebsklima-unabhängige) Rahmenbedingungen der Arbeit wissenschaftlicher Bibliotheken Berlins	135
5.2.1	Rahmenbedingung „Strukturelle Handlungsgrenzen des Leitungspersonals und der Mitarbeiterschaft"	136
5.2.2	Rahmenbedingung „Liberale Arbeitsbedingungen der Mitarbeiterschaft"	143
5.3	Charakteristische (betriebsklima-unabhängige) Interaktionsmuster in den wissenschaftlichen Bibliotheken Berlins	147
5.3.1	Zurückhaltender Einsatz von Lob und Tadel	147
5.3.2	„Berufsethos" und Gestaltungsinteresse der Mitarbeiterinnen und Mitarbeiter	149
5.3.3	Dominanz traditioneller Umgangsformen und Tugenden: Höflichkeit, Freundlichkeit, Selbstdisziplin, Pflichtbewußtsein	155
5.4	Informationsverhalten	157
5.5	Motivation	173
5.6	Vorbereitung und Abstimmung von Entscheidungen	182
5.7	Möglichkeiten der Abstimmung und Gestaltung von Arbeitsabläufen	188
5.8	Handhabung und Regelung von Konflikten	213
5.9	Atmosphärischer Arbeitszusammenhang	227
6.	**Zusammenfassung der Ergebnisse**	237
6.1	Perspektiven der Untersuchung	237
6.2	Zugespitzte Bedingungen für den Wandel in wissenschaftlichen Bibliotheken	238
6.3	Schwierigkeiten bei der Gestaltung von Leitungstätigkeit	239

6.4 Widersprüchliche Handlungs- und Gestaltungsautonomie der
Mitarbeiterinnen und Mitarbeiter 240

6.5 Konkordanzen und Diskrepanzen in der wechselseitigen
Einschätzung von Leitungspersonal und Mitarbeiterschaft 242

6.6 Was zeichnet die Leitungspersonen in den Bibliotheken mit
gutem Betriebsklima wesentlich aus? 242
6.6.1 Integration durch Kommunikation, Transparenz und Partizipation 242
6.6.2 Bereitschaft und Fähigkeit zu fachlicher Egalisierung und zur
Übernahme der Rolle einer formalen Regeleinhaltungsinstanz 243
6.6.3 Auseinandersetzungsbereitschaft: Konflikt- und Lösungsorientierung 243
6.6.4 Faktor „Spaß/Begeisterungsfähigkeit" 244

6.7 Motivation und Kooperation als Kernelemente des Leitungsprofils
in den Bibliotheken mit gutem Betriebsklima - Gesamtresümee 244

7. Konsequenzen für Forschung und Praxis 247

Literatur 251

Vorbemerkung/Danksagung

Diese Veröffentlichung basiert auf der Untersuchung, die der Autor im Zuge seiner Promotion durchführte. Ihr Thema ist die Bewältigung der Herausforderungen, vor die sich Leiterinnen und Leiter wissenschaftlicher Bibliotheken zunehmend gestellt sehen. Ohne Übertreibung kann von einer Phase vielfältiger Umbrüche in den Einrichtungen des Bibliotheks-, Informations- und Dokumentationswesens gesprochen werden; der Wandel betrifft technologische, vor allem aber innerorganisatorische, d.h. soziale Belange.

Der Anstoß für die Themenstellung kam aus der persönlichen Berufserfahrung des Autors, in zweifacher Weise: direkt als Leiter einer wissenschaftlichen Bibliothek, mittelbar als Beobachter des Fachdiskurses in Wissenschaft und Praxis. Für sich selbst und die eigene Berufspraxis zu lernen, zugleich anderen im Berufsfeld durch systematisch vermittelte Erkenntnisse und reflektierte Erfahrungen Nutzbringendes für die Leitungstätigkeit bereitzustellen und die Fachdiskussion zu forcieren, dies waren die Anliegen, die sich mit den Mühen eines derart umfassenden Unterfangens wie einer empirischen Erhebung verbanden.

Dissertationen entstehen wahrscheinlich nie nur im Elfenbeinturm akademischer Abgeschiedenheit; wenn sie wie hier mitten aus dem Berufsalltag heraus - und neben diesem! - und in langer zeitlicher Distanz zur vorhergehenden Bildungsbiographie zustande kommen, ist es besonders berechtigt, auf ihren Charakter als *soziale Prozesse* hinzuweisen. Viele waren dementsprechend am Entstehen dieser Arbeit beteiligt - und dies auf höchst unterschiedliche Weise: ob als Diskutantin oder geduldiger Zuhörer, als wohlwollender Kritiker oder skeptische Beobachterin.

Ich habe in jener Zeit voller Anspannung und Plage, voller Befriedigung über Gelungenes und Ungeduld über noch Ungelöstes wertvolle Unterstützung erfahren: fachlichen Rat, vielfältige Anregungen, menschliches Verständnis, ein Maß an Ruhe und Freiraum, das in einer derartigen Phase der Konzentration und Besinnung auf ein Thema nötig ist - nicht eben ein leichtes Unterfangen angesichts des weiterlaufenden Alltags einer intensiv beanspruchten Dienstleistungseinrichtung mit ihren Handlungs- und Koordinationserfordernissen. In diesem fachlich-institutionellen Rahmen und im persönlichen Umfeld bin ich vielen, sehr vielen zu Dank verpflichtet; alle hier aufzuführen, sprengte den Platz.

Menschliche Ermutigung, persönliche Loyalität, Fairneß und Verständnis erlebte ich im Kreis „meiner" Abteilung und seitens zahlreicher Kolleginnen und Kollegen am Wissenschaftszentrum Berlin für Sozialforschung (WZB); moralische und institutionelle Unterstützung fand ich bereitwillig bei der Geschäftsführung des WZB, Prof. Dr. Friedhelm Neidhardt und Christiane Neumann. Ihnen allen sei hierfür gedankt.

Besonderer Dank geht an Maria Harden und Silvia Höhne. Sie erst gaben dem anspruchsvollen Vorhaben einer solchen Untersuchung den nötigen Anschub; sie auch begleiteten später meine ersten Entwürfe, Gedankenskizzen und Beiträge mit großer Aufmerksamkeit und mancher hilfreichen Anregung sowohl zur Strukturierung meines Vorgehens wie zur Ausgestaltung etlicher Detailfragen. In diesem Zusammenhang geht mein Dank auch an Michael Bochow, Christian Rabe, Regine Sühring, Barbara Schelkle und Alexander Piel.

Klaus-Dieter Beißwenger danke ich für die kompetente fachlektorische Überarbeitung der Dissertation für die Buchpublikation.

Den Leiterinnen und Leitern der Bibliotheken, die einer Befragung in ihren Einrichtungen zustimmten, mir damit den Zugang zu diesem empirischen Untersuchungsfeld erst ermöglichten, gebührt ebenfalls Dank. Ohne ihr Vertrauen und ihre Kooperationsbereitschaft hätten die hier vorgestellten Ergebnisse und Erkenntnisse nicht gewonnen werden können.

Auch jenen wenigen, die dem ganzen Vorhaben eher distanziert gegenüberstanden, will ich meine Reverenz nicht verweigern. „In seinem Alter", meinte ich hie und da herausgehört zu haben, solle man sich so etwas nicht mehr zumuten, sei es doch so oder so egal. Wozu dies alles eigentlich?

Gelegentlich kam ich mir vor wie jene ältere Dame, die als Witwe, in einer reiferen Phase ihres Lebens, sich noch einmal einem Partner, und zwar einem jüngeren Manne, zuwendet. Dies ruft Stirnrunzeln bis Widerstand auf seiten mancher Angehöriger hervor - doch die Dame bleibt unbeeindruckt.

Auch derartige Reaktionen des persönlichen Umfelds wirken - dies habe ich so erlebt - durchaus stimulierend; auch sie trugen zum Gelingen des Ganzen bei.

Mein besonderer Dank geht an meinen Partner Frank, dem es mit Geduld, der Bereitschaft zu Flexibilität und nicht zuletzt Humor gelang, meine phasenweise arg reduzierte Freizeit von zusätzlichen Anspannungen und Belastungen freizuhalten.

Ganz zum Schluß dieser Zeilen voller Dankbarkeit möchte ich den großen Impulsgeber für Reformen im wissenschaftlichen Bibliothekswesens hierzulande hervorheben, Joachim Stoltzenburg. Seine praktischen und theoretischen Beiträge zur Innovation im wissenschaftlichen Bibliothekswesen der siebziger und achtziger Jahre waren mir Ansporn und prägende Anregung für die Durchführung meiner Untersuchung und für viele meiner Schlüsse und Folgerungen.

Einführung und Aufbau der Arbeit

Diese Untersuchung gründet unmittelbar in der langjährigen Berufspraxis des Autors. Selbst Leiter einer wissenschaftlichen Bibliothek - der Abteilung Bibliothek und Dokumentation am Wissenschaftszentrum Berlin für Sozialforschung gGmbH (WZB) - und damit Vorgesetzter einer Gruppe von Mitarbeiterinnen und Mitarbeitern, kennt er die unterschiedlichen, sich oft widersprechenden (Verhaltens-)Erwartungen, die an eine solche Position geknüpft sind. Beschränkt sich die Definition der organisationsinternen Verantwortung des Bibliotheksleiters auf formale und fachliche Ziele, so ist die *Ausübung* der Leitungsfunktion zuallererst *soziale* Interaktion, die neben hierarchischen und funktionalen vor allem von sozialen und motivationalen Aspekten geprägt ist.

Im Laufe der langjährigen Kooperation bildeten sich in der Abteilung spezifische Interaktionsformen zwischen den Mitarbeiterinnen und Mitarbeitern und dem Leiter und Autor dieser Studie heraus. Diese sind bestimmt durch wechselseitige Handlungs- und Verhaltenserfahrungen. In unregelmäßigen Zeitabständen zeigen sich Diskrepanzen, Interessengegensätze oder Mißverständnisse, die, wenn auch selten, in offene Konflikte münden. Derartige Ereignisse verdeutlichen schlaglichtartig Schwachpunkte der gegenseitigen Wahrnehmungs- und Verhaltensmuster. Ein solcher Konflikt, das Bedürfnis nach Analyse seiner Ursachen und seines Verlaufs - besonders hinsichtlich der Rolle sowie der Interaktions- und Interventionsmöglichkeiten eines Bibliotheksleiters - gaben den Anstoß zur vorliegenden Untersuchung. Der Autor hatte im Verlauf des Konfliktgeschehens erkennen müssen, daß in der bibliothekswissenschaftlichen Fachliteratur und der bibliothekarischen Fachkommunikation keine adäquaten Hinweise für den Umgang mit einem derartigen sozialen Konflikt zu finden waren. Daraus erwuchs schließlich der Wunsch, selbst entsprechend tätig zu werden.

Die grundsätzliche Absicht des Vorhabens lag darin, den allzu leicht durch formal-organisatorische oder technische Fragen verstellten Blick auf die „Bibliothek als soziales Gebilde" zu schärfen. Die wissenschaftliche Bibliothek besteht eben nicht allein aus Planstellen und Positionen, Funktionen und Instrumenten. Ihren formalen, strukturellen, technischen und organisatorischen Ebenen, ihren rationalen Zielen und Zwecken liegt ein komplexes Beziehungsgeflecht sozial agierender Individuen zugrunde - mit je eigenen Vorverständnissen, Interessen, Absichten, Strategien, Haltungen und Handlungen. Die Studie zielt auf dieses Stück sozialer Wirklichkeit in einer Zeit raschen Wandels. Wenn es ihr gelingt, die Akteure in Bibliothekspraxis und -wissenschaft noch stärker für die interne soziale Dimension dieser Organisationen zu sensibilisieren, hat sie ihren Sinn erfüllt.

Die Arbeit[1] gliedert sich wie folgt:

In *Kapitel 1* wird zunächst die spezifische Arbeitsorganisation in den Bibliotheken Deutschlands mit ihren Determinanten „Öffentlicher Dienst" und „klassische bibliothekarische Arbeitsgliederung" beleuchtet. Ein kurzer Exkurs arbeitet das Spannungsverhältnis heraus, in dem sich speziell die *wissenschaftliche* Bibliothek befindet.

Sodann werden die Akteure im Handlungsfeld in den Blick genommen. Dabei geht es um grundlegende Daten zum Beruf des Bibliothekars in Leitungsposition, zu Ausbildung, Berufsbild, Leitungsqualifikation und Kompetenzen.

Schließlich rücken die Herausforderungen an das wissenschaftliche Bibliothekswesen in den Mittelpunkt. Auszumachen sind vor allem technologischer Wandel und verstärkte Dienstleistungsorientierung, bei weitgehend stagnierenden oder reduzierten öffentlichen Zuwendungen. Die Frage stellt sich, wie die derart herausgeforderte innerorganisatorische Interaktion durch die Fachwissenschaft und Fachkommunikation thematisch aufgegriffen wird. Der Befund hierzu lautet: im Laufe der neunziger Jahre ist ein Anwachsen von Forderungen aus der Praxis an die Praxis, von programmatischen Äußerungen, verstärkten Reformbemühungen und empirischen Erhebungen zu verzeichnen.

Kapitel 2 handelt von der Bibliothek als *sozialem* Gebilde, mithin einem Bedingungsgefüge aus Kommunikation, Partizipation, autonomem Handlungsspielraum und Konflikten, die als Basiskonstituenten innerbetrieblichen Führungsverhaltens identifiziert werden. Als deren Ergebnis entstehen je spezifische Ausprägungen von Motivation und Kooperation der Akteure.

Die bisher eher spärlichen Befunde zur Bibliothek als *sozialem* Organisationsgefüge in den Bibliothekswissenschaften machten es notwendig, Fachdisziplinen einzubeziehen, die sich traditionell mit Fragen der sozialen Interaktion in Organisationen beschäftigen. Wichtige soziologische, organisationswissenschaftliche, betriebswirtschaftliche, psychologische und kommunikationswissenschaftliche Perspektiven und Erkenntnisse im Zusammenhang mit personaler Führung, Interaktion und Konfliktbewältigung werden vorgestellt, zentrale Begriffe und Kategorien herausgearbeitet, die als Analyseinstrumente im Handlungsfeld Bi-

---

[1] Dem vorliegenden Text zugrunde liegt die viel ausführlichere Dissertation zum Thema „Leitung und Kooperation in wissenschaftlichen Bibliotheken Berlins", mit der der Autor 1999 zum Doktor der Philosophie am Fachbereich Bibliothekswissenschaft der Humboldt-Universität zu Berlin promovierte. Der ungekürzte Text ist als digitale Dissertation auf dem Server der Humboldt-Universität veröffentlicht und im Internet unter http://dochost.rz.hu-berlin.de/dissertationen/phil/paul-gerhard/ zugänglich.

bliothek zu taugen versprechen. Die Sichtung der genannten Disziplinen hielt indes neue Herausforderungen bereit: Es galt einer Fülle von Material, Theorien, Ansätzen und Beispielen gerecht zu werden, die kaum mehr zu überschauen ist - nicht ohne Grund könnte man gar von einer „Überforschung" der hier zur Debatte stehenden Fragen sprechen (vgl. W. R. Müller 1995: Sp. 574; Baumann 1996: 156; Staehle 1994: 65). Bei seiner Auswahl der Problemfelder und Analyseinstrumente mußte sich der Autor vor diesem Hintergrund immer wieder von striktem Praxisbezug leiten lassen, lag doch sein Interesse in erster Linie darin, handhabbare Analysekriterien zu finden, die Phänomene des Arbeitsalltags erfassen und zu Aussagen über Verhaltensalternativen realer Akteure und deren Folgen führen.

Als dem Untersuchungszweck angemessene Leit- und Fragekategorien werden schließlich herausgearbeitet: Informationsverhalten, Motivation, Entscheidungsbeteiligung, Arbeitsablauf, Konfliktverhalten, Arbeitsatmosphäre und, mit herausragender Bedeutung, Betriebsklima. Die Interaktionsformen der Akteure werden überdies bestimmt von Leitungsstil, Leitungskompetenz, Qualifikation, Selbst- und Fremdwahrnehmung.

In *Kapitel 3* werden das Konzept und die Durchführung der empirischen Untersuchung vorgestellt. Beschrieben werden die Fragestellungen und Prämissen, der Untersuchungsgegenstand „Wissenschaftliche Bibliotheken Berlins", das Instrumentarium und die Feldphase der Erhebung, Daten zu Rücklauf und Qualität der Antworten (Fragebögen und Interviews). Eigene Unterkapitel gelten der Auswertungsmethode und der Rolle, die dem Faktor „Betriebsklima" als zentralem Unterscheidungskriterium der untersuchten Bibliotheken hierbei zukommt.

In *Kapitel 4* werden wesentliche Ergebnisse der Grundauszählung dargestellt. Dabei geht es um soziodemographische, berufs-, bibliotheks- und tätigkeitsspezifische Basisdaten sowie um Charakteristika der Organisationsumwelt.

Kapitel 5 widmet sich der weiteren Auswertung der empirischen Erhebung. Im Mittelpunkt steht die Frage, wie sich innerorganisatorische Interaktion und Betriebsklima-Einordnung der jeweiligen Einrichtung zueinander verhalten. Zunächst werden jene Ergebnisse dargestellt, die sich als unabhängig vom Betriebsklima erwiesen, d.h. Befunde, die nicht im Zusammenhang mit dem Betriebsklima-Typus stehen, dem die jeweilige Einrichtung zugeordnet wurde. Die Antworten der befragten Mitarbeiterinnen und Mitarbeiter sowie der Leitungspersonen waren in diesen Fällen vielmehr abhängig von bestimmten Rahmenbedingungen und Interaktionsmustern. Präsentiert und interpretiert werden im Anschluß daran jene Auswertungen, die für die herausgearbeiteten Prüfkategorien Informationsverhalten, Motivation, Entscheidungsbeteiligung, Arbeitsabläufe, Konfliktverhalten und Arbeitsatmosphäre eine signifikante Korrelation zum Faktor Betriebsklima nachweisen.

Die Hauptergebnisse der empirischen Erhebung werden in *Kapitel 6* zusammengefaßt. Dabei wird der Bogen der Auswertung zu den Basiskonstituenten innerbetrieblichen Führungsverhaltens zurückgespannt. Die Unterschiede, die das soziale Geschehen in den Bibliotheken mit gutem, durchschnittlichem und schlechtem Betriebsklima prägen, werden plastisch auf den Punkt gebracht.

In *Kapitel 7* werden die wichtigsten Konsequenzen umrissen, die sich aus den Befunden für Wissenschaft, Forschung und vor allem für die Praxis an wissenschaftlichen Bibliotheken herleiten lassen.

1. Die wissenschaftliche Bibliothek - Arbeitsorganisation, Akteure, Herausforderungen

1.1 Arbeitsorganisation

1.1.1 Determinante „Öffentlicher Dienst"

Mehr als 90 Prozent aller wissenschaftlichen Bibliotheken sind Einrichtungen oder Zuwendungsempfänger des öffentlichen Dienstes. Entsprechend unterliegen sie auch dessen Regeln und Prinzipien: Dienstrecht, Haushaltsrecht und Hierarchiestrukturen.

Dem öffentlichen Dienst gehören laut Brockhaus-Enzyklopädie (1991: 118) alle Personen an, die für den Staat oder sonstige Träger öffentlicher Verwaltung bzw. öffentlicher Aufgaben bei Bund, Ländern, Gemeinden oder sonstigen Einrichtungen des öffentlichen Rechts tätig sind.

Das Beamtenverhältnis ist aufgrund verfassungsrechtlicher Vorgaben

„öffentlich-rechtlich organisiert und durch eine Pflichtbindung charakterisiert (...), während Angestellte und Arbeiter in einem privatrechtlich geregelten Beschäftigungsverhältnis stehen." (Lecheler 1996: 718)

Beamtenrecht wie öffentliches Tarifrecht haben sich im Laufe der Entwicklung einander angeglichen. Die Anpassung, so Lecheler, betreffe indes nicht nur rechtliche Regelungen, sondern auch die „Mentalität" (ebenda: 748) der Bediensteten.

Der öffentliche Arbeitgeber erwartet von Beamten wie Angestellten - mit unterschiedlicher Gewichtung - die Erfüllung zweier zentraler Verpflichtungen:

- Treuepflicht bzw. Verfassungstreue,
- gewissenhafte bzw. „hingebevolle" Diensterfüllung.

Beamte besitzen *kein Streikrecht*; auch Angestellten des öffentlichen Dienstes kann Streikverbot erteilt werden. Im Gegenzug bindet sich der Staat als Dienstherr seiner Arbeitnehmerschaft gegenüber durch eine besondere *Fürsorgepflicht*. Diese umfaßt für Beamte und ihre Familien unter anderem die Unterhaltszahlung und die Versorgung (Alimentationsprinzip) sowie die Beitragsfreiheit für die gesetzliche Renten- und Arbeitslosenversicherung. Angestellte sind durch Zusatzversicherungen, deren Beiträge zu großen Teilen vom Dienstherrn getragen werden, diesem Leistungsniveau angeglichen. Beide Gruppen genießen ein in der Privatwirtschaft nicht praktizierbares Maß an *Kündigungsschutz*. Beamte werden auf *Lebenszeit* ernannt, ein Rechtsanspruch, der nur bei eindeutig definierten Regelverletzungen oder aufgrund strafrechtlicher Sachverhalte erlischt. Angestellte sind nach 15jähriger Beschäftigung faktisch unkündbar, mit der auch für Beamte geltenden eben genannten Einschränkung.

Die *Laufbahnordnung* des öffentlichen Dienstes ist eine

„Kombination des Leistungsprinzips mit dem Lebenszeitgrundsatz und der rechtsstaatlichen Formalisierung des Beamtenverhältnisses." (Ebenda: 762)

Sie gehört zu den fundamentalen Ordnungsprinzipien des Berufsbeamtentums. Die Laufbahngruppen im Angestelltenbereich gliedern sich analog zu denen der Beamten. Unterschieden wird zwischen oberen, mittleren und unteren Beamten bzw. gehobenem und höherem, einfachem und mittlerem Dienst. Abgesehen von spezifischen Ausnahme- und Übergangsregelungen gilt das *Laufbahnprinzip* für beide Arbeitnehmergruppen; innerhalb dieses Prinzips wiederum gelten *Regelbeförderung* und *Bewährungsaufstieg* im Rahmen genau definierter Grenzen.

Hierarchie ist ein „Strukturelement" und „Bauprinzip" der öffentlichen Verwaltung und der Exekutive (vgl. Loschelder 1996: 521). Die hierarchische Struktur bedingt auch eine Weisungshierarchie, die an laufbahnzugeordnete Positionen und mit diesen verbundene Anweisungsbefugnisse und Vollmachten gekoppelt ist. Die unvermeidbare Spannung zwischen hierarchischem Prinzip, Weisungshierarchie und Weisungsbefugnissen einerseits und der im Zuge von Reform- und Effizienzbedarf immer nachdrücklicher vorgebrachten Forderung nach Eigenverantwortung und Gestaltungsspielraum „subalterner" Akteure andererseits wird von Verfassungs- und Verwaltungsjuristen durchaus kritisch diskutiert - wenngleich ohne erkennbare praktisch-operationale Folgen für den Arbeitsalltag.

Das Thema „Öffentlicher Dienst", dessen Arbeitsweise und Strukturen lösen im wissenschaftlichen Diskurs wie in der öffentlichen Berichterstattung häufig ein Echo aus, das von kritischer Distanz bis zu tiefer Skepsis reicht. Kritisiert werden hierarchisches Denken, Laufbahnprinzip, mangelnde Leistungsanreize, unzureichende Kooperation, fehlende Problemnähe; die Verwaltung sei vielfach zu einem „Hemmnis gesellschaftlicher Entwicklung geworden" (Die Wirtschaftswoche v. Februar 1992, zit. nach Bäumer/Erd 1993: 47). Das öffentliche Dienstrecht sei gar „ein Motivations- und Leistungskiller ersten Ranges", so das vernichtende Urteil des Präsidenten des Hessischen Landesrechnungshofes (vgl. U. Müller 1995: 13). Zu einer ähnlichen Einschätzung gelangen Oppen und Wegener in ihrer Analyse der Innovationsfähigkeit deutscher Kommunen:

„Das Prinzip des Berufsbeamtentums wirkt in seiner Praxis demotivierend auf Beschäftigte; erhebliche Schwächen sind auch im Führungsbereich festzustellen." (Oppen/Wegener 1997: 169)

Auch aus dem Bibliothekswesen melden sich Kritiker zu Wort. Krueger geißelte in seinem Vortrag vor dem 82. Deutschen Bibliothekartag

„gewachsene Hierarchien, überholte Tätigkeitsbeschreibungen und ein über Jahrzehnte festgezurrtes Angestellten- und Beamtenbild." (Krueger 1992: 474)

Zahlreiche Autorinnen und Autoren befassen sich mit den Strukturen und Arbeitsweisen, den Kosten, dem Haushaltsrecht und der Personalwirtschaft des öffentlichen Dienstes, aber auch mit den in diesem Umfeld geprägten Einstellungen und Verhaltensweisen der Akteure - und dies seit Jahrzehnten.[2] Die Reformbedürftigkeit der Institutionen und der Arbeitsweise des öffentlichen Dienstes ist seit langem auch Gegenstand der *politischen* Diskussion. „Der Öffentliche Dienst soll reformiert werden. Darüber besteht Konsens", stellten Ellwein und Zoll (1973: 13) bereits zu Anfang der siebziger Jahre fest.

Die Schaffung von Voraussetzungen für Effizienz und Steuerbarkeit der Verwaltung mit dem Ziel der Kostenreduktion bei gleichzeitiger Qualitätsverbesserung der „Produkte" des öffentlich-administrativen Systems ist das zentrale Anliegen des *New Public Management (NPM)*, das die aktuelle Diskussion zur Reform des öffentlichen Dienstes, vor allem der *kommunalen* Leistungseinrichtungen, prägt. Seine deutsche Variante ist seit Beginn der neunziger Jahre als *Neues Steuerungsmodell (NSM)* Gegenstand vielfältiger Reformbemühungen auf kommunaler Ebene und Thema des fachwissenschaftlichen Diskurses.[3]

New-Public-Management-Konzepte intendieren eine

---

2 Verwiesen sei hier nur auf folgende Autoren: Klages (1990); Klages/Schäfer (1985); Hilbert/Stöbe (1993); Mohn (1993). Auch in der öffentlichen Berichterstattung wird mit herber Kritik an der Reformunfähigkeit und -unwilligkeit des öffentlichen Dienstes nicht gespart. Zwei Beispiele für viele: Harpprecht (1996: 264) befindet: „Teuer und infeffizient - Deutschlands öffentlicher Dienst plündert das Land." Und der Leiter der Kommunalen Gemeinschaftsstelle für Verwaltungsvereinfachung (KGSt), Gerhard Banner, spricht mit Bezug auf die Kommunalverwaltung in Deutschland von der „organisierten Unverantwortlichkeit" (Banner, zit. nach Hilbert/Stöbe 1993: 7).
3 Vgl. hierzu die Arbeiten und Aktivitäten der Kommunalen Gemeinschaftsstelle für Verwaltungsvereinfachung. Forschungen am Wissenschaftszentrum Berlin für Sozialforschung befassen sich gleichfalls mit Reformerfordernissen und Reformperspektiven des öffentlichen Dienstes, so Naschold (1995); Naschold et al. (1997); Oppen/Wegener (1997).

„Neuverteilung der Aufgaben zwischen öffentlichen und privaten Leistungsproduzenten (...) sowie eine generelle Leistungstiefenreduzierung der öffentlichen Hand. Die Gesamtheit der Organisationsprinzipien und Organisationsstrukturen der öffentlichen Leistungserstellung ist auf den Prüfstand gestellt worden..." (Oppen/Wegener 1997: 151)

Mit Verweis auf ausländische Erfahrungen - für die Bundesrepublik wird eine Reformverzögerung von etwa einer Dekade festgestellt - werden *Wettbewerbs-* und *Kundenorientierung* als „dynamisierende Triebkräfte des Wandels" (ebenda: 153) hervorgehoben, wird ihre zentrale Bedeutung als Impulse und Stimuli für organisatorische und organisationssoziale Lernprozesse betont.

Da diese Reforminitiativen und -modelle in der Bundesrepublik zunächst auf kommunaler Ebene auf den Weg gebracht werden und eine umfassende Reform des gesamten öffentlichen Dienstes, wie sie vor 25 Jahren vorgesehen war, bislang aussteht, sind es vor allem die *öffentlichen* (und nicht so sehr die wissenschaftlichen) Bibliotheken, die als Teil des kulturellen Dienstleistungsangebots der Kommunen von den Reformbemühungen erfaßt werden. Beispiele für experimentierfreudige öffentliche Bibliotheken sind die Einrichtungen in Paderborn und in Gütersloh; auch die engagierten Projekte der Bertelsmann-Stiftung zu Mitarbeiterbefragungen, Betriebsvergleichen und Strukturreformen in diesem Bereich bestätigen diesen Befund.

Unterschiedliche Einschätzungen gibt es zur Frage, wie die Umsetzung der Reformen vorangebracht werden kann: ob initiativ als „Anstoß von oben" mit entsprechenden „Irritationskosten" oder als konsensueller Prozeß auf breiter Ebene. Die Erfolgswahrscheinlichkeit des jeweiligen Prozedere läßt sich nicht verbindlich vorhersagen; die Organisations-, Situations- und Akteursspezifika begründen ein je eigenes Vorgehen und führen auch zu unterschiedlichen Ergebnissen.

Ein durchaus als spektakulär zu bezeichnender Bericht des Landesrechnungshofes Baden-Württemberg über erfolgreiche Behörden richtet den Blick unmißverständlich auf den Zusammenhang zwischen Kundenorientierung, Innovationsorientierung, Arbeitseffizienz *und* Mitarbeiterorientierung, und zwar bezogen auf Arbeitsweise und internen Umgang in einer Reihe von Behörden und Ämtern dieses Bundeslandes (vgl. Landtag von Baden-Württemberg 1994). Als Erfolgsfaktoren in 13 Dienststellen der Landesverwaltung werden sog. weiche Komponenten identifiziert. Dazu zählen „Betriebsklima", „Führungsstil", „kooperative Führung", „kreativer Arbeitsstil", „starke Bürgerorientierung" und „Motivation" (ebenda: 5). Nach Vor-Ort-Erhebungen, Kundenbefragungen und Interviews kommt der Landesrechnungshof zu folgendem Resümee:

„Der Erfolg jeder Behörde ist abhängig von den Einstellungen und dem Einsatz jedes einzelnen Mitarbeiters; hierfür sind maßgeblich die sozialen und integrativen Fähigkeiten der jeweiligen Führungskräfte verantwortlich." (Ebenda: 32)

Als bestimmende innerorganisatorische Gestaltungskomponenten werden genannt: Information und Einbindung der Mitarbeiterschaft, partnerschaftliche Führung und Gewährung von Handlungsspielräumen, Transparenz und Kommunikation. Engagement, Kreativität, Innovativität und Kundennähe seien im wesentlichen in einem derartigen vertikalen Umgang der Akteure miteinander begründet.

Der in diesem Fallbeispiel[4] präsentierte Ansatz setzt darauf, *innerhalb gegebener Strukturen* mittels partizipativer und kooperativer Angebote der Verantwortungsträger Leistungs- und Innovationspotentiale nachhaltig zu stimulieren. Dies soll der innerorganisatorischen Kooperation ebenso zugute kommen wie den Kunden- und Umweltanforderungen der jeweiligen Einrichtung.

Als eher gering schätzt der Arbeitskreis wissenschaftlicher Bibliotheken in Hessen (vgl. Gewerkschaft Öffentliche Dienste, Transport und Verkehr 1991) die Chancen ein, innerhalb der Rahmenbedingungen des öffentlichen Dienstes Reformen zu implementieren. Ihm geht es vor allem um die Einführung qualifizierter Mischarbeitsplätze im Zusammenhang mit der Ausweitung der EDV. Hiermit verbindet er die Rückführung hierarchischer Strukturen, erweiterte Entscheidungskompetenzen für die Mitarbeiterschaft sowie die Ausweitung innerbetrieblicher Kommunikation und sozialer Interaktion. Dennoch wird keine Alternative zu diesem Weg gesehen, denn

„Natürlich können wir nicht auf ein neues Recht des öffentlichen Dienstes warten, (...) es ist auch innerhalb des gegebenen Rahmens möglich, anders zu arbeiten." (Ebenda: 33)

Der Direktor der Universitätsbibliothek Tübingen erachtet die Voraussetzungen zur Praktizierung eines mitarbeiterorientierten Führungsstils in wissenschaftlichen Bibliotheken als sehr günstig. Er bewertet nicht nur das hohe Ausbildungsniveau und die langjährige Betriebszugehörigkeit des Personals als kooperationsförderliche Rahmenbedingungen, sondern auch

„die Offenheit der Bibliothek für eine (...) Benutzerschaft, die die Flexibilität und Kommunikationsbereitschaft des Bibliotheksorganismus täglich neu herausfordert..." (Stutte 1992: 215)

---

4 Auf die Studie verwies der Vorsitzende des 86. Deutschen Bibliothekartages 1997 in seiner Eröffnungsrede: „Von den darin genannten zehn Faktoren halte ich Zielklarheit, Mitarbeiterinformation, Wir-Bewußtsein, Handlungsspielräume und partnerschaftliche Führung für besonders wichtig." (Egidy 1997: 13)

Auch wenn - wie oft nachgewiesen - Starrheit und Intransigenz des bürokratischen Systems demotivieren, Status-quo-Mentalitäten begünstigen, vorschriftsorientierte Regeleinhaltung und Passivität fördern, dagegen Flexibilität, Problemlösungsorientierung und Initiativbereitschaft behindern, unterstreichen die Beispiele, daß durchaus Interpretations- und „experimentelle" Spielräume vorhanden sind, die allerdings oft unterschätzt werden. Ein entscheidender Aspekt hierbei ist das Ausmaß der „Engführung" interpretatorischer Spielräume der Regelwerke des öffentlichen Dienstes, vor allem des Bundesangestelltentarifs (BAT), der oft als Beleg eingeschränkter Handlungsspielräume im Personaleinsatz herangezogen wird.

Auf zwei „dynamisierbare" Aspekte des BAT sei verwiesen, deren Handhabung im Zuge spezifischer Aushandlungen flexible innerorganisatorische Gestaltungsmöglichkeiten eröffnet:

- das Ausmaß der Kongruenz von Tätigkeitsmerkmalen und Vergütungsgruppe,
- das Kriterium und Erfordernis „selbständiger Leistungen".

Beim Kriterium *Kongruenz von Tätigkeitsmerkmalen und Vergütungsgruppe* sind die Spielräume größer, als gemeinhin angenommen wird:

„Die gesamte auszuübende Tätigkeit entspricht den Tätigkeitsmerkmalen einer Vergütungsgruppe, wenn *zeitlich mindestens zur Hälfte* Arbeitsvorgänge anfallen, die für sich genommen die Anforderungen eines Tätigkeitsmerkmals oder mehrerer Tätigkeitsmerkmale dieser Vergütungsgruppe erfüllen." (BAT 1996, Teil I, § 22) (Hervorhebung G. P.)

Nach dieser Definition sind, gemessen an der jeweiligen Vergütungsgruppe, höher- und niederwertige Tätigkeiten bis zur Hälfte der die Einstufung begründenden Gesamttätigkeit möglich. Damit eröffnen sich recht flexible Einsatzmöglichkeiten des Personals, gerade auch unter dem Aspekt von Arbeitsvielfalt und Mischarbeit.

Selbständigkeit, d.h. eigenverantwortliche Handlungsfähigkeit, spielt im BAT bei der Definition der Vergütungsgruppen eine zentrale Rolle. Die Erbringung „selbständiger Leistungen" wird von der Vergütungsgruppe VIb (Fallgruppe 1a) aufwärts als substantielles Unterscheidungskriterium zu den niedrigeren Vergütungsstufen eingeführt. Selbständiges Handeln definiert sich durch drei Kriterien:

- geistige Initiativbereitschaft (Problemerkennung),
- Auswahl eigenständiger und sinnvoller Verfahrens- und Handlungsalternativen (Lösungsverhalten/Wegauswahl),
- eigenständige Vorlage eines Resultats/Ergebnisses.

Das Ausmaß der selbständigen arbeitsbezogenen Verhaltens- und Handlungserfordernisse erweitert sich auf der Grundlage dieser Definition mit dem Grad der jeweiligen Verantwortung („verantwortungsvolle Tätigkeit") sowie dem Schwierigkeits- und Bedeutungsgrad der Tätigkeit. Je höher die genannten Faktoren, um so höher auch die Vergütungsgruppe.

Da „selbständige Leistungen" nur *formal* definiert werden, d.h. unabhängig von der konkreten Aufgabe, von Zuständigkeitsbereichen, der Organisationsstruktur, personellen Konstellationen usw., sind Interpretation und Ausfüllung dieses Begriffs zwangsläufig uneinheitlich. Beurteilende Instanz für die Definition „selbständiger Tätigkeit" ist die Arbeitgeberseite. Subjektive Faktoren fließen in die Interpretation dieses Begriffs ebenso ein wie strukturelle Gegebenheiten, Gewohnheitsrechte und - möglicherweise - innerorganisatorische Aushandlungen.

Zu konstatieren bleibt, daß die Festlegungen des BAT den Forderungen nach einem höheren Maß an individuellen Gestaltungsmöglichkeiten auf der operationalen Ebene, besonders bei der Sachbearbeitung, nicht entgegenstehen. Der BAT verzichtet wohlweislich auf Kriterien wie Pflichterfüllung, Ein- und Unterordnungsbereitschaft, die eher hierarchisch ausgelegt sind und institutionelle Zwecke überbetonen. Wenn dennoch immer wieder die Strukturen des öffentlichen Dienstes als Hemmnis herausgestellt werden, dürfte dies eher auf institutionelle Verkrustungen und das Beharren auf traditionelle Verfahren verweisen. Hierzu zählen die Nichtausschöpfung von Spielräumen, weitverbreitete Inflexibilität auf allen Seiten und geringe Risikobereitschaft von Leitungspersonen und Mitarbeiterschaft.

Die hierarchisch geprägte und aufgrund der Regelungsdichte häufig restriktiv erscheinende Arbeitsumgebung „öffentlicher Dienst" bietet - so das Fazit - durchaus Spielräume für Interpretation und Flexibilisierung. Deren Ausmaß hängt von innerinstitutionellem Umgang, Strukturverhaftungen, Akteurskonstellationen und „politischen" Rahmenbedingungen ab. Je nach Situation und Konstellation eröffnen sich entsprechende dispositive Gestaltungsmöglichkeiten.

1.1.2 Werkstückzergliederung als Arbeitssegmentierung

Die einzelnen Gruppen von Bibliotheken zeichnet eine verhältnismäßig einheitliche Organisierung der anfallenden Arbeit aus. Typisch für diese Arbeitsorganisation an wissenschaftlichen Bibliotheken ist die Zergliederung der Werkstückbearbeitung in Einzelprozesse. Die drei Hauptsegmente sind:

- Erwerbung,
- (formale und inhaltliche) Erschließung,
- Vermittlung, d.h. kundennahe Tätigkeiten wie Benutzung und Information.

Im großen und ganzen entspricht die Abteilungsgliederung zumindest mittlerer und größerer wissenschaftlicher Bibliotheken diesem *triadischen* Paradigma.[5] Dies läßt folgenden Befund gerechtfertigt erscheinen:

„Bibliotheken unterscheiden sich, sieht man auf die Organisation ihrer Arbeit, nur wenig von traditionellen Industriebetrieben. Beiden gemeinsam ist die Zerlegung der Leistungserstellung in eine Vielzahl isolierter Arbeitsschritte. ‚Erwerbung', ‚Katalogisierung', ‚Fachreferat', ‚technische Buchbearbeitung', ‚Ortsleihe', ‚Informationsdienste' etc. sind Bezeichnungen für derartige Arbeitsschritte beziehungsweise für die Abteilungen, unter deren Dach sie ausgeführt werden." (Ceynova 1997b: 255)

Eine derartige Aufsplittung und Zergliederung des Arbeitsprozesses wird in den Wirtschaftswissenschaften als „tayloristisch" bezeichnet.[6] Wiewohl ursprünglich zur Beschreibung von Arbeitsabläufen in der Industrieproduktion eingeführt, erwies sich der Begriff auch als geeignet, auf andere „Leistungserstellungen" angewandt zu werden. In der arbeitspolitischen und industriesoziologischen Diskussion werden heute in einem umfassenden Sinne „tayloristische" Strukturen geortet, dies auf mehreren „Ebenen":

- *fachliche* Differenzierung (Spezialisierung nach Wissensdisziplinen);
- *funktionale* Differenzierung (z.B. in Unternehmen nach dem „klassischen" Funktionsspektrum von Einkauf über Produktion, Marketing, Finanzen bis Verkauf);
- *organisatorische* Differenzierung (z.B. nach Abteilungen, Bereichen usw.).

Die Bezeichnung „tayloristisch" hat - auf heutige Arbeitsabläufe bezogen - eine negative Konnotation: Sie taucht dort auf, wo es um Innovationshemmnisse, Schnittstellenprobleme, starre Produktionsregimes, Verkrustungen usw. geht.

Auf der Grundlage der neuesten Erkenntnisse diagnostizieren Jürgens und Lippert (1997: 67f.) für den deutschen Produktionssektor:

---

5 Diese typische Trias in der Arbeitsablauforganisation wird in der Praxis durch variierende Zuordnung zusätzlicher Funktionsbereiche - beispielsweise technische Buchbearbeitung, (elektronisch gestützte) Informationsvermittlung - wenn auch modifiziert, so doch nicht grundsätzlich aufgebrochen.
6 Vgl. hierzu: Gablers Wirtschafts-Lexikon (1988: Sp. 1887). Dort heißt es: „... benannt nach → Taylor. (...) Ziel ist die Steigerung menschlicher → Arbeit. Dies geschieht durch die *Teilung der Arbeit* in kleinste Einheiten, zu deren Bewältigung keine oder nur ganz geringe Denkvorgänge zu leisten und die aufgrund des geringen Umfangs bzw. Arbeitsinhalts schnell und repetitiv zu wiederholen sind." (Hervorhebung im Original) Vgl. ebenso: Enzyklopädie der Betriebswirtschaftslehre (1993: Sp. 180f.).

- Die Produktentstehungssysteme sind wenig dynamisch; Ressourcen sind an einmal festgelegte „alte Aufgaben" gebunden.
- Produzenten- und Technikorientierung rangieren vor Kundenorientierung.
- Die Unternehmen erweisen sich als strukturkonservativ, wo es statt dessen stärker auf Prozeßorientierung und Empowerment zu setzen gälte.

Angesichts dessen und vor dem Hintergrund der globalen „Hyperkonkurrenz" (Cooper 1995) wird umfassende *Reorganisation* zum Gebot des ökonomischen Überlebens.[7] Als zentrale Stoßrichtungen der universelle Geltung beanspruchenden Reorganisationskonzepte identifizieren Jürgens und Lippert:

- „die gezielte Überlappung von Tätigkeiten, die im Prinzip aufeinander aufbauen, um Zeit zu sparen (Simultaneous/Concurrent Engineering)";
- „schnittstellenübergreifende Kommunikation und Kooperation in der Prozeßkette (integrierte Aufgabenbearbeitung z.B. in crossfunktionalen Teams, frühzeitige Berücksichtigung von Erfordernissen nachgelagerter Prozeßschritte)";
- „die Fokussierung von Organisation und Arbeitseinsatz-Strategien auf Prozeßketten (Prozeßorientierung)." (Jürgens/Lippert 1997: 67f.)

Die beiden Autoren unterstreichen den umfassenden, über den traditionellen Produktionssektor weit hinausreichenden Impetus dieser Entwicklung:

„Damit greifen die neuen Konzepte tief in bestehende gesellschaftliche Strukturen der Arbeitsteilung, der fachlichen Spezialisierung und der organisatorischen Differenzierung ein. Dies wiederum hat weitreichende Folgen für das nationalspezifische arbeitspolitische Institutionensystem sowie für Statusdifferenzierung und gewachsene ‚Kulturen' von Verhaltensmustern und Denkorientierungen." (Ebenda: 68)

Dieser kurze „Blick über den Zaun" auf Erkenntnisse im Rahmen des „State of the Art" von Industrie- und Arbeitssoziologie muß hier genügen.

Analogieschlüsse zum Bibliothekswesen drängen sich unwillkürlich auf. Daß hier ein entsprechender Handlungsbedarf besteht, wird durchaus klar gesehen. So benennt etwa Ceynowa (1997b) ein Paradoxon, das m.E. nicht unwesentlich zu den derzeitigen Problemen des Bibliothekswesens beiträgt:

---

7 Erinnert sei an dieser Stelle daran, daß im Informations- und Kommunikationsbereich angesichts globaler Vernetzung (Stichwort: Internet/WorldWideWeb) standortunabhängige „Hyperkonkurrenz" der Anbieter bereits Realität ist.

„Dieser ‚Taylorismus' der Bibliotheksarbeit ist ein erstaunliches Phänomen, wenn man bedenkt, daß Bibliotheksmitarbeiter in der Regel hochqualifizierte, durch eine Laufbahnprüfung ausgewiesene und zudem oft auf Lebenszeit ‚eingekaufte' Fachkräfte sind. Sind diese Mitarbeiter nicht viel zu wertvoll, um ihre Fähigkeiten auf die dauernde Wiederholung eines und nur eines Arbeitsganges zu verschwenden? Sollte man von ihnen nicht mehr und wichtigeres verlangen, als sich ausschließlich um ein einzelnes Element der Bibliotheksleistung zu kümmern?

Die Fragmentierung des Leistungsprozesses in eine Vielzahl getrennter Funktionsstellen erzeugt zwangsläufig einen hohen Koordinierungs- und Organisationsbedarf. Hierbei erweisen sich vor allem die Schnittstellen zwischen Abteilungen als kritische Zonen. Das iterierte Ver- und Entdichten der Bearbeitungsobjekte an den Abteilungsgrenzen führt zu Stapelbildung, langen Warte- und Liegezeiten und erzwingt vielfältige Abstimmungs- und Kontrollroutinen." (Ebenda: 255)

Ceynowa benennt auch, wo Reorganisationsbemühungen ansetzen müssen: bei der *Prozeßorganisation* der Bibliothek.

„Es zeigt sich, daß die Gestaltung und Optimierung der Geschäftsprozesse die entscheidende Steuerungs- und Planungsaufgabe des Bibliotheksmanagements darstellt, und zwar hinsichtlich jeder der drei entscheidenden Kenngrößen Kosten, Zeit und Qualität." (Ebenda: 242)

Dabei plädiert der Autor auch für die Überwindung der Unterscheidung zwischen „Produkten" und „Prozessen":

„Der Geschäftsprozeß, verstanden als Aufbau und Einsatz eines bestimmten Dienstleistungspotentials, *ist* das Produkt der Bibliothek." (Ebenda: 243) (Hervorhebung im Original)

Wie weit Reorganisation in bestehende Strukturen und Arbeitsabläufe eingreifen kann, beschreibt Ceynowa an einem Beispiel. Es gehe dabei längst nicht mehr nur um die Optimierung bestehender Tätigkeitsfolgen, sondern um die „komplette Neugestaltung eines Leistungsbereichs, also das Process Reengineering" (ebenda). Der „Reengineering"-Ansatz, als „Business Reengineering" von Hammer und Champy (1966) ausgearbeitet, postuliert ein „fundamentales Überdenken und radikales Redesign" (ebenda: 48) von Organisationen und Arbeitsabläufen. Dieses auf komplette Neugestaltung statt „Reformierung" oder Optimierung des Bestehenden setzende Konzept versucht jener Gefahr zu entgehen, für die in der organisationssoziologischen Diskussion neuerdings der Begriff „Stagnovation" verwandt wird; dieser beschreibt

„die immer intensivere Weiterentwicklung *innerhalb* bestehender Strukturen, die jedoch alle Ressourcen bindet, die nötig wären, um echte Innovationen (...) zu entwickeln." (Canzler/Marz 1997: 359) (Hervorhebung G. P.)

Ceynowa (1997b) systematisiert die Geschäftsabläufe in Bibliotheken in einer Hierarchie aus Teil-, Haupt- und Betriebsprozessen. Das entscheidende Merkmal seines Modells ist die abteilungs- und funktionsstellenübergreifende Anlage der Hauptprozesse/Dienstleistungen. Sie

„eröffnet die Chance, die Bibliotheksstruktur unter ablauforganisatorischen Gesichtspunkten neu zu überdenken (...) Abteilungen und Stellen sind (...) nicht viel mehr als bloße Durchgangsstationen eines funktionsübergreifenden Prozeßflusses..." (Ebenda: 48)

Große Bedeutung in diesem Modell kommt der Teamarbeit in sog. *Case-Teams* zu. Diese läßt sich durch drei Grundprinzipien charakterisieren:

- Gesamtverantwortung der Leistungserstellung;
- flache Hierarchien;
- operationelle Autonomie.

Auch andere kritische Autorinnen und Autoren[8] fordern im Hinblick auf die hohe fachliche Qualifikation des Bibliothekspersonals, die Arbeitsmotivation, den technikinduzierten Wandel bibliothekarischer Arbeitserfordernisse und -möglichkeiten sowie die veränderten Anforderungen seitens der Nutzerschaft ein radikales Umdenken und eine Reorganisation bibliothekarischer Arbeit.

Exkurs: Die wissenschaftliche Bibliothek im Spannungsverhältnis zwischen Administration und Wissenschaft

Der arbeitsorganisatorische Rahmen und der Aktionsradius der Akteure in der wissenschaftlichen Bibliothek bestimmen sich in dem tendenziell konfliktträchtigen Beziehungsfeld zwischen Wissenschaft und Administration; dieses wird in der soziologischen Fachliteratur ausführlich behandelt.[9] Festgestellt werden „differierende Denkmethoden und Denkweisen", „gegensätzliche Orientierungen und

---

8   Unter ihnen: Haß (1997); Havekost (1996: 129); Krüger (1992); Kirchgäßner (1995); vgl. auch Lux (1998: 484), die die Diskussionen eines Round Table vom Oktober 1997 mit dem Titel „Neue Organisationsstrukturen in Bibliotheken" zusammenfaßt.
9   Vgl. hierzu auch die aufschlußreiche und anschauliche Studie von Mayntz (1985), ebenso den Aufsatz von Theis und Knorr (1979).

Verhaltenserwartungen", „Unvereinbarkeit bürokratischer Organisationsformen mit den Erfordernissen wissenschaftlicher Tätigkeit" (Theis/Knorr 1979: 171). Oder anders gesagt: Stehen aus der Perspektive der Verwaltung eher der (reibungslose) Geschäftsgang und die organisatorischen Strukturen - mithin Subjekt-Objekt-Beziehungen - im Zentrum des Handlungsfeldes, rückt die Perspektive der Wissenschaft die wechselnden Informationsbedürfnisse der wissenschaftlichen Nutzerinnen und Nutzer an das bibliothekarische Fachpersonal - mithin Subjekt-Subjekt-Beziehungen - und damit die Dienstleistungsfunktion der entsprechenden Einrichtungen in den Mittelpunkt. Ein Interessenkonflikt scheint unausweichlich.

Mögen die beteiligten Akteure zwar formal eindeutig definierten inhaltlichen, sozialen und organisatorischen Bezugsfeldern zuzuordnen sein, so sind die organisatorische Anbindung und das innerorganisatorisch-soziale Handlungsfeld der Bibliothek als ganzer weniger eindeutig. Analog zu anderen Dienstleistungsbereichen wie z.B. EDV-Abteilungen sind wissenschaftliche Bibliotheken in aller Regel in ihrer Trägereinrichtung formal „verwaltungsnah" plaziert. Die strukturelle Nähe zur Verwaltung und der große Teil verwaltungsähnlicher bibliothekarischer Arbeitsinhalte und -abläufe wie Beschaffung/Erwerbung bestimmen die administrative Komponente bibliothekarischer Wirklichkeit. Diese läßt sich durch folgende Charakteristika näher beschreiben: hochgradige Regelhaftigkeit, enger Ermessensspielraum, Kontrollerfordernisse, Begrenzung, Bewahrung und Exklusion. Beide Faktoren, die organisatorische Zugehörigkeit zur Verwaltung und die inhaltliche Verwandtschaft eines nicht unerheblichen Teils bibliothekarischer Tätigkeiten mit administrativen Geschäftsgängen, bergen das Risiko der Überidentifikation des Bibliothekspersonals mit administrativen und - vor allem aus Kundensicht - restriktiven Positionen. Aber auch ohne Überidentifikation führen scheinbar objektive „Sachzwänge" wie die Einschränkung des spontanen Zugangs zu Informationen und der oft unvermeidliche Zwang, die Befriedigung von Informationsbedürfnissen aufzuschieben, immer wieder zu Dissonanzen und Kontroversen zwischen Nutzerinnen und Nutzern einerseits und den Bibliotheksmitarbeiterinnen und -mitarbeitern andererseits.

Der möglichst weitgehende Verzicht auf administratives Vorgehen in der Kommunikation mit der wissenschaftlichen Klientel erweitert den Gestaltungs- und Angebotsspielraum im Service deutlich. Eine solchermaßen offenere Kommunikationskultur ermöglicht dem Bibliothekspersonal eine größere Nähe zu den Arbeitsbereichen der Forscherinnen und Forscher, zu deren Anliegen, Ambitionen, Fragen und Problemen, was wiederum als Korrektiv einer allzu schematischen Regelhaftigkeit auf seiten der Bibliothekarinnen und Bibliothekare entgegenwirkt.

Strukturell beschreibt die binäre und scheinbar paradoxe „Bindung" der Bibliothek - einerseits formal „nah" in der Zuständigkeit der Verwaltung verankert zu sein, andererseits soziokommunikativ in großer Nähe zur Wissenschaft zu agieren - eine Situation, deren erfolgreiche Bewältigung von weiteren Faktoren abhängt:

- Sie setzt eine Balance der Hyperstrukturen voraus, d.h. ein sich einpendelndes Gleichgewicht zwischen Wissenschaft und Administration, das seine Grundlagen in der formalen Verfassung der Gesamtinstitution wie im Rollenverständnis und der Rollenwahrnehmung von deren Spitzenakteuren hat.
- Sie setzt den „Verzicht" der administrativen Entscheidungsträgerinnen und -träger voraus, die Bibliothek „stromlinienförmig" in die Verwaltung und deren Verfahrensformen einzupassen. Dazu muß die Besonderheit der Aufgabenerfüllung der wissenschaftlichen Bibliothek differenziert reflektiert werden.
- Vorausgesetzt ist auch ein Verständnis der Wissenschaftlerinnen und Wissenschaftler dafür, daß die Bibliotheksmitarbeiterinnen und -mitarbeiter zur sich personell und thematisch ständig wandelnden Forschung eine gewisse Distanz und Neutralität aufbauen „müssen". Die Anerkennung dieses „Konjunkturfilters" bedeutet zugleich einen gewissen Schutz vor Überbeanspruchung oder gar Vereinnahmung und gewährleistet überhaupt erst flächendeckende Stabilität und Kontinuität bibliothekarischer Dienstleistungen.
- Vorausgesetzt ist ferner die Effizienz der Bibliothek im Sinne der angemessenen Erfüllung der Leistungserwartungen der Forschenden. Je reibungsloser der bibliothekarische Service, um so geringer ist die Wahrscheinlichkeit hierarchischer Intervention.

1.2 Akteure

1.2.1 Basisdaten

Im Laufe der vergangenen Jahrzehnte wurden verschiedene Schätzungen und Berechnungen angestellt, die das Ziel hatten, eine quantitative Übersicht über die Berufsgruppe des Bibliothekars an wissenschaftlichen Bibliotheken in Leitungsposition zu erhalten, anhand von Daten und Verzeichnissen[10] zu tragfähigen Aus-

---

10 In erster Linie wurde hierzu das Jahrbuch der Deutschen Bibliotheken des Vereins Deutscher Bibliothekare (VDB) herangezogen, das seit fast fünf Jahrzehnten die wichtigsten wissenschaftlichen und öffentlichen Bibliotheken Deutschlands - wenn auch unvollständig - verzeichnet. Es enthält Angaben über Personal- und Erwerbungsetats, Stellenplan und Stellenausstattung, weitere bibliothekarische Spezifika (z.B. Sondersammelgebiete) und ein Verzeichnis jener Mitarbeiterinnen und Mitarbeiter, die dem höheren sowie zum Teil dem gehobenen Dienst zugehören bzw. entsprechende Positionen in privatwirtschaftlichen

sagen über den Umfang des Stellenangebots in den weitgehend öffentlich finanzierten Einrichtungen zu kommen[11] sowie Informationen über Einstiegs-, Verwendungs- und Aufstiegschancen zusammenzutragen.

Zunächst ging es um die mengenmäßige Erfassung von Personen, die in wissenschaftlichen Bibliotheken entweder als Bibliotheksräte, -oberräte oder -direktoren Stellen des höheren Dienstes oder als wissenschaftliche Mitarbeiterinnen und Mitarbeiter entsprechende Positionen im Rahmen des Bundesangestelltentarifs einnehmen; bei letzteren handelt es sich um die Besoldungsgruppen BAT IIa bis BAT I. Ermittelt wurden auch soziodemographische Spezifika wie Alter, Geschlecht, Qualifikation, berufsständische Organisierung usw. Es ging in diesem Zusammenhang nicht zuletzt darum herauszufinden, wie zeitgemäß und praxisbezogen die Ausbildung in den entsprechenden Einrichtungen ist, sowie - mit zunehmender Aktualität - um die Chancengleichheit für Frauen, leitende Positionen einzunehmen. Unter den entsprechenden Autorinnen und Autoren aus dem Bibliothekswesen sind vor allem Lansky (1971), Lohse (1981), W. Neubauer (1991), Habermann (1995) und K.-W. Neubauer (1994) zu nennen.

In dieser Untersuchung wurden im Rahmen einer Stichprobe die Angaben des Jahrbuchs der Deutschen Bibliotheken in Zehnjahresabständen und die Deutsche Bibliotheksstatistik (1996) für eine aktuelle Hochrechnung herangezogen. Im großen und ganzen decken sich die Ergebnisse der verschiedenen Auswertungen; allerdings ergibt sich eine statistische Lücke, die aus dem sehr zurückhaltenden Rücklauf aus den wissenschaftlichen Spezialbibliotheken herrührt. Deren Antwortquote überschreitet seit Jahren kaum 35 Prozent.[12] Daraus folgt, daß die für unterschiedliche Zwecke herangezogenen statistischen Daten immer auch eine entsprechende „Lücke" von gut 65 Prozent nicht „reagierenden" Spezialbibliotheken enthalten. Eine wirklichkeitsnahe Schätzung der Anzahl von Spezialbibliotheken

---

Unternehmen einnehmen oder als Hochschullehrer in den verschiedenen Ausbildungseinrichtungen tätig sind. Als weitere Quelle kann die Deutsche Bibliotheksstatistik (DBS) herangezogen werden, die seit 1979 vom Deutschen Bibliotheksinstitut (DBI) betreut wird. Allerdings ist diese jährliche Datensammlung nicht geeignet, Spezifika über die Akteure zu erheben. Auch diese Quelle ist unvollständig; sie gibt aggregierte und andere Nutzungsdaten wieder und schließt darüber hinaus so gut wie alle öffentlichen Bibliotheken in ihre Erhebung mit ein.

11 Habermann führte 1979 und 1983 zwei Erhebungen zu „Berufschancen" und „Berufsaussichten" für Absolventen mit der Berufsperspektive „Bibliothekar im höheren Dienst" durch. Der Autorin ging es besonders darum „den Bedarf an Bibliothekaren des höheren Dienstes" zu ermitteln, da hierüber „unzureichende Kenntnisse" vorlagen. Vgl. hierzu: Habermann (1979, 1983).

12 Eine Reform der Deutschen Bibliotheksstatistik mit dem Ziel, ihre Handhabbarkeit, Rücklaufquote und Übersichtlichkeit zu erhöhen, wird angestrebt. Vgl. hierzu: DBI (1998).

in Deutschland teilte W. Neubauer (1991: 43) am Rande eines Vortrags zur Ausbildung von Bibliotheksreferendaren mit. Er gab an, daß die Zahl der wissenschaftlichen Spezialbibliotheken in Deutschland „sicher bei 2.500" liegen dürfte. Diese Angabe zugrunde gelegt, ergäbe sich auch bei der Schätzung leitender Positionen in dieser Sparte des Bibliothekswesens eine erhebliche Korrektur nach oben.

Eine realistische Hochrechnung der Leitungspositionen im wissenschaftlichen wie öffentlichen Bibliothekswesen ist erforderlich. Der Autor der vorliegenden Untersuchung geht davon aus, daß das Stellenpotential nicht nur im Mitarbeiter-, sondern auch im Leitungsbereich erheblich größer ist, als bisher angenommen wurde.[13]

Die Grundlage der folgenden Berechnungen bzw. Hochrechnungen[14] (siehe Tabelle 1) bilden die Deutschen Bibliotheksstatistiken 1996 A-D und das Jahrbuch der Deutschen Bibliotheken 1997/1998. Alle Zahlen ohne einen Rundungs- (rd.) oder Schätzungshinweis (ca.) sind der Deutschen Bibliotheksstatistik entnommen. Die jeweils ermittelte Anzahl der Leitungspositionen des höheren Dienstes beruht weitgehend auf Zählungen der entsprechenden Angaben im Jahrbuch der Deutschen Bibliotheken oder auf Schätzungen in Anlehnung an entsprechende Erfahrungswerte.

Am Beispiel der öffentlichen Bibliotheken und der Fachhochschulbibliotheken wird deutlich, in welch hohem Maß auch dem gehobenen Dienst Angehörende Leitungsfunktionen wahrnehmen. Die hierbei entstehenden qualifikatorischen Anforderungen sind dieser Berufsgruppe besonders bewußt. Bei Durchsicht bibliothekarischer Fachperiodika fällt auf, daß Weiterbildungskurse für den gehobenen Dienst zu den Themen „Betriebsmanagement" und „Leitungsfunktionen" verbreiteter sind, als dies beim höheren Dienst auszumachen ist. Verwiesen sei auf die jährlich in der Stadtbibliothek Gütersloh veranstalteten renommierten Managementseminare (vgl. Hertlein et al. 1994; Görgens et al. 1993; Heidchen et al. 1990).

---

13 Diese Einschätzung wurde von Sabine Kieslich, Herausgeberin der Deutschen Bibliotheksstatistik, gegenüber dem Autor bestätigt. Allerdings ist die Zurückhaltung im Umgang mit geschätzten Zahlenwerten deutlich spürbar.
14 Die ausführliche Herleitung und Begründung der hier genannten Zahlen ist in der digitalen Version der Dissertation des Autors auf den Seiten 59ff. nachzulesen; vgl.: http://dochost.rz.hu-berlin.de/dissertationen/phil/paul-gerhard/

Tabelle 1: Anzahl und Verteilung von Positionen des höheren Dienstes auf die verschiedenen Bibliothekstypen

Bibliothekstyp	Anzahl Bibliotheken mit hauptamtlichem Personal	davon Anzahl der Bibliotheken mit Planstellen in der Wertigkeit des höheren Dienstes	*ermittelte bzw. hochgerechn. Anzahl an Leitungspositionen (ab IIa/A13)*	*Personalstellen insg.*	*Personalstellen gerundet und in Prozent*
Öff. und Stadtbiblioth. m. hauptamtl. Personal	4.086	155	*ca. 350 (14%)*	*14.006*	*14.000* *43%*
Regional- und Landesbiblioth.	37	26	*179 (7%)*	*1.086*	*1.100* *3,5%*
National-, zentrale Fach- u. Universitätsbibliotheken	87	alle	*1.286 (51%)*	*10.296*	*10.300* *31,5%*
Fachhochschul- und sonst. Hochschulbibliotheken	175	79	*rd. 100 (4%)*	*1.269*	*1.300* *4%*
Wiss. Spezialbib., inkl. Instituts- u. Behördenbib.	rd. 2.700	ca. 300	*rd. 600 (24%)*	*rd. 6.000*	*6.000* *20%*
Summen	ca. 7.184	644	*2.515 (100%)*	*32.659*	*32.700*

Quellen: Deutsches Bibliotheksinstitut (1996); Verein Deutscher Bibliothekare (1997); eigene Ausarbeitung

Für diese Untersuchung ist es unerheblich, ob eine Person des höheren oder des gehobenen Dienstes mit Leitungsaufgaben betraut ist. Dennoch ist es sinnvoll, hier zu unterscheiden, um statistisch der Wirklichkeit nahe kommende Einblicksmöglichkeiten zu erlangen. Denn untersucht werden die vertikalen Beziehungen in wissenschaftlichen Bibliotheken. Diese Beziehungsdimension ist wesentlich geprägt durch das Verhältnis zwischen höherem und gehobenem Dienst. Daß der höhere Dienst - unabhängig von defizitären Qualifizierungsgegebenheiten an den Ausbildungsstätten (vgl. Grabka 1992) - im wesentlichen „automatisch", d.h. einstufungs- und laufbahngesteuert, in Leitungspositionen gelangt, ist hinlänglich bekannt. Um so wichtiger ist es,

- eine statistisch zutreffende Übersicht über den Umfang entsprechender Positionen zu erhalten;
- zu Aussagen zu kommen, die die sozialen, soziodemographischen, qualifikatorischen und organisatorisch-strukturellen Rahmenbedingungen und Voraussetzungen des Berufs kennzeichnen.

Parallel zur vorliegenden Untersuchung nahm der Autor 1996 eine stichprobenartige Erhebung vor. Auf deren Grundlage ergaben sich die in Tabelle 2 aufgeführten statistisch signifikanten Charakteristika und Tendenzen, die die soziale Wirklichkeit und die Veränderungen des Berufsstandes hochaggregiert kennzeichnen.

Tabelle 2: Anteil Leitungspositionen und Anteil Frauen daran

Jahr	Grundgesamtheit	ausgezählt	leitend tätig insg.	Prozentanteil insg.	Frauen absolut	Frauenanteil Ltgs.-Positionen in Prozent
1955[1]	732	360	121	34	49	13,6
1965[1]	798	396	155	39	61	15,4
1975[2]	2.070	518	233	45	108	20,8
1985[2]	2.600	650	287	44	151	23,2
1995/6[3]	2.822	706	320	45	234	33,1

1 Im Verzeichnis sind durchschnittlich sechs Namen und Nachweise pro Seite enthalten; jede zweite Seite wurde ausgezählt.
2 Im Verzeichnis sind durchschnittlich zehn Namen pro Seite enthalten; jede vierte Seite wurde ausgezählt.
3 Im Verzeichnis sind durchschnittlich 13 Namen pro Seite enthalten; jede vierte Seite wurde ausgezählt.

Quellen: Verein Deutscher Bibliothekare (1997); eigene Ausarbeitung

Untersucht wurden die Leitungspositionen im Bibliotheksdienst der letzten vierzig Jahre, beginnend mit einer Stichprobe im Jahr 1955, fortgesetzt in Zehnjahresetappen bis 1995/96.[15] Näher betrachtet wurden folgende Aspekte:

- Anteil der explizit angegebenen, d.h. institutionell definierten Leitungspositionen (nicht identisch mit der Ausübung von Leitungsfunktionen);

---

15 Zugrunde gelegt werden jeweils die Angaben im Jahrbuch der Deutschen Bibliotheken.

- Anteil der Frauen in entsprechenden Positionen;
- Veränderung von Qualifikationsmerkmalen;
- Verteilung der Leitungsfunktionen auf die verschiedenen Bibliothekstypen.

Feststellen läßt sich ein nennenswerter Zuwachs des Stellenvolumens im bibliothekarischen Berufssegment seit 1970, der auf den sprunghaften Ausbau universitärer Bildungseinrichtungen in Deutschland und die entsprechende Versorgung mit Hochschulbibliotheken zurückzuführen ist. Der Anteil der institutionell definierten Leitungspositionen in wissenschaftlichen Bibliotheken nimmt zunächst zu, um dann bei 45 Prozent zu stagnieren. Die von Grabka (1992) durchgeführte Erhebung, nach der 62 Prozent der befragten Absolventen bibliothekarischer Ausbildungseinrichtungen für den höheren Dienst angaben, Leitungsfunktionen auszuüben, widerspricht dieser Angabe nicht; dies aus mehreren Gründen:

- Die Ausübung von Leitungsfunktionen schlägt sich nicht zwangsläufig in einer entsprechenden Bezeichnung oder einem entsprechenden Titel nieder.
- Angaben im Jahrbuch der Deutschen Bibliotheken werden - je nach Antwortdisziplin der Befragten - gelegentlich ohne Funktionsbezeichnung notiert.
- Die Respondentenquote jener, die in ihrem Berufsverlauf Leitungspositionen in Fachhochschul-, wissenschaftlichen Spezial- und öffentlichen Bibliotheken einnehmen, erweist sich regelmäßig als besonders niedrig.

Die Statistik läßt auch einen stetig steigenden Anteil von Frauen in Leitungspositionen erkennen.[16] Eine Erhebung aus dem Jahr 1993 erbrachte, daß der „Anteil der Frauen im höheren Dienst" 35 Prozent betrug (vgl. Habermann 1995: 45). Gleichzeitig verweist die Autorin darauf, daß dieser Anteil sinkt, je höher die Leitungsposition angesiedelt ist. In den Besoldungsgruppen A15 und A16 des deutschen Beamten-Aufstiegssystems reduziert sich der Frauenanteil spürbar:

> „Nimmt man die Positionen A15 und A16 zusammen, so ergibt sich, daß 41 Prozent (...) der Männer innerhalb der Männergruppe leitende Positionen innehaben, aber nur 20 Prozent (...) der Frauen innerhalb der Frauengruppe." (Ebenda)

Diese Feststellung mag für 1993 zutreffen. Die subjektive Wahrnehmung des Autors deutet darauf hin, daß in den letzten Jahren auch hier ein Wandel stattgefunden hat. Die Neubesetzung der Direktionspositionen in einer Reihe von Universitätsbibliotheken mit Frauen in jüngster Zeit darf als ein Indiz für die längst überfällige Veränderung in diesem Bereich gelten.

---

16 Lansky (1971: 17) berechnete für 1971 lediglich 16 Prozent Frauenanteil im höheren Dienst.

Rein statistisch betrachtet ist der Bibliothekarsberuf, der häufig als Frauenberuf bezeichnet wird, mehr denn je ein solcher. Lansky (1971: 17) weist für 1969 darauf hin, daß „der *gehobene* Dienst an wissenschaftlichen Bibliotheken überwiegend ein Frauenberuf" (Hervorhebung G. P.) ist - dies im Gegensatz zum *höheren* Bibliotheksdienst; dort sind 81,8 Prozent der wissenschaftlichen Bibliothekare männlichen, 18,2 Prozent weiblichen Geschlechts (vgl. ebenda).

Im gehobenen Dienst hat sich hieran bis heute kaum etwas geändert; allerdings verändert sich die Besetzung von Leitungspositionen zugunsten weiblicher Bewerber. Ein Hinweis hierauf ist die Erhebung des Autors, nach der mehr als 50 Prozent der Leitungspositionen der einbezogenen Bibliotheken von Frauen eingenommen werden. Die Leitungspositionen von Universitätsbibliotheken sind mittlerweile zu einem Fünftel von Frauen besetzt.[17] Besonders in den letzten acht Jahren hat sich ein Wandel ergeben. Insofern dürfte Havekosts ironischer Satz aus dem Jahr 1984 nicht mehr zutreffen:

„Die durchschnittliche deutsche BibliothekarIn im Höheren Dienst ist männlich, heißt mit Vornamen Herrmann, ist in Königsberg geboren und hat Geschichte studiert." (Havekost, zit. nach Wätjen 1995: 14)

Havekost (ebenda) stellt denn auch resümierend fest: „Die Frauen sind im Kommen." Im übrigen ist das Geschlechterverhältnis in den nichtleitenden Positionen von Bibliotheken weitgehend stabil. Es bewegt sich zwischen 75 Prozent bis 85 Prozent Frauen und 15 Prozent bis 25 Prozent Männern. Als Frauenberuf bezeichnet auch Hagenau (1992: 11) den bibliothekarischen Beruf, besonders im Hinblick auf dessen historische Entwicklung. Aus „Männersicht" verweist Dienelt (1992) auf den inneren Zwiespalt, den männliche Bibliothekare in der Ausübung dieses Berufs empfinden müßten. Zur Ausübung des Berufs gehörten Eigenschaften, die „durchaus nicht als vorteilhaft für einen Mann angesehen" werden (ebenda: 15). Dienelts Bemerkung zielt auf die dienenden Merkmale, die für diesen Beruf von besonderer Bedeutung sind; „Serviceorientierung" wird dies nach aktuellem Sprachverständnis genannt, und es ist durchaus unklar, ob Frauen besser für Dienstleistungen geeignet sind als Männer.

Zur entwicklungsgeschichtlichen Frage, ob Bibliotheken eine Domäne von Frauen sind, sei hier auf Arbeiten von Schwarz (1969a, 1969b), Lüdtke (1987, 1992) und Vodosek (1981) verwiesen, außerdem auf aktuellere Beiträge, die zum Teil auf empirisch-qualitativen Untersuchungen basieren, z.B. Bischoff-Kümmel/Feller (1989a, 1989b, 1989c, 1989d), Jones (1997), Schlüter (1996), Donath (1987) sowie Passera (1997).

---

17 Eigene Zählung; vgl. auch: Verband Deutscher Bibliothekare (1997).

Der Verlauf der Ausbildungsbiographie und die berufspraktischen Einsatzgebiete leitenden Bibliothekspersonals sind in den folgenden Statistiken nachgezeichnet.

Tabelle 3: Ausbildung leitender Bibliothekare in Bibliotheken[1]

Jahr	Anzahl leitende Bibliothekare	Promotion	Fachprüfung	Dipl.-Bibl. u. Hochschulstudium	nur Dipl.-Bibl.	Verwandte Ausbildung	ohne Angaben
1955	121 (100%)	74 (61%)	36 (30%)	6 (5%)	7 (6%)	6 (5%)	66 (55%)
1965	155 (100%)	106 (68%)	72 46%)	18 (12%)	11 (7%)	3 (2%)	51 (33%)
1975	233 100%)	136 (58%)	118 (51%)	5 (2%)	25 (11%)	9 (4%)	76 (33%)
1985	287 (100%)	160 (56%)	150 (52%)	11 (4%)	37 (13%)	14 (5%)	75 (26%)
1995/96	320 (100%)	146 (46%)	156 (49%)	14 (4%)	52 (16%)	31 (10%)	67 (21%)

1 Die statistischen Angaben beschränken sich auf Direktions-, Leitungs- und stellvertretendes Leitungspersonal von Bibliotheken bzw. Abteilungen; sie umfassen nicht Leitungspersonal von EDV-Abteilungen, Ausbildungs- oder Studienleiterinnen und -leiter.

Quellen: Verein Deutscher Bibliothekare (1997); eigene Ausarbeitung

Im ausgezählten Stichprobensample leitender Funktionsinhaberinnen und -inhaber des Bibliothekswesens sind folgende zeitstabile Tendenzen festzustellen:

- Der Anteil Promovierter in Leitungspositionen im Bibliothekswesen sank auf 46 Prozent.
- Der Anteil derer, die die bibliothekarische Fachprüfung absolvierten, stieg auf 49 Prozent. Auch die Aufstiegsmöglichkeiten für Diplom-Bibliothekare scheinen sich verbessert zu haben. Deren Anteil im Leitungsgefüge deutscher Bibliotheken stieg von sechs Prozent auf 16 Prozent an. Ebenso nahm der Anteil jener leitenden Funktionsinhaberinnen und -inhaber zu, die eine Ausbildung als Archivar oder wissenschaftlicher Dokumentar absolvierten (zehn Prozent).
- Diese Ergebnisse lassen sich auch als Ausdruck zunehmender Professionalisierung des Berufsstandes interpretieren. Dies wird in verbandsinternen Debatten jedoch häufig bezweifelt. Möglicherweise ist diese Entwicklung auch nur der

Tatsache geschuldet, daß angesichts zunehmender Konkurrenz sowie einer wachsenden Zahl von Berufsabsolventen der Nachweis entsprechender formaler Qualifikationen und Einstiegsvoraussetzungen immer unerläßlicher wird.

Zum Abschluß dieser Darstellung sei der Blick auf die Einsatzfelder bzw. Bibliothekstypen der leitenden Bibliothekarinnen und Bibliothekare gerichtet.

Tabelle 4: Einsatzfelder/Bibliothekstypen des leitenden Bibliothekspersonals

Jahr	Leiter v. UB/ Landes-/Staats- und zentr. Fachbibliotheken	Leiter v. Stadt-/ FH-/freien und betriebl. Bibliotheken	Abteilungsleiter, Leiter v. Institutsbibl. an Universitäten	Leiter v. kleinen Bibliotheken	absolute Zahl Prozentsatz
1955	31 25%	72 60%	10 8%	8 7%	121 100%
1965	49 32%	92 59%	7 4%	7 4%	155 100%
1975	48 21%	106 45%	73 31%	6 2%	233 100%
1985	48 17%	105 36%	114 40%	20 7%	287 100%
1995/96	62 19%	99 31%	136 42%	23 7%	320 100%

Quellen: Verein Deutscher Bibliothekare (1997); eigene Ausarbeitung

Der tatsächliche Anteil an Direktionspositionen (einschließlich Stellvertretung) in den Universitäts-, Staats- und Landesbibliotheken dürfte 1995/96 etwas geringer sein als in Tabelle 4 ausgewiesen und kaum mehr als zehn Prozent der Gesamtmenge betragen; eine solche Verschiebung ist in einer Stichprobe nicht auszuschließen. Der Realität deutlich näher kommen die übrigen Angaben. Der Zuwachs an Abteilungsleiterpositionen in universitären Bibliothekseinrichtungen (eine prozentuale Verfünffachung seit 1955) spiegelt sehr deutlich Ausbau und Entwicklung der Hochschulen und ihrer bibliothekarischen Versorgungseinrichtungen wider. Stabil geblieben ist der Anteil kleiner Bibliotheken.

Insgesamt liefert die Stichprobe, die durch eine umfassendere soziodemographische Untersuchung vertieft werden müßte, Hinweise auf verschiedene Entwicklungstendenzen. Sie eignet sich auf der Meta-Ebene dazu, die institutionellen und strukturellen Rahmenbedingungen sowie (ansatzweise) die soziodemographischen Charakteristika der hier betrachteten Akteursgruppe darzustellen.

Abschließend bleibt festzustellen: Der entscheidende Zuwachs des bis 1995 größer werdenden Bibliothekswesens und seiner Leitungsfunktionen findet bei den Abteilungsleitern universitärer und großer Staats- und Landesbibliotheken statt. Dies ist unter anderem Ergebnis der Zunahme im universitären Bildungsbereich generell. Entsprechend nimmt der Anteil von Leitungsfunktionen in allen anderen Bibliothekstypen relativ ab.

1.2.2 Ausbildung und Leitungsqualifikation

Das Jahrbuch der Deutschen Bibliotheken weist bundesweit 16 Einrichtungen nach, die Ausbildungsgänge für den Bibliotheks- sowie Informations- und Dokumentationsbereich im weiteren Sinne anbieten, zwölf Einrichtungen gelten im engeren Sinne als bibliothekarische Ausbildungseinrichtungen, darunter die neun Fachhochschulen (bzw. Fachbereiche an Fachhochschulen) in Bonn, Frankfurt am Main, Hamburg, Hannover, Köln, Leipzig, München, Potsdam und Stuttgart sowie das Institut für Bibliothekswissenschaft an der Humboldt-Universität zu Berlin (vgl. Verein Deutscher Bibliothekare 1997: 369ff.). Die Ausbildungsangebote offerieren Abschlüsse im mittleren, gehobenen und höheren Bibliotheksdienst und orientieren sich in dieser Hinsicht bis heute durchaus an den Einstiegsvoraussetzungen und Laufbahngegebenheiten des öffentlichen Dienstes in der Bundesrepublik.[18] Unübersehbar ist jedoch die Tendenz, daß immer mehr Absolventinnen und Absolventen dieser Ausbildungsgänge ihren beruflichen Einstieg in der Privatwirtschaft suchen und finden.[19]

Als behördeninterne Einrichtungen fungieren die niedersächsische Bibliotheksschule in Hannover (mittlerer und höherer Dienst) sowie die bayerische Bibliotheksschule in München (mittlerer, gehobener und höherer Dienst). Die Fachhochschule in Bonn beschränkt sich auf die Ausbildung für den gehobenen Dienst an öffentlichen Bibliotheken.

Der Abstimmung von Ausbildungsinhalten und -abschlüssen dient die zweimal jährlich tagende „Konferenz der informatorischen und bibliothekarischen Ausbil-

---

18 An den Fachhochschulen in Frankfurt am Main, Köln und München können neben dem Ausbildungsgang für den gehobenen Dienst Abschlüsse erworben werden, die zu einer Tätigkeit im höheren Dienst öffentlicher Arbeitgeber berechtigen; dies gilt auch für den Magisterabschluß am Institut für Bibliothekswissenschaft der Humboldt-Universität zu Berlin.
19 Krueger (1992: 475) weist darauf hin, daß bis zu 60 Prozent der Fachhochschulabsolventen „nicht im öffentlichen Dienst, sondern in der Privatwirtschaft einen Arbeitsplatz annehmen."

dungsstätten" (KIBA)[20], der die zwölf genannten bibliothekarischen Ausbildungsstätten und -einrichtungen angehören. Unabhängig hiervon beteiligen sich alle bibliothekarischen Verbände und Interessenvertretungen an der Diskussion um Ausbildungsziele und -inhalte, so erst jüngst der VDB (vgl. Grabka 1998: 6ff.). Aufgrund unvollständiger Angaben läßt sich die jährliche Zahl der Absolventen bibliothekarischer Ausbildungsgänge nur annähernd beziffern (vgl. Verein Deutscher Bibliothekare 1997: 369ff.). Für den gehobenen Dienst werden bundesweit rund 450 Ausbildungsabschlüsse angegeben, für den höheren Dienst etwa 100 (in Frankfurt am Main, Hannover, Köln, München und Berlin). Derartige Zahlen von Absolventen würden allerdings mehr als ausreichen, um die generationsbedingt jährlich freiwerdenden Stellen öffentlich finanzierter Bibliotheken wiederzubesetzen.[21]

Seit einigen Jahren werden verstärkt Reformanstrengungen an den Ausbildungseinrichtungen unternommen. Sie sind teilweise noch im Planungs- oder Konzeptstadium und in ihren Ansätzen und Intentionen weitreichend und zukunftsweisend. Die Reformbemühungen umfassen Ausbildungsinhalte, -formen, -ziele (und -abschlüsse) sowohl für den gehobenen wie für den höheren Dienst. Auch wenn sie aufgrund der föderalen Struktur der Bundesrepublik asynchron verlaufen und ihre spezifischen Ausprägungen[22] nicht nur von verbandspolitischer Kooperationsbereitschaft, sondern ebenso von den Akteurskonstellationen im Lehrkörper der jeweiligen Einrichtung und im Ministerialbereich der jeweiligen Aufsichts- und Zuwendungsbehörden abhängen, sind den meisten Reformanstrengungen folgende strukturelle Zielrichtungen gemeinsam:

---

20 Die Umbenennung der Konferenz der bibliothekarischen Ausbildungseinrichtungen (KBA) in Konferenz der informatorischen und bibliothekarischen Ausbildungseinrichtungen (KIBA) wurde am 20. April 1998 beschlossen. „Die gleichberechtigte Einbeziehung des ‚I' in die neue Abkürzung soll signalisieren, daß die Entwicklungen und Aufgaben, wie sie mit Informationsgesellschaft und Informationstechnik umschrieben werden, neben die bibliothekarischen Belange treten, ohne daß die einen die anderen ersetzen wollen. Mit der Erweiterung ist ein erster Schritt getan, um auch die Einrichtungen der universitären Informationswissenschaft und des Archivbereichs zur Mitarbeit zu gewinnen." Gödert (1998: 1104).

21 Der jährliche Bedarf läßt sich nach folgender Faustregel grob abschätzen: Anzahl der Leitungspositionen (vgl. S. 30) dividiert durch durchschnittliche Berufsjahre. Es ergibt sich hier ein (Näherungs-)Wert von 80.

22 Krauß-Leichert (1998b: 520ff.) beklagt eine unzureichende Aus- und Weiterbildung des Berufsstandes. Sie bemängelt unter anderem unzureichende Konvergenz der Ausbildungsgänge sowie Niveaudefizite in der Fortbildung.

- Aufhebung der hochgradig segmentierten und spartenspezifischen (öffentliche Bibliothek, wissenschaftliche Bibliothek, Dokumentationseinrichtung) Orientierung der Ausbildung;[23]
- Abkoppelung der Ausbildung von der vermeintlich primären künftigen Beschäftigung im öffentlichen Dienst;[24]
- Umorientierung der Ausbildungsinhalte von kanonisiertem, auf das Objekt „Buch" bezogenem Wissen hin zu einem kombinierten Spektrum fachlich-organisatorisch-sozialer Schlüsselkompetenzen im Informationsbereich (vgl. Behm-Steidel et al. 1998: 516ff.; Krauß-Leichert 1998a: 539f.; Gödert/Oßwald 1998: 512ff.).

Die angestrebten *strukturellen* Innovationen im Ausbildungssystem der deutschen Bibliotheks- und Informationsberufe verlaufen indes nicht ohne Friktionen und Interessenkonflikte. Sie sind teilweise mit erheblichen fachinternen Kontroversen verbunden, die sich auch in den Medien des Bibliothekswesens publizistisch niederschlagen. Als Beispiel sei die Debatte um die Reform des Ausbildungsgangs zum höheren Bibliotheksdienst an der Fachhochschule Köln genannt (vgl. Empfehlungen des Expertenhearings v. 28.11.1997 in der FH Köln 1997; Oßwald/Gödert 1998a, 1998b; Depping 1998: 22f.; Arbeitsgemeinschaft der Universitätsbibliotheken 1998: 16f.; Nagelsmeier-Linke 1998: 17ff.; Hilgemann 1988: 3f.). Die Bemühungen um strukturelle Reformen zeugen dennoch von der Absicht, sich vom traditionellen Selbstverständnis bibliothekarischer Berufsqualifikationen und -orientierungen zu emanzipieren, um mit den aktuellen Entwicklungen und Anforderungen im Informations- und Kommunikationsbereich sowie generell im Dienstleistungsbereich mithalten zu können. Sie laufen parallel zu den vielfältigen Bemühungen, die Lehrinhalte auf die informationstechnologischen Entwicklungen (Internet, elektronische Dienstleistungen, virtuelle Bibliothek usw.) abzustimmen.

Zusammenfassend läßt sich feststellen: Die bisherige Struktur und Organisation von Ausbildungsgängen im Bereich „Bibliothek, Information, Dokumentation" (BID) ist unter Aspekten beruflicher Sozialisation ein wesentliches Element zur Konditionierung der betroffenen Akteurinnen und Akteure auf tayloristische Arbeitsstrukturen und Arbeitsabläufe in der beruflichen Praxis. Dies ist erstens der fachlichen Differenzierung der Ausbildung in Form der Spartenorientierung und

---

23 Vgl. hierzu beispielsweise die Reformstudiengänge an den Fachhochschulen in Hamburg (hierzu: ebenda: 522) und in Köln (Internet: http://fbi.fhkoeln.de/fb/reform/studienr.htm).
24 Vgl. hierzu vor allem die Reform des Studiengangs für den wissenschaftlichen Bibliothekar in Leitungspositionen an der Fachhochschule in Köln und die Magister-/Masterstudiengänge am Institut für Bibliothekswissenschaft der Humboldt-Universität zu Berlin (hierzu: Jänsch et al. 1998: 512ff.).

der daraus folgenden Präformierung beruflich-institutioneller Bindungen geschuldet, zweitens der rigiden Laufbahnbindung an die Einstiegs- und Beförderungsmechanismen des öffentlichen Dienstes mit seinen eher auf Abgrenzung als Durchlässigkeit angelegten Karrieremustern und drittens der hochgradigen Verschulung der fachlichen Wissensvermittlung.

Zwar nimmt mit der Flexibilisierung und Reform dieser Strukturen die Wahrscheinlichkeit zu, Fachpersonal im BID-Bereich zeitgemäß auszubilden. Überdies sind neuerdings die Qualifikationen der Absolventinnen und Absolventen im Sinne von „Bibliotheks- und Informationsmanagement" eher auf flexiblen Berufsfeldern - im öffentlichen wie im privaten Bereich - einsetzbar.[25] Doch der Aspekt der Qualifizierung für Leitungstätigkeiten wird in den bisherigen Reformkonzepten nur marginal berücksichtigt, besonders was die *sozialen Kompetenzen* zur Ausübung funktionsgemäßer Leitungstätigkeit unter den gegebenen Entwicklungs- und Wandlungsbedingungen betrifft. Als Leitungstätigkeit definieren Sauppe und Vollers (1997) mit Bezug auf entsprechende Urteile des Bundesarbeitsgerichts folgende leitenden und überwachenden Arbeitsvorgänge und Funktionen:

„a) Personalentscheidungen unter Beteiligung der Personalvertretung,
b) Personaleinsatzentscheidungen,
c) Fragen der Koordinierung im unterstellten Bereich,
d) sonstige Organisationsangelegenheiten,
e) Entscheidungen über Vorschläge/Entwürfe aus dem unterstellten Bereich,
f) Erörterung von Sachfragen mit Mitarbeitern und Entscheidung hierüber,
g) eigene Bearbeitungen, z.B. Berichte, wissenschaftliche Aufgaben,
h) Aktualisierung des eigenen beruflichen Kenntnisstandes." (Ebenda: 31)

---

25 Umstätter verweist in diesem Zusammenhang auf berufspraktische Qualifikations- und Funktionserfordernisse, die vor dem Hintergrund entsprechender Entwicklungsvorsprünge im anglo-amerikanischen Bereich als „Information Resources Management" (IRM), „Information Management" (IM), „Wissensmanagement" (WM) und „Wissenschaftsmanagement" (WSM) bezeichnet werden. Diese Begriffsschöpfungen erfassen die Aufgabenspezifika, -dimensionen und -komplexitäten zukünftiger Informationsexperten frei von institutionellen, fach- und laufbahnspezifischen Fixierungen. „Der Bibliothekar als Informationsverwalter bzw. als Wissensverwalter in der wissenschaftlichen Bibliothek muß sich zunehmend mit den neuen Formen der Informations- und Wissensrepräsentation beschäftigen. Dazu gehören beim Informationsmanagement in erster Linie die multimedialen Möglichkeiten der modernen Computertechnologie, aber auch das Interpersonal- bzw. Workgroup-Computing mit seinen weltweiten Kooperationsangeboten im Internet." (Umstätter 1999: 514).

Bis auf wenige Ausnahmen („g", „h") handelt es sich um intraorganisatorische Arbeitsvorgänge, deren Prozedierung, Legitimierung, Vermittlung und Abstimmung in erheblichem Maße der Kooperation, Koordination und Konsensbildung mit anderen Beteiligten bedarf - über alle Hierarchieebenen hinweg.
Die Vorbereitung auf die erforderlichen Kompetenzen erscheint nicht nur in der Ausbildung defizitär. Sie wird auch in der Praxis als deutlich lückenhaft erfahren. Daher gehören die Einbeziehung und dauerhafte Implementierung entsprechender Ausbildungskomponenten zu den langjährigen Forderungen aus Kreisen von Praktikern und „Geschädigten" (Glang-Süberkrüb 1991: 55), ohne daß bislang wirklich überzeugende Resonanzen in den jeweiligen Curricula zu verzeichnen sind.

Grabka veröffentlichte 1992 die Ergebnisse einer Erhebung unter Absolventen des höheren Bibliotheksdienstes in Frankfurt am Main und Köln (83 Teilnehmende, Rücklauf etwa 50 Prozent), die die Einschätzung der Befragten zu ihrer praktischen und theoretischen Qualifizierung im Ausbildungsbereich „Bibliotheksmanagement" (bezogen auf Verwaltungskunde, Personalwesen, Leitungsinstrumente/Führungsstile) zum Gegenstand hatte (vgl. Grabka 1992: 1517). Im Ergebnis dieser Befragung überwogen eindeutig die negativen Einschätzungen - ein nahezu vernichtendes Urteil über die Qualifikationsvermittlung in den jeweiligen Ausbildungseinrichtungen.

Eine Auswahl von Äußerungen soll verdeutlichen, daß zwischen Problembewußtsein und Postulaten einerseits und der konkreten Wirklichkeit in den Bibliotheken sowie professionellem und qualifiziertem Führungsverhalten andererseits eine Lücke klafft. Hierzu melden sich seit Jahrzehnten immer wieder einzelne Akteure aus dem Bibliothekswesen zu Wort (vgl. Kortzfleisch 1968: 328, 1972: 193; Heidtmann 1978: 107; Stoltzenburg 1983: 647ff.).

1986 fanden entsprechende Forderungen erstmals verbandspolitisch Resonanz. In den „Empfehlungen für die Ausbildung des Höheren Bibliotheksdienstes" der Kommission für Ausbildungsfragen des Vereins Deutscher Bibliothekare wurden die Ausbildungsziele um den Faktor Leitungsqualifikation erweitert. Dort heißt es:

> „Die Kommission für Ausbildungsfragen weist ausdrücklich darauf hin, daß die Ausbildung gerade des höheren Dienstes sich nicht auf die Vermittlung von Faktenwissen, die Einübung von Routinetätigkeiten sowie das Handling neuer Technologien beschränken darf. Es ist gerade in der Ausbildung von Nachwuchskräften, die auch auf die Übernahme leitender Positionen vorbereitet sein sollten, ein besonderes Gewicht auf die Forderung von Verhaltensweisen zu legen wie: Problembewußtsein, Innovationsbereitschaft, aktive und passive Kritikfähigkeit, Führungs- und Durchsetzungsfähigkeit, letztlich Handlungskompetenz."
> (Verein Deutscher Bibliothekare, Kommission für Ausbildungsfragen 1986: 7)

Mit Bezug auf diese Manifestierung des Stellenwerts der Leitungsqualifikation im Bibliothekswesen befindet K.-W. Neubauer (1989) wenige Jahre später:

> „Immerhin erhält dort (in den zitierten Empfehlungen; G. P.) erstmalig dieser Bereich der praktischen Ausbildung der Bibliothek mit acht Wochen den gleichen Stellenwert wie das Fachreferat." (Ebenda: 11f.)

Diese Kommentierung erscheint Neubauer deshalb wichtig, weil der höhere Dienst schon von seiner Position her den Auftrag habe, die Leitungsfunktionen in der Bibliothek zu übernehmen (ebenda)[26], denn für „Managementfunktionen" werde er „in erster Linie" bezahlt. Neue Dienstleistungen und neue Techniken, so Neubauer weiter, erforderten auch neue Methoden der Personalführung und der Organisation und damit strukturelles Umdenken der Bibliothekare als Berufsstand.

In dieselbe Richtung zielt Krueger (1992: 471ff.). Er fordert eine Reform der Organisationsstrukturen, des Laufbahnrechts und der Aus- und Weiterbildung, ebenso die Übernahme privatwirtschaftlicher Erkenntnisse, um ein zeitgemäßes Dienstleistungsunternehmen „wissenschaftliche Bibliothek" zu schaffen. Dies impliziere kooperative und kollegiale Formen der Personalführung.

Vehement kritisiert Glang-Süberkrüb das bibliothekarische Ausbildungssystem:

> „Ich hatte Personalführung nie gelernt. Circa 80 Prozent des Jahresetats der Stadtbibliothek Bielefeld sind Personalausgaben. Diesen Budgetanteil, immerhin einige Millionen pro Jahr, verwalte ich als Autodidakt." (Glang-Süberkrüb 1991: 56)

Als Beleg für die Dringlichkeit der erörterten Problematik läßt sich auch die Forderung der DBI-Kommission für Organisation und Betrieb heranziehen. Dort heißt es, der

> „Aspekt managementorientierter Fortbildung, bezogen auf neue Führungsstile, die die gegenwärtigen Veränderungsprozesse dringend erfordern" (Lux 1996: 896),

müsse weiterverfolgt werden.

Die Lücke zwischen Defizitbefunden, einzelnen Forderungen und der gängigen Praxis klafft immer noch, jede dieser Äußerungen bezeugt das Fortbestehen des Aus- und Weiterbildungsdefizits für bibliothekarisches Leitungspersonal.

Die Schwierigkeit der Vermittlung entsprechender Kenntnisse und Kompetenzen (Personalführung, Mitarbeitermotivation, interpersonelle Kommunikation,

---

26 Vgl. hierzu auch: Hagenau (1992: 13); Frankenberger et al. (1994: 4) und - aus Sicht der Mitarbeiterinnen und Mitarbeiter - Mozer (1992: 227ff.); Schwarz (1994: 14ff.).

Konfliktsteuerung) spricht W. Neubauer (1991: 42ff.) an, ohne die Verantwortung von Aus- und Weiterbildungseinrichtungen für diese Aufgaben zu relativieren.

Als einer von wenigen Dozenten im Bibliothekswesen macht Albrecht Hatzius von der Hamburger Fachhochschule Qualifizierungsangebote für Führungsaufgaben (vgl. Hatzius 1996: 43ff.). Bis heute ist die Aus- und Weiterbildung für die Ausübung von Leitungsfunktionen im Bibliothekswesen ansonsten kein regulärer Bestandteil der professionellen Qualifizierung, auch wenn der individuelle und der fachinterne Problemdruck in den letzten Jahren zugenommen haben. Berücksichtigt werden müßten indes nicht nur „reine" Managementkompetenzen, sondern auch jene sozialen Kompetenzen, die für die Steuerung organisationssozialer Prozesse so dringend erforderlich sind.

Die in dieser Studie befragten Leiterinnen und Leiter wissenschaftlicher Bibliotheken Berlins sind in ihrer Leitungsfunktion durchgehend „Autodidakten", eine Qualifizierung für die Leitungstätigkeit haben sie aufgrund der Strukturen und Inhalte bibliothekarischer Ausbildung in der Bundesrepublik nicht erfahren.

1.3 Herausforderungen an das wissenschaftliche Bibliothekswesen und ihr Widerhall in Wissenschaft und Fachkommunikation

Die neunziger Jahre bringen für das Bibliothekswesen eine Reihe von Entwicklungen mit sich, die von diesem als besondere Herausforderungen gesehen und als starker Handlungsdruck erlebt werden. Dazu zählen die knapper werdenden öffentlichen Mittel, der technologische Fortschritt mit seinem erhöhten Innovationsdruck, der Wandel des Informationsbegriffs (vgl. Grötschel/Lügger 1997: 18), gewachsene Ansprüche an Leistungsfähigkeit (Effizienz) und Dienstleistungsqualität seitens der Nutzerinnen und Nutzer. Die hierdurch ausgelöste breitere Diskussion knüpft wesentlich an - wenn auch nur wenige - Vorläufer vor allem aus den siebziger und achtziger Jahren an.[27]

---

27 Im Zuge seiner Recherchen nahm der Autor eine Auswertung aller Beiträge (Monographien, Zeitschriftenaufsätze usw.) vor, die sich Themen rund um die Herausforderungen seit Beginn der sechziger Jahre widmen: Von 1960 bis 1990 lassen sich kaum mehr als 40 Beiträge ausmachen. Hinzu kommen etwa 40 Äußerungen auf Tagungen der bibliothekarischen Profession. Erst mit den neunziger Jahren ändert sich das Bild, vor allem in Richtung betriebswirtschaftlicher und Managementperspektive. Im selben Zeitraum zählte der Autor einige Hundert Aufsätze und Beiträge zum Berufsbild des wissenschaftlichen Bibliothekars. Die beiden Befunde zeugen von einer weitgehenden Verweigerung der „Reformdiskussion" und einer gehörigen Statusverunsicherung auf seiten der Profession.

In aktuellen Veröffentlichungen und fachlichen Medien des Bibliothekswesens häufen sich die Hinweise auf einen Umbruch. Abgestellt wird meist auf eine Gemengelage, in deren Mittelpunkt technologische Veränderungen und daraus folgende dynamische Prozesse stehen. Erwähnt werden organisatorisch-strukturelle und - eher marginal - soziale Konsequenzen sowie gesellschaftspolitische Aspekte wie die zunehmende Erwartung der Nutzerschaft an die Qualität bibliothekarischer Dienstleistungen; meist wird nicht verabsäumt, diese Herausforderungen vor dem Hintergrund der Erschwernisse durch reduzierte Budgets - und damit scheinbar reduzierter Handlungs- und Innovationsmöglichkeiten - zu betrachten. Manche Autoren sprechen explizit von einer Krise (vgl. Halle 1997: 129; Hobohm 1997: 300; Grötschel/Lügger 1995: 288f.; Eichert 1998).

1.3.1 Budgetreduzierung

Die offensichtlichste, zumindest von den Bibliotheken und ihren Verbänden sowie prominenten Vertretern am heftigsten beklagte Herausforderung stellen die derzeit allenthalben auf der Tagesordnung stehenden Mittelkürzungen dar. Die Bibliotheken mit ihrer umfassenden Abhängigkeit von den öffentlichen Haushalten bekommen die aufgrund niedriger Steuereinnahmen leeren öffentlichen Kassen und eine veränderte politische Prioritätensetzung deutlich zu spüren. Die Bundesvereinigung Deutscher Bibliotheksverbände (1994) formuliert mahnend:

„Unterversorgung führt hier nicht zu Sparsamkeit, sondern zu Ressourcenverschwendung. Denn die Bestände in Bibliotheken bleiben totes Kapital, wenn sie nicht aktualisiert werden und nicht gezielt und gründlich genutzt werden können." (Ebenda: 3)

Wie stellt sich die finanzielle Lage der wissenschaftlichen Bibliotheken tatsächlich dar? Und durch welche Größen wird sie beeinflußt?
Griebel und Tscharntke (1998) befinden:

„Der Kostendruck, dem sich die wissenschaftlichen Bibliotheken ausgesetzt sehen, hat sich 1997 erheblich verschärft." (Ebenda: 10)

Neben der Preissteigerung verweisen die Autoren auf eine zugespitzte Kostensituation aufgrund dramatischer Währungsverluste gegenüber dem U.S.-Dollar und dem britischen Pfund.[28] Für die Universitätsbibliotheken lautet der Befund:

---

28 Verwiesen wird auf das Beispiel der Bayerischen Staatsbibliothek, die bei einem gemischten Zeitschriftenpaket aus Großbritannien (etwa 2.000 Titel) eine Kostensteigerung von 28 Prozent oder 360.000 DM zu verzeichnen hat (ebenda).

„Obgleich die restriktiven Eingriffe in die Bewirtschaftungsbefugnis in der zweiten Jahreshälfte 1996 gelockert wurden, sank das Etatgesamtvolumen der Universitätsbibliotheken im vergangenen Jahr (1997; G. P.) um 4,3 Prozent... Die Etatentwicklung markiert insofern eine deutliche Zäsur. Wenngleich im einzelnen differenziert werden muß, bleibt festzuhalten, daß sich 64 Prozent der Bibliotheken 1996 mit einem Etatrückgang und 9 Prozent mit einer Nullfortschreibung konfrontiert sahen." (Ebenda: 20ff.)

Zwei weitere Indikatoren können zur Beantwortung der Frage nach Budgetreduzierungen herangezogen werden.

So weist der „Harrassowitz-Preisindex für die deutsche wissenschaftliche Buchproduktion in Zusammenarbeit mit der Kommission des DBI für Erwerbung und Bestandsentwicklung" (vgl. Reinhardt/Griebel 1998) für die Jahre 1994 bis 1996 eine durchschnittliche Preissteigerung von 13 Prozent auf (ebenda: 29).[29] Daß sich dies auf die Erwerbungsbudgets der Bibliotheken auswirkt, steht außer Frage.

In einer Analyse des deutschen Arbeitsmarktes für Bibliothekare (vgl. Stock 1997) heißt es unter anderem:

„Im Durchschnitt der betrachteten Jahre (1991 bis 1995; G. P.) verliert das deutsche Bibliothekswesen gut 1,3 Prozent an Arbeitsplätzen pro Jahr... Im Schnitt der letzten Jahre verlieren Wissenschaftliche Bibliotheken nur rund 0,3 Prozent der Arbeitsplätze pro Jahr... Organisatorische Veränderungen (...) führen bei unveränderten Aufgaben zu Produktivitätsgewinnen und damit zu Arbeitsplatzverlusten." (Ebenda: 351)

Ceynowa (1997b) spricht von einer „Überrollung" der Haushaltsansätze, die zahlreiche Bibliotheken zu rigiden Sparmaßnahmen zwinge. Er bringt die zentrale Aufgabe des Bibliotheksmanagements für die nächsten Jahre auf die Formel:

„Mit zusehends knapperen Ressourcen ist ein zunehmend umfangreicheres Leistungsspektrum zu bewältigen." (Ebenda: 241)

Der Autor zitiert in diesem Zusammenhang den Begründer des Verlags- und Medienhauses Bertelsmann, Reinhard Mohn, der die defizitäre Lage der öffentlichen Hand als einen willkommenen Anlaß für die Überprüfung überkommener Organisationsstrukturen, -ziele und Arbeitsabläufe ansieht:

„Es ist ein Segen, daß uns das Geld ausgeht. Anders kriegen wir das notwendige Umdenken nicht in Gang. (...) Wir müssen deshalb dem Schicksal danken, daß jetzt schmerzliche Sachzwänge entstehen, die neue Schubkraft bringen." (Ebenda: 242)

---

29 Der „Durchschnitt" bezieht sich bei diesen Angaben auf verschiedene Fachgebiete.

Durchaus Verständnis für die prekäre Situation der öffentlichen Hand - und im übrigen auch für die nicht-monetären Herausforderungen, vor denen Bibliotheken heute stehen - bezeugt folgende Aussage Klaus-Dieter Lehmanns, 1993 Generaldirektor der Deutschen Bibliothek[30]:

> „Die erhöhten Anforderungen an Bibliotheken und die ökonomischen Belastungen (...) lassen eher finanzielle Einschnitte erwarten. Es gibt auch für Bibliotheken keinen Sonderstatus oder Sonderweg. Sie sind Bestandteil ihrer Zeit und ihres Umfeldes." (Lehmann 1993: 64)

Daß aus der prekären Finanzierungslage in Zusammenhang mit einem „neuen Denken" auch Zukunftschancen erwachsen können, wird durchaus gesehen, wie folgende Ausführung des stellvertretenden Generaldirektors der Niedersächsischen Staatsbibliothek belegt:

> „Festzustellen ist daher an dieser Stelle zunächst, daß sich die Bibliotheken in einer Situation deutlich verengter Handlungsspielräume befinden, aus denen sie das beste machen müssen, um die Zukunft für sich zu retten... Die Krise erfordert neues Denken." (Halle 1997: 129)

Deutlich eingebettet in die allgemeine ökonomische - und auch technologische - Entwicklung in der Bundesrepublik Deutschland sieht K. W. Neubauer (1994) die aktuellen Herausforderungen an die Bibliotheken:

> „Eigentlich sollten Bibliotheken ein kooperatives Versorgungssystem bilden... Insofern sollten die Bibliotheken alle zusammen sich durchaus als Bestandteil eines Konzernes fühlen. Zumindest in Teilbereichen wird dieser ‚Konzern' in den nächsten zehn bis zwanzig Jahren ins Wanken kommen, wenn er nicht fähig ist, die Innovations- und Effektivitätsschübe zu leisten, denen sich unsere gesamte Wirtschaft seit letztem Jahr mit zunehmender Geschwindigkeit ausgesetzt sieht." (Ebenda: 868ff.)

Damit ist insgesamt von spürbaren Einschnitten in die Budgets der Bibliotheken auszugehen. Wie dies zu bewerten ist, wird allerdings kontrovers eingeschätzt.

1.3.2 Technologischer Wandel

Komprimiert und schlüssig schildert K. W. Neubauer (zit. in W. Neubauer 1993: 331) in seinem Beitrag für den 82. Deutschen Bibliothekartag 1992 die Konsequenzen des EDV-Einsatzes in Bibliotheken. Seine Darstellung mündet in der Feststellung,

---

30 Lehmann wurde mittlerweile Präsident der Stiftung Preußischer Kulturbesitz.

„daß es sich trotz der 25jährigen Geschichte des EDV-Einsatzes in deutschen Bibliotheken bisher lediglich um Vorgeplänkel gehandelt hat, verglichen mit dem, was in den nächsten Jahren auf uns zukommt." (Ebenda)

Bis zu diesem Diktum war ein weiter Weg zu beschreiten, den nur wenige im Bibliothekswesen richtig einschätzten. Zu letzteren zählt der Bibliothekspraktiker und -theoretiker Joachim Stoltzenburg, der bereits 1984 erkannte:

„Die Auswirkungen der technischen Entwicklung auf die Binnenbeziehungen der Bibliothek werden sich vor allem als Probleme der Organisations-, der Arbeits- und Sozialstruktur der Bibliothek manifestieren. Die Auswirkungen der kommenden elektronischen Infrastruktur auf diese drei Bereiche der Bibliothek greifen ineinander und bedingen einander." (Stoltzenburg 1984a: 700)

Die Stärke von Stoltzenburgs Ausführungen liegt in der klaren Analyse der beginnenden Elektronisierung des Bibliothekswesens und in ihrer prognostischen Kraft. Stoltzenburg erkennt bereits Tendenzen und Folgen der „offenen Netze":

„Über das offene Netz werden Wissenschaftler, Bibliotheken, Bibliothekare, Buchhandel und Literaturdatenbanken untereinander und vom Arbeitsplatz aus mit jedem Teilnehmer in anderen Netzen Daten austauschen können, sei es im Retrieval, im Dialog, im sogenannten file transfer oder über Nachrichten in einen elektronischen ‚Briefkasten'." (Ebenda: 697)

Stoltzenburg verfaßte dies zu einer Zeit, als Derartiges in der Fachkommunikation noch als utopisch wahrgenommen wurde, die wenigen „Reformbibliotheken" als „Nestbeschmutzer" galten und das Internet nicht einmal als Begriff existierte.

Er wurde damals in bibliothekarischen Fachkreisen stark angefeindet, teilweise auch ausgegrenzt[31], weil er den „kompetenten Bibliothekar" (ebenda: 696)[32] im Unterschied zum akademisch-elitären wissenschaftlichen Bibliothekar zu fordern gewagt hatte. Die postulierten Qualifikationen des „kompetenten Bibliothekars" wurden als Organisations-, Sozial-, Kommunikations- und Technikkompetenz beschrieben. Die eher konservative Beamtenschaft des deutschen Bibliothekswesens reagierte dezidiert abweisend.

---

31 Beispielsweise wurde Stoltzenburgs Vortrag auf dem Bibliothekartag 1984 mit dem Titel „Die Bibliothek zwischen Tradition und Moderne" nicht in den Tagungsband übernommen.
32 Stoltzenburg greift mit dem „kompetenten Bibliothekar" einen Begriff auf, der 1982 zum ersten Mal von Hilmar Hoffmann gebraucht wurde. Vgl. hierzu: Hoffmann (1982).

Die Kontroverse um Stoltzenburg ist hier auch deshalb erwähnenswert, weil es um die Identifizierung historischer Vorläufer der jetzigen Umbruchsituation[33] geht. Stoltzenburg wird in diesem Zusammenhang selten zitiert. Dabei ist er ein Vordenker der aktuellen Diskussionen: Dies betrifft arbeits- und organisationssoziologische Aspekte, ebenso Fragen zu neuen Managementformen, betriebsorganisatorischen Modellen und Führungsstilen. Da Stoltzenburgs Thesen theoretisch wie praktisch grundsätzliche Bedeutung zukommt und sie die profundeste Analyse mit dem Ziel einer umfassenden Modernisierung des deutschen Bibliothekswesens in den achtziger Jahren darstellen, sei hier auf sie verwiesen, ohne sie in diesem Rahmen ihrer Bedeutung entsprechend würdigen zu können.[34]

Der technologische Wandel führt die moderne Bibliothek - darüber besteht heute ein breiter Konsens - in Richtung verstärkte Digitalisierung[35] und (technische) Vernetzung:

> „Die Hypothese ist also, daß die Bibliothek der Zukunft die Digitale Bibliothek sein wird, und man deren Managementanforderungen erschließen kann aus aktuellen Trends der allgemeinen Bibliotheksentwicklung einerseits und den sozio-ökonomischen Gegebenheiten der beginnenden Informationsgesellschaft andererseits. Das Hauptcharakteristikum der Bibliothek der Zukunft wird vielfach sehr pointiert mit dem Schlagwort der *just-in-time*-Bibliothek beschrieben, um sie von der *just-in-case*-Philosophie der Bibliothek abzugrenzen, die in erster Linie auf Lagerung von Medien spezialisiert war, für den nicht genau vorhersehbaren Fall einer potentiellen Nutzung." (Hobohm 1997: 294) (Hervorhebung im Original)

Eine Schlüsselstellung bei der technologischen Entwicklung auf dem Gebiet der Information und Kommunikation nimmt mittlerweile das *Internet* ein (vgl. ausführlich auch Kapitel 1.3.3). Nach der Digitalisierung der Referenzsysteme, der Text- und sonstigen Objekte sowie der Kommunikation steht derzeit die Digitalisierung aller Geschäftsgänge in den Bibliotheken an. Welche zentrale, in gewisser Weise wörtlich gemeint „globale" Bedeutung „dem Netz" über die Bibliotheken hinaus zukommt, illustriert eine Auswahl aktueller Statements (vgl. Der Spiegel, Nr. 3, 2000: 92ff.) mit gesamtgesellschaftlicher, quasi gesamtzivilisatori-

---

33 Bisweilen wird gar von einem „Paradigmenwechsel" gesprochen. Vgl. hierzu beispielsweise Hobohm (1997: 293f.).
34 Verwiesen sei auf die Dissertation, die dieser Veröffentlichung zugrunde liegt und die online unter http://dochost.rz.hu-berlin.de/dissertationen/phil/paul-gerhard/ zugänglich ist. Dort wird auf die Rolle Stoltzenburgs ausführlicher als hier eingegangen.
35 Vgl. auch Ewert/Umstätter (1997: 14); Umstätter unterscheidet die Begriffe „Elektronische", „Digitale" und „Virtuelle Bibliothek": Die „Virtuelle, ebenso wie die Elektronische Bibliothek (werden) als Teilbereiche der Digitalen Bibliothek" verstanden.

scher Perspektive: Das Internet heute sei, was die „kambrische Explosion vor 550 Millionen Jahren" war (ebenda: 95). Das elektronische Netz sei zur treibenden Kraft des Strukturwandels geworden. Im Netz konkurriere jeder Anbieter mit allen anderen. Branchen, deren Arbeitsweise sich über Jahrzehnte kaum verändert habe, müßten ihre Strategie neu bestimmen.

1.3.3 Veränderte Kundenansprüche an Leistungsfähigkeit (Effizienz) und Dienstleistungsqualität

Die Herausforderung des Bibliothekswesens durch höhere Kundenansprüche speist sich aus mehreren Veränderungen, darunter einem erweiterten Begriff dessen, was als Information zum Gegenstandsbereich auch der Bibliotheken zählt. Was dies für Forschung und *Scientific Community* bedeutet, illustriert folgendes Zitat:

> „Tatsächlich aber bestehen Forschungsergebnisse aus mehr als nur Artikeln in gedruckter Form. Zu den Resultaten der Forschung gehören heute komplexe Forschungssoftware und umfangreiche Datensammlungen, Visualisierungen, Simulationen und Animationen, Multimedia- und Hypermediaprodukte, Datenbanken und globale Hypertexte, und verteilte Informationssysteme..." (Grötschel/Lügger 1997: 18)

Grötschel, Hochschullehrer und Direktor des Konrad-Zuse-Zentrums für Informationstechnik in Berlin, und Lügger beschreiben die neue Situation in einem Beitrag recht anschaulich:

> „Das wissenschaftliche Publizieren hat eine historische Wasserscheide erreicht. Überall verfügbare digitale Netze, immer preiswertere Server mit Speichern im Gigabytebereich, Laserdrucker und hochleistungsfähige Lichtsatz- und Grafiksoftware, und jetzt das World Wide Web transformieren unsere Welt von einer, in der nur wenige Verlage wissenschaftliche Arbeiten drucken und vertreiben konnten, in eine, in der praktisch jeder seine Arbeitsergebnisse - vom Artikel über die Software bis hin zu multimedialer Information - selbst elektronisch publizieren und vertreiben kann, weltweit, zu geringen Kosten und äußerst effizient. Wir befinden uns auf dem Wege in eine neue - digitale - Welt, mit neuen Chancen zur effektiveren Zusammenarbeit über große Entfernungen hinweg... Es geht um den Aufbau elektronischer Informations- und Kommunikationsstrukturen im Internet und im World Wide Web. Hierbei soll ausgenutzt werden, daß so gut wie die gesamte heute und in Zukunft produzierte wissenschaftliche Information elektronisch, in digitaler Form vorliegt." (Ebenda: 23f.)

In Verbindung mit der Tatsache, daß IuK-Technologien Distanzen zu externen Ressourcen einerseits und zu einer großen Zahl von Nutzern andererseits abbauen können, ergibt sich ein neues Anforderungsprofil, das die Nutzerschaft den Bibliotheken zuschreibt. Bibliotheken sind potentiell flexibler geworden; sie verlieren jene Art von „Stabilität", die sie an ihren Bestand und an ihre Nutzerschaft band. Hobohm (1997) formuliert dies positiv:

> „Sie (die Bibliothek; G. P.) ist flexibler geworden und kann in größerem Ausmaß auf die Anforderungen und Wünsche der Kunden eingehen als bisher. Das bedeutet aber auch, daß ihre Kunden dies wissen und höhere Anforderungen stellen, vor allem auch weil sie sich nun im Zweifelsfall an andere Anbieter wenden können oder ebenfalls mit Hilfe des flexiblen Werkzeugs ‚Informationstechnik' zur Selbsthilfe greifen können. Die Potentiale der neuen Instrumente (...) sind nicht mehr an bestimmte Institutionen gebunden. Für die Bibliothek kommt es darauf an, die Situation zu nutzen und wie man so schön sagt, ‚pro-aktiv' zu werden... Wesentlich ist vor allem, daß gerade durch die Informationstechnik die Notwendigkeit einer hohen Kundenorientierung gewachsen ist." (Ebenda: 294)

Der Zusammenhang von Internet, Wissenschaft und Informationswesen wird von Tröger (1997) betont. Sie vernimmt einen Ruf der Wissenschaft nach Hilfe von außen angesichts einer immer schnelleren Informationsflut. In Zugzwang sieht sie vor allem jene Einrichtungen, deren „Geschäft" der Umgang mit Informationen ist:

> „Wissenschaftliche Bibliotheken sehen sich zunehmend mit der Forderung nach fundierter Assistenz von Forschung und Lehre im vermeintlichen oder realen Datenchaos des Internets, im vermeintlichen oder realen Problemfaktor Cyberscience konfrontiert." (Ebenda: 177)

Tröger identifiziert für die Bibliotheken auch eine Chance zur Re-Definition und zur Aktualisierung von Funktionen und Aufgaben. Sie benennt allerdings auch das Risiko, falls diese Chancen vom Bibliothekswesen und dessen Akteuren nicht ergriffen werden:

> „Sperrten sich die Bibliotheken hier aber oder seien sie zu langsam, nähmen die Wissenschaften das Informationsgeschäft selbst in die Hand. Verabschiedet sich jedoch die Wissenschaft aus der wissenschaftlichen Bibliothek, schafft sie sich ihren eigenen bibliotheksautarken Informationskontext, wird die Frage unabweisbar, welche Funktion, welche Sinnhaftigkeit die Bibliothek dann noch erfüllt?" (Ebenda: 187)

Binder faßte auf der 18. Online-Tagung der Deutschen Gesellschaft für Dokumentation (DGD) die Anforderungen seitens der Nutzerschaft prägnant zusammen:

> „Drei Dinge braucht der Informationssuchende in der global vernetzten Welt: das Internet als virtuelle Bibliothek, internet-basierte Informationssysteme (bibliothekarische und nicht-bibliothekarische) und die Unterstützung der Bibliothek am Ort." (Binder 1996: 139)

Die kommissarische Direktorin des Deutschen Bibliotheksinstituts in Berlin, Karin Pauleweit, nennt zwei Bereiche, in denen Bibliotheken neue Aufgaben zuwachsen:

> „Wir sind schon intensiv im Gespräch sowohl mit Verlegern als auch mit Wissenschaftlern darüber, wie die Funktionsaufteilung in der Zukunft aussehen wird. Mögliche Modelle können aus unserer Sicht sein, daß Bibliotheken etwa ‚printing on demand' machen könnten, indem sie Texte im Netz finden und vor Ort für den Nutzer ausdrucken. Auch in der Quellenerschließung der Internet-Texte sehen wir eine Aufgabe für die Bibliotheken: freilich auf einem anderen Niveau, als das heute möglich ist." (Pauleweit, zit. nach Ronzheimer 1998: 523)

Die Generaldirektorin der Stadt- und Landesbibliothek Berlin, Claudia Lux, sieht schließlich eine mögliche Lösung für die Legitimationsprobleme in der Verknüpfung der technischen Kenntnisse im Bibliotheksbereich mit jenen der Datenverarbeitungsbereiche der Institutionen und Unternehmen, die eine solche Bibliothek unterhalten. Sie argumentiert, ohne zu verhehlen, daß der Ausgang der künftigen Entwicklung für sie durchaus offen ist, wie folgt:

> „Der Cybrarian muß zwei Sprachen sprechen - die der Nutzer und Kunden und die des DV-Partners und der Systementwickler. (...) Katalogisierer und Erwerbungsbibliothekare in Spezialbibliotheken werden durch eine Auslagerung der traditionellen Arbeiten - soweit sie überhaupt noch betrieben werden - überflüssig oder sie lernen es, die neuen Herausforderungen der virtuellen Bibliothek anzunehmen, sich dafür weiterzubilden und die Realisierung dieser Vision mitzugestalten. Schafft uns die virtuelle Bibliothek? Oder schaffen wir sie? Die Antwort läßt sich nur durch unsere zukünftigen Aktivitäten als ‚change-agent' finden, der die Transformation von gedruckten zu elektronischen Publikationen zu bewältigen lernt und sich den Veränderungen in einer virtuellen Bibliothek stellt." (Lux 1995: 197)

1.3.4 Fokus „Innerorganisatorische Interaktion": Leitung, Kooperation und Kommunikation im sozialen Wandel[36]

In den letzten zehn Jahren häufen sich - wenn auch moderat - im Bibliothekswesen und seinen Medien Äußerungen, Vorschläge, Gedanken und Polemiken, die sich mit Reformen betrieblicher Organisation, mit betrieblichen Abläufen und Umgangsformen befassen. Die Nabelschau unter der Rubrik „Wissenschaftliche Berufsidentität" ist bis auf Ausnahmen (vgl. Jochum 1996) abgeschlossen. Der Diskurs bewegt sich mehr oder weniger systematisch auf drei Ebenen - analog zur breiten gesellschaftlichen Diskussion hierzu. Allerdings kann man sich des Ein-

---

36 Im Rahmen dieser Arbeit kann das Thema lediglich rudimentär behandelt werden. Eine ausführliche Darstellung in einer gesonderten Publikation des Autors ist in Vorbereitung.

drucks nicht erwehren, daß dies im Bibliothekswesen immer ein wenig zögerlicher vonstatten geht als anderswo. Die drei analytisch auszumachenden Diskussionslinien gehen in der Realität ineinander über, und auch bei den aus ihnen folgenden Forderungen werden die verschiedenen Dimensionen gerne vermengt:

- Faktor *Führungsstil*: Ausführungen, Kommentare und Forderungen hierzu zielen auf Kommunikations- und Kooperationsqualitäten auf der *Verhaltensebene*.
- Faktor *Arbeitszuschnitt*: Vorstellungen und Konzepte zur Reform des Zuschnitts des Arbeitsplatzes, der Arbeitsorganisation, der Arbeitsvielfalt rekurrieren auf die *strukturelle Ebene*. Sie zielen auf „job enlargement"[37] ab, bei dem es auch um größere Selbstverwirklichung der Arbeitnehmer geht.
- Faktor *Verantwortung und Kompetenz*: Vorstellungen und Konzepte hierzu zielen auf flache Hierarchien und die Erhöhung dezentraler Befugnisse. In moderner Management-Terminologie spricht man auch von „job enrichment" und meint damit die Erweiterung der jeweiligen Verantwortungs- und Kompetenzbereiche der Mitarbeiterinnen und Mitarbeiter. Dieses Ziel ist nur zu erreichen, wenn von der Leitungsebene ein großzügig bemessener Selbstverwirklichungs- und Gestaltungsraum zugestanden und von einer betriebswirtschaftlich allzu starken Einengung abgesehen wird; um so wichtiger ist hier der Faktor Führungsstil, d.h. die vertikale Verhaltensebene.

Die genannten Zusammenhänge und Sachverhalte werden zunehmend bewußter wahrgenommen. In Publikationen vornehmlich aus den Jahren ab 1995 werden Konzepte vorgestellt, die mit Tabubrüchen verbunden sind und noch vor wenigen Jahren undenkbar gewesen wären.

Der Bibliotheksausschuß der Deutschen Forschungsgemeinschaft beispielsweise sieht das wissenschaftliche Bibliothekswesen vor einem immensen organisatorischen Wandel:

„Um die neuen Aufgaben angemessen wahrnehmen zu können, ist eine tiefgreifende Neuorientierung in den bibliothekarischen Funktions- und Organisationsbereichen geboten. (...) Die klassische Dreiteilung Erwerbung, Katalogisierung und Benutzung (...) muß durch eine stärker funktionale Integration von Abläufen abgelöst werden." (DFG 1995: 449)

In einem Tagungsbericht über den Wandel bibliothekarischer Fortbildung wird eine Referentin aus Südafrika mit folgenden Thesen zitiert:

---

37 Im Kontext von „lean management" vgl. hierzu Ceynowa (1997a).

"Humanressourcen sollten das Hauptmerkmal aller Managemententscheidungen sein. Das Managementkonzept soll leistungsorientiert sein, aber im Hinblick auf den Ausbau der Leistungskapazitäten der Mitarbeiterinnen im positiven, arbeitszufriedenstellenden Sinne. Gleichzeitig sollte das Managementkonzept auf effektive Veränderungen ausgerichtet werden und Wandel als Kernstück des Konzepts halten, nicht als Zwang zur Veränderung, sondern als Anregung und Ausgangspunkt. (...) You cannot make happy customers with unhappy employees." (Terblance, zit. nach Rusch-Feja 1997: 368)

Der stellvertretender Generaldirektor der Niedersächsischen Staatsbibliothek greift Erfahrungen mit organisatorischen Innovationen auf und fordert in Anlehnung an moderne Management- und Organisationsprinzipien die „schlanke" Bibliothek:

„Ausgangspunkt (...) war ein Quality-Management-Ansatz, der es ermöglicht hat, die Kreativität einiger nicht in hierarchischer Verantwortung stehender Mitarbeiter in Hinblick auf eine Optimierung der Ablauforganisation zu mobilisieren. (...) Hierzu bedarf es der Aufklärung, der Entwicklung von Eigenverantwortung und der Bereitschaft, Verbesserungsvorschläge auch untergeordneter Mitarbeiterinnen und Mitarbeiter aufzugreifen. Kann nicht ein weiteres Paradoxon wie folgt formuliert werden: Je größer eine Organisation ist, desto geringer ist die Beteiligung der untersten Hierarchieebene! In der klassischen Linienorganisation, die nach wie vor ganz überwiegend die Bibliotheken kennzeichnet, ist der Verantwortungsbereich des Personals auf dieser unteren Ebene gering und die Tätigkeit trotz hochkomplexen Regelwerks durch große Routine gekennzeichnet. Dies steht in deutlichem Kontrast zu der fachlichen Kompetenz des Personals auf dieser unteren Ebene. (...) Bei der schlanken Bibliothek geht es darum, das hier brachliegende Potential anzusprechen und zu entwickeln." (Halle 1997: 130)

Halle räumt der Weiterbildung, dem „training on the job", zentrale Bedeutung ein, wenn es darum geht, ein soziales Klima in der Bibliothek zu schaffen, das die Arbeitsmotivation fördert. Neben partizipativen Strukturen fordert Halle die Bildung von Teams. Für diese sieht er bereits einige seltene Beispiele in wissenschaftlichen Bibliotheken. Den wichtigsten Impuls für ein weiteres Umsichgreifen entsprechender Innovationen ortet er allerdings in neueren Entwicklungen im Bereich der öffentlichen Bibliotheken, die arbeitsorganisatorische Dezentralisierung im Rahmen der *dezentralen Steuerung* umsetzen.

Auf Sinnvermittlung, Organisationskulturgestaltung und Schaffung persönlichkeitsförderlicher Arbeitsstrukturen setzt Nagelsmeier-Linke (1997). Die Autorin möchte damit Organisations- und Individualziele in Einklang bringen. Im Mittelpunkt steht bei ihr eine bestimmte Führungskonzeption: die zielorientierte Führung, betitelt auch als „Führung durch Zielvereinbarung" oder „Management by Objectives". Dieses bereits Mitte der fünfziger Jahre entwickelte Konzept leitet sich vom *Human Resources-Ansatz* der Managementtheorie ab. Dieser Ansatz geht davon aus, daß Menschen zu sinnvollen Zielen beitragen wollen, an deren Formulierung sie mitwirkten. Auf der obersten Stufe der Ziele steht für Nagelsmeier-Linke das sog. Leitbild.

> „Dieses Leitbild stellt quasi das Grundgesetz für die Bibliothek dar, in dem die Unternehmensphilosophie (...) als Dach des übrigen Zielsystems fixiert ist. Dieses Leitbild besitzt mit seinem normativen Charakter für einen längeren Zeitraum und (...) in wechselnden Umweltsituationen Gültigkeit. (...) Auf der Basis dieses Leitbildes werden von der Direktion Jahresziele entwickelt. Diese werden in den einzelnen Bibliotheksbereichen in Teilziele aufgespalten und schließlich auf den unteren Hierarchiestufen zu operationalen Feinzielen ‚heruntergebrochen'." (Ebenda: 83)

Unterhalb der hierarchisch festgesetzten Zielvorgabe beginnen Aushandlungen:

> „Gleichzeitig entwickeln die Beschäftigten individuelle Ziele, etwa in Hinblick auf Förderung und Karriere. In Mitarbeitergesprächen muß dann versucht werden, aus den Zielen der Bibliothek und den individuellen Zielen der Mitarbeiterinnen und Mitarbeiter gemeinsame Ziele zu vereinbaren." (Ebenda)

Weniger ausführlich, eher politisch-programmatisch oder im Kontext einer Broschüre zur Imageverbesserung des Dienstleistungsbereichs Bibliothekswesen äußern sich andere Autorinnen und Autoren (vgl. beispielsweise Mittler/Cremer 1992; Lux 1996). Insgesamt wird ein gewandeltes Problembewußtsein signalisiert.

Waren für die sechziger, siebziger und achtziger Jahre kaum mehr als 25 Beiträge, Kommentare und Forderungskataloge zum Themenkomplex „innerorganisatorische Interaktion" zu verzeichnen, erbrachte die Recherche des Autors allein für die Jahre 1990 bis 1996 57 meist provokante Beiträge in diversen Monographien und Fachzeitschriften des deutschen Bibliothekswesens. Dies ist als ein Anzeichen wachsender Sensibilität, aber auch des gehäuften Auftretens realer Probleme in den organisationsinternen Umgangs-, Kooperations- und Kommunikationsformen zu werten. Im Vergleich zur privaten Wirtschaft sind Umfang und Ausmaß der Problemwahrnehmung und -diskussion im Bibliothekswesen allerdings immer noch eher gering.

Setzt man die für die jeweiligen Zeiträume identifizierten Beiträge in eine statistische Relation zueinander, so ergibt sich für die Zeit von 1960 bis 1989 eine jährliche themenbezogene Publikationsrate von 0,8. Dies Rate steigt in der Zeit von 1990 bis 1996 auf 8,1. In sieben Jahren erschienen jährlich durchschnittlich etwa acht Beiträge zum Thema, die sich auf Publikationen von insgesamt 25 Verlagen bzw. Verlegern verteilten. Die meisten dieser Veröffentlichungen (40) entfielen auf die breit gestreuten bibliothekarischen Medien. Mit anderen Worten: Der Aufmerksamkeitsgrad, das Interesse am Thema und, was angenommen werden darf, der objektive Problemdruck vervielfachten sich im laufenden Jahrzehnt gegenüber den vorangegangenen Dekaden.

Die wichtigsten, streckenweise als programmatisch zu bezeichnenden Beiträge können nach inhaltlichen Aspekten unterschieden werden:

- Forderungen aus der Praxis und an die Praxis sowie Programmatisches: Essays, Stellungnahmen, Begründungen, Postulate (insgesamt 43 Beiträge);
- Praxisberichte aus „Reformbibliotheken" wie Konstanz, Bielefeld, Paderborn (insgesamt sieben Beiträge);
- (Teil-)Ergebnisse empirischer Erhebungen/Befragungen, die zu einzelnen Fragen der Thematik Bezug hatten (insgesamt sieben Beiträge).

Im Laufe der neunziger Jahre häufen sich auch die Verweise auf konsistente Führungs- und Organisationskonzepte aus der modernen Managementlehre. Deshalb sollen hier einige weiterführende Gedanken zu diesem „modischen" Thema erlaubt sein. Für die gängigen Managementkonzepte gelten m.E. zwei grundsätzliche Einschränkungen: Sie sind, salopp gesprochen,

- Konfektion, bestenfalls Prêt-à-Porter, nicht jedoch maßgeschneidert;
- „Revolution-von-oben-Konzepte", die nicht auf das Mitdenken und Mitwirken der Betroffenen setzen, wiewohl sie ebendiese Eigenschaften und weitere wie Kreativität usw. einfordern.

Aktuelle „Orga-Moden" wie beispielsweise „Total Quality Management", „Reengineering", „Management by Objectives" enthalten häufig unausgesprochen und wie selbstverständlich die Prämisse der sozialen Akzeptanz - nach dem Motto: „Die Mitarbeiter müssen natürlich hinter diesem Konzept stehen". Das Bemühen um Schaffung dieser Akzeptanz, die für den Erfolg des entsprechenden Ansatzes ganz wesentlich ist, wird aber im Konzept gar nicht entsprechend bedacht.

Die Propagierung dieser Konzepte ist häufig so einfach, weil die Führungspersonen unter einem eminenten Entscheidungs- und Handlungsdruck stehen; hieraus entsteht leicht eine Empfänglichkeit für Allgemeinrezepte. Prominente Autoren der Betriebswirtschafts- und Managementlehre betonen den modischen Charakter dieser Strategien und heben deren Mißbrauchspotentiale hervor. Es wird bezweifelt, daß sie überhaupt „wirken", und ihre Risiken werden herausgestellt.[38]

---

38 Vgl. hierzu z.B. Rieker (1996: 172), der urteilt: „Reengineering hat das Potential, ein Unternehmen zu ruinieren."

Besonders ins Fadenkreuz gerät der kritiklose Umgang mit ihnen. Eine Unternehmensberaterin geht sogar soweit, diese Angebote als „Religionsersatz" anzuprangern (Shapiro 1996: 172). Sie beruft sich auf empirische Studien, wonach 80 Prozent der „Total Quality Management"-Initiativen „mehr oder weniger wirkungslos" verliefen (ebenda: 174). „Total Quality Management" und Zertifizierung nach ISO (International Organization for Standardization) haben in puncto Kundennähe nichts gebracht, behauptet der Initiator der weltweit größten Kundennähe-Untersuchung (vgl. Risch 1966: 145).

Eine einprägsame Formel im Hinblick auf die allenthalben angestrebte Qualitätsverbesserung in der Arbeitswelt könnte lauten, daß die Qualität der Arbeit die Arbeitsqualität bedingt; einige Autorinnen und Autoren (vgl. beispielsweise Kluge/Grindt 1994: 11) aus Wissenschaft und betrieblicher Praxis weisen in diese Richtung. Die oben aufgeführten Nachweise aus einer Fülle kaum noch überschaubarer Äußerungen in den Medien der Fachwissenschaften (Organisationssoziologie, Betriebswirtschaftslehre, Managementforschung) sollen genügen, um auf die Differenziertheit des aktuellen Diskurses hinzuweisen. Die kritischen Diskussionen sind nicht nur Thema wichtiger Publikationen; aus ihnen folgten und folgen praktische Konsequenzen für die Arbeitsorganisation und den organisationsinternen Umgang in einer Reihe von Branchen und Einzelunternehmen.

Einer der wenigen Autoren aus dem Bibliothekswesen, der das Thema aufgreift, ist der Hamburger Fachhochschullehrer Gerhard Kissel. Er befindet:

„Das wesentliche Instrument der Bibliotheksleitung zur Strukturierung des Realisationssystems (gemeint ist die Verwirklichung neuer Steuerungsmodelle; G. P.) besteht in der *Delegation* von Aufgabe, Kompetenz und Verantwortung." (Kissel 1995: 161) (Hervorhebung G. P.)

Das Aufgreifen entsprechender Konzepte auch im Diskurs des Bibliothekswesens hat bei aller notwendigen Skepsis gegenüber Modernismen ohne Zweifel sein Gutes. Ins Blickfeld geraten vermehrt Aspekte wie bibliothekarische Arbeitssegmentierung, Arbeitsprozesse und Arbeitsstrukturen.

In den neunziger Jahren erschienen auch einige wenige Praxisberichte über Reformbeispiele aus dem Bibliothekswesen. Solche „Reformbibliotheken" gehen auf Entwicklungen in den sechziger, siebziger und achtziger Jahren zurück. Zu jener Zeit fand in der Bundesrepublik im Zuge des Ausbaus des Bildungswesens eine Reihe von Universitätsneugründungen statt. An diesen sog. Reformuniversitäten sollten auch die Universitätsbibliotheken anders sein. Eingeführt wurden einschichtige Bibliothekssysteme in Verbindung mit nutzerfreundlicher Freihandaufstellung, was allenthalben als Reformereignis galt. Dieser erste Schritt einer Modernisierung des wissenschaftlichen (universitären) Bibliothekswesens in der

Nachkriegszeit mit seiner Öffnung zum Benutzer hin wird von Autoren wie Heim, Stoltzenburg, Pauer, Kluth und anderen mit einer Vielzahl historischer Bezüge und entstehungsgeschichtlicher Hintergründe anschaulich und detailliert in einem Sammelband (vgl. Koppitz 1990) dargestellt.

Die Reformbemühungen im Bibliothekswesen in den achtziger und neunziger Jahren verbinden sich vor allem mit zwei Namen und „Modellen". Das sog. Konstanzer Modell mit seinem *spiritus rector* Joachim Stoltzenburg zielt auf das wissenschaftliche Bibliothekswesen. Im öffentlichen Bibliothekswesen einen Namen gemacht haben sich vornehmlich das sog. Paderborner Modell, mitunter auch als „fraktale Bibliothek" bezeichnet, und dessen Initiator Dieter Kranstedt.

Das Konstanzer Modell beinhaltet im wesentlichen die integrierte Buchbearbeitung in einer Universitätsbibliothek auf der Grundlage entsprechender Teamstrukturen. Das Modell der Paderborner Stadtbibliothek ordnet sich in allgemeinere Bestrebungen der dortigen Kommunalverwaltung ein, mehr Effizienz und Bürgernähe bei öffentlichen Verwaltungseinrichtungen zu erreichen (vgl. Ceynova 1994). Beide Modelle erzeugten, so die Recherchen des Autors, bisher eher zaghafte Nachahmungseffekte in der Bibliothekslandschaft. Laut Ceynowa experimentierten in den letzten Jahren 37 öffentliche Bibliotheken mit diesen Organisationsmodellen, die meisten davon in Nordrhein-Westfalen (ebenda: 45). Aus direkten und indirekten Hinweisen in den bibliothekarischen Publikationen ist allerdings zu schließen, daß auch in den wissenschaftlichen Bibliotheken durchaus Reformüberlegungen oder -anstrengungen im Gange sind; zu nennen sind in diesem Zusammenhang die Universitätsbibliotheken Freiburg, Münster, Oldenburg, Bielefeld sowie die Bibliotheken in Gütersloh (von Anfang an ein „Reformmodell" und außerdem Tagungsort der Management-Seminare) und am Wissenschaftszentrum Berlin für Sozialforschung (vgl. Paul 1997). Eine flächendeckende Reformpraxis ist indes nicht erkennbar. Bis heute handelt es sich um einzelne Beispiele, deren Reformaktivitäten sich darüber hinaus immer auch mit bestimmten Namen und Persönlichkeiten verbinden. Auch wenn noch einige Reformaktivitäten mehr in der Praxis auf den Weg gebracht worden sein sollten - in publizistischer Form jedenfalls haben sie bis dato noch keinen Nachhall gefunden.[39]

Sozialwissenschaftliche Untersuchungen, die die Bibliothek „als Arbeitsorganisation" mit deren innerorganisatorischen Interaktions- und Kommunikationsprozessen zu erheben und zu beschreiben suchen, liegen lediglich ansatzweise vor. Die vorliegende Studie ist vor diesem Hintergrund das erste umfassende Vorhaben,

---

39 Da Reformbemühungen im Einzelfall durchaus nicht widerspruchsfrei (Stichwort: zentrifugale Tendenzen) sind und Übergangsschwierigkeiten sowie Anpassungsprobleme auftreten können, wird manche Leitungsperson sich veranlaßt sehen, in der Außendarstellung und öffentlichen Erörterung der Reformansätze zurückhaltend zu sein.

das Geschehen in Bibliotheken mit sozialwissenschaftlichem Instrumentarium zu analysieren. Einige wenige empirische Erhebungen untersuchten Teilaspekte des bibliotheksinternen Interaktions- und Kommunikationsgeschehens. Erkenntnisinteresse und Ziele dieser Untersuchungen waren jedoch anders gelagert: teilweise orientierten sie auf engere, eher demographische, teilweise auf breitere, eher betriebswirtschaftliche oder betriebsorganisatorische Aspekte.

Der überwiegende Teil dieser Arbeiten befaßt sich mit öffentlichen Bibliotheken. Nicht ganz von der Hand zu weisen ist der Eindruck, daß der höhere Rechtfertigungsdruck, dem sich öffentliche Bibliotheken ihren Zuwendungsgebern und ihrer Klientel gegenüber ausgesetzt sehen, die Bereitschaft fördert, sich ein objektives Bild von der organisationsinternen sozialen Wirklichkeit zu verschaffen. Die Mobilisierung vorhandener, aufgrund struktureller oder kommunikativer Hindernisse nicht ausgeschöpfter Leistungs- und Innovationspotentiale ist das Ziel einiger Erhebungen aus jüngerer Zeit. Als im Kontext der anstehenden Fragen erwähnenswert erscheinen die im folgenden aufgeführten Studien.

Die Erhebung von Lansky (1971) über wissenschaftliche Bibliothekare in der Bundesrepublik Deutschland ist eine soziodemographische Analyse zu Ausbildung, beruflichem Werdegang, Altersstruktur, Geschlecht, Verbandszugehörigkeit usw. der Angehörigen des höheren Dienstes an wissenschaftlichen Bibliotheken. Sie stellt eine wertvolle Quelle für statistische Vergleichsdaten dar.

Eine empirische Erhebung von Bischoff-Kümmel und Ritzi (1983)[40] zu den Berufserfahrungen von Bibliothekarinnen und Bibliothekaren in Hamburg untersucht deren Berufswahlmotive und Berufsverläufe. Die Fragen berührten z.B. das Spannungsfeld zwischen Berufsbild und Berufswirklichkeit; einige Fragen gingen auf die Arbeitszufriedenheit der Berufsanfänger im Bibliothekswesen ein.

In einer Untersuchung Reichs (1991) zur derzeitigen Berufssituation im höheren Bibliotheksdienst von 1991 wurden 1.000 VDB-Mitglieder befragt. Die Fragen beziehen sich auf den beruflichen Werdegang der Bibliothekarinnen und Bibliothekare; erhoben werden soziodemographische Fragen (Qualifikation, Frauenanteil, Besoldung) und solche zur Arbeitszufriedenheit, zum Vorgesetztenverhältnis und zum Betriebsklima.[41]

Eine Erhebung Grabkas (1992) zielt auf die Ausbildung für den höheren Bibliotheksdienst. Absolventen dieses Ausbildungsgangs werden zur Qualität der Ausbildung besonders hinsichtlich der Vermittlung von Managementfähigkeiten und der Qualifizierung für Leitungspositionen befragt. Die Antworten fördern eine überwiegend kritische Einschätzung der Ausbildung zutage.

---

40 Vgl. auch die Follow-up-Studie von Bischoff-Kümmel/Feller (1989d).
41 Antworten, die sich auf den letztgenannten Fragenkomplex beziehen, werden zum Vergleich und zur Illustration im Auswertungsteil herangezogen.

Zwischen 1991 und 1994 wurde ein gemeinsames Projekt der Stadt Bielefeld und der Bertelsmann-Stiftung durchgeführt (vgl. Pröhl 1995); sein Ziel war die Entwicklung eines zeitgemäßen Konzepts zur Organisation und Führung des Kulturbereichs. Befragt wurde auch die Mitarbeiterschaft der Stadtbibliothek, die schon 1991 Objekt einer ersten Befragung gewesen war. Die Erhebung zielte auf die Verbesserung der Schnittstelle zwischen Politik und Verwaltung, auf effizientere Steuerung der Fachämter, auf die Erhöhung der Bürgerzufriedenheit sowie der Mitarbeiterzufriedenheit. Die Umsetzung der Befragung soll unter anderem bewirken, daß Mitarbeiterbedürfnisse ernst genommen, Arbeitsbeziehungen und Kommunikation optimiert, soziale Distanzen in der Mitarbeiterschaft verringert, Widerstände gegen Veränderungen abgebaut und Motivation und Identifikation der Mitarbeiterinnen und Mitarbeiter verbessert werden.[42]

Steinbrücker (1994) führte eine „Führungskräftebefragung in der Universitätsbibliothek Konstanz" durch mit dem Ziel, Defizite der Mitarbeiterführung zu untersuchen, um daraus Verbesserungsvorschläge für die Zukunft ableiten zu können. Die Ergebnisse der Erhebung deuten darauf hin, daß das Teammodell um eine quasi-hierarchische Komponente erweitert werden sollte. Die teamorientierte Absprache unter Gleichen scheint nicht immer die effizienteste Methode zu sein, um angemessene Arbeitseinteilung zu gewährleisten sowie kollektiven Interessenausgleich und individuellen Zuwendungsbedarf zu regeln.

1995 veröffentlichte das Deutsche Bibliotheksinstitut eine Studie zum Berufsbild und Selbstverständnis der Bibliothekare (vgl. Arbeitsgruppe Berliner Bibliothekare 1995). Diese bundesweite Erhebung in Form einer repräsentativen Stichprobe wurde vom Berliner Senat und vom Institut für Bibliothekswissenschaft der Humboldt-Universität zu Berlin unterstützt. Auf 1.000 verschickte Fragebögen erfolgte ein Rücklauf von 77,7 Prozent. 71 Prozent der Antwortenden nahmen nach eigenen Angaben Leitungsfunktionen in öffentlichen Bibliotheken wahr. Die Erhebung zielte teilweise auf Fragen zur Berufszufriedenheit und Arbeitseinstellung.

Windau und Pantenburg (1997) von der Bertelsmann-Stiftung erhoben Daten zum „Betriebsvergleich an Öffentlichen Bibliotheken".[43] 18 Bibliotheken wurden spezifischen Verfahren der Leistungsmessung unterzogen. Diese nicht ganz unumstrittene Untersuchung (vgl. z.B. Pauleweit 1997) befaßte sich am Rande auch mit der Arbeitszufriedenheit, Krankheitsquote und Mitarbeiterorientierung.

Jones (1997) führte sechs Einzelinterviews zum beruflichen Alltag von Bibliothekarinnen an einer Universitätsbibliothek durch. Dabei wurden auch Daten zu Arbeitszufriedenheit, Betriebsklima und Führungsstil der Vorgesetzten erhoben.

---

42 Ergebnisse dieser wie der nachfolgend aufgeführten Erhebungen, die als Vergleichsdaten für die Untersuchung des Autors bedeutsam sind, werden im Auswertungsteil berücksichtigt.
43 Vgl. auch Windau/Heckmann (1992) zur Begründung und Initiierung des Projekts 1992.

Exkurs: Anglo-amerikanische Literatur zum Thema

Die Zahl der Publikationen in anglo-amerikanischen Ländern zum Thema „innerorganisatorische Interaktion" und hier besonders zu den Aspekten Leitung und Management sei „fast unübersehbar", urteilt K.-W. Neubauer (1989: 145); dennoch müsse man feststellen, daß dort in der Praxis die gleichen Probleme auftreten wie auch hierzulande. Das Bewußtsein für Professionalität und Management sei dort zwar viel stärker entwickelt als bei uns, die Diskrepanz zwischen Anspruch und Wirklichkeit allerdings kaum geringer (ebenda: 146).

Eine stichprobenartige Recherche in der Datenbank LISA (Library and Information Science Abstracts) erbrachte zum Thema „Führung und Wandel" („Management and Change") für den Zeitraum 1995 bis 1998 131 Nachweise. 22 Beiträge hiervon befaßten sich im engeren Sinne mit intraorganisatorischen sozialen Konflikten und Schwierigkeiten in den jeweiligen Belegschaften, deren Kooperations- und Lernbereitschaft, so die immer wieder auftauchende Aussage, eine Vorbedingung für das Gelingen von Wandlungs- und Innovationsprozessen ist. Wiederholt wird auf das Erfordernis qualifizierter Leitungstätigkeit, kommunikativer, partizipativer und delegativer Fähigkeiten und Verhaltensweisen verwiesen - diese bilden wesentliche Voraussetzungen für die Gestaltung organisatorischer und technologischer Innovationen (vgl hierzu Morris 1997: 3f.; Cooper 1998: 247ff.; Williamsen/Stevens 1998: 361ff.; Symon 1998: 37ff.; Webb 1998: 1ff.; White 1998: 2ff.; Dougherty 1998: 68ff.; Lubans 1998: 7ff.).

Rein quantitativ ist bereits mit dieser einen stichprobenartigen Recherche belegt, wie breit und vielfältig die Diskussion der entsprechenden Themen in den anglo-amerikanischen Fachjournalen geführt wird. In insgesamt 57 verschiedenen Fachorganen erschienen im genannten Zeitraum Beiträge hierzu, wobei eine eher technische oder technokratische Befassung gegenüber einer soziale Aspekte organisatorischen Wandels aufgreifenden Diskussion überwog. Nicht überraschend ist, daß die Fachzeitschriften „Library Administration and Management" und „Journal of Library Administration" hierzu die meisten Beiträge publizierten.

Auch wenn die Defizite in der praktischen Leitungs- und Managementqualifizierung des Führungspersonals in den dortigen Bibliotheken nicht viel anders sein dürften als in Deutschland (vgl. K.-W. Neubauer 1989: 148), so unterscheidet sich doch der publizistische Widerhall des Themas. Dieser läßt sich für den anglo-amerikanischen Bereich folgendermaßen beschreiben:

- Das Thema wird konkreter und vor allem systematischer diskutiert: Dies belegt z.B. die Herausgabe und Verbreitung entsprechend spezialisierter Fachjournale (Journal of Library Administration, Library Administration and Management).

- Das Thema wird breiter und vielfältiger diskutiert. Die große Zahl der daran beteiligten Fachzeitschriften belegt dies.
- Beide Indikatoren verweisen auf ein höheres Maß an entsprechendem Problembewußtsein für das Thema auf der formal-verbandlichen Ebene.

Unterstrichen werden diese Befunde durch die Tatsache, daß sich nicht nur (wie in Deutschland) hochrangige, sondern höchstrangige Akteure des Bibliothekswesens an der fachlichen Auseinandersetzung publizistisch beteiligen.

1990 erschien in der Zeitschrift „Library Management" ein Beitrag von Maurice B. Line, bis 1988 Generaldirektor der British Library, mit dem provokanten Titel „Why isn't work fun?" (vgl. hierzu: Line 1990: 15ff.). Verglichen mit deutschen Verhältnissen ungewöhnlich konkret, fast schon leidenschaftlich, setzt sich Line für lockeren, vertrauensvollen und humorvollen Umgang von Vorgesetzten mit der Mitarbeiterschaft ein. Er hebt hervor, daß Distanz zur eigenen Positionsmacht, die Fähigkeit, Kritik zu akzeptieren, den Mitarbeitern Verantwortungs- und Spielräume einzuräumen und die Interaktionen mit einer Portion Humor zu begleiten, nicht nur dem Betreffenden selbst helfe, ein entspanntes Verhältnis zur Aufgabe zu finden, sondern auch anderen (d.h. den hierarchisch Unterstellten):

> „Much of the art of good management consists of *being human at work and enjoying your colleagues and staff.* (...) If you can design your work so as to get maximum fun out of it, you will almost certainly be far more productive and efficient, and help to enable others to be so too." (Ebenda: 17) (Hervorhebung im Original)

Nicht die Äußerungen als solche lösen beim (deutschen) Leser Überraschung aus, vielmehr die Statusebene dessen, der sie vorträgt. Damit scheint eine Problemstellung auf, die für weitere Arbeiten in diesem Forschungsfeld vielversprechend sein könnte, z.B. unter dem Blickwinkel „Soziorganisatorischer Wandel und innovative Potentiale in wissenschaftlichen Bibliotheken im europäischen Vergleich". Einstellungen, Wahrnehmungen, Akzeptanz und Umsetzungspotentiale einer ganzen Dienstleistungsbranche müßten vor dem Hintergrund ihres jeweiligen soziokulturellen Kontextes untersucht werden.[44]

Auch andere Beispiele[45] weisen darauf hin, daß leitende Akteure des Bibliothekswesens außerhalb Mitteleuropas der Implementierung von Veränderungsprozessen ein eher soziologisch fundiertes und (organisations-)sozial operationalisiertes Verfahren zugrunde legen. In einem 1992 in Berlin gehaltenen Vortrag erläuterte Norman J. Russell, Direktor der Queen's University Library in Belfast,

---

44 Vgl. hierzu auch das Schlußkapitel „Konsequenzen für Forschung und Praxis".
45 Beispiele aus Irland, den Niederlanden und Skandinavien liegen dem Verfasser vor.

sein Konzept des „Management of Change: A View from Northern Ireland" (vgl. Russell 1992). Er ging dabei intensiv auf organisationsinterne kommunikative und sozialpsychologische Sachverhalte ein, ebenso auf Probleme in der Umsetzung technologischen Wandels. Wichtig sind ihm die umfassende Information der Mitarbeiterschaft und das Aufgreifen von deren Sorgen. Russell schließt mit dem Rat „to avoid overloading staff with change", ohne von der eigentlichen Notwendigkeit, Innovationen auf den Weg zu bringen, abzuweichen. Sein Resümee:

> „For this reason the library manager must orchestrate change according to the human capacity to absorb ist. Daily, or even weekly, unpredictability is unbearable. Each morning people ought to be 99 per cent confident that their work will be much like it was the day before. A month later, a year later, the person's work will have changed significantly but perhaps imperceptibly apart from the occasional more dramatic change. People can cope with an intelligently planned pace of change; they cannot cope with chaos." (Ebenda: 11)

An dieser Stelle soll ein kurzer Blick auf die Situation in Nord- und Westeuropa erfolgen, Regionen, die sich in jüngerer Zeit historisch bedingt eher am anglo-amerikanischen Bibliothekswesen orientieren.

Auf die Bedeutung sozialpsychologischer und organisationssozialer Gegebenheiten bei der Organisierung von Wandel weist Hans Geleijnse, Direktor der Universitätsbibliothek Tilburg, in seinem Beitrags „Human and Organizational Aspects of Library Automation" (Geleijnse 1994: 115ff.) hin.

> *„A surprising statistic in the literature on library automation is that only about 10 Prozent of it involves human aspects.* This ist strange, if one considers that about *80 Prozent of the problems which arise in automation projects are due to problems in the human and organizational aspects* of library automation. Obviously, there is a tendency to disregard these questions, perhaps in the belief that these problems are all easily solved." (Ebenda: 115) (Hervorhebung G. P.)

Von einem vergleichbaren Grundverständnis ausgehend, schildert der Direktor der Royal Library of Copenhagen seine Erfahrungen bei der Modernisierung der dänischen Staatsbibliothek (vgl. Krarup 1992: 251ff.). Er versteht seine Innovationsstrategie als „applied sociology". Seine Ausführungen machen plastisch nachvollziehbar, daß es sich bei der Modernisierung der königlichen Bibliothek um die Wandlung eines sozialen Systems („change of a social system") handelt und nicht um einen akteurs- oder interaktionsfreien technischen Vorgang.

Diese Auswahl von Autoren aus dem anglo-amerikanischen sowie west- und nordeuropäischen Kulturraum mag genügen, um Hinweise darauf zu geben, wie sehr sich das Problembewußtsein der Akteure im Bibliothekswesen, vor allem auch dessen strategischer Eliten, im Zusammenhang mit Wandlungserfordernissen und deren sozialen Dimensionen unterscheidet. Die Verantwortlichen verfügen offensichtlich über eine eher sozial und soziologisch geprägte Sicht und Problemwahrnehmung, wenn es um die Gestaltung organisatorischer Modernisierung geht.

Dennoch erschien es dem Verfassers sinnvoll und nötig, nicht nur bei der Interpretation der Daten, sondern auch in der Entwicklung des methodischen Instrumentariums auf Quellen aus dem internationalen Bereich weitgehend zu verzichten. Solche Verweise haben zwar im allgemeinen durchaus pädagogische Wirkung. Besonders vor dem Hintergrund der unterschiedlichen kulturellen Kontexte (Umgangskultur) und sozio-kulturellen Gegebenheiten (z.B. den Konnotationen von „Führung", „Führer", „Leader", „Leadership") rund um Leitungs- und Managementfunktionen, der gänzlich anderen arbeitsrechtlichen Regelungen und der Rolle des deutschen öffentlichen Dienstes schien es ratsam, auf Autorinnen und Autoren sowie auf Vergleichsstudien zurückzugreifen, deren soziokultureller, mentaler, staatlich-institutioneller wie arbeitsrechtlich-formaler Hintergrund dem des Untersuchungsgegenstands in etwa entsprach.

Weitergehende Betrachtungen und Rückschlüsse - gerade auch unter dem Aspekt der europäischen Integration und sich verdichtender globaler Kooperation - sollten systematisch angelegten komparativen Untersuchungen vorbehalten bleiben. Diese sollten auf der Grundlage entsprechender Kriterien und Indikatoren sowie der Deskribierung und Qualifizierung der Kontextbedingungen die intersubjektive Vergleichbarkeit der Untersuchungsobjekte gewährleisten. Dies ist um so notwendiger, als internationaler Austausch, Vernetzung, Globalisierung usw. Erkenntnisse über unterschiedliche Entwicklungsstadien, Selbstverständnisse, Arbeitsweisen, gesellschaftliche Wahrnehmungen, Professionalisierungsgrade und Abschlüsse erforderlich machen.[46]

---

46 Vgl. hierzu auch das Schlußkapitel.

2. Bibliothek als soziales Gebilde

2.1 (Betriebs-)Soziologische Perspektiven

Das sich wandelnde Selbstverständnis der Bibliothek klang in den bisherigen Ausführungen bereits an. Es geht dabei um Aspekte wie Dienstleistungsorientierung und Effizienz, um die Bibliothek als professionell geführtes Dienstleistungsunternehmen. Die häufig kontroversen Debatten zur Modernisierung des Bibliothekswesens münden schließlich vor dem Hintergrund der rapiden Entwicklungsdynamik der Informations- und Kommunikationstechnologien in die Forderung nach einem Paradigmenwechsel oder fundamentalen Wandel (vgl. Hobohm 1997; Lux 1995). Häufig wird dieses Postulat lediglich im Sinne purer technologischer oder betriebsorganisatorischer Modernisierung verstanden. Wandel und Modernisierung reduzieren sich nicht selten auf die Implementierung zeitgemäßer Arbeitsinstrumente (technologische Innovation) bzw. die Reorganisation ineffizienter Strukturen (organisatorischer Wandel, Managementdimension).

In diesem Verständnis ist die Umsetzung ein eher „technischer" Vorgang; die Motivation der betroffenen Akteure wird stillschweigend vorausgesetzt. Organisationssoziale Komponenten werden nicht angemessen berücksichtigt, und der Stellenwert der Interaktionsebene gerät leicht aus dem Blick. Um der Gefahr von Engführungen, z.B. auf betriebswirtschaftliche Perspektiven, zu entgehen und die soziale Dimension der Bibliothek zu erfassen, ist ein Rückgriff auf soziologische, im engeren Sinne betriebssoziologische Ansätze unerläßlich. Organisations-, betriebs- und arbeitssoziologische Konzepte sind in vielerlei Hinsicht miteinander verwoben; sie speisen sich wechselseitig mit Wissensbeständen und Definitionen.

„Zentraler Aufgabenbereich der Betriebssoziologie ist die Analyse und Interpretation des innerbetrieblichen zwischenmenschlichen Geschehens." (Specht/Wiswede 1981: 116)

Ähnlich lautet die Definition von Organisationssoziologie, bei der zwischen Makro-, Meso- und Mikroebene unterschieden wird. Letztere hat als Forschungsbereich das „Verhältnis von Individuum und Organisation" (Pfeiffer 1981: 300). Gegenstand der Arbeitssoziologie sind die sozialen Beziehungen, in denen die Menschen Tätigkeiten zur Daseinsvorsorge leisten (vgl. Fürstenberg 1981: 68).

Allen Ansätzen gemeinsam ist das Interesse am Gewinn von Erkenntnis über das Verhältnis von Individuum und Organisation bzw. über die von Individuen und Gruppen mit ihren jeweiligen Motiven und Interessen ausgelösten sozialen Interaktionen in Organisationen. Unterschieden werden können allerdings die jeweiligen Perspektiven:

- Organisationssoziologische Analysen widmen sich den strukturellen Bestandsvoraussetzungen von Organisationen, den Wechselwirkungen zwischen Organisationen und Umwelt und der „organisatorischen Einbindung des Individuums" (Pfeiffer 1981: 300) - mithin den Spannungen zwischen organisationellem Zweck und subjektivem Motiv.
- Das Hauptinteresse der Arbeitssoziologie gilt den „Grundinteressen des arbeitenden Menschen" (Fürstenberg 1981: 70). Genannt werden das Verwertungsinteresse, das sich auf einen angemessenen Ertrag für die Arbeitsleistung richtet, das Erhaltungsinteresse zum Schutz vor vorzeitigem Aufbrauch und das Gestaltungsinteresse zur Gewährleistung ausreichender Handlungsspielräume.
- Gegenstand und Perspektive der Betriebssoziologie ordnen sich im Mittelfeld zwischen den genannten Ansätzen ein. Nicht die Funktions-, Rekonstitutions- und Bestandsbedingungen von Organisationen (Organisationssoziologie) oder die Motivationsstruktur der Akteure (Arbeitssoziologie) bilden das Forschungsterrain der Betriebssoziologie. Vielmehr nimmt sie das innerorganisatorische Sozialgeschehen als Ganzes in den Blick. Unter strukturellem Aspekt steht die Sozialstruktur des Betriebs im Mittelpunkt, unter interaktionsorientiertem Aspekt das sozial geprägte und orientierte Verhalten der Menschen im Betrieb.

Besonders der letztgenannte theoretische Ansatz, der sozio-technische, organisationsstrukturelle und verhaltensorientierte Dimensionen zu integrieren trachtet, verspricht einen angemessenen Zugang zum Interaktionsfeld Arbeitsorganisation. Insbesondere vermag er die sozio-organisatorische Wirklichkeit jenseits formaler Organisationsstrukturen und -ziele zu ergründen. Die Beschreibung formaler aufbau- oder ablauforganisatorischer Strukturen berücksichtigt immer nur einen Teil innerorganisatorischen Geschehens: Wesentliche, das Verhalten der Akteure am Arbeitsplatz beeinflussende Komponenten werden nicht erfaßt. Hierzu zählen Einstellungen, Kommunikationsformen, Gruppierungsprozesse, Handlungsweisen und Verhaltensmuster von Einzel- und Kollektivakteuren auf formeller und informeller Ebene. Dabei wirken individuelle lebensweltliche Bindungen und Normen, biographische Prägungen und Eigenheiten der Akteure auf die jeweiligen Umgebungen ein und werden umgekehrt von der Arbeitsumwelt beeinflußt.

Kutsch und Wiswede (1986) verweisen auf die verschiedenen Elemente innerbetrieblicher Strukturen. Als bedeutsam unterscheiden sie Kommunikationsstruktur, Affektstruktur, Rollenstruktur und Autoritätsstruktur (ebenda: 130). Mit diesen Begriffen ordnen sie die unter soziologischen Gesichtspunkten wichtigen Komponenten innerbetrieblichen Sozialgeschehens. Das Spannungs- und Bedingungsverhältnis zwischen formellen und informellen Strukturen in Organisationen wird anhand realer Erfahrungen wie Macht, Konflikt, Gestaltungsspielraum, Betriebsklima und Führungsstil exemplifiziert.

Wo sich die betriebssoziologische Forschung Themen annimmt, die mit der realen Erfahrung vieler Menschen zu tun haben, z.B. Arbeitszufriedenheit, Betriebsklima, Führungsstil, betrieblicher Krankenstand oder Mobbing, ist ihr öffentliche Aufmerksamkeit gewiß, darf sie auf beachtliche Publizität hoffen. Soziologische Forschung trifft in diesem Fall auf hohes Allgemeininteresse, gespeist aus einem Fundus an Alltagserfahrung jedes einzelnen. Ihre Ergebnisse finden dann häufig auch Eingang in die betriebliche Praxis und lösen dort nicht selten Veränderungen aus (vgl. Bardmann/Franzpötter 1990: 424ff.).

Im folgenden wird auf einige zentrale Kategorien betriebssoziologischer Forschung eingegangen.

2.2   Formelle und informelle Organisation

Unter *formeller Organisation* wird der institutionelle Rahmen eines Betriebs verstanden, seine Organisationsform und der Geschäftsverteilungsplan, der die Zuständigkeiten und Kompetenzen regelt. Letzterer manifestiert sich in Hierarchien und der Definition von Leitungs-, Sachbearbeitungs- und weiteren subhierarchischen Positionen, denen genaue Arbeitsplatzbeschreibungen zugeordnet sind. Dieser vorgegebene Rahmen spiegelt das Bemühen um genaue organisatorische Plan- und Kalkulierbarkeit wider. Daß dieses Unterfangen nie gänzlich einzulösen ist, bleibt indes unbestritten (vgl. z.B. Hartfiel 1976: 8f.).

Informelle Organisation beschreibt ein Spannungsfeld, das durch die Regeln und Zwänge des Arbeitsplatzes einerseits und die individuellen Motive, Bestrebungen und Wünsche der Organisationsmitglieder andererseits bestimmt wird.

Formelle und informelle Organisation sind demnach nicht zwei getrennte und je unabhängige Bereiche der Arbeitswirklichkeit, sondern einander bedingende Bestandteile der betrieblichen Organisation (vgl. Kretschmar 1994: 13ff.). Mag sich im alltäglichen Arbeitsgeschehen auch vordergründig das Bild mehr oder weniger routinierter Aufgabenerfüllung durch die Organisationsmitglieder aufdrängen, so offenbart die nähere Betrachtung der Akteure und ihrer Interaktionen vor allem in Spannungs- und Umbruchsituationen deutlich die sozialen und „menschlich-allzumenschlichen" Dimensionen des Organisationsgeschehens. Das Verhalten und die Interessen der Individual- und Kollektivakteure der Organisation sind nur bedingt zu trennen von ihren emotionalen Regungen und Bedürfnissen, denn „in Organisationen tobt das Leben" (Freriks et al. 1993: 402).

2.3 Führung

Die Fachliteratur verzeichnet weltweit mehr als 3.500 Studien zum Führungsverhalten in Organisationen (vgl. z.B. Baumann 1996). Die tatsächliche Zahl der hierzu erarbeiteten Publikationen dürfte etwa um den Faktor 10 höher liegen. Eines der gebräuchlichsten Handwörterbücher widmet sich diesem Thema auf über 2.000 Seiten und zieht rund 200 Autoren aus dem deutschen, europäischen und angloamerikanischen Raum hinzu (vgl. Kieser et al. 1995). Dies unterstreicht, daß Forschungen zum Führungsverhalten offensichtlich einem Problemdruck entspringen und daß besonders in Zeiten umfassenden Wandels und weitgehender Innovationen in allen Produktions- und Dienstleistungsbereichen der Rolle von Leitungspersonen große strategische Bedeutung zugemessen wird - dies besonders hinsichtlich deren vertikaler Kommunikations- und Interaktionsfähigkeiten.[47]

Trotz entsprechender Bemühungen haben sich Gesamtkonzepte bis heute in der Führungsforschung nicht etabliert (vgl. Müller 1995: Sp. 574). Dennoch verdeutlicht die Intensität der sozial- und betriebswissenschaftlichen Befassung mit „Organisation und Führung", daß dem Problem ein hoher Stellenwert im Fachdiskurs zukommt. Die Fachliteratur läßt sich grundsätzlich nach eher betriebswirtschaftlichen und eher soziologischen Herangehensweisen unterscheiden.

Betriebswirtschaftlich geprägte Ansätze differenzieren zwischen einem weiten und einem engen Begriff von Führung. Ersterer hebt auf die Management- und Organisationskompetenz, letzterer auf die Personal- und Menschenführung ab. Die Funktionen des weitgefaßten Begriffs beinhalten Planung, Organisation, Personaleinsatz, Führung und Kontrolle (vgl. Schreyögg 1993: Sp. 326). Genaugenommen impliziert der weite Begriff solche Kompetenzen, die primär als Management- und konzeptionell-organisatorische Qualitäten zu kennzeichnen sind.[48]

---

47 Dies wird deutlich an der Vielzahl von Literaturangaben im Kontext von Wandel und Innovation, Krankenstand und Betriebsklima, Dienstleistungsorientierung und Qualitätsmanagement, Mitarbeiterorientierung und partizipativem Führungsstil.

48 Auf dieser Ebene bewegt sich auch die Definition im Wirtschaftslexikon (Woll 1991): „Führung ist als Erreichung einer möglichen störungsfreien Gestaltung des Systems Unternehmen als internes Problem wie auch als Abstimmung zwischen dem System Unternehmen einerseits und dem System Umwelt andererseits als externes Problem zu definieren. Letztere Gestaltungsfunktion wird auch als *originäre* Führung bzw. Führungsaufgabe mit den grundlegenden Phasen der Willensbildung, -durchsetzung und -sicherung aufgefaßt." Aus dieser Kerndefinition leitet sich die *derivative* Führung ab. Diese „hat a) eine sachrationale, bis heute dominierende Ausprägung in Gestalt der *Managementfunktionen*, die da sind: Zielsetzung, Planung, Organisation, Kontrolle, und b) eine personenbezogene Ausprägung in Gestalt der Humanfunktion; sie wird oft als Führung definiert oder auch *Führung i.e.S."* (Ebenda, S. 229) (Hervorhebung im Original)

Menschenführung wird im deutschsprachigen Raum üblicherweise als ein Teilaspekt der Führung behandelt. Die betriebswirtschaftlichen Ansätze gehen dabei davon aus,

> „daß die *interaktionelle Führung* nicht Gegenstand einer eigenständigen Subdisziplin sein kann, sondern als Teil einer betriebswirtschaftlichen Managementlehre zu verstehen ist. Menschenführung ist damit eine mehr oder weniger klar abgegrenzte Managementfunktion unter anderen..." (Müller 1995: Sp. 574)

Der synonym gebrauchte „Unterbegriff" von Führung im engen Sinne bezieht sich primär auf die sozialen und kommunikativen Kompetenzen einer Führungsperson. Damit macht er das innerorganisatorische Verhalten und Handeln, das den „direkte(n) Umgang mit den unterstellten Mitarbeitern" (Schreyögg 1993: Sp. 326) betrifft, zum Gegenstand sozialer, psychologischer und ethischer Überlegungen.

Diese Doppeldeutigkeit des Führungsbegriffs mit seiner impliziten Hierarchisierung ist wohl einer der Gründe, weshalb Managementkompetenz erstens als besonders zu vermittelnde technische Qualifikation von Führungspersönlichkeiten aufgefaßt, zweitens mit Attributen wie Entscheidungs- und Durchsetzungskraft, Selbstdarstellungs- und Strukturierungsvermögen versehen und drittens mit einer höheren Aufmerksamkeit bedacht wird. Die für die „Arbeit mit Menschen" (Parkinson/Rustomji 1993) erforderliche soziale Kompetenz des Managers wird in diesem Zusammenhang als lediglich sekundär klassifizert; dies läßt leicht übersehen, daß Planungs- und Organisationsvorgänge *sui generis* soziale Prozesse sind, die, sollen sie erfolgreich sein, auch entsprechender Kompetenzen bedürfen.

Soziologisch geprägte Ansätze definieren den sozialen Aspekt von Führung als „Personalführung". Das Lexikon der Wirtschaftsethik hebt hervor, daß Motivation, Kommunikation, Konfliktbewältigung und Überzeugung die herausragenden Merkmale dieser Managementfunktion sind. Soziologische Führungsdefinitionen setzen folglich nicht bei funktionalen Qualifikationen wie technisch-organisatorischer oder Managementkompetenz an. Sie zielen vielmehr auf den sozialen Status der Akteure, deren Verhalten und die den Interaktionen zugrundeliegenden sozialen Prozesse. Sie umfassen formelle und informelle innerorganisatorische Strukturen und befassen sich mit sozialen Komponenten wie Macht und Einfluß. So beschreibt Wunderer (1995) Führung als „zielorientierte soziale Einflußnahme zur Erfüllung gemeinsamer Aufgaben" (ebenda: 257). Der Autor konzediert eine wechselseitige Einflußnahme der Führenden und der Geführten, die „Einflußrichtung" (ebenda) bleibt bei dieser Definition bewußt offen.

Wunderers Ansatz ist insofern besonders hervorzuheben, als er erfolgreiches Führungshandeln nicht primär als Ergebnis von „charismatischer" Führungspersönlichkeit plus profunder Fach- und Managementqualifikation begreift. Er vollzieht vielmehr eine Perspektivenerweiterung und betrachtet effiziente Führung als Ergebnis komplexer Interaktion und Kommunikation. Wunderer umschreibt dies zugespitzt als „Führung von unten" (ebenda: 265). Dennoch geht dieser Autor wie die meisten am Thema Forschenden davon aus, daß der Ausübung von Führungsaufgaben ein Verhalten zugrunde liegt, das *rational*, mit dem Organisationsziel kompatibel, stimmig und in seinen wesentlichen Aspekten kalkulierbar ist.

Ganz anders Neuberger (1995b), der befindet, sämtliche behaupteten rationalen Handlungsvoraussetzungen für Führungshandeln existierten gar nicht:

> „Man kennt und berücksichtigt nicht alle Handlungsmöglichkeiten (...), man hat keine abschließenden Informationen über die Ereignisse der Zukunft (...), es liegt normalerweise kein stabiles, konsistentes (widerspruchsfreies), klar definiertes Zielsystem vor, die Zurechnung von Werten zu Ergebnissen ist mehrdeutig, und es sind keine eindeutigen Entscheidungsregeln vorgeschrieben, vielmehr stehen mehrere widersprüchliche und interpretationsfähige zur Auswahl. (...) Führung ist im wesentlichen irrational." (Ebenda: 36f.)

Neuberger zerstört die Illusion, das Führungsgeschehen als technischen Prozeß verbessern zu können, „indem in buchhalterischer Pedanterie für typisierte Situationen erfolgversprechende Stile empfohlen werden." (Ebenda: 42) Er urteilt, letzteres sei der Angstabwehr geschuldet, man fürchte,

> „unter scheinbar chaotischen, anarchischen und unprogrammierbaren Bedingungen jene Sicherheit und Orientierung zu verlieren, die Voraussetzung ist für den Glauben an die Beherrschbarkeit der Geschehnisse." (Ebenda)

Der Autor schlägt vor, Führung als innerorganisatorisches „politisches Problem" (ebenda: 37) aufzufassen. Er zeigt sich überzeugt,

> „daß das Funktionieren von Organisationen besser verstanden werden kann, wenn man sie als politische Einrichtungen sieht, die durch ein System von ‚Checks and Balances' charakterisiert sind." (Ebenda: 39)

Nach Neuberger bilden sich in der Organisation als politischem System Koalitionen, die so lange halten, wie die Beteiligten von- und durch einander profitieren. Er richtet seinen Blick auf konkrete Macht-, Handlungs- und Steuerungstechniken, deren Anwendung (in Variationen) zum täglichen Arsenal innerorganisatorischer Beeinflussungs- und Aushandlungsprozesse gehört. Seine Auflistung umspannt einen weiten Bogen von Verhaltensweisen:

„1) Informationskontrolle, z.B. Schönfärberei, (...) Gerüchte verbreiten...
2) Kontrolle von Verfahren, Regeln, Normen, z.B. (...) Präzedenzfälle schaffen...
3) Beziehungspflege, z.b. Netzwerke und Bündnisse bilden (,Seilschaften')...
4) Selbstdarstellung, (...) demonstratives Imponiergehabe usw.
5) Situationskontrolle, Sachzwang, z.b. Dienst nach Vorschrift, Sabotage...
6) Handlungsdruck erzeugen, z.b. emotionalisieren, begeistern, einschüchtern...
7) Timing, z.B. (...) den richtigen Zeitpunkt/Gelegenheiten/Überraschungseffekte nutzen..."
(Ebenda: 38f.)

Zu taktieren, zu täuschen und zu verbergen, Bündnisse zu schließen und Informationen zu lenken - all dies sind demnach keine Störfälle und Abweichungen, sondern reale Verhaltensweisen im „Vielfrontenkampf" (ebenda: 40) des betrieblichen Alltags. Nach Neuberger geht es allein darum, diese zu kontrollieren, nicht sie zu leugnen, zu unterbinden oder gar zu fördern.

Was Leitungspersonen von den anderen Akteuren in diesem ereignisreichen Organisationsgefüge deutlich unterscheidet, ist ihre übergeordnete (Gesamt-)Verantwortung. Dabei handelt es sich - ob implizit oder explizit - um die Erfüllung zweier zentraler, an eine Leitungsposition geknüpfter Erwartungen:

- das Postulat, das vorgegebene Organisationsziel zu erreichen,
- das Postulat, die Partizipation und Integration der zur Organisation gehörenden Einzel- und Gruppenakteure voranzubringen (vgl. Rosenstiel 1995a: 3ff.).

Während ersteres zwar rational akzeptiert, aber im Organisationsgeschehen von den Akteuren überwiegend als abstraktes Erfordernis erfahren wird, geht es bei letzterem um alle betreffende, erlebbare Auswirkungen des Führungshandelns.

Die Situation der Leitungspersonen charakterisiert Neuberger als „dilemmatisch" (Neuberger 1995a); er sieht sie als für Leitungsaufgaben *konstitutiv*. Führungskräfte stünden grundsätzlich vor dilemmatischen Handlungs- und Entscheidungserfordernissen. Ihre Rolle sei durch die Verpflichtung auf „widersprüchliche Ziele" (ebenda: Sp. 535) gekennzeichnet. Als „dilemmatisch" definiert er eine Situation, die durch „widersprüchliche, gegensätzliche, unvereinbare Ansprüche" gekennzeichnet ist und „gleichzeitig eine Wahl oder Stellungnahme" erfordert (ebenda). Führung als solche gebe es nur, weil es diese Widersprüche gibt.

Neubergers Verdienst ist, die Führungsdilemmata als „konstruktionsbedingte Eigenheiten des Systems" (ebenda: 537) herausgearbeitet zu haben. Er hält damit der „personalistischen" Kritik an (defizitärer) Führung die strukturelle Perspektive entgegen. Seine Einlassungen gelten einer Kritik, die verheißungsvolle Rezepturen aus Management-Konzeptionen anbietet. Diese verweist er ins Reich der Mythen, Führung sei keine „Aufgabe, für die es eine Bestlösung gibt" (ebenda: 540). Daß

Führung über genügend Optionen verfügt, um gute Lösungen zu erzielen, beweist Neuberger in seinen Vorschlägen zum Umgang mit den Führungsdilemmata. Doch um diese anzuwenden, bedarf es entsprechender Kompetenzen, die über die fachlichen Fähigkeiten hinausgehen und der Tatsache Rechnung tragen, daß Führung soziologischer Kenntnisse und sozialer Qualifikationen bedarf.

2.4 Basiskonstituenten innerbetrieblichen Führungsverhaltens

In den weiteren Betrachtungen zum Führungsverhalten in wissenschaftlichen Bibliotheken werden sechs Handlungsfelder in den Mittelpunkt gestellt - dies in deren Beziehungs- wie Bedingungsgefüge: Kommunikation, Partizipation, Autonomie (Handlungsspielraum), Konflikt, Motivation, Kooperation. Im folgenden werden diese Begriffe hergeleitet und näher erläutert.

2.4.1 Kommunikation

Ein zentrales Anliegen der Führungsforschung stellt die „Kommunikation als Führungsaufgabe" (Regnet 1995a: 205) dar. Das dahinter stehende Postulat begleitete die Diskussionen um kompetente, zeitgemäße Leitung von Beginn an (vgl. hierzu Staehle 1990: 274ff.; Wiswede 1981: 226ff.; Rosenstiel 1995a: 5ff.; Landtag von Baden-Württemberg 1994: 13ff.; Brinkmann et al. 1982: 131ff.). Vor allem in hochtechnisierten Dienstleistungseinrichtungen werden kommunikative Fähigkeiten für die Organisationsmitglieder immer wichtiger.

Knoblauch (1996) spricht von Kommunikationsarbeit als substantiellem Bestandteil von und als Voraussetzung für Kooperation und Kommunikation in post-tayloristischen Arbeitsorganisationen. Er und andere Autorinnen und Autoren verweisen damit auf Tatsachen, die auch im Bibliothekswesen nicht mehr länger beiseite geschoben werden können. Auch wenn viele von Knoblauchs Ausführungen überwiegend auf Arbeitsplätze und Arbeitsanforderungen in „hochtechnologisierten Organisationen" zielen, geht es ihm ebenso um Dienstleistungsberufe, in denen Arbeit zum großen Teil in Gesprächen, am Telefon und in anderen Kommunikationssituationen verrichtet wird. Hier gelten uneingeschränkt das Erfordernis „kommunikativer Kompetenzen" der Akteure und die Möglichkeit der Umsetzung des „lebendige(n) Erfahrungswissen(s) der Arbeitskraft" (ebenda: 369).

Die „unternehmensinterne Kommunikation", so befinden die Verfasser einer Studie zum Kommunikationsmanagement in großen und mittelständischen Unternehmen (Schwaiger et al. 1995: 1), sei lange Zeit ein „Stiefkind" des Managements gewesen. Heute werde sie jedoch immer deutlicher als strategischer Erfolgsfaktor identifiziert. In der Studie werden Maßnahmen zur Verbesserung der internen Kommunikation empfohlen, die überwiegend bei entsprechender Weiterbildung der Führungskräfte ansetzen (ebenda: 35). Auch andere Verfasser weisen darauf hin, daß aus Defiziten in der Qualifikation des Führungspersonals solche in der Kommunikation folgen (vgl. z.B. Rosenstiel 1995a: 5).

In der Privatwirtschaft ist der Stellenwert betriebsinterner Kommunikation längst unbestritten; diese gilt als strategischer Bedingungsfaktor, um die Unternehmensziele zu erreichen. Daß sie auch für Produzenten öffentlich finanzierter Dienstleistungen und Güter bedeutsam ist, dürfte unstrittig sein.

Wie eng miteinander verknüpft „Information" und „Führung" sind, erläutert Kleinbölting (1988). Von einem „etwas generelleren Begriff der Information" ausgehend, hebt der Autor hervor,

> „daß letztlich jede Handlung einer Führungskraft mit ‚Informationsverteilung' oder ‚Informationsbeschaffung' zu tun hat, angefangen vom bloßen Ausgeben von Anweisungen über die Durchführung von Mitarbeitergesprächen bis hin zu den eindeutig motivationsfördernden Führungstätigkeiten..." (Ebenda: 32)

Das von Führungskräften bisweilen praktizierte Zurückhalten von Informationen bezeichnet der Autor als einen der „langfristig verheerendsten Führungsfehler". Er spitzt seine Befunde in dem beinahe utilitaristischen Satz zu: „Wer informiert sein will, muß selber informieren", und definiert diesen als ein „Grundgesetz der Kommunikation" (ebenda: 34).

Regnet (1995a) vermittelt Erkenntnisse zu grundsätzlichen Problemen innerorganisatorischer Kommunikation, insbesondere im vertikalen Bezugsfeld. Sie verwendet den Begriff des „Kommunikationsmanagers" (ebenda: 206) und sieht ein entsprechendes Qualifikationsspektrum als unabdingbare Voraussetzung professioneller Leitungstätigkeit, wobei sie wachsende „Kommunikationsanteil(e) an der Arbeitszeit mit steigender Hierarchie" (ebenda) feststellt. Regnet spitzt das zentrale Problem vertikaler wie horizontaler Kommunikation auf „Unterschiede zwischen Selbst- und Fremdbild" zu, d.h. die eigene Kommunikationsbereitschaft werde überschätzt, das Wissen und Interesse der anderen unterschätzt (ebenda). Sie listet als Merkmale gelungener Kommunikation vor allem Authentizität, Diskursbereitschaft, Vielfalt, Offenheit, Akzeptanz und Konflikttoleranz auf.

Bardmann und Franzpötter (1990) befassen sich mit den Umorientierungszwängen und dem paradigmatischen Wandel managieriellen Leitungshandelns in einer „innovationsbesessenen Zeit", die durch eine „enorme Veränderungs- und Entwicklungsdynamik" gekennzeichnet sei (ebenda: 424). Aus ihrer Sicht signalisiert das vor allem in der Großindustrie breit diskutierte Konzept der *Unternehmenskultur* das

„Brüchigwerden typisch moderner Hoffnungen auf Machbarkeit, Planbarkeit, Gestaltbarkeit und umfassende Steuerbarkeit." (Ebenda)

Postmodernes Management löse sich vom alten Ideal reibungslosen Funktionierens, beginne mit neuen Formen des Umgangs mit Unsicherheit und Ungewißheit zu experimentieren und „Störungen" als Grundelemente der Organisationswirklichkeit anzunehmen. Als Ursachen hierfür werden die rasante Informatisierung der Arbeitswelt und eine durch „kulturelle Individualisierungs- und gesellschaftliche Ausdifferenzierungsprozesse" hervorgerufene „Pluralisierung von Wertvorstellungen und Handlungsorientierungen" (ebenda: 426) ausgemacht.

Die Verfasser erkennen in den von ihnen untersuchten Dienstleistungs- und Produktionsbereichen nicht nur „systemische Rationalisierung", sondern „zugleich neue Handlungs- und Autonomiespielräume auf seiten der Beschäftigten" (ebenda: 425f.). Sie sehen zugleich einen wachsenden *Bedarf an extrafunktionalen, emotionalen hochindividualisierten Qualifikationsmomenten* und schließen hieraus:

> „Die Informatisierung der Arbeitswelt führt zu noch kaum erkundeten Veränderungen sozialer Kommunikationszusammenhänge, zur Aufhebung der Grenzen bisheriger Kommunikationsräume... Aufgrund der technologisch induzierten Unberechenbarkeiten gewinnen ehemals abgewiesene Qualifikationen, wie die individuelle Fähigkeit zum situativen Umdenken, zur Autodidaktik, Informationsbeschaffung, -verdichtung und -auswertung, zur Wissensvermittlung, zur persönlichen Kreativität und vor allem zur Kooperation und Kommunikation besondere Bedeutung." (Ebenda: 426)

Das Management erkenne, daß es nicht nur auf „arbeitswillige", vielmehr besonders auf „arbeitsfähige" Mitarbeiterinnen und Mitarbeiter angewiesen ist, die durch „sensible Deutungsarbeit" überzeugt, orientiert und koordiniert werden wollen.

Zentraler Schnittpunkt der Darlegungen Bardmanns und Franzpötters ist die *Diskursivität manageriellen Handelns*. Die Autoren beschreiben wesentliche soziale Kompetenzen von Führungskräften in Bildern wie „Kommunikator" und „Moderator" (ebenda). Leitungstätigkeit sei gekennzeichnet durch Fehlerfreundlichkeit, kommunikative Transparenz, Subjektorientierung und die Ermöglichung von Freiräumen für Selbstorganisation, Lernprozesse, Flexibilität, Nonkonformismus, Verhandlungs- und Aushandlungsbereitschaft. Die Verfasser verstehen ihre Ausführungen als eine Auseinandersetzung mit modernen Unternehmenskultur-Ansätzen aus *soziologischer* Sicht und betonen die Perspektive der Konstituierung spezifischer organisatorischer „Wirklichkeit". Organisationswirklichkeit wird dabei als in Interaktionen „gemachte", „erfundene" und „ausgehandelte" Realität verstanden, die auch anders „gemacht", „erfunden" und „ausgehandelt" werden könne (ebenda: 437). In der Initiierung und Gestaltung innerorganisatorischer Diskurse und Aushandlungen sehen sie denn auch die real(istisch)en Chancen von „Mitbestimmung" und „relativer Autonomie", von „Humanität" und „Emanzipation". Nicht verschwiegen wird die strukturelle Paradoxie dieses Modells, dessen Elastizität und Strapazierbarkeit in der Praxis bisher kaum beschrieben und erforscht wurde:

> „Wer Paradoxien, Widersprüchlichkeiten und eine Sowohl-als-auch-Haltung nicht mag, wird auch nicht verstehen, was mit ‚straff-lockerer Führung' gemeint sein kann, warum ‚Fehler' und ‚Störungen' nur noch in Anführungszeichen geschrieben werden, wie sich die Stärke eines Organisationsmanagements im Eingeständnis der eigenen Schwächen begründen kann..." (Ebenda: 437f.)

Kommunikation steht damit im strategischen Zentrum eines organisationsvertikalen Bezugsfelds und bündelt Transparenz, Diskurs, Austausch, Aushandlung, Interaktion und Gestaltung.

2.4.2 Partizipation

Organisationsmitglieder wollen nicht nur über alle die Organisation betreffenden Angelegenheiten informiert werden. Es geht ihnen vielmehr auch um Partizipation, darum, aktiv in Entscheidungs- und Gestaltungsprozesse einbezogen zu werden. *Partizipative Führung* bietet demnach verbindliche, d.h. regelhafte und stabile Beteiligung und Mitwirkung für alle Organisationsmitglieder, und zwar in allen sie betreffenden Vorgängen. Sie beschränkt sich keinesfalls auf die gesetzlich geregelten Mitbestimmungsrechte der Arbeitnehmervertretungen, sondern umfaßt das gesamte innerorganisatorische Geschehen einer Organisationseinheit (Abteilung, Gruppe, Team usw.) sowie die in ihr interagierenden Individuen:

> „Partizipationsorientierung bedeutet, daß Mitarbeiter in die Entscheidungsprozesse einbezogen werden, die ihren Arbeitsplatz, ihr Aufgabengebiet, aber auch die Rahmenbedingungen bis hin zur Unternehmensstrategie betreffen, wobei das Ausmaß der Partizipation die gegebene Qualifikation der Mitarbeiter berücksichtigen muß." (Rosenstiel 1995a: 13)

Partizipativer Führung im dargelegten Sinn liegen zwei Grundüberzeugungen und Zielvorstellungen zugrunde:

- Nur umfassendes Einbeziehen von Sachverstand und Expertenwissen der Organisationsmitglieder sowie das Verknüpfen aufgaben- und mitarbeiterorientierter Verhaltensmaximen garantiert *sachlich-fachliche Entscheidungsfundierung*.[49]

Klages und Hippler (1993) betonen, daß der „integrativ Führende" die individuellen Bedürfnisse und übergeordneten Organisationsziele auf einen Nenner zu bringen suche, wenig Wert auf eigene Status- und Machtvorteile gegenüber seinen Mitarbeiterinnen und Mitarbeitern lege und die Teamarbeit betone (ebenda: 53).

Regnet (1995b) befindet, die Einbeziehung der Mitarbeiterschaft in Planungen und Entscheidungen stelle eine Notwendigkeit dar:

> „Denn das Fachwissen wird spezieller, die Führungskraft kann immer weniger der ‚beste Fachmann der Gruppe' sein. Außerdem erhöht ein partizipatives Vorgehen in der Planungsphase eine hohe Akzeptanz bei der Realisierung." (Ebenda: 47)

Von „intelligente(m) Partizipationsmanagement" spricht Sperling (1994) in einer Studie zu Qualitätsmanagement und neuen industriellen Arbeitsformen. Er macht eine „Fragilisierung der industriellen Beziehungen" (ebenda: 9) aus und plädiert für ein „neues Arrangement von Organisation und Partizipation" (ebenda: 36).

- Die *legitimatorische Fundierung der eigenen Führung* gelingt Leitungspersonen nur, wenn diese den gesellschaftlichen Wertewandel anerkennen.[50]

Einige wenige Zitate sollen diesen seit Jahrzehnten in der Soziologie diskutierten Sachverhalt illustrieren.

> „In der Bundesrepublik Deutschland setzte in der ersten Hälfte der 60er Jahre ein kräftiger Wertwandlungsschub ein, in dessen Verlauf auf das gesellschaftliche Gefüge bezogene Werte wie Disziplin, Gehorsam, Unterordnung, Fleiß, Pflichterfüllung sowie das individuelle Selbst regulierende Werte wie Selbstlosigkeit, Selbstbeherrschung, Enthaltsamkeit, Treue, Bescheidenheit, Hinnahmebereitschaft und Fügsamkeit an Bedeutung verloren. Eine Bedeutungszunahme erlangten dagegen Werte mit einem verstärkten emanzipativ-idealistischen Gesellschaftsbezug wie Emanzipation von Autoritäten, Partizipation, Demokratie und Autonomie... Dieser Vorgang kann in seinem wesentlichen Kern als ein Wandel weg von Pflicht- und Akzeptanzwerten, hin zu Selbstverwirklichungs- und Engagementwerten, die gemäß unseren

---

49 Stellvertretend für viele Autorinnen und Autoren seien genannt: Dierkes (1988); Berthoin Antal et al. (1993); Klages/Hippler (1993); Regnet (1995b).

50 Vgl. hierzu beispielsweise die Kontroverse zwischen Noelle-Neumann und Strümpel in den achtziger Jahren: Noelle-Neumann/Strümpel (1985).

Untersuchungsergebnissen beiderseits einen positiven Beitrag zur Sachmotivation der Bediensteten leisten, charakterisiert werden." (Klages/Hippler 1993: 103f.)

„Nicht zuletzt dieser Wertewandel bewirkt verstärkte Partzipationswünsche der Mitarbeiter. Es wird nicht länger nur gehorcht, man will auch wissen, warum." (Regnet 1995b: 47)

Voß (1990) geht davon aus, daß es in der Bevölkerung eine wachsende Distanz zur Erwerbsarbeit gibt.

„Hierbei fällt in den letzten 20 Jahren (...) eine abnehmende Bedeutung von akquisitiven Ansprüchen (auf den materiellen Gewinn bezogene Interessen wie ‚Einkommen' und ‚Karrieremöglichkeiten') auf. Dagegen erfahren nicht-akquisitive Ansprüche (‚interessante Arbeit', ‚Kommunikation', ‚soziale Kontakte', ‚eigene Ideen verwirklichen' u.ä.m.) eine bemerkenswerte Aufwertung. (...) Es bekommen zunehmend Erwartungen eine Bedeutung, die sich auf den Inhalt und die (vor allem sozialen) Bedingungen der Arbeit beziehen." (Ebenda: 265)

Warnecke (1992) kommt zu dem Schluß:

„Dem zunehmenden Wunsch nach Selbstbestimmung, nach Individualisierung, nach Partizipation und Kommunikation müssen veränderte Organisationsstrukturen und Führungsstile Rechnung tragen." (Ebenda: 40)

Die Debatte um neue Formen der Partizipation wirkt bis in aktuelle Auseinandersetzungen um das „deutsche Modell" der Mitbestimmung hinein. Dabei geht es darum, wie anpassungs- und wandlungsfähig das deutsche System der Arbeitsbeziehungen vor dem Hintergrund „veränderte(r) Märkte, Technologien, Organisationsstrukturen und Lebensweisen" (Kommission Mitbestimmung 1998: 19) ist.

Einer der Kernsätze der mit hochrangigen Sachverständigen besetzten Mitbestimmungskommission aus Spitzenvertretern von Tarifparteien, Wissenschaft und Politik lautet:

„Die zukünftige Entwicklung der Mitbestimmung muß dem Leitbild einer kooperativen, dezentralisierten, beteiligungsorientierten und informationsintensiven Unternehmenskultur verpflichtet sein." (Ebenda)

Der Direktor des Max-Planck-Instituts für Gesellschaftsforschung und Mitglied dieser Kommission, Wolfgang Streeck, hebt den Stellenwert dezentraler Gestaltungsmöglichkeiten der Tarifpartner hervor und betont deren praxisnahe Lösungsorientierung. Formen direkter oder dialogischer Beteiligung werden festgestellt oder eingefordert.

„Die neuen Unternehmenskulturen betonen (...) die Besonderheiten des einzelnen Betriebs und fördern die direkte und individuelle Beteiligung des einzelnen Beschäftigten in seiner Arbeitsrolle." (Streeck 1996: 20)

Erkannt wird, daß die kollektiven, institutionalisierten Arbeitnehmervertretungen angesichts dieser direkten Beteiligungs- und Mobilisierungsofferten an die Arbeitnehmer als Individuen einem Spannungsverhältnis sowie unübersehbarem Wandlungsdruck ausgesetzt sind. Streeck sieht aber Anzeichen dafür,

„daß Betriebsräte in den letzten Jahren Formen eines kommunikations- und flexibilitätsorientierten Co-Managements entwickelt haben, die noch vor kurzem für unmöglich gehalten wurden." (Ebenda)

Vertikale Partizipation und Kooperation, transparente Kommunikation, Abbau hierarchisch-bürokratischer Organisation, individuelle Gestaltungs- und Lernmöglichkeiten der Akteure in Arbeitsorganisationen - all dies wird auch, wenngleich häufig sehr verhalten, im Kontext neuer Managementkonzepte angeführt (vgl. z.B. Ittermann 1996: 5). Qualitätsmanagement ist eines der Anwendungsfelder dieser neuen Ansätze. Autorinnen und Autoren aus dem Informations- und Bibliothekswesen gehen hierauf eher zurückhaltend ein (vgl. hierzu: Herget et al. 1993: 370ff.; Herget 1993: 112). Im nichtöffentlichen Sektor beispielsweise wird der Konnex zwischen innovativer partizipativer Arbeitsorganisation und Verfahren des Qualitätsmanagements von allen Beteiligten - Arbeitnehmer- und Arbeitgebervertretungen sowie wissenschaftlicher Begleitung - deutlicher thematisiert (vgl. z.B. Kluge/Girndt 1994: 11). Im Bericht zur Betriebsvereinbarung der Firma epro, Elektronik & Systemtechnik GmbH wird der erwähnte Konnex in eine Formulierung gegossen, die fast schon zum Motto gereicht:

„Qualitätsarbeit verlangt Arbeitsqualität." (Franz/Schröder 1994: 22)

Mit Schröder (1997a) schließt sich der Kreis zum beschriebenen Wertewandel. Dieser Autor befindet:

„Die neuen Anforderungen an die öffentliche Verwaltung und die Unternehmen betreffen in erster Linie die Mitarbeiter/innen, diese haben auch selber neue Ansprüche an die Arbeit: mehr Eigenverantwortlichkeit, stärkere Beteiligung an Veränderungs- und Entscheidungsprozessen, verbesserte Arbeitsbedingungen, flexiblere Arbeitszeiten, Transparenz der Arbeitsabläufe sind einige Stichworte für den ‚Wertewandel' im Bereich der Arbeitswelt." (Ebenda: 3)

Schröder sieht zwischen den wachsenden Anforderungen an Leistungsfähigkeit und Qualität von Unternehmen und Dienstleistungseinrichtungen (und damit auch steigenden Anforderungen an die Arbeit der Mitarbeiterschaft) einerseits und den erhöhten Anforderungen der Mitarbeiterinnen und Mitarbeiter an die arbeitsweltlichen Rahmenbedingungen andererseits keinen Widerspruch, sondern ein Bedingungsverhältnis. „Leistungssteigerung" und „Qualitätsverbesserung" würden nicht mehr als

„Gegensatz zur ‚Humanisierung' der Arbeit gesehen..., sondern das eine (nämlich menschengerechtere Arbeitsplätze und eine am Menschen orientierte Arbeitsorganisation) als Voraussetzung für das andere (nämlich letztendlich größere Produktivität)." (Ebenda: 1)

Die hierfür erforderlichen Reorganisationsprozesse müßten von den Mitarbeiterinnen und Mitarbeitern mitgestaltet werden. Ein wesentliches Element hierzu seien Mitarbeiterbefragungen; sie bildeten einen Ausgangspunkt „partizipative(r) Organisationsentwicklung" (ebenda).

2.4.3 Autonomie

Das Ausmaß an Verantwortung, Zuverlässigkeit und Engagement, das den einzelnen Mitarbeiterinnen und Mitarbeitern insbesondere in Dienstleistungs- und hochtechnisierten Arbeitsbereichen abverlangt wird, bedingt einen Zuwachs an Autonomie und Eigenraum in ihren individuellen Gestaltungsmöglichkeiten und eine Reduzierung klassischer vertikaler *direkter* Arbeitsverrichtungs- und Verlaufskontrolle. An deren Stelle treten andere, mildere Formen wie Ergebniskontrolle, Lob bzw. Beschwerden der Klientel oder nächstfolgender „externer" Instanzen; hierzu zählen auch - häufig weniger spektakulär - die soziale „Kontrolle" im horizontalen Interaktionsprozeß sowie die *indirekte* vertikale „Kontrolle" durch Feinabstimmung, Anregung, Nachfrage und sensiblen Diskurs.

Welche Bedeutung der Eigenverantwortung und dem Handlungsspielraum der ausführenden Akteure zugemessen wird, sei im folgenden illustriert.

Kleinbölting (1988) unterstreicht die Wichtigkeit des eigenen Raums, der eigenen Verantwortungs- und Gestaltungssphäre:

„Diese Freiräume (...) schaffen eine positive Identifikation mit der Arbeit, weil sie die Kompetenz des Arbeitsplatzinhabers betonen... Dabei ist es eine klare Führungsaufgabe, das individuelle Autonomiebedürfnis des einzelnen Mitarbeiters zu erkennen und ihn entsprechend anzuleiten." (Ebenda: 30)

Papmehl (1998) plädiert im Interesse konsequenter Kundenorientierung der Mitarbeiterschaft für dialogfördernde, vernetzte Organisationsstrukturen. Er definiert die Mitarbeiter der Firma als Mitunternehmer und verfolgt dabei den Ansatz, durch innovative Strukturen ihre Qualifikations- und Leistungspotentiale zu mobilisieren.

> „Wenn Änderungen im System wenig Effekt haben, liegt es nahe, das System selbst zu verändern. Nach einer Studie nutzen Unternehmen im Durchschnitt nur 40 Prozent des Potentials ihrer Mitarbeiter. Man leistet sich also eine Wissensverschwendung in Höhe von 60 Prozent. Gelingt es im Rahmen innovativer Organisationsstrukturen, lediglich 50 Prozent dieses Potentials zu aktivieren, hätte dieses weitreichende Konsequenzen." (Ebenda: 65)

Unter den Mitteln zur Aktivierung des Potentials rangiert nach Papmehl die Erweiterung des Handlungsspielraums der Mitarbeiter an erster Stelle.

In der Zusammenschau der Fachliteratur läßt sich ein Synonymkomplex von Begriffen ausmachen, die alle mehr oder weniger explizit verantwortungsbewußtes, eigenständiges, professionelles und qualifiziertes Handeln der Organisationsmitglieder (als Postulat) beschreiben. So spricht Warnecke (1992: 148) von „Selbstorganisation"; diese erfordere „die Autonomie, geeignete Lösungsmethoden für die jeweilige Aufgabenstellung anzuwenden". Bullinger und Schäfer (1996: 6) sprechen von „Selbstmanagement". Klages und Hippler (1993) heben im Zusammenhang mit der Stimulierung intrinsischer Motivation auf das „autonome" Gestaltungsbedürfnis der Arbeitnehmer ab:

> „Um solche Anreize zur Geltung kommen zu lassen, muß man den Menschen (...) Selbständigkeits- und Selbstverantwortungschancen anbieten und ihnen die Arbeit ‚interessant' und ‚sinnvoll' werden lassen." (Ebenda: 9f.)

Bardmann und Franzpötter (1990: 425) erkennen „wachsende Handlungs- und Autonomiespielräume" auf seiten der Beschäftigten im Gefolge kommunikationsintensiver und hochtechnisierter Arbeitsorganisationen. Homburg (1995) plädiert in seiner umfassenden empirischen Studie zur Qualität und Intensität der Kundenorientierung deutscher Unternehmen für eine Deregulierung im Sinne von Entnormierung kundenbezogener Prozesse, da übertriebene Prozeßstandardisierung, oktroyierte Regelbindung und Formalisierung gerade jene Qualitäten vernachlässigten, die im Kundenkontakt besonders wichtig sind (ebenda: 13ff.). Letztere lassen sich in folgenden Begriffs- und Gegensatzpaaren veranschaulichen: Spezifität statt Formalität, Intensität statt Routine, Lösungsorientierung statt Prozeßverwaltung, Improvisationsvermögen statt Abwicklungsorientierung, Entscheidungs- und Handlungskompetenz statt subalterner Restriktion. Homburg spricht sich denn auch konsequent für einen breiten Gestaltungsspielraum der Akteure im

Dienstleistungsbereich aus: „Wer verstanden hat, was Dienstleistung bedeutet, der weiß, daß so etwas nicht normierbar ist." (Ebenda: 147)

Kieser (1994) setzt sich systematisch mit den dichotomischen Leitbegriffen „Fremdorganisation" und „Selbstorganisation" auseinander. Er analysiert verschiedene Managementschulen und -ansätze im Spannungsfeld zwischen scheinbar rationalen Postulaten gehorchender Planbarkeit, Machbarkeit und Kontrollierbarkeit einerseits und - aufgrund organisatorischer Komplexität und sozialer Eigendynamik der Organisationsmitglieder - schwer zu steuernder soziotechnischer Organisationswirklichkeit andererseits. Er resümiert sehr abgewogen:

> „Eine Erhöhung der Autonomie organisatorischer Einheiten durch die Schaffung ganzheitlicher Stellen- und Gruppenaufgaben, eine weitgehende Delegation von Entscheidungen und ein Verzicht auf detaillierte Steuerungsvorgaben zugunsten der Selbstkoordination stellt durchaus eine vielversprechende Organisationsstrategie zur Erhöhung der Anpassungs- und Innovationsfähigkeit von Unternehmungen dar. Auch für die Beteiligung von Betroffenen an der Strukturierung lassen sich gute Gründe vorbringen." (Ebenda: 225)

Auf die Grenzen der Autonomie- und Selbstregulierungspostulate insbesondere im Kontext teamorientierter Fertigungsverfahren verweist Wittel (1998). Seinen Aussagen liegt eine ethnographische Untersuchung in zwei Maschinenbaubetrieben zugrunde. Diese industriesoziologische Studie gibt zu Bedenken, daß es

> „keineswegs selbstverständlich (ist), daß die Arbeiter und Arbeiterinnen sowohl willens als auch in der Lage sind, die ‚neuen Herausforderungen' und das heißt letztlich: einen bürgerlichen Arbeitshabitus anzunehmen." (Ebenda: 190)

Unter bürgerlichem Arbeitshabitus versteht der Verfasser ein „intrinsisches" und ein „diskursives Arbeitsverständnis". Diese beiden Aspekte spielen implizit - wie in den empirischen Ausführungen zu sehen sein wird - eine wesentliche Rolle im Bedingungsfeld von beruflichem Rollenverständnis, Qualifikationsniveau und sozialer Schichtzugehörigkeit von Bibliothekarinnen und Bibliothekaren.

2.4.4 Konflikt

Mehr Information und größere Transparenz, mehr innerorganisatorischer Diskurs und stärkere Verantwortung, mehr Teilhabe am und ausdrückliche Einbindung des einzelnen ins Gesamtgeschehen der Organisation sind nicht notwendigerweise Garanten von Harmonie. Mitdenken, Mitverantwortung und Einsatzbereitschaft der Organisationsmitglieder mögen zwar eine unabdingbare Voraussetzung zur erfolgreichen Erfüllung des Organisationsziels sein, sie provozieren indes auch divergierende Tendenzen. Wo Vielfalt, Diskurs und Autonomie ihre je eigene Dynamik entfalten, treten differenzierte Betrachtungsweisen zutage, werden eigene Erfahrungen und Einsichten nachdrücklicher behauptet, manifestieren sich Bedürfnisse und Interessenlagen deutlicher. Dies erfordert je nach Dissonanzpotential auch ein höheres Maß an Abwägung, Bearbeitung und Aushandlung seitens der Interaktionspartner, besonders der Leitungspersonen.

Organisationen, die sich unter Einbeziehung aller Organisationsmitglieder partizipativem und diskursivem Umgang öffnen, konfrontieren sich zugleich auch mit wachsenden Ansprüchen der Beteiligten und daraus resultierenden innerorganisatorischen Konflikten. Zur täglichen Agenda gehören im Gefolge einer solchen Entwicklung der Ausgleich von Interessen, die Balancierung von Ambitionen und Profilierungsbedürfnissen, die Bearbeitung von Eigensinn und Verselbständigung; bei der Leitungsintervention gilt es abzuwägen zwischen Begrenzung und Tolerierung zentrifugaler Kräfte; allgemein zu befolgende Regeln und Normen sind plausibel zu machen, Stil- und Formfragen ist die nötige Aufmerksamkeit zu schenken. Kurz: Konfliktfähigkeit und Konfliktmanagement kennzeichnen die Arbeitsrealität besonders des Leitungspersonals in diskursiv und partizipativ ausgelegten Organisationen.

Blessing[51] faßt den Befund recht anschaulich zusammen:

„Wenn alle mitdenken und mithelfen, Schwachstellen zu beseitigen, dann werden diese Menschen auch an anderer Stelle ihre Ansprüche formulieren, es wird also konfliktreicher und auch unkalkulierbarer." (Blessing, zit. nach Kluge/Grindt 1994: 13)

In der soziologischen Literatur wird dem Interessenkonflikt als Auseinandersetzung um Teilhabe und Statusgewinn, Zuwachs an Macht und Ressourcen zentrale Bedeutung beigemessen - in makro- wie mikrosoziologischer Perspektive. Soziale Konflikte im Betrieb, ihre Ursachen, Auswirkungen und Verläufe sind besonders unter dem Aspekt ihrer Steuerbarkeit Gegenstand der Betriebs- und Organisationssoziologie sowie verwandter Teildisziplinen. Sozialer Konflikt wird als „der Natur des Menschlichen" (Burghardt/Wiswede 1981: 231) entstammend charakterisiert. Allgemein wird in der soziologischen Konflikttheorie „jede durch Gegensätzlichkeit gekennzeichnete Beziehung zwischen zwei sozialen Elementen, z.B. Personen, Gruppen, Klassen" als Konflikt definiert (vgl. Sturzebecher 1994: 356). Berkel (1995) konkretisiert dies:

---

51 Der Autor ist Arbeitsdirektor eines „traditionellen" Stahlunternehmens.

„Ein Konflikt liegt immer dann vor, wenn eine Partei oder beide Parteien zum gleichen Zeitpunkt Handlungen beabsichtigen oder durchführen, die zur Folge haben könnten oder haben, daß sich die andere Partei behindert, blockiert, bedroht oder verletzt fühlt." (Ebenda: 360)

Konflikte beginnen, so Berkel weiter, auf der Ebene der Intention, nicht erst auf der des Handelns, und benötigen konkrete Streitpunkte (Anlässe, nicht zu verwechseln mit Ursachen). Sie lassen sich nach ihrer Latenz oder Virulenz und auch nach konsensualen versus brachialen Strategien zu ihrer Bewältigung differenzieren. Letztere generieren nahezu zwingend Folgekonflikte.

Innerbetriebliche Sozialkonflikte sind nach Burghardt und Wiswede (1981) der Normalfall:

„Die Hypothese (wenn nicht Ideologie) einer permanenten Harmonie im Betrieb versucht den Tatbestand zu überdecken, daß die Interessen der Betriebsangehörigen sowohl in der Vertikale ihrer Beziehungen (Arbeitgeber/Arbeitnehmer, Vorgesetzte/jeweils Untergebene) als auch in der Horizontale (Kollegenkonflikt aufgrund von körperlicher Nähe oder persönlicher Konkurrenz) aus der Natur differenter Interessenlage zu einer Konfliktneigung führen." (Ebenda: 231f.)

Innerorganisatorische Konflikte binden soziale Energien, behindern notwendige Kooperationen und verursachen - unmittelbar zumindest in der Privatwirtschaft - betriebswirtschaftliche Kosten. Sie entwickeln Eigendynamiken, bergen neben Lern- und evolutionären Effekten auch Risiken und destruktive Potentiale, die es zu steuern und kanalisieren gilt. Ein Konflikt hält

„solange er existiert, die Gruppe(n) davon ab (...), Ziele geschlossen anzustreben, Aufgaben koordiniert abzuwickeln und Beziehungen vertrauensvoll zu gestalten." (Berkel 1995: 368)

Auch gesundheitliche Folgen organisationssozialer Konflikte sind belegt. Vertikale oder horizontale soziale Konflikte im Kollegenkreis verursachen „psychische Anspannungen", „gesteigerte Reizbarkeit und Nervosität" sowie auch manifeste physische Erkrankungen (vgl. Oppolzer 1989: 219ff.; ebenso Lenhardt et al. 1996; Eckardstein et al. 1995).

Angesichts gesteigerter Konfliktanfälligkeit „moderner" Organisationen als Folge der Spezialisierung und Differenzierung der Organisationsmitglieder, des in weitgefächerten Hierarchien verteilten Expertenwissens, der hohen Kommunikations- und Kooperationserfordernisse und des gestiegenen Stellenwerts individueller Wertvorstellungen und Handlungsmaximen werden die weitsichtige Prophylaxe von Konflikten und deren sensibles Management immer wichtiger. Konfliktfelder ergeben sich in der horizontalen wie vertikalen Interaktion entlang folgender Entwicklungen, Schnittstellen und Konfrontationslinien:

- der zunehmenden Bedeutsamkeit immer spezifischeren Fachwissens,
- der Bereitschaft zur Übernahme von Verantwortung durch einzelne Organisationsmitglieder und der Angewiesenheit der Organisation hierauf,
- der (daraus resultierenden) subjektiven Einschätzung der eigenen Wichtigkeit, Rolle und des individuellen Anteils am „Betriebsergebnis" durch die Akteure.

Im betrieblichen Alltag läßt sich beobachten, daß das gewünschte und erforderliche eigenständige, verantwortungsvolle, kompetente Verhalten der Akteure durchaus gepaart ist mit dem Bedürfnis nach Austestung und Dehnung individueller Autonomie- und Gestaltungsspielräume und gespeist wird von dem Bedürfnis nach Macht, Einfluß und Status, das wiederum in diesem Prozeß stimuliert wird.

Die Konfliktträchtigkeit dieser Konstellationen erfordert kompetente Bearbeitung. Ein realistisches Gespür für Konflikte, Konfliktfähigkeit, -management und präventive Konfliktvermeidung sind in modernen (Dienstleistungs-)Organisationen mehr oder weniger deutlich formulierte Forderungen an kompetentes Leitungshandeln. Bardmann und Franzpötter (1990) empfehlen,

„eine Grundhaltung zu entwickeln, die sich durch eine gesteigerte Sensibilität für die Vielfalt unterschiedlicher Mitarbeitertypen, für die Individualität der Kollegen und Untergebenen, für die Besonderheit jeweiliger Situationen und generell für die Empfindlichkeit der systemischen Zusammenhänge im Unternehmen auszeichnet." (Ebenda: 427)

Die Autoren diagnostizieren das Eindringen einer „kulturellen Unruhe" in die Unternehmen. Das Management werde dazu gedrängt, die Organisation

„als einen durch Ambivalenzen, Paradoxien, Antagonismen, Konflikte oder schlicht: *durch Komplexität und Kontingenz gekennzeichneten Sinnzusammenhang* wahrzunehmen." (Ebenda) (Hervorhebung G. P.)

Sie verweisen auf eher emotional „aufgeladene" Kategorien wie „persönliche Interessen", „divergierende Werthaltungen", „individuelle Voreingenommenheiten", „unberechenbare Emotionen", die leicht zu dramatischen Verläufen führen.

Neidhardt (1983) weist am Beispiel der Gruppierungsprobleme sozialwissenschaftlicher Forschungsteams auf die Eigendynamik von Gefühlen hin. Zwar sind die internen Prozesse in solchen Forschungsteams nicht unmittelbar auf den hier behandelten Zusammenhang übertragbar; dennoch ist es sinnvoll, vergleichende empirisch gestützte Erfahrungen heranzuziehen: Teamorientierte Arbeitsorganisationen, und damit einhergehend neue Formen innerorganisatorischer Kommunikation und Kooperation, vermögen nämlich auf der Basis gewachsener individueller Verantwortlichkeit und Kompetenz der Einzelakteure sowie verflachender Hierarchien durchaus ähnliche affektive Prozesse in der internen Interaktion hervorzurufen. Neidhardt stellt in seiner Definition des Teams fest:

> „Daß diese Einrichtung Spannungen erzeugt, liegt auf der Hand. Einerseits gibt sie angesichts des Verzichts auf Formalisierung von Mitgliederverhältnissen den persönlichen Beziehungen einen relativ breiten Entfaltungsraum und führt damit zwangsläufig auch zu einer Aufwertung affektiver Prozesse, also z.b. von Sympathien und Antipathien. Als Gruppe erlebt das Team Gefühle als Steuerungsmedien seiner Sozialbeziehungen. Andererseits bedarf es aber der Disziplinierung der Emotionen nach sachlichen Kriterien, die deren Eigendynamik äußerlich und fremd sind." (Ebenda: 552)

Er führt weiter aus:

> „Das soziale Grundproblem von Teams besteht in der Balance emotionaler und instrumentaler Gesichtspunkte. Da instrumentelle Gesichtspunkte in Teams angesichts ihrer Aufgabenbindung letztlich vorrangig sind, besitzen sie, wenn es darauf ankommt, nur wenig Toleranzen gegenüber leistungsstörenden Affekten, die sich aus Beziehungsproblemen der Mitglieder ergeben. Insofern ist die Stabilisierung innerer Systemgrenzen, die das ungehemmte Einströmen persönlicher Empfindungen verhindert, ein zentrales Erfordernis ihres Bestandes." (Ebenda: 557)

Die gewünschte Differenzierung der Akteure in modernen Arbeitsorganisationen im Sinne eigenständiger, kompetenter und verantwortungsvoller Handlungsfähigkeit begünstigt zentrifugale Tendenzen und bedarf erhöhter integrativer Anstrengungen seitens der Leitungspersonen, um die Funktionsfähigkeit und das soziale Gleichgewicht der Organisation sicherzustellen. Vorgesetzte agieren im Spannungsfeld zwischen „Systemdifferenzierung" und „Systemharmonisierung".

Leitungspersonen benötigen angesichts dessen besonders soziale Kompetenz. Die Vermeidung oder kompetente Steuerung innerorganisatorischer Konflikte wird wesentlicher Bestandteil der Leitungstätigkeit. Berkel (1995) urteilt hierzu:

> „(...) folglich wird es für Führungskräfte immer wichtiger, Konflikte (...) aktiv anzugehen, zu steuern und zu bewältigen. Das entspricht im übrigen empirischen Befunden, die die Kunst des Konfliktmanagements als Kern moderner Führung ausmachen." (Ebenda: 360)

Konfliktsoziologische Abhandlungen entwickeln differenzierte Perspektiven (organisations-)sozialer Konfliktwahrnehmung. Grunwald und Berkel argumentieren für eine nicht nur negative Assoziation: Konflikte seien, so Grunwald (1995: 19), „per se weder gut noch schlecht, sondern sie ‚sind'". Berkel (1995) konstatiert:

> „In jedem Konflikt steckt aufgrund der gebundenen Handlungsenergie ein Kraftpotential, das in die Wucherung und Aufblähung des Konflikts fließen, das aber auch in den zu Veränderungen notwendigen Schub investiert werden kann." (Ebenda: 364)

Beide Verfasser typologisieren verhaltens- und strukturinduzierte Konfliktdimensionen und plädieren für eine „positive", handlungsinspirative Wahrnehmung sozialer Konflikte im Verbund mit sozialverträglichen Konfliktregelungen.

Die folgende, zufällige Auswahl an Titeln von Anzeigen zu Weiterbildungsangeboten in Sachen Konfliktmanagement aus der „Wirtschaftswoche" vermittelt einen Eindruck von der Präsenz dieses Themas in der Privatwirtschaft, auch von dem Bedarf, auf den entsprechende Kurse allgemein treffen: „Konfliktmanagement im Innovationsprozeß und in Teams" (Wirtschaftswoche Nr. 11, 1996: 193) „Konflikt-Management" (Nr. 41, 1996: 141), „Probleme lösen und Konflikte bewältigen" (Nr. 50, 1996: 128), „Umgang mit Macht, Hierarchie und Autorität in Projekten" (Nr. 7, 1997: 83), „Konflikte im Projekt bearbeiten und nutzen" (Nr. 15, 1997: 94), „Managementpraxis und Führungspsychologie" (Nr. 3, 1998, S. 67).

Konflikt ist eben nicht nur Irritation, Beeinträchtigung der Harmonie, Ursache für Verzögerung. Er scheint zunächst einmal „systemkonsequent" neben dem Bedürfnis nach Macht- und Statuserweiterung auch dem Einbringen eigener Expertise zu dienen und ein „Instrument" der Präsentation individueller Analyse und Lösungsofferte abzugeben. Kurz: eine „kühle", gelassene Konfliktkultur ist Bestandteil, ja Voraussetzung reifer, stabiler innerorganisatorischer Kooperation.

2.4.5 Motivation

Die beschriebenen Basiskonstituenten des Interaktionsfeldes zwischen Leitungspersonen und Mitarbeiterschaft zeichnen sich dadurch aus, daß ihre kompetente Gestaltung die Kooperationsfähigkeit der beteiligten Akteure optimieren soll. Der eng mit der Zielgröße „Kooperation und Kooperativität" verbundene Faktor „Motivation" wiederum ist - zumindest teilweise - das Ergebnis gelungener Gestaltungsofferten seitens des Leitungspersonals (Kommunikativität, Transparenz, Eröffnung von Teilhabechancen und Entfaltungsmöglichkeiten, Bereitschaft zu Integration und Konflikt). Er hängt auch von objektiven Arbeitsbedingungen wie Arbeitsplatzzuschnitt, -vielfalt, Ergonomie, Ausstattung und Effizienz ab.

In seinem Beitrag zur „Motivation von Mitarbeitern" befaßt sich Rosenstiel (1995b) mit den „objektiven Ermöglichungsbedingungen" motivierten Handelns und Verhaltens. Er erörtert verschiedene Maßnahmen zur Verbesserung entsprechender Rahmenbedingungen und schließt mit der Feststellung, daß

> „in erster Linie an einen größeren Handlungsspielraum zu denken (ist), der jedem Arbeitenden die Chance läßt, sein Arbeitsgebiet als ‚Lernfeld' zu interpretieren, dort neue Erfahrungen zu sammeln und seinen Horizont zu erweitern..." (Ebenda: 179)

Die wichtigsten Aspekte einer motivierenden Arbeitssituation faßt Rosenstiel wie folgt zusammen:

> „1. Autonomie (Selbst- und Mitbestimmung, Entscheidungsfreiheit),
> 2. Komplexität und Lernchancen (Qualifizierungsangebote),
> 3. Variabilität und Aktivität (Reichhaltigkeit der Tätigkeit),
> 4. Kooperationserfordernisse und soziale Unterstützung,
> 5. Kommunikationsmöglichkeiten (informelle Beziehungen),
> 6. ‚Ganzheitlichkeit' und ‚Sinnhaftigkeit' (Transparenz)." (Ebenda)

Der Faktor „Motivation" ist als *intrinsisches*[52] Potential auch Ausdruck des von den Mitarbeiterinnen und Mitarbeitern eingebrachten Bedürfnisses, die erworbene Fachkompetenz, die eigenen Fähigkeiten unter Beweis zu stellen und zu entfalten.

Im Hinblick hierauf kommt der Anerkennung der fachlichen Kompetenz der Mitarbeiterinnen und Mitarbeiter große Bedeutung zu, ebenso der Respektierung ihrer persönlichen Integrität und Individualität. Wenn auch Sicherheits-, Anerkennungs- und Selbstverwirklichungsbedürfnisse bei Arbeitnehmerinnen und Arbeitnehmern in sog. Wohlstandsgesellschaften hochrangigen, möglicherweise gar prioritären Stellenwert einnehmen (vgl. Maslow 1977: 74ff.), darf doch nicht übersehen werden, daß auch in der sozialen und ökonomischen Existenzsicherung und Selbsterhaltung ein fundamentales Bedürfnis für den Arbeitsantrieb zu sehen ist.

Das Bedürfnis nach Anerkennung sei „wesentliche Arbeitsmotivation", erläutert Müller (1980: 15). Er räumt diesem Aspekt gleiche Bedeutung ein wie dem Bedürfnis nach Selbstentfaltung. Auch Kleinbölting (1988) hebt auf die „Motivationslage" ab, wenn er feststellt,

> „daß Zuschreibung von Verantwortung bei Mißerfolgen, (...) Entzug von Beteiligung an Erfolgen zu Depressionen führt". (Ebenda: 36)

---

52 Als intrinsisch wird jene Motivation bezeichnet, die durch die von einer Tätigkeit oder Aufgabe ausgehenden Anreize („intrinsische Belohnungen") geschaffen wird. Intrinsisch motiviert ist beispielsweise ein Schüler, der sich für einen bestimmten Lehrstoff „um der Sache selbst willen" interessiert. Vgl. hierzu: Fuchs-Heinritz (1994: 453).

Ein derartiges Verhalten von Leitungspersonen treibe Mitarbeiterinnen und Mitarbeiter in die „innere Kündigung".

Ähnliche Argumente entwickeln Schneider (1992: 27ff.), Ghéczy (1993: 30ff.) und Pröhl (1995: 46ff.). Motivierung verbindet sich für diese Autorinnen und Autoren mit expliziten Formen der Einbindung und Würdigung der fachlichen (wie auch persönlichen) Qualitäten und Kompetenzen der Mitarbeiterinnen und Mitarbeiter. Dies schließt Kritik an einzelnen Verhaltensweisen, unzureichenden Arbeitsmethoden oder Fehlern der Mitarbeiterschaft nicht aus. Unabdingbar hierbei ist allerdings: Die Kritik muß sachbezogen sein, darf nicht bloßstellen und sollte in geschütztem Rahmen („unter vier Augen") vorgebracht werden.

Anerkennung der Qualifikationen und Leistungen der Mitarbeiterinnen und Mitarbeiter umfaßt in diesem Verständnis auch die Respektierung individueller Bedürfnisbefriedigung und Selbstverwirklichung. Die Herstellung von „Zielkongruenz" (Rosenstiel 1983: 138) zwischen Organisation und Individuum hat dabei besonders die Motivierung des einzelnen vor Augen, seinen Anspruch auf Entfaltung fachlicher Kompetenzen und persönlicher Qualifikationen.

Pröhl (1995) resümiert den Zusammenhang von Motivation und Erreichen des Organisationszwecks wie folgt:

> „Die Beschäftigten erwarten heute, daß sie als Mitarbeiterinnen und Mitarbeiter ernst genommen werden und mit ihnen partnerschaftlich umgegangen wird. (...) Die Leistungsbereitschaft jedes einzelnen und die individuelle Arbeitszufriedenheit hängen davon ab, inwieweit die Bedürfnisse nach Selbstverwirklichung am Arbeitsplatz und deren Realisierung übereinstimmen." (Ebenda: 14)

2.4.6 Kooperation

Kooperation ist Ziel und Bedingung erfolgreicher Aufgabenerfüllung in Arbeitsorganisationen. Entsprechende Rahmenbedingungen und Voraussetzungen zu gewährleisten und umzusetzen, ist eine asymmetrische, nicht geradlinige und quasi-mathematische, sondern eher fließende, „mäandernde" Resultante der oben beschriebenen Basiskonstituenten innerbetrieblicher Führung. Kooperationsbereitschaft der Organisationsmitglieder zu erzielen, ist wenig chancenreich ohne

- umfassende kommunikative Einbindung,
- reale Partizipations-, Gestaltungs- und Entfaltungmöglichkeiten,
- positive Formen innerorganisatorischer Konfliktanerkennung und -regelung.

Sie setzt die erläuterten innerorganisatorischen Gestaltungs-, Teilhabe- und Autonomiebereiche sowie eine korrespondierende Konfliktkultur unabdingbar voraus, und zwar strukturell wie interaktiv. Kooperationsbereitschaft der Organisationsmitglieder im Sinne intrinsischer, verantwortungsbewußter und gestalterischer Motivation bleibt ohne fördernde Rahmenbedingungen wenig erfolgversprechend. Kooperation sei eine

> „allgemeine Bezeichnung der formalen Soziologie für die Zusammenarbeit mehrerer Menschen, im Gegensatz zu Konflikt und Konkurrenz (als alternativen Grundmustern menschlichen Verhaltens)." (Fuchs-Heinritz 1994: 371)

Kooperation und die Bereitschaft hierzu begründen sich aus der Erwartung und Erfahrung, in konsensorientierter, kooperierender Interaktion ein individuelles und institutionelles Surplus zu erfahren - im Unterschied zu solitär-konkurrentem Vorgehen (vgl. Bierhoff 1991: 21ff.). Konstitutiv für den Begriff „soziale Kooperation" ist der ausdrückliche Bezug auf ko-präsente und ko-agierende Organisationsmitglieder sowie die (wechselseitige) Einbeziehung und Verquickung ihrer Leistungsofferten und -fähigkeiten, um vorgegebene Organisationsziele zu erreichen (vgl. Anzenberger 1993: 50f.). Im Zusammenhang mit Führung wird der Begriff der Kooperation umfassender definiert. Er beinhaltet auch eine „spezifische Qualität" der interpersonellen (Arbeits-)Beziehungen im Sinne einer „partnerschaftlichen und gruppenbezogenen Ausrichtung" (Frank/Lueger 1993: 50f.).

Kooperatives Verhalten bedingt nicht nur ein hohes Maß an allseitiger Interaktivität; vielmehr stellt es aufgrund der Interdependenz der Handlungsbedingungen und -folgen der beteiligten Akteure eine unverzichtbare Voraussetzung effizienten und befriedigenden Agierens der Organisationsmitglieder und damit auch einer erfolgversprechenden Ziel- und Zweckerfüllung der Organisation selbst dar. Vor dem Hintergrund der geschilderten Rahmenbedingungen und Umgangsformen („Basiskonstituenten") setzt es auf die grundsätzliche Bereitschaft der Hauptakteure, insbesondere des Leitungspersonals, das eigene Rollen- und Selbstverständnis sowie die „Maximen" des (Leitungs-)Handelns neu zu orientieren.

Nicht formale, an die Leitungsposition geknüpfte Befugnisse (Weisung, Kontrolle und Intervention) sind die erfolgversprechenden Elemente arbeitsorganisatorischer Handlungskoordination. Vielmehr werden Selbstorganisation, Konsens und Vertrauen (vgl. Zündorf 1986; Bierhoff/Müller 1993; Laufer 1988) zu Leitbegriffen innerorganisatorischer Kooperation, rücken sie als eher indirekte Steuerungsmechanismen in den Mittelpunkt von Analysen und Betrachtungen.

Braun (1991: 126) spricht von „lateraler Kooperation". Diese beinhaltet, daß die gemeinsamen Arbeitsbeziehungen im Hinblick auf übergeordnete Ziele „abstimmungsobligatorisch und konsensorientiert gestaltet" sind.

Ulrich (1991: 87) verweist auf ökonomische Zwänge, die „eine kooperationsförderliche Organisation strategisch notwendig machen". Er postuliert nicht ohne Pathos die (Wieder-)Verbindung - „in modernerer Form" - der „Ethik der Kooperation" und der „Ökonomie der Kooperation", wie es „am archaischen Anfang der Kulturgeschichte" der Fall gewesen sei (ebenda).

2.5 Betriebsklima als Indikator innerbetrieblicher Sozialbeziehungen

Im folgenden wird die soziale Qualität und organisationssoziale Bedingtheit der Betriebsklima-Einschätzung anhand prägnanter Nachweise aus der Fachliteratur dargestellt. Mit Blick auf den empirischen Teil soll damit die Bedeutsamkeit dieses Kriteriums für die Unterteilung des empirischen Materials untermauert werden. Hierzu werden zunächst Definitionen von „Betriebsklima" herangezogen, wird auf die Problematik des Begriffs und dessen soziale Komplexität eingegangen; sodann wird der (organisations-)soziale Gehalt dieses Kriteriums beleuchtet.

Verschiedene Autoren verweisen auf die Vagheit des Begriffs „Betriebsklima". Umgangssprachlich gängig und plastisch dient er dazu, betrieblich-atmosphärische Stimmungen und kollektive Befindlichkeiten zum Ausdruck zu bringen.

> „Demnach und landläufig versteht man unter Betriebsklima die Stimmung oder Atmosphäre, wie sie für einen ganzen Betrieb oder Teileinheiten davon typisch sind und von den Mitarbeitern bewertet werden." (Bögel 1995: 662)

In der Organisations- und Managementforschung ist unstrittig, daß Betriebsklima-Einschätzungen, wie „vage" und „unbestimmt" sie auch sein mögen, als wichtiges Beschreibungsinstrument oder als Indikator für das innersoziale Geschehen der Betriebseinheit zu bewerten sind.

Oppolzer (1989) befindet über die Bedeutung und Tragweite des Begriffsfelds:

> „Die vielfach ideologisch (...) gebrauchten Begriffe ‚Arbeitszufriedenheit' und ‚Betriebsklima' mögen (...) etwas vage und unbestimmt sein, sie geben aber (...) den resümierenden Eindruck wieder, den die am betrieblichen Produktionsprozeß beteiligten Personen von der Qualität der Arbeitsbedingungen und Sozialbeziehungen generell haben." (Ebenda: 218f.)

Ähnlich äußern sich, mit unterschiedlicher Gewichtung von sozialpsychologischen und organisationsstrukturellen Gegebenheiten, andere Autoren. Dahrendorf (1959) konstatiert:

> „Betriebsklima' ist ein im strengen Sinne *sozialpsychologischer Begriff* (im Original gesperrt); er bezeichnet Strukturen des betrieblichen Verhaltens, deren Regelmaß und

Verbindlichkeit zwischen institutionalisierten Rollenerwartungen und dem freien Handeln der Einzelpersönlichkeit liegen." (Ebenda: 74)

Schommer (1992) definiert wie folgt:

„Das Betriebsklima (...) ist eine sehr komplexe Erscheinung. Sie umfaßt ein schwer greifbares und doch erlebbares Betriebsmilieu, das dem Einzelnen mit einer gewissen Selbstverständlichkeit begegnet. Dabei handelt es sich um eine für den jeweiligen Betrieb typische Atmosphäre, in der die Beziehungen aus den kooperativen Aktivitäten der Beschäftigten untereinander und mit der Betriebsleitung sowie den Führungskräften der verschiedenen Ebenen ihren Niederschlag finden." (Ebenda: 89)

Kleinbölting (1988) führt aus:

„Betriebsklima ist die Wahrnehmung und Bewertung von Organisationsgegebenheiten auf der Ebene der Belegschaft. Der so festgelegte Betriebsklimabegriff grenzt das Thema zu anderen organisationspsychologischen Konzepten wie beispielsweise der individuellen Arbeitszufriedenheit ab und macht deutlich, daß es um die Grundstimmung im sozialen Gebilde ‚Betrieb' geht und nicht um die Situation an einzelnen Arbeitsplätzen." (Ebenda: 30)

Der Autor hebt die zentrale Bedeutung der horizontal-kollegialen Komponente und der Qualität der vertikalen Kommunikation mit dem Vorgesetzten für die sozio-emotionale Befindlichkeit und die entsprechende Betriebsklima-Einschätzung hervor (ebenda, S. 30ff.; vgl. Biermann 1994: 94; Müller 1980: 37; Oppolzer 1989: 219; Kretschmar 1994: 73; Neuberger/Kompa 1987: 46; Bergmann 1995: 350).

Eine 1995 von INFAS durchgeführte Erhebung nennt als Hauptfaktoren für ein gutes Betriebsklima (jeweils unterschieden nach Durchschnittsbevölkerung und Arbeitnehmern im öffentlichen Dienst):

- Teamgeist (54 Prozent/49 Prozent),
- selbständiges Arbeiten (45 Prozent/56 Prozent),
- Kooperation mit den Kollegen (35 Prozent/40 Prozent),
- Anerkennung durch Chef (32 Prozent/22 Prozent),
- Beteiligung an Entscheidungen (28 Prozent/39 Prozent),
- gerechte Aufteilung der Arbeit (26 Prozent/23 Prozent),
- Information durch Chef (24 Prozent/26 Prozent),
- Anerkennung durch Mitarbeiter (22 Prozent/31 Prozent).[53]

---

53 Ebenda, ohne Pag.; als weitere Faktoren werden geregelte Arbeitszeiten (14 Prozent/elf Prozent) und die Arbeitsplatzgestaltung (13 Prozent/15 Prozent) angeführt.

Die Skala offenbart: als zentraler Bestimmungsfaktor für die sozio-emotionale Befindlichkeit der Akteure wird die Interaktion der Organisationsmitglieder im horizontalen und vertikalen Bezug benannt. Letztere verschafft sich in der Betriebsklima-Einschätzung Ausdruck. Die Qualität der organisationsinternen Interaktionen gilt als wesentlicher Kausalfaktor innerorganisatorischer Befindlichkeit - und damit als ein produktivitätsrelevanter Stimulus der ko- und interagierenden Organisationsmitglieder.

Ähnlich lautet das Ergebnis einer im Auftrag des Bayerischen Staatsministeriums für Arbeit und Sozialordnung durchgeführten Betriebsklimastudie (vgl. Rosenstiel et al. 1983). Sie ist eine der empirisch umfassendsten Erhebungen und theoretisch gründlichsten Ausarbeitungen zum Thema. Rosenstiel (1985) stellt in einer Folgepublikation zunächst fest, daß zwischen der Bedeutung und Häufigkeit der Nennung des Betriebsklimas im Alltag und der wissenschaftlichen Diskussion eine Diskrepanz besteht (ebenda: 26). In seiner Definition setzt er „akzentuierend" als „gemeinsame(n) Kern" des Begriffs „Betriebsklima":

„Das Betriebsklima ist
- kein Merkmal des einzelnen Betriebsangehörigen, sondern es weist
- auf objektive Bedingungen innerhalb des Betriebes hin, die
- vor allem in den *sozialen Beziehungen und sozialen Strukturen* des Betriebes zu suchen sind und zu denen
- die Betriebsangehörigen wertend Stellung nehmen, wodurch
- ihr Verhalten beeinflußt wird." (Ebenda: 26f.) (Hervorhebung G. P.)

In der Fachliteratur strittig ist die Eigendynamik einer gegebenen Betriebsklima-Einschätzung und ihrer Wirkung auf die Organisationsmitglieder.

Friedeburg (1969) sieht das Betriebsklima nicht als selbständigen Faktor im Betriebsgeschehen:

„Zwar verfestigt es sich bis zu einem gewissen Grad gegenüber den Arbeitenden und den Bedingungen ihrer Arbeit, es erhält und verändert sich jedoch in Abhängigkeit von ihnen." (Ebenda: Sp. 294)

Bögel (1986) charakterisiert das Betriebsklima als eher eigendynamisch, als quasi apersonalen Stimmungsakteur:

„Das Betriebs- bzw. Organisationsklima kann definiert werden als eine relativ überdauernde Qualität einer Organisationsumwelt, die von den Mitarbeitern wahrgenommen wird, ihr Verhalten beeinflußt, und deren Attribute beschrieben werden können." (Ebenda: 1)

Rosenstiel (1985) präzisiert unter Berücksichtigung der Definitionen einer Reihe von Autoren seinen forschungsleitenden Begriff des Betriebsklimas:

> „Das Betriebsklima ist die Beschreibung und Bewertung wichtiger inhaltlicher Dimensionen eines Betriebes (...) auf Belegschaftsebene. Es kann sich dabei um den Betrieb als Ganzes, um Teile dieses Betriebes, Zweigwerke, Abteilungen oder Arbeitsgruppen handeln. Stets aber sind es soziale Gebilde; es ist nicht der einzelne Arbeitsplatz. Die inhaltlichen Dimensionen, die dabei beachtet werden sollen, sind nach dem Grad der Aktualität auszuwählen, sollten definitorisch nicht festgeschrieben sein und unterliegen dem gesellschaftlichen Wandel. Uns erscheinen (...) besonders gewichtig
> - der übergreifende allgemeine Eindruck vom Betrieb bei der Belegschaft,
> - die Kollegen
> - die Vorgesetzten
> - die Organisationsstruktur
> - die Information und Mitsprache
> - die Interessenvertretung
> - die betrieblichen Leistungen." (Ebenda: 29f.)

Ist das Betriebsklima gestört, ist mit Absentismus, verminderter Arbeitsqualität und „innerer Emigration" zu rechnen; auch das Auftreten spezifischer Krankheitsbilder wird in der Fachliteratur belegt (vgl. Lenhardt et al. 1996; Badura et al. 1997). Ähnliche arbeitsbedingte sozio-psychologische Bedingungszusammenhänge konstatieren Eckardstein et al. (1995) in ihrer Studie. Auch die Berichterstattung in der Tages- und Wochenpresse nimmt sich gelegentlich dieser Themen an (vgl. beispielsweise Cullmann 1996: 16f.; Der Spiegel, Nr. 3, 1997: 24ff.).

Die herausragende Bedeutung von Vertrauen im betrieblichen Interaktionsgeschehen betont Schneider (1992: 27). Sind „vertrauensbildende Beziehungen" zwischen den Führungskräften und den Mitarbeiterinnen und Mitarbeitern sowie innerhalb der Mitarbeiterschaft nicht gegeben, müsse gerechnet werden mit

> „innere(r) Kündigung', Zurückweisung von Innovationen, Kompetenzverweigerung, Verantwortungsabwehr, mangelhafte(m) Informationsaustausch, destruktive(r) Cliquenbildung, viele(n) Beschwerden, hohe(n) Fehlzeiten und Fluktuationsraten." (Ebenda)

Ein positiv empfundenes Betriebsklima zeitigt nach Rosenstiel (1989: 60) gesteigerte Bindung ans Unternehmen, Senkung der Fluktuation und der Fehlzeiten, Erhöhung der Arbeitsfreude, Stärkung der Leistungsbereitschaft. Eine „zweifelsfreie" Ursache-Wirkung-Beziehung sieht Rosenstiel allerdings nicht gegeben.

Fast alle Autorinnen und Autoren kommen zu dem Ergebnis, daß betriebliche Rahmenbedingungen und innerorganisatorische Verhaltensweisen, die dem Bedürfnis der Akteure nach Wertschätzung, Entfaltung, Einbeziehung und Vertrauen nachkommen, in hohem Maße Voraussetzungen für solche Einstellungen und Handlungen der Organisationsmitglieder darstellen, die den Betriebserfolg erst ermöglichen, zum Beispiel Effizienz, Engagement, Innovationsfreude.

In diesem Anspruchs- und Erwartungsgefüge sozialer Bedürfnisse kompetent zu handeln, d.h. einerseits die organisatorische Zweckerfüllung und formale Regeleinhaltung zu beachten, andererseits die individuellen Befähigungen, Ausdrucksformen und Wertorientierungen der Organisationsmitglieder zu berücksichtigen, ist *soziale* Leitungstätigkeit sui generis. Gefragt ist hier *soziale* Kompetenz. Daher gilt einigen Autorinnen und Autoren das Führungsverhalten als „der wohl wichtigste Faktor eines guten Betriebsklimas" (Schommer 1992: 91).

Müller (1980: 37) arbeitet heraus, in welch hohem Maße die positive Einschätzung des betrieblichen Sozialklimas seitens der Mitarbeiterinnen und Mitarbeiter von den Vorgesetzten abhängt. Die Untersuchungen Rosenstiels und auch die INFAS-Studie belegen, in welchem Umfang auch horizontale und externe Faktoren das Betriebsklima beeinträchtigen können. In der INFAS-Studie wird beispielsweise darauf verwiesen, daß „Angst um den Arbeitsplatz", „Kollegenneid", „Konkurrenzkämpfe" und vor allem „Intrigen" die Betriebsklima-Einschätzung erheblich beeinflussen (INFAS 1995: 2).

Dennoch kann aufgrund der empirischen Erhebungen und Auswertungen kein Zweifel daran bestehen, daß die vertikale Interaktion von besonderer, mit einiger Wahrscheinlichkeit von höchster Bedeutung für die sozio-emotionale Befindlichkeit der Organisationsmitglieder ist. Die diskutierten Basiskonstituenten innerbetrieblichen Verhaltens werden in der täglichen Interaktion bestimmt, dort müssen sie sich bewähren. Kommunikativität und Transparenz, partizipatorisches Verhalten und Respektierung der Eigenständigkeit sind in der tagtäglichen Kooperation zu erneuern, zu bestätigen und zu untermauern.

Festzuhalten bleibt: Die Basiskonstituenten innerbetrieblicher Kooperation sind von hoher Bedeutung für das Betriebsklima als „der Gesamtheit des psychischen Wohlbefindens und der Zufriedenheit der Betriebsangehörigen" (Müller 1980: 8). Sie tragen darüber hinaus ganz wesentlich zur Optimierung des Betriebsergebnisses, zur Dienstleistungsqualität und zur Effizienz einer Organisation bei.

3. Konzept, Durchführung und Auswertungsansätze der empirischen Untersuchung

3.1 Erkenntnisleitendes Interesse, Grundfragen und Prämissen

Die Erhebung war von dem praktischen und wissenschaftlichen Interesse getragen, das soziale Geschehen zwischen den Akteuren in wissenschaftlichen Bibliotheken Berlins - Leiterinnen und Leitern, Mitarbeiterinnen und Mitarbeitern - zu erhellen. Um das komplexe soziale Geschehen und die ihm zugrundeliegenden handlungsleitenden Strukturen, Motivationen und Rahmenbedingungen zu analysieren, muß das Hauptaugenmerk auf die *vertikalen* Interaktionen der Akteure gelegt werden. Diese Prämissen beruhen, wie in den bisherigen Ausführungen gezeigt, zum einen auf Erkenntnissen der betriebssoziologischen Forschung, zum anderen auf vielfacher Alltagserfahrung in den Einrichtungen. Die Alltagspraxis legt auch nahe, der Mitarbeiter-Mitarbeiter-Ebene, der Bibliothek-Nutzerschaft-Dimension, ergonomischen Gesichtspunkten und anderen Einflußgrößen mit Bezug zum Arbeitsgeschehen in wissenschaftlichen Bibliotheken den ihnen *in diesem Zusammenhang* gebührenden - nämlich zweitrangigen - Platz einzuräumen; sie werden dementsprechend in der Erhebung lediglich *passager* berührt.

Da es in der Erhebung um soziales Geschehen, die Interaktionen zweier Akteursgruppen, im engeren Sinne um die Handlungs- und Verhaltensoptionen der in diesem Aktionsfeld mit mehr „Macht" Ausgestatteten geht, mußten „beide Seiten" angemessen berücksichtigt werden. Um jenseits subjektiver Einschätzungen zu möglichst objektiven Tatbeständen zu gelangen, wurde auf das Prinzip „Wahrnehmung/Gegenwahrnehmung" gesetzt. Was die Leitungspersonen als kollektive Akteure in der Befragung subjektiv meinen oder „objektiv" feststellen, wird durch die Befragung der Mitarbeiterschaft der notwendigen Kontrolle unterzogen.

Erwartet werden durften von einer entsprechenden Perspektive insbesondere Antworten auf folgende Grundfragen:

- Wie gestaltet sich die interne Kommunikation der Akteure: Ist sie eher fachlich-egalitär oder hierarchisch-dominiert? In welchem Verhältnis stehen formelle zu informellen Verhaltensweisen und Umgangsformen?
- In welchem Maße findet sich ermutigendes und bestätigendes Verhalten der Leitungspersonen den Mitarbeiterinnen und Mitarbeitern gegenüber?

- Welche Formen partizipativen Verhaltens praktizieren die Leitungspersonen den Mitarbeiterinnen und Mitarbeitern gegenüber?
- Werden den Mitarbeiterinnen und Mitarbeitern genügend Gestaltungsspielräume eröffnet sowie Ermessensfreiheiten in ihrer Fachtätigkeit gewährt?
- Hat die Leitungsperson ein Gespür für Konflikte und Dissonanzen im sozialen Miteinander? Über welche Fähigkeiten verfügt sie, um lösungsorientiert handeln zu können?

Insgesamt zielt die Auswertung der erhobenen Daten darauf ab, jene alltagsbezogenen Handlungs- und Verhaltensoptionen zu ermitteln und zu problematisieren, über die insbesondere die Leitungspersonen verfügen. Gelingt es diesen,

- die Potentiale der Mitarbeiterinnen und Mitarbeiter auszuschöpfen,
- deren Arbeitszufriedenheit zu fördern,
- dem Organisationszweck nachzukommen und den Output der Einrichtung im Sinne erfolgreicher Dienstleistung für den Nutzerkreis zu erhöhen?

Der Fragenkatalog, den es zu entwerfen galt, mußte mit dem dargestellten Erkenntnisinteresse, den Grundfragen und den Prämissen übereinstimmen. In ihm sollten sich die zentralen Problembereiche und Interaktionsfelder abbilden. Aus Gründen der Handhabbarkeit, Verständlichkeit, Ergiebigkeit sowie der für einen derart umfangreichen Fragebogen erforderlichen „Dramaturgie" wurden viele Sachverhalte indirekt und gestreut unter verschiedenen Topoi abgefragt.

3.2 Untersuchungsgegenstand „Wissenschaftliche Bibliotheken Berlins"

Um in die Untersuchung einbezogen zu werden, mußten vier formale Kriterien erfüllt sein:

- Zuordnung zum Bibliothekstypus „Wissenschaftliche Bibliothek", z.B. als wissenschaftliche Spezialbibliothek[54];

---

54 DIN EN ISO 2789: 1995-02, S. 2, versteht unter „Spezialbibliothek" eine „selbständige Bibliothek, die eine Disziplin oder ein bestimmtes Wissensgebiet abdeckt. Anmerkung 4: Die Benennung ‚Spezialbibliothek' kann auch für eine Bibliothek angewendet werden, die vorrangig einer speziellen Kategorie von Benutzern dient oder sich in erster Linie auf eine bestimmte Dokumentart konzentriert oder für eine Bibliothek, die von einer Organisation getragen wird, um deren eigenen aufgabenbezogenen Zielen zu dienen." Für den Untersuchungsgegenstand der vorliegenden Arbeit ist dies nicht unwichtig. Zu ihm gehören In-

- Personalausstattung von mindestens fünf und höchstens 30 Planstellen;
- Standort im Bundesland Berlin; ohne Bedeutung war dagegen die Frage des Zuwendungsgebers oder der (makro-)institutionellen Anbindung;
- Minimum an institutioneller Eigenständigkeit der Leiterinnen und Leiter für die bibliotheksinterne Struktur, für Ressourcensteuerung und Personaleinsatz.

Es ergab sich eine Anzahl von 42 Bibliotheken als Grundgesamtheit, die die Auswahlkriterien erfüllte. Davon waren 15 Institutsbibliotheken der FU Berlin, von denen zehn an der Untersuchung teilnahmen; von den übrigen 27 Bibliotheken waren 23 bereit, an der Erhebung mitzuwirken. Dies bedeutet, daß sich 33 Leiterinnen und Leiter für ein persönliches Interview zur Verfügung stellten und parallel dazu eine schriftliche Befragung ihrer Mitarbeiterschaft zuließen. Wegen zu geringer Rücklaufquote wurden drei Bibliotheken aus der Untersuchung herausgenommen. In einem Fall verhinderten interne Probleme nach Abschluß des Interviews die Verteilung der Fragebögen, so daß sich die eigentliche Untersuchung auf 29 Bibliotheken konzentrierte. Hingegen wurden die Aussagen *aller* Leiterinnen und Leiter berücksichtigt; dies bedeutet, in die *quantitative* Untersuchung gingen 29 Bibliotheken sowie deren Leitungspersonen und Mitarbeiterschaft ein, in die *qualitative* Betrachtung wurden alle 33 kontaktierten Bibliotheken und deren Leitungspersonen einbezogen.

Damit beteiligten sich mehr als zwei Drittel dieses Bibliothekstyps in Berlin an der Untersuchung. Erzielt wurde eine hohe Repräsentativität, auch was die Vertretung der akademischen Disziplinen, die institutionelle Zuordnung und die Klientel betrifft. Mit den befragten Bibliotheken dürften rund sieben bis zehn Prozent aller Einrichtungen dieses Typs bundesweit erreicht worden sein.[55] Die untersuchten Einrichtungen gehören im übrigen alle zum öffentlichen Dienst.

3.3 Erhebungsmittel und -methoden

Die der Untersuchung zugrundeliegende Datenerhebung bediente sich der beiden in der empirischen Sozialforschung am häufigsten angewandten Erhebungsin-

---

stitutsbibliotheken an den Universitäten, Bibliotheken an Fachhochschulen, Behörden, Forschungsinstitutionen, mithin Einrichtungen, die in den offiziellen Darstellungen immer unterschieden werden. Deshalb könnte die DIN eine Art einigendes Band bilden. Vgl. hierzu auch: Busse et al. (1983: 68f.).

55 Die ausführliche Herleitung der Prozentwerte und Zahlen findet sich in der digitalen Version der Dissertation des Autors auf den Seiten 159-162; vgl.: http://dochost.rz.hu-berlin.de/dissertationen/phil/paul-gerhard/

strumente (vgl. Gräf/Rohlinger 1997: XVI; Scheuch 1973: 66): Befragung mittels eines standardisierten[56] und strukturierten[57] Fragebogens sowie persönliches Interview. Der Auswahl und Kombination dieser Verfahren lagen methodische, inhaltlich-konzeptionelle und erhebungstaktische Überlegungen zugrunde.

Die Untersuchung zielte darauf ab, für die Region Berlin umfassende Daten über die wissenschaftliche Bibliothek als Sozialsystem zu erhalten - dies war bislang weitgehend ein unbeachtetes Feld empirischer Sozialforschung.[58] Angestrebt wurde daher, mit Hilfe *quantitativer Erhebungsmethoden* eine breite, über einzelne Fallbeispiele hinausgehende Datenbasis zur Beschreibung und Interpretation sozialer Interaktion in den genannten Einrichtungen zu gewinnen. Eine großangelegte, nahezu einen gesamten Regionalbereich abdeckende fragebogenbasierte Untersuchung sollte repräsentativere Informationen hierzu liefern.

Auf dem Prüfstand befand sich mit dem vertikalen Spannungsfeld innerorganisatorischen Geschehens die Interaktion zwischen Leiterinnen und Leitern auf der einen und Mitarbeiterinnen und Mitarbeitern auf der anderen Seite.[59] Daher war es methodisch erforderlich, bei beiden Bezugsgruppen *dasselbe Meßinstrument* einzusetzen. Im Mittelpunkt des Erkenntnisinteresses stand das Leitungs- und Kooperationsverhalten der Leitungspersonen. Alle Beteiligten mit (nahezu) *gleichlautenden Fragebögen* zu konfrontieren, beabsichtigte erhebungstechnisch daher in erster Linie, die Antworten der Leitungsakteure auf der Folie gleichermaßen von *Selbst-* wie *Fremdeinschätzung* zu beschreiben und zu interpretieren.

Um überhaupt einen verläßlichen Zugang zum Feld, darüber hinaus auch noch zu vertiefenden oder relativierenden Hintergrundinformationen zu erhalten, um überdies dem - faktisch „auf dem Prüfstand" stehenden - „Objekt" der Untersuchung faire Chancen zur Erläuterung zu bieten, war es erforderlich, die Befragung der Leiterinnen und Leiter wissenschaftlicher Bibliotheken als *persönliche Interviews* zu organisieren.

Medium beider Erhebungsverfahren ist die Sprache. Voraussetzung sowohl für die schriftliche Befragung wie das persönliche Interview ist daher die Annahme, die untersuchten Personen verfügten über ausreichende sprachliche Kompetenz.

---

56 Nach Koolwijk und Wieken-Mayser (1974: 17) wird unter Standardisierung die „Festlegung des Wortlauts und der Reihenfolge der Fragen bzw. der Stimuli" verstanden.

57 Unter Strukturierung verstehen Koolwijk und Wieken-Mayser die „Festlegung zulässiger oder möglicher Antworten und Reaktionen" (ebenda).

58 Vgl. hierzu Kapitel 1.3.4. Von einzelnen Aspekten abgesehen (Erhebungen zu Berufsbild, Berufsanfängern, Arbeitszufriedenheit, Effizienz und Wirtschaftlichkeit), liegen bisher nur sehr selektive, häufig kaum übertrag- und vergleichbare Daten und Erkenntnisse vor.

59 Gegenstand war z.B. nicht die horizontale Interaktionsdynamik unter mehr oder weniger Ranggleichen oder die soziale Interaktion mit den Kundinnen und Kunden.

Doch nicht nur das: Zu fragen ist auch nach der Verständigungsqualität. Sprechen Forscher und Beforschte, Interviewer und Interviewte die „gleiche Sprache"?

Abgesehen von den konkreten Anstrengungen, die Fragen möglichst kurz, eindeutig und einfach zu formulieren, den Fragebogen nach kommunikationswissenschaftlichen und psychologischen Erkenntnissen aufzubauen und die Interviews, bei aller Orientierung am Fragebogen, möglichst diskursiv zu gestalten, lassen mehrere „objektive" Faktoren im gegebenen Fall eine hohe Verständigungsqualität und Verständnisrate vermuten:

- Der Forscher stammt aus dem von ihm untersuchten Forschungsfeld und ist in seinem Berufsalltag Teil der entsprechenden Kommunikationszusammenhänge.
- Die untersuchten Akteure stellen eine recht homogene Gruppe dar; sie verfügen z.B. über einen hohen (Aus-)Bildungsgrad.
- Ihre Entscheidung, gerade schriftliche Artefakte als zentralen Gegenstand beruflicher Tätigkeit zu wählen, spricht für überdurchschnittliche Nähe zu und Kompetenz in Sprache.
- Last but not least haben etliche Diskussionen mit Kolleginnen und Kollegen sowie ein Pretest dazu beigetragen, daß bei den in die Erhebung involvierten Personen von einer weitreichenden Kongruenz der sprachlichen Kultur ausgegangen werden darf.

3.3.1 Fragebogen für Mitarbeiterschaft und Leitungspersonal

Die langwierige Entwicklung des Fragebogens, seiner „Komposition" in Zusammensetzung, Abfolge und Formulierung war erforderlich, weil nur in geringem Ausmaß auf einen gesicherten und bereits anderweitig getesteten Fundus bewährter Fragen zurückgegriffen werden konnte. Dies ist mehreren Umständen geschuldet:

- Befragungen zum hier behandelten Thema fanden bislang im Bibliothekswesen nicht statt.
- Vergleichbare Befragungen der Mitarbeiterschaft im privatwirtschaftlichen Bereich werden äußerst vertraulich - um nicht zu sagen geheimniskrämerisch - gehandhabt (vgl. Kleinbölting 1988).
- Im Zentralarchiv für empirische Sozialforschung werden jüngere Erhebungen zum Thema kaum nachgewiesen.

Von den bereits bestehenden Frageinstrumenten am ehesten als Hilfsmittel und Quelle für die Entwicklung der Fragen in der Erhebung des Autors geeignet erwies sich der Fragebogen zur Vorgesetztenverhaltensbeurteilung (FVVB; vgl. Fittkau-Garthe/Fittkau 1971). Hieraus wurden 24 Fragen übernommen; dies entspricht etwa 33 Prozent der Fragenbatterie des Fragebogens in der Untersuchung des Autors. 28 Fragen (ungefähr 37 Prozent aller Fragen) gehen auf die Lektüre entsprechender Fachliteratur zurück; zu nennen sind hier besonders arbeits- und betriebssoziologische Forschungen sowie aktuelle Diskurse über Managementfragen und Unternehmenskultur (vgl. Kapitel 2.1). In großem Umfang wurden überdies Fragen aufgenommen, die ursächlich auf die langjährigen berufspraktischen Erfahrungen und Beobachtungen des Autors zurückgehen. Es handelt sich dabei um 20 Fragen (rund 27 Prozent der Gesamtfragen). Drei Fragen (vier Prozent) kristallisierten sich in Diskussionen mit Kolleginnen und Kollegen aus der WZB-Bibliothek und verschiedenen WZB-Forschungsbereichen heraus.

Andere jüngere Untersuchungen, die zumindest Teilbereiche und -aspekte des Untersuchungsfeldes berühren (vgl. Kapitel 1.3.4), sind fast zeitgleich mit der vorliegenden Studie initiiert und durchgeführt worden, ohne daß den Beteiligten wechselseitig Informationen hierüber bekannt wurden.

Der endgültige Fragebogen zielt auf den Aspekt „Führungsstil der Leitungsperson" und dessen Ausprägungen meist weniger *direkt*; vielmehr konzentriert er darauf, eine möglichst breite empirische Basis für *spezifisches Verhalten* im vertikalen Interaktionsraum zu erhalten, um *indirekt* Schlüsse über die Leitungspersonen zu ziehen. Besonderer Wert wird dabei auf die Bereiche Information, Motivation, Gestaltungsräume, Entscheidungbeteiligung und Konfliktgestaltung gelegt.

Einige weitere Hinweise zur *Konstruktion* und *Strukturierung* des Fragebogens:

- Zum Einsatz kamen überwiegend „geschlossene" Fragen, bei denen eine oder mehrere Antworten - oft mit Skalierungsmöglichkeiten - vorgegeben waren. Nur sechs Fragen waren als sog. Hybridfragen („Sonstiges") angelegt.
- Besondere Mühe wurde darauf verwandt, Verzerrungen, Mehrdeutigkeiten, Einseitigkeiten, Unterstellungen und Suggestivfragen zu vermeiden.
- Schwierige Zusammenhänge wurden stufenweise erfragt.
- Bei der Plazierung der Fragen wurde thematisch und psychologisch (vgl. Scheuch 1973: 92) vorgegangen. „Überraschungsfragen" wurden wohldosiert eingesetzt, um eine „Dramaturgie des Fragebogens" (Kirschhofer-Bozenhardt/Kaplitza 1975: 93) zu erreichen, die die nötige Aufmerksamkeit der Antwortenden sicherzustellen versprach.
- Auch die graphische Gestaltung und Übersichtlichkeit sollte dazu beitragen, Langeweile zu vermeiden.
- Der Umfang blieb mit acht Seiten für die Mitarbeiterschaft und neun für die Leitungspersonen im Rahmen des für schriftliche Befragungen als optimal Geltenden; dies gilt auch für die Fragenanzahl (vgl. Kluck/Seeger 1994: 157).

Die Fragebögen wurden den Mitarbeiterinnen und Mitarbeitern der Bibliotheken in den meisten Fällen direkt im Anschluß an das persönliche Interview mit den Bibliotheksleiterinnen und -leitern zugestellt.

Im Mai 1996 wurde nach Abschluß der fast einjährigen Feldphase in einem Zwischenbericht ein Überblick über die an der Untersuchung beteiligten Bibliotheken, die Erhebungsmethoden, den Verlauf der Erhebung und den Rücklauf gegeben (vgl. Paul 1996). Nach einer genaueren Analyse der Erhebungsbögen und Rücklaufquoten sowie nach Bereinigung einzelner Unstimmigkeiten bildet das im folgenden genannte Mengengerüst die quantitative Grundlage der Erhebung.

Die prozentuale Rücklaufquote, bezogen auf die in der Untersuchung berücksichtigten 29 Bibliotheken, beläuft sich auf 64 Prozent. Sie ergibt sich aus dem Durchschnitt der pro beteiligter Bibliothek errechneten realen Antwortquote. 479 Mitarbeiterinnen und Mitarbeitern dieser 29 Bibliotheken wurden Fragebögen zugestellt. Insgesamt 262 Fragebögen wurden innerhalb der vorgegebenen Antwortfristen an den Autor zurückgesandt, davon etwa zehn Prozent nach einem Erinnerungsschreiben. Dies entspricht einem pauschalen Rücklauf von 55 Prozent. Anders ausgedrückt: Die verhältnismäßig hohe Beantwortungsdisziplin in den kleineren und mittleren Bibliotheken nivelliert sich vor dem Hintergrund der weniger zahlreichen Rückläufe aus dem Kreis größerer Bibliotheken. Von den 262 ausgefüllten und in die Auswertung einbezogenen Fragebögen stammen 212 aus der hauptberuflichen Mitarbeiterschaft (= 56 Prozent dieser Befragtengruppe) und 50 von studentischen Mitarbeiterinnen und Mitarbeitern (= 47 Prozent dieser Befragtengruppe).[60]

Was die Abgewogenheit und Stabilität der Antworten betrifft, stellten sich dem Autor im Zuge der Auswertung vor allem zwei Fragen: In welchem Maße erweisen sich die Urteile der Befragten als abgewogen, d.h. als wenig anfällig gegenüber „alltagskonjunkturellen" Schwankungen und aktuellen emotional belastenden Ereignissen? Und: Zeigt sich ein gewisses Maß an Urteilsstabilität jenseits spontaner Antwortimpulse?

Zwei Bemerkungen hierzu seien an dieser Stelle erlaubt, ohne allzu sehr der detaillierten Auswertung vorzugreifen:

---

60 Werden auch die drei Bibliotheken, die in die statistische Gesamtauswertung nicht einbezogen wurden, aber an der Befragung teilnahmen, mitgerechnet, reduziert sich der Rücklauf aus der hauptamtlichen Mitarbeiterschaft pauschal auf 53 Prozent, der aus der studentischen Mitarbeiterschaft auf 46 Prozent. Selbst diese Quote gilt in der empirischen Sozialforschung als befriedigend bis gut. Diese Werte seien hier aus Gründen statistischer Illustration aufgeführt. Die *eigentliche* Auswertung bezieht sich auf die 29 Bibliotheken, deren Mitarbeiterinnen und Mitarbeiter zu 64 Prozent den Fragebogen beantworteten.

- Über alle im Zuge der Auswertung gebildeten Bibliotheksklassen - sie unterschieden sich nach der Betriebsklima-Einschätzung der Mitarbeiterinnen und Mitarbeiter (siehe unten) - hinweg erwiesen sich die Antworten als eher abgewogen, nüchtern und sachlich-interpretierend. Dies zeigt sich z.b. daran, daß auch die Mitarbeiterschaft in den befragten Bibliotheken mit schlechtem Betriebsklima einige Fragen entgegen ihrer im großen und ganzen sehr kritischen Haltung gegenüber Verhalten und Fähigkeiten der Leitungspersonen mit sachlicher Distanz beantwortet. Hierzu zählen beispielsweise Fragen zur „Chefakzeptanz", „Ansprechbarkeit des Chefs", „Bereitschaft des Chefs zuzuhören".
- Die Möglichkeiten zur Kommentierung im Feld „Sonstiges" - geboten bei neun Variablen des Fragebogens - wurden nur selten genutzt. 212 Antwortende aus der Mitarbeiterschaft versahen diese neun Variablen mit insgesamt 128 Kreuzen oder Bemerkungen. Daraus ergibt sich: Die 1.908 (neun mal 212) rechnerisch möglichen Kommentierungsmöglichkeiten wurden nur zu 6,7 Prozent aktiv genutzt. Auch dieser Befund spricht m.E. *gegen* ein spontanes, emotionalisiertes und *für* ein durchdachtes, rationales Antwortverhalten.

3.3.2 Persönliche Interviews mit den Leiterinnen und Leitern

Die Entscheidung für das Erhebungsinstrument Interview hatte drei Hauptgründe:

- besserer Zugang zu den Untersuchungseinheiten (*beide* Akteursgruppen);
- Fairneß den Leitungspersonen gegenüber;
- Rückgriff auf die Fachkompetenz der Leiterinnen und Leiter.

Scheuch (1973) bezeichnet in seinem Standardwerk das Interview als

> „ein planmäßiges Vorgehen mit wissenschaftlicher Zielsetzung, bei dem die Versuchsperson durch eine Reihe gezielter Fragen (...) zu verbalen Reaktionen veranlaßt werden soll." (Ebenda: 70)

Hervorgehoben wird allenthalben, daß es sich um eine asymmetrische Kommunikationsform handelt, bei welcher der Interviewer selbst zu einer „zentralen methodischen Komponente im Erhebungsprozeß" (Friedrichs 1990: 207) wird. Im sozialen Prozeß des Interviews muß der Interviewer beispielsweise eine lenkende Rolle einnehmen; diese ist um so bedeutsamer, je intensiver die kognitive und affektive Beziehung eines Interviewten zu einer Frage oder zu einem Problem ist. Zwar bedeutet dies, daß der Interviewer ein „Eigenleben" führt und die Interaktionsdynamik und das Kommunikationsgeschehen stark beeinflußt. Im vorliegenden Fall handelt es sich aber um ein strukturiertes und standardisiertes Interview:

- Fragethemen und Frageanordnung standen fest (Aspekt Strukturierung);
- die Frageformulierungen waren festgelegt worden (Aspekt Standardisierung).

Dies bedeutete, daß sich auch der Interviewer einen recht engen Rahmen setzte, der die „subjektive" Komponente begrenzte. Der Autor wählte darüber hinaus die Form des „weichen" Interviews, das aggressives Fragen vermeidet, sich statt dessen am diskursiven Gespräch orientiert, beim Interviewten nachfragt und diesem Bestätigungen anbietet. Angestrebt war, als Interviewer Ruhe, Gelassenheit und Offenheit auszustrahlen. Das Interview sollte geprägt sein von dem Bemühen, auf die Befragten einzugehen. Vermieden werden sollte der Eindruck beim Interviewten, es handele sich um eine Art Prüfungssituation.

Die praktische Durchführung[61] der Interviews mit den Leiterinnen und Leitern wissenschaftlicher Bibliotheken Berlins profitierte wesentlich davon, daß der Interviewer Angehöriger der Profession ist. Trotz der grundsätzlich asymmetrischen Kommunikation in der Erhebungsmethode Interview war im vorliegenden Fall die Gesprächsatmosphäre nach einer persönlichen Annäherungsphase sehr entspannt. Sie wurde besonders geprägt durch berufliche Gleichrangigkeit und soziale Gleichartigkeit (bezogen auf die berufspraktische Erfahrung) der beteiligten Akteure.

Die „soziale Brisanz" des Themas war den meisten Interviewten anzumerken. Das Interview - so der Eindruck des Untersuchungsleiters - wurde als Chance erkannt und genutzt, Probleme in der Ausübung der Berufsrolle darzustellen, eigenes Handeln und Verhalten zu reflektieren, Zweifel und Grenzen hinsichtlich eigener Steuerungsmöglichkeiten aufzuzeigen, aber auch apodiktische „letzte" Weisheiten und Schlüsse zu beruflich geprägten Lebenserfahrungen anzubieten. Sympathie und Kooperativität herrschten vor, so daß die beabsichtigte Weiterleitung der vom Autor (meist im Beisein des Interviewten) adressierten und verschlossenen Fragebögen für die Mitarbeiterinnen und Mitarbeiter gewährleistet war. Die zwingenden Vertraulichkeitsregeln wurden eingehalten, und umfangreiche datenschutzrechtliche Vorkehrungen wurden getroffen.

---

61 Die Interviews wurden mit Kassettenrecorder aufgezeichnet, in einem Fall auf Wunsch des Befragten vom Autor protokolliert. Die Interviewsituation war in der Regel bald von der hohen Bereitschaft der Befragten geprägt, Informationen zu geben, mehr noch: sie wurde offenbar als eine „in sich befriedigende Erfahrung" (Caplow 1956: 169, zit. nach Friedrichs 1990: 216) erlebt. Die Motivation der Interviewten, konzentriert zu antworten, war hoch, auch wenn nur rund 20 Prozent der Fragen kommentiert wurden. Nur sehr selten war es erforderlich, die Gesprächsbereitschaft durch Stimuli oder Nachfragen zu fördern. Die Verschriftung der Ton-Aufzeichnungen erfolgte durch eine Fachkraft. Die dafür erforderlichen Kopien wurden gelöscht, die Originalaufnahmen befanden sich in einem Safe und wurden nach Abschluß der Untersuchung ebenfalls gelöscht.

Die Leitungspersonen hatten in den mit ihnen geführten Interviews Gelegenheit, Kommentare zu den Fragen des Fragebogens abzugeben. 81 Fragen (einschließlich Unterfragen) multipliziert mit 33 Interviewpartnern ergeben theoretisch maximal 2.673 Kommentare. Die verschrifteten Interviews geben nur die Kommentare zu den einzelnen Antworten wieder. Ausgezählt addieren sich diese auf 428 Einzelkommentare; dies entspricht 16 Prozent aller möglichen Kommentare.[62] Dies heißt: Im Durchschnitt wurden pro Interview rund 14 Fragen kommentiert.

Die Summe der Kommentare pro Interviewpartner variiert von null bis 23. Nicht erkennbar ist, ob zwischen dem Interesse am Kommentieren und der institutionellen Zugehörigkeit der Leitungsperson (Bundes- oder Landeseinrichtung usw.) ein Zusammenhang besteht. Auch das Kriterium Ost oder West scheint keine Rolle zu spielen.

Die Fragen, die kommentiert wurden, lassen sich in drei Gruppen aufteilen:

- Fragen, die mit den vorgegebenen Antwortalternativen offensichtlich nicht angemessen zu beantworten sind und einer Erläuterung bedürfen.
- Fragen, bei denen eine ehrliche Antwort ein eher negatives Bild des Befragten zeichnet (Fragen, die das Risiko eines „social desirability"-Bias provozieren). Werden diese Fragen aber ehrlich beantwortet, resultiert hieraus das Bedürfnis, das nicht wünschenswerte Verhalten mit einem Kommentar zu begründen, zumindest Verständnis für dieses zu wecken.
- Fragen zu Problemen, die den Leiterinnen und Leitern „auf den Nägeln brennen", unter denen sie leiden, angesichts derer sie sich unsicher fühlen, die nur schwer faßbar oder zu quantifizieren sind.

Resümierend läßt sich die Funktion des persönlichen Interviews wie folgt beschreiben:

- Das persönliche Interview ist wesentliche Voraussetzung dafür, vertiefende Einblicke und Einsichten in das bibliotheksinterne Bedingungsgefüge und Sozialgeschehen zu gewinnen.
- Es dient als Korrektiv zur Vermeidung von Fehlinterpretationen angesichts standardisierter Antworten und Daten.
- Es stellt die entscheidende Komponente nicht nur für die Kooperation mit den Leitungspersonen dar, sondern auch für den stabilen und gezielten Feldzugang zur Mitarbeiterschaft.

---

62 Werden die vier Leitungspersonen „abgezogen", die im weiteren Verlauf aus der Untersuchung herausgenommen werden mußten, lauten die Zahlen: 2.349 Kommentarmöglichkeiten stehen 400 realen Kommentaren gegenüber; die Quote erhöht sich geringfügig.

3.4 Auswertungsansätze

Die computergestützten Datenauswertungen erfolgten mit dem speziell für sozialwissenschaftliche Auswertungsvorhaben entwickelten Software-Programmpaket „Statistical Package for the Social Sciences" (SPSS/PC+).
Bei der Auswertung der erhobenen Daten ging es angesichts der konzeptionellen Ausgangsüberlegungen konkret darum, spezifische Muster innerorganisatorischen Verhaltens vor dem Hintergrund der organisatorischen Befindlichkeit (Betriebsklima) herauszuarbeiten und einander gegenüberzustellen. Die erkenntnisleitende Hypothese hierzu lautet: *Das Betriebsklima ist der aussagekräftigste Indikator der innerbetrieblichen Sozialbeziehungen.* Sie war aus der eigenen Fallstudie und der einschlägigen Fachliteratur entwickelt worden (vgl. Kapitel 2.5). Damit verbunden war die Erwartung, die bedeutsamsten Faktoren im vertikalen Interaktionsgefüge ausmachen und ausdifferenzieren zu können. Kapitel 3.5 sowie die Kapitel 4 und 5 geben hierüber detailliert Auskunft.

Dennoch schien es erforderlich, zusätzlich noch andere - zum Teil scheinbar offensichtlichere - Einflußgrößen und Rahmenbedingungen abzuprüfen, die zu gravierenden Unterschieden in der Einschätzung der sozio-emotionalen Befindlichkeit führen könnten.

In einem ersten Arbeitsschritt ging es darum, möglichst auffällige Diskrepanzen zu identifizieren - dies durch die Gegenüberstellung der Antworten von Leitungspersonen und Mitarbeitern zu einzelnen Fragen in Form von Kreuztabellen. Die Rückverfolgung der Antworten machte aber schließlich deutlich, daß mit diesem Verfahren weder Strukturen noch systematische Zusammenhänge noch ein typisches, ableitbares Antwortverhalten der Befragten zu entdecken waren. Die angebotenen Variablen zu den einzelnen Fragen streuten häufig über eine Vielzahl von Mitarbeitern aus nahezu allen einbezogenen Bibliotheken. Nur in seltenen Fällen ließen sich besonders hohe Diskrepanzen in den Antworten verifizieren. Auch der Versuch, mit Hilfe von Regressionsanalysen ein für bestimmte Zusammenhänge typisches Antwortverhalten auszumachen, erwies sich als wenig ergiebig.

Im nächsten Arbeitsschritt wurde versucht, die statistische Evidenz aller Antworten durch einen sog. Gewichtungsfaktor anzugleichen; damit verbunden war die Erwartung, die Situation in den einzelnen Bibliotheken käme unabhängig von deren Größe deutlicher zum Ausdruck. Alle Bibliotheken wurden unabhängig von der Anzahl ihrer Mitarbeiter statistisch gleichgewichtig behandelt. Dies bedeutete, die Antworten der Mitarbeiter einer kleinen Bibliothek mit nur fünf Planstellen mit dem Faktor 20 auf Hundert zu multiplizieren, die Antworten der Mitarbeiter einer größeren Bibliothek mit beispielsweise 20 Mitarbeitern mit einem entsprechend geringeren Faktor ebenfalls auf Hundert anzupassen. Dadurch sollte verhindert werden, daß das Antwortverhalten der Mitarbeiter in den wenigen großen Bibliotheken mit mehr als 20 und bis zu 30 Planstellen die Berechnungen und Ergebnisse verzerrte. Aber auch dieser Weg veränderte die Ergebnisse nur unwesentlich. Die generell unstrukturierte Befragung der Daten blieb unergiebig, die breite Streuung der Antworten und Variablen vermittelte ein eher verwirrendes Bild. Die Einzelfallbetrachtung schließlich ließ die Situation noch diffuser erscheinen: Sie erschwerte den Blick auf strukturelle Zusammenhänge, Ähnlichkeiten usw.

Dieser Befund führte zu dem Versuch, die Bibliotheken nach eher formalen Gesichtspunkten zu gruppieren und die dabei entstehenden Bibliotheksgruppen in Kreuztabellen mit bestimmten Variablen in Beziehung zu setzen.

Fünf „Arbeitshypothesen" wurden diesem Versuch zugrunde gelegt, dessen *detaillierte* Auswertung späteren Untersuchungen vorbehalten bleiben muß:

- Hypothese 1: Innerorganisatorisches Verhalten könnte von der Größe der Bibliothek abhängen.
- Hypothese 2: Innerorganisatorisches Verhalten könnte in Verbindung mit der technischen Ausstattung der Bibliothek stehen.
- Hypothese 3: Innerorganisatorisches Verhalten unterscheidet sich möglicherweise je nachdem, ob eine Frau oder ein Mann die Bibliothek leitet.
- Hypothese 4: Innerorganisatorisches Verhalten könnte wesentlich von der jeweiligen Altersstruktur der Bibliotheksbelegschaft und dem Alter der Leitungsperson geprägt sein.
- Hypothese 5: Innerorganisatorisches Verhalten unterscheidet sich womöglich je nachdem, ob die Bibliothek im Ost- oder Westteil Berlins angesiedelt ist.

Auf Grundlage dieser Arbeitshypothesen wurde eine Reihe von Einzelbefunden herausgefiltert; einige davon werden im folgenden kurz wiedergegeben:

- Die individuellen Gestaltungs- und Entscheidungsspielräume der Mitarbeiter sind in größeren Bibliotheken umfassender als in kleineren.
- Je größer die Bibliothek, desto eher haben die Mitarbeiter die Chance, mit besonders schwierigen Aufgaben betraut zu werden.
- Je kleiner die Einrichtung, desto geringer fällt die individuelle Anerkennung für spezielle Leistungen aus.
- Je kleiner die Einrichtung, desto geringer ist das Interesse der Leitungsperson an der Arbeit der Mitarbeiter.
- Je mehr Technikeinsatz in einer Bibliothek, desto weniger innerbetriebliche Konflikte gibt es.
- Je mehr Technikeinsatz in einer Bibliothek, desto höher ist die Arbeitszufriedenheit.

- Bezüglich des Faktors „Geschlecht" läßt sich ein nicht unerheblicher Einfluß ausmachen: Ein erstaunlich hoher Prozentsatz von Mitarbeiterinnen betrachtet „ihre" weiblichen Leitungspersonen sehr kritisch; bei den männlichen Kollegen ist dies nicht der Fall (Differenz: 15 Prozentpunkte). Gerade dort, wo Frauen „ihre" Bibliotheksleiterin kritisch einstufen, geben männliche Kollegen keine entsprechenden Antworten.

Diese Beispiele sollen hier nicht weitergeführt werden, mögen unter ihnen auch einzelne interessante Ergebnisse zu finden sein (beispielsweise: Das Betriebsklima ist im Osten besser als im Westen). Bei all diesen Resultaten ist aber nicht auszuschließen, daß sie eher dem Zufall geschuldet waren. Der entscheidende Ansatz, um eine stringente Aussagenkette zu den Daten insgesamt und dem Antwortverhalten der Beteiligten zu ermöglichen, war mit diesen Hypothesen tatsächlich nicht zu erarbeiten, er lag - wie erwartet - woanders.

3.5 Zentrales Unterscheidungskriterium „Betriebsklima"

Die Auswertungen auf Basis der Einteilung der Bibliotheken nach Betriebsklima-Klassen bestätigten die konzeptionellen Ausgangsüberlegungen zum „Betriebsklima" als zentralem Unterscheidungskriterium. Einen deutlichen Hinweis auf diesen Faktor erbrachte allem voran die „Hitliste" zu Frage 20 („Sie haben die Möglichkeit, zwischen verschiedenen Stellenangeboten zu wählen. Welche der sieben Kriterien sind für ihre Entscheidung ausschlaggebend?"). Mit klarem Abstand vor Verdienst, Aufstieg usw. wurde als oberster Wert „Betriebsklima" angekreuzt. Wenn - so die Überlegung - der Stellenwert dieses „atmosphärischen" Faktors derart hoch ist (und damit formale oder materielle Einflußgrößen als deutlich geringerwertig erachtet werden), dürften auch Zusammenhänge mit Motivation, Konfliktverhalten, Einsatz- und Leistungsbereitschaft nachzuweisen sein.

Zunächst wurden alle Bibliotheken auf Grundlage der Antworten zu Frage 15 („Bitte geben Sie eine Einschätzung zum Betriebsklima in Ihrer Bibliothek") in drei Gruppen unterteilt:

- Gruppe 1 umfaßte alle Bibliotheken, in denen mindestens zwei Drittel aller Mitarbeiterinnen und Mitarbeiter das Betriebsklima als „eher schlecht" oder „sehr schlecht" klassifizierten. Es handelt sich hierbei um neun Bibliotheken.
- Gruppe 2 umfaßte jene Bibliotheken, in denen alle Mitarbeiterinnen und Mitarbeiter das Betriebsklima als „gut" oder „sehr gut" kennzeichneten und diese Einschätzung außerdem mit der Antwort der Leitungsperson übereinstimmte. Hierbei handelt es sich um acht Bibliotheken.

- Gruppe 3 faßte alle anderen Bibliotheken zusammen. Es handelt sich hierbei um insgesamt zwölf Einrichtungen.

Die drei Gruppen unterscheiden sich kaum in der Bibliotheksgrößenverteilung; Hinweise darauf, daß niedriger oder höherer Technikeinsatz die Zuordnung bestimmen könnte, fehlen. Die Gegensätze Ost-West und Mann-Frau spielen ebenfalls keine Rolle.

Als unabhängige Variable wurde der „individuelle Arbeits- und Gestaltungsspielraum" herangezogen und geprüft. Hierbei ergab sich, daß die Mitarbeiterschaft in Bibliotheken mit schlecht bewertetem Betriebsklima durchaus über ausreichende Dispositionsräume verfügt. Allerdings dokumentieren diese Befragten trotzdem, daß sie gern mehr Entscheidungsfreiheit und Eigenständigkeit hätten. Dies ist der entscheidende Unterschied zum Antwortverhalten jener Mitarbeiterinnen und Mitarbeiter, die nach eigenem Bekunden „ihr" Betriebsklima durchgehend positiv bewerten.

Interessant ist auch die Frage, ob das Verhalten der Leitungsperson als eher „autoritär" oder „nicht-autoritär" eingeordnet wird. Je nach Betriebsklima scheinen diese Bezeichnungen zwar Unterschiedliches zu bedeuten; insgesamt ist die Charakterisierung einer Leitungsperson als autoritär jedoch kein hinreichender Maßstab für gutes oder schlechtes Betriebsklima.

Ein weiterer wichtiger Faktor ist die „Leistungsrelevanz". Die Auswertungen ergaben folgendes: Bei Zugrundelegung des Pro-Kopf-Umsatzes als Maßstab[63] für Arbeitsanfall und Effizienz schneiden die Bibliotheken mit gutem Betriebsklima deutlich besser ab.

Im weiteren wurde eine tiefer strukturierte Liste von Fragengruppen mit dem Betriebsklima-Raster in Beziehung gesetzt. Dabei gelang es, je nach Betriebsklima-Klasse unterscheidbares Antwortverhalten herauszudestillieren. Die Fragengruppen bezogen sich auf drei Hauptaspekte:

- objektive (formale) betriebsklima-unabhängige Rahmenbedingungen und betriebsklima-unabhängige Interaktionsmuster in den Bibliotheken,
- Beschreibung und Charakterisierung des „typischen" Mitarbeiters/Leiters,
- zentrale Problembereiche des Fragebogens.

Die Auswertung der Fragen aufgeteilt nach Betriebsklima-Klassen erfolgt detailliert in den Kapiteln 5.4 bis 5.9. Einige Fragen mußten, so stellte sich im Zuge der Auswertung heraus, aus dem Betriebsklima-Raster herausgenommen werden.

---

63 Der Faktor ist allerdings nicht durchgängig als Maßstab zu verwenden; andere Einflußgrößen müssen mit herangezogen werden.

Es zeigte sich, daß sich nahezu alle Bibliotheken des Samples im Hinblick auf einzelne Fragen in einer eher objektiv bedingten Situation befinden, die der subjektiven Beeinflussung durch die Akteure entzogen ist. Auszumachen waren politische, organisatorische und sozio-kulturelle Rahmenbedingungen sowie Interaktionsmuster, die für alle gelten (vgl. Kapitel 5.2 und 5.3).

3.6 Clusteranalytische Berechnungen und Signifikanztests

Clusteranalytische Berechnungen bestätigten den Betriebsklima-Ansatz für 70 Prozent bis 80 Prozent der Fälle. Solche Berechnungen, genauer gesagt sog. *Clusterzentrenanalysen*, zielen darauf, die Gesamtheit der „Objekte" - hier die Gesamtheit der befragten Mitarbeiterinnen und Mitarbeiter - nach ihrer *Ähnlichkeit* hinsichtlich bestimmter Fragestellungen des Erhebungsbogens zu gruppieren. Jede Gruppe sollte in sich möglichst homogen und die Gruppen untereinander möglichst heterogen sein. Die errechneten Cluster-Gruppen werden dann jeweils mit den Betriebsklima-Klassen kreuztabelliert, um herauszufinden, welche Größenordnungen innerhalb der clusteranalytisch berechneten Gruppen zu verzeichnen sind und wie sich diese wiederum in den für diese Untersuchung so zentralen Betriebsklima-Klassen spiegeln. Insgesamt darf festgehalten werden: Die Ergebnisse der nur exemplarisch an einigen Beispielen durchgeführten clusteranalytischen Berechnungen untermauern die dieser Untersuchung zugrunde gelegte Einteilung der Bibliotheken in Betriebsklima-Klassen. Errechnet wurden zwei deutlich voneinander unterscheidbare Gruppierungen von Mitarbeiterinnen und Mitarbeitern, deren prozentuale Verteilung mit den drei Betriebsklima-Klassen konvergiert. Das in der Auswertung gewählte Vorgehen wird clusteranalytisch auch anhand jener Variablenmenge bestätigt, die sich beispielsweise auf die arbeitsplatzbezogene Gestaltungsfreiheit der Mitarbeiterinnen und Mitarbeiter bezieht. Alle Angaben bewegen sich im Bereich einer Fünfzig/Fünfzig-Relation.

Signifikanztests berechnen in Kreuztabellen von Stichproben bzw. Teilgesamtheiten von Stichproben, ob die festgestellten Unterschiede zwischen diesen

> „nicht zufällig, durch die Zufallsauswahl bedingt, sondern Kennzeichen der untersuchten Grundgesamtheiten sind." (Wienold 1994: 602)

Je geringer die Differenz zwischen Realwerten in den einzelnen Zellen der Kreuztabellen und den statistisch erwarteten Werten, desto geringer ist die berechnete statistische Signifikanz. Dahinter steckt die Annahme, daß eine (relative) Gleichverteilung statistisch berechneter und realer Werte als ein eher zufälliges und wenig aussagekräftiges Ergebnis zu betrachten ist.

„Als signifikant werden (...) solche Ergebnisse bezeichnet, die mit sehr hoher Wahrscheinlichkeit (...) nicht auf dem Auswahlfehler der Zufallsauswahl beruhen." (Ebenda)

Das Signifikanzniveau wird üblicherweise bei 0,05 Prozent oder fünf Prozent festgelegt.

Die Anwendung von Signifikanztests kommt in dieser Untersuchung lediglich für die Gruppe der Mitarbeiterinnen und Mitarbeiter in Betracht; nur bei dieser ist eine ausreichende Mengenbasis für solche Berechnungen gegeben. Für die Berechnung des Signifikanztests wurden dort, wo es aufgrund der Skalierung in den Variablen möglich war, jeweils die Zustimmungen und Ablehnungen zu den vorgegebenen Items zusammengefaßt, um die jeweilige Berechnungsgrundlage zu verbessern und die Ausfallquote der Berechnungen zu verringern.

Die Durchführung der Signifikanztests in den Kapiteln 5.2 und 5.3 ergab, daß alle Tabellenergebnisse - entsprechend ihrer inhaltlichen Zuordnung zum Bereich betriebsklima-*unabhängiger* Rahmenbedingungen und Interaktionsmuster - als nicht signifikant, was die Betriebsklima-Unterteilung angeht, zu betrachten sind. Die Erörterung des Antwortverhaltens zu den entsprechenden Fragen erfolgt daher inhaltlich und methodisch zu Recht in diesen Kapiteln.

Alle restlichen Tabellen in Kapitel 5 wurden ebenfalls Signifikanztests unterzogen. Die statistische Signifikanzberechnung ergab, daß bei 44 von 63 Variablen (70 Prozent) die Ergebnisse hinsichtlich des Betriebsklima-Rasters als eindeutig signifikant zu bewerten sind; dies bedeutet: Die Wahrscheinlichkeit, daß die Unterschiede zwischen den verschiedenen Teilmengen *nicht* auf einer Zufallsauswahl beruhen, ist als statistisch sehr groß zu betrachten.

Einzelne statistisch nicht signifikante Kreuztabellen werden trotzdem in den Kapiteln behandelt, in denen nach Betriebsklima differenziert wird, da sie

- entweder auf einen spezifischen signifikanten Zusammenhang hindeuten,
- als Kontextinformation für die Interpretation eines spezifisch signifikanten Sachverhalts erklärend sind,
- nach Auffassung des Autors trotz fehlender statistischer Signifikanz keine andere als eine deutliche Betriebsklima-Zuordnung und eine entsprechende Interpretation zulassen.

4. Grundauszählung der Untersuchung

4.1 Soziodemographische Basisdaten

Die Berechnung des *Durchschnittsalters* und der *Altersgruppen* der Befragten erbrachte die in der folgenden Tabelle dargestellten Werte.

Tabelle 5: Durchschnittsalter und Altersgruppen

	Durchschnittsalter	bis 35	bis 45	bis 55	bis 65
Leiter/in	49,90	-	34,5%	31,0%	34,5%
Mitarbeiter/in	44,90	21,9%	26,2%	39,0%	12,9%

Zum Vergleich werden Daten aus anderen relevanten Erhebungen herangezogen.

Tabelle 6: Altersgruppen (generell) in der Bundesrepublik Deutschland

Alter	bis 35	bis 45	bis 55	bis 65
Bevölk.-Anteil	39,1%	26,6%	21,7%	11,55%

Quelle: Statistisches Bundesamt (1997)

Eine Erhebung des Deutschen Bibliotheksinstituts (vgl. Arbeitsgruppe Berliner Bibliothekare 1995: 152) in öffentlichen Bibliotheken ergab folgende Werte: 28,2 Prozent *aller* Mitarbeiterinnen und Mitarbeiter - zwischen Leitungspersonen und Mitarbeiterschaft wird nicht unterschieden - sind bis zu 34 Jahren alt, 35,2 Prozent bis zu 44 Jahren, 26,1 Prozent bis zu 54 Jahren und 10,3 Prozent bis zu 64 Jahren.

In der Gegenüberstellung der Zahlen wird erkennbar, daß in den vom Autor untersuchten wissenschaftlichen Bibliotheken Berlins der Anteil der Altersgruppe zwischen 45 und 65 Jahren mit fast 52 Prozent beträchtlich über den entsprechenden Daten der öffentlichen Bibliotheken liegt; die Gruppe der jüngeren Mitarbeiterinnen und Mitarbeiter bis 35 Jahre ist dagegen in der Untersuchungsgruppe um ein Drittel geringer repräsentiert als in der Vergleichsgruppe. Der Befund eines hohen Durchschnittsalters in der Untersuchungsgruppe der vorliegenden Erhebung wird erhärtet durch die von der Bertelsmann-Stiftung durchgeführte Befragung „Betriebsvergleich öffentlicher Bibliotheken" (vgl. Kruse

1996). Das Durchschnittsalter der Befragten aus 18 öffentlichen Bibliotheken wird dort mit 39,7 Jahren angegeben; es liegt damit um fünf Jahre unter dem in der vorliegenden Erhebung ermittelten Wert. Der Anteil jener Mitarbeiterinnen und Mitarbeiter, die über 55 Jahre alt sind, ist in der Bertelsmann-Studie mit 12,3 Prozent etwa gleich hoch wie in der DBI-Studie und in der Erhebung des Autors. Anders ausgedrückt: In öffentlichen Bibliotheken ist die Gruppe der unter Vierzigjährigen größer, die Mitarbeiterschaft ist insgesamt jünger.

Die Berechnung der *geschlechtsspezifischen Verteilung* der Befragten erbrachte die in Tabelle 7 dargestellten Werte.

Tabelle 7:   Geschlechtsspezifische Verteilung

Geschlecht	weiblich	männlich
Leiter/in	51,7%	48,3%
Mitarbeiter/in	79,2%	20,8%

Die ermittelten Werte für die Mitarbeiterinnen und Mitarbeiter ähneln den Ergebnissen aus den Untersuchungen von Bischoff-Kümmel und Ritzi (1983: 124) - 71,1 Prozent der dort Befragten sind Frauen, 28,9 Prozent Männer -, von Kruse (1996: 6) - 88,4 Prozent der Befragten sind weiblich, 11,6 Prozent männlich - und des DBI (Pawlowsky-Flodell 1995a: 13) - 86 Prozent sind weiblich, 14 Prozent männlich.

Daten aus der öffentlichen Verwaltung vermitteln ein anderes Bild; so ergab eine Untersuchung in der Kreisverwaltung Osnabrück 44,4 Prozent Frauen und 55,6 Prozent Männer (vgl. Schröder/Feldmann 1997: 13). Die Ergebnisse einer Befragung im Kulturbereich der Stadt Bielefeld lauteten: 54 Prozent der Beschäftigten sind weiblich, 46 Prozent männlich (vgl. Pröhl 1995: 25).

Beim Bibliotheksleitungspersonal zeigt sich eine ungewöhnlich ausgeglichene Verteilung zwischen Männern und Frauen. Mit 51,7 Prozent überwiegt sogar der Anteil der Frauen. Diese Verteilung ist Berlin-spezifisch und gilt nicht für das wissenschaftliche Bibliothekswesen insgesamt, in dem Leitungspositionen nur zu etwa einem Drittel von Frauen eingenommen werden. Ähnlich ungleichgewichtig ist auch die Besetzung von Leitungspositionen im öffentlichen Bibliothekswesen.

Zur *Staatsangehörigkeit* der Befragten erbrachte die Erhebung folgende Werte.

Tabelle 8:   Staatsangehörigkeit

	deutsch	andere	deutsch *und* andere
Leiter/in	96,6%	3,4%	-
Mitarbeiter/in	98,1%	1,4%	0,5%

Der Anteil der Mitarbeiterinnen und Mitarbeiter mit einer anderen als der deutschen Staatsangehörigkeit ist im Untersuchungskollektiv sehr gering; nur für die studentischen Hilfskräfte ist ein geringfügig anderes Bild zu verzeichnen (etwa acht Prozent). Zum Vergleich: Das Statistische Bundesamt (1997: 109) gibt für die Bundesrepublik 8,9 Prozent ausländische Erwerbstätige an.

4.2 Berufsspezifische Basisdaten

Die Verteilung nach *Dienstgruppen* der Befragten ergibt folgendes Bild.

Tabelle 9: Dienstgruppen

Beschäftigungs-verhältnis	Angelernte und Facharbeiter	einfacher u. mittlerer Dienst	gehobener Dienst	höherer Dienst
Leiter/in	-	-	27,6%	72,4%
Mitarbeiter/in	5,3%	45,9%	43,1%	5,7%

Knapp drei Viertel der befragten Bibliotheksleiterinnen und -leiter sind in den Besoldungsgruppen des höheren Dienstes (beginnend mit A14 bzw. BAT IIa/Ib) eingruppiert, ein gutes Viertel gehört zum gehobenen Dienst. Weitere 5,7 Prozent der Mitarbeiterschaft (zwölf Personen) werden nach den Besoldungsgruppen IIa/Ib bzw. A14 vergütet. Sie sind als wissenschaftliche Mitarbeiterinnen und Mitarbeiter tätig, bisweilen auch in stellvertretender Leitungsposition. Nahezu 90 Prozent der Mitarbeiterschaft sind im mittleren oder gehobenen Dienst beschäftigt. Die Gruppe der diplomierten oder durch Weiterbildung und berufliche Praxis aufgerückten Fachbibliothekarinnen und Fachbibliothekare umfaßt 42,4 Prozent.

Verbeamtet sind knapp ein Fünftel aller Befragten, nahezu ausnahmslos aus dem ehemaligen West-Berlin. Der Anteil der Facharbeiter ist mit 13,1 Prozent in den Bibliotheken der östlichen Bezirke um zehn Prozentpunkte höher als in jenen der westlichen Bezirke.

Zur *Verweildauer* der Befragten im Beruf und in der jeweiligen Einrichtung erbrachte die Erhebung folgende Werte: Zur Zeit des Abschlusses der Erhebung (Sommer 1996) waren die Leitungspersonen durchschnittlich seit 14 Jahren in leitenden Positionen tätig; Leiter der betreffenden Bibliothek waren sie im Durchschnitt seit elf Jahren. Ihre berufliche Biographie umfaßte im Mittel 22 Jahre.

Der Anteil jener Leitungspersonen, die im Bemühen um das Erreichen einer Leitungsposition einen Wechsel der Institution und des Betätigungsfeldes vornahmen, beträgt 58,6 Prozent (17 von 29 Befragten). Die Restgruppe ist in der

„Heimatbibliothek" in die Leitungsposition aufgestiegen. Nur fünf Personen (17,2 Prozent) begannen den Berufseinstieg mit der sofortigen Übernahme einer Leitungsposition in einer wissenschaftlichen Bibliothek.

Die berufliche Biographie der Mitarbeiterinnen und Mitarbeiter ist im Durchschnitt etwa zwei Jahre kürzer als die des Leitungspersonals, sie beträgt rund 20 Jahre. Die Befragten sammelten im Mittel[64] ein knappes Jahrzehnt (acht bzw. neun Jahre) berufliche Erfahrungen in verschiedenen Bibliotheken seit dem Berufseinstieg, bevor sie sich jeweils für die in der Befragung angesprochene Bibliothek entschieden. Die durchschnittliche berufliche Verweildauer in der derzeitigen Bibliothek beträgt zwölf Jahre.

Im Untersuchungskollektiv ist kein Fall zu verzeichnen, in dem ein Mitarbeiter aus dem gehobenen Dienst in den höheren Dienst aufsteigen konnte. Wurden Leitungspositionen von Mitarbeitern des gehobenen Dienstes eingenommen, geschah dies auf Stellen, deren Eingruppierung *unter* A13/BAT IIa lag; somit war es hierbei auch nicht zur Konkurrenz mit Anwärtern aus dem höheren Dienst gekommen.

Einerseits werden ambitionierte, aufstiegsorientierte Bibliothekarinnen und Bibliothekare in kleineren Bibliotheken zwangsläufig in Konflikte geraten, da berufliche Perspektive und individueller Lebensentwurf vor dem Hintergrund der objektiven Möglichkeiten selten in Einklang zu bringen sind. Andererseits verweisen die Bindung an eine kleinere Bibliothek und die berufliche Verweildauer durchaus darauf, daß die Wünsche nach beruflicher Karriere bis in Leitungspositionen hinein eher gering entfaltet zu sein scheinen.[65]

Diese Befunde legen andere Präferenzen seitens der Mitarbeiterschaft nahe als Karriere, Geld und Gestaltungsambition. Der Wunsch nach langjähriger beruflicher Bindung an eine Institution, nach Überschaubarkeit und eher familiärem Umgang, gekoppelt mit wenig entwickelter Aufstiegsorientierung, läßt auf ein breiter gefächertes Motivationsbündel schließen. Dies birgt auch spezifische Risiken.

So ist es gerade die „Dichte" der beruflich-sozialen Beziehungswelt - lange Verweildauer, hohes Maß individueller Vertrautheit in der horizontalen wie vertikalen Interaktion -, die das Risiko der Personalisierung und Emotionalisierung von Konflikten, auch jenes von Innovationsträgheit erhöht. Dies, obwohl die *formale* Distanz zwischen einer Leitungsposition und der Sachbearbeiterebene, allein vom Einkommen her, hoch ist; jedoch ist die *faktische* Distanz in Organisationen derart überschaubarer Größenordnung und mit langjährigen beruflich-biographischen Bindungen der Mitarbeiter untereinander eher gering. Ob aus dieser Konstellation heraus Spannungen entstehen und, falls ja, welche die Loyalität und das

---

64 Gemeint ist das arithmetische Mittel („mean" und nicht „median").
65 In größeren Institutionen bestehen für den gehobenen Dienst durchaus realistische Chancen, bis zu einer A13-Position aufzurücken.

Vertrauen untergrabenden Ereignisse und Beziehungen sich hieraus entwickeln, lassen die Daten zunächst offen. Die Antworten der Befragten müssen jedoch auch vor dem Hintergrund der beruflichen Beziehungsdichte interpretiert werden.

Andererseits verfügen kleinere Bibliotheken mit durchschnittlich nur zwölf bis 14 Mitarbeiterinnen und Mitarbeitern über Gestaltungs-, Mitwirkungs- und Kommunikationsmöglichkeiten, wie sie in großen Einrichtungen schon aufgrund von Organisationsstruktur, administrativen Prozeduren und Formalisierungen nicht zu gewährleisten sind. Hieraus erwachsen spezifische Chancen; begünstigt werden:

- der intensive innerorganisatorische Diskurs - horizontal wie vertikal,
- spontane, unbürokratische Entscheidungen, Verhaltensweisen und Angebote,
- die Einflußmöglichkeiten auf das jeweilige Arbeitsumfeld.

Die Auswertung der Antworten zu den *Ausbildungsabschlüssen* erbrachte die in Tabelle 10 dargestellten Werte.

Tabelle 10: Ausbildungsabschlüsse

Ausbildungsab-schluß	Haupt-schule	mittlere Reife	Abitur	Abitur, 2. Bildungsw.	Fachhoch-schule	Hoch-schule	Promo-tion
Leiter/in	-	-	6,9%	-	10,3%	24,1%	58,6%
Mitarbeiter/in	10,0%	19,0%	10,5%	1,4%	39,5%	14,8%[1]	4,8%

1 Von diesen verfügen 60 Prozent (= 19) über berufsqualifizierende Universitätsabschlüsse, ohne eine entsprechende Funktion auszuüben bzw. eine Position des höheren Dienstes in der sie beschäftigenden Bibliothek einzunehmen.

Rund 60 Prozent der Leitungspersonen tragen den Doktortitel. Etwa zehn Prozent verfügen lediglich über eine Fachhochschulausbildung.

Bei den Mitarbeiterinnen und Mitarbeitern haben rund 70 Prozent mindestens den Schulabschluß „Abitur".

Tabelle 11 zeigt die Ergebnisse der Datenauswertung zur *Vollzeit- oder Teilzeitbeschäftigung*:

Tabelle 11: Vollzeit-/Teilzeitbeschäftigung (absolute Zahlen in Klammern)

	Vollzeit	Teilzeit
Leiter/in	96,6% (28)	3,4% (1)
Mitarbeiter/in	71,6% (151)	28,4% (60)

Teilzeitbeschäftigung ist demnach auf der Leitungsebene unüblich; dagegen ist deutlich mehr als ein Viertel der Mitarbeiterschaft teilzeitbeschäftigt.

Die Auswertung zum durchschnittlichen *Brutto-Monatseinkommen* erbrachte: Die befragten Leitungspersonen verdienen im Schnitt 6.280 DM pro Monat, bei den Mitarbeiterinnen und Mitarbeitern[66] sind es 3.563 DM[67].

Die Antworten der Befragten zum *Wechsel zwischen dem Ost- und dem Westteil* Berlins (bzw. Deutschlands) ergaben statistisch folgende Werte:

Tabelle 12: Migration Ost/West (absolute Zahlen in Klammern)

Leiter/in von/nach	Ostteil	Westteil
Ostteil	13,8% (4)	3,4% (1)
Westteil	3,4% (1)	75,9% (22)
übrige DDR	-	-
übrige BRD	-	3,4% (1)
Mitarbeiter/in von/nach	Ostteil	Westteil
Ostteil	22,3% 46)	7,8% (16)
Westteil	-	62,1% (128)
übrige DDR	1,0% (2)	1,9% (2)
übrige BRD	-	4,9% (10)

Ost-West- oder West-Ost-Migration ist demnach auf der Leitungsebene unüblich. Der entsprechende Befund lautet: jeweils nur ein einziger Fall. Immerhin rund 9,7 Prozent aller befragten Mitarbeiterinnen und Mitarbeiter wechselten von Ost nach West, keine(r) umgekehrt.

Zur Frage der beruflichen *Weiterbildung* erbrachten die Daten folgende Ergebnisse: Die Anzahl der in Anspruch genommenen Weiterbildungen pro Mitarbeiter und Jahr beträgt im Durchschnitt weniger als eine (0,84); die entsprechende Einschätzung der Leitungspersonen korrespondiert mit den Aussagen der Mitarbeiterschaft (0,94). Damit ist die Inanspruchnahme von Weiterbildungen in den wissenschaftlichen Bibliotheken Berlins als eher gering zu bezeichnen. Knapp 40 Prozent der Mitarbeiterschaft nehmen mindestens einmal an einer Fortbildungsveranstaltung teil; der überwiegende Anteil der Mitarbeiterschaft ist seltener als

---

66 Mitarbeiterinnen und Mitarbeiter in Bibliotheken der östlichen Stadtbezirke Berlins erhielten zum Zeitpunkt der Befragung im Durchschnitt noch um etwa zehn bis 20 Prozent geringere Gehälter als auf vergleichbaren Stellen im Westteil.
67 Bei diesem Betrag ist zu berücksichtigen, daß etwa 28 Prozent der Befragten teilzeitbeschäftigt sind.

einmal jährlich Teilnehmer einer Weiterbildungsmaßnahme, und rund 20 Prozent bekunden, nie an entsprechenden Veranstaltungen teilgenommen zu haben.

Über die Gründe kann an dieser Stelle nur spekuliert werden: Sie könnten in den eher traditionellen, geringe Lernerfordernisse bedingenden Arbeitsformen liegen, in mangelnder Motivation, unzureichender Flexibilität oder einem eher selektiven Ermunterungsverhalten der Leitungspersonen. Erst die Auswertung der Gesamtdaten liefert Hinweise, die den Sachverhalt näher zu erklären gestatten.

Lediglich zwei Kommentare in den Interviews mit den Leitungspersonen beziehen sich auf diese Frage. Damit gehört sie offenbar nicht zu jenen Fragen, die den Befragten „unter den Nägeln brennen". Bezeichnenderweise dokumentiert der Kommentar des Leiters einer hochtechnisierten Bibliothek den Zusammenhang zwischen Techikeinsatz und Weiterbildungsbedarf.

Aus einem Vergleich dieser Daten mit Ergebnissen Kruses (1996: 53f.) aus öffentlichen Bibliotheken sowie der Arbeitsgruppe Berliner Bibliothekare (1995) ergibt sich, daß die Befragten aus den wissenschaftlichen Bibliotheken Berlins Fortbildungsangebote deutlich weniger nutzen, als dies die vorliegenden Zahlen für öffentliche Bibliotheken belegen.

Im Hinblick auf die *spezifische Weiterbildung der Leiterinnen und Leiter* ergab die Auswertung: 58,6 Prozent nahmen schon an entsprechenden Veranstaltungen teil, 41,4 Prozent besuchten noch nie eine solche Fortbildung für Leitungsaufgaben. Von den Leitungspersonen, die sich für Leitungstätigkeiten weiterqualifizierten, wurden überwiegend Kurse folgenden Umfangs angegeben:

- Ein- oder Zwei-Tageskurse (acht Personen);
- vereinzelt wurden auch mehrwöchige Kurse, z.B. an der Verwaltungsakademie oder der Bundesakademie für Öffentliche Verwaltung, besucht;
- wenige Leitungspersonen verwiesen auf Fernstudien oder private Initiativen.

Eine kontinuierliche Inanspruchnahme entsprechender Weiterbildungen war aus den Antworten nicht ersichtlich. Im großen und ganzen handelte es sich um Einmalaktivitäten, meist am Beginn der angetretenen Leitungsposition.

Der Komplex „Weiterbildung" der Leitungspersonen wird auch in der Frage thematisiert: *Wie hält sich der Chef auf dem neuesten Stand der Entwicklungen im Bibliothekswesen? (Mehrfachnennung möglich)*[68] Die befragten Mitarbeiterinnen und Mitarbeiter schätzen die Leitungspersonen in diesem Punkt recht positiv ein (siehe Tabelle 13). Dies deutet auch darauf hin, daß die Mitarbeiterschaft mehr-

---

68 Zwei Aspekte müssen hier herausgenommen und in Kapitel 5 geschildert werden; dies sind die Einschätzungen zu „informellem Verhalten" und zur Rolle des Zufalls. Hierbei ergeben sich Unterschiede je nach Betriebsklima-Klasse der Bibliothek.

heitlich die fachliche Kompetenz ihrer Leitung nicht in Frage stellt (vgl. auch Pröhl 1995: 124; Schröder/Feldmann 1997: 25).

Tabelle 13: Wie hält sich der Chef auf dem neuesten Stand der Entwicklungen im Bibliothekswesen? (Mehrfachnennung möglich) (absolute Zahlen in Klammern)

	Fachpublikationen	Tagungen, Kongresse	Exkursionen, Besichtigungen	eher zufällig (siehe Kapitel 5)	informelle Gespr. (siehe Kapitel 5)	gar nicht	weiß nicht
Leiter/in	89,79% (26)	79,3% (23)	51,7% (15)	37,9% (11)	82,8% (24)	-	-
Mitarbeiter/in	69,3% (147)	56,6% (120)	31,6% (67)	7,1% (15)	50,9% (108)	1,4% (3)	14,2% (30)

4.3 Bibliotheksspezifische Basisdaten

Die Einrichtungen verfügen über ein durchschnittliches *Erwerbungsbudget* von je DM 457.379 pro Jahr. Nach den einzelnen Erwerbungsbudgets lassen sich die untersuchten wissenschaftlichen Bibliotheken wie folgt gruppieren:

Tabelle 14: Verteilung nach Erwerbungsbudgets

bis DM 250.000	31,0% (9 Bibliotheken)
über DM 250.000 bis DM 500.000	41,3% (12 Bibliotheken)
über DM 500.000	27,7% (8 Bibliotheken)

Die in die Untersuchung einbezogenen Bibliotheken verfügen über einen durchschnittlichen *Buchbestand* von je etwa 220.000 Bänden. Tabelle 15 gliedert die Bibliotheken nach Größenklassen gemäß Buchbeständen.

Tabelle 15: Verteilung nach Buchbeständen

bis 100.000 Bände	24,1% (7 Bibliotheken)
über 100.000 u. bis zu 300.000 Bände	58,6% (17 Bibliotheken)
über 300.000 Bände	17,2% (5 Bibliotheken)

Die untersuchten wissenschaftlichen Bibliotheken Berlins verfügen über folgende durchschnittliche *Stellenausstattung* und *Mitarbeiterzahl*:

Tabelle 16: Durchschnittliche Stellenausstattung und Mitarbeiterzahl

Planstellen	11,8
Anzahl Mitarbeiter	13,7
Mitarbeiter pro Planstelle	1,2
Anzahl stud. Hilfskräfte (alle Bibliotheken) Gesamtdurchschnitt	3,7
Anzahl stud. Hilfskräfte (nur Bibliotheken mit stud. Hilfskräften)	7,1

Die untersuchten Bibliotheken verteilen sich wie folgt auf die unterschiedlichen *Standorte*: Fünf Bibliotheken (17,2 Prozent) befinden sich im Ostteil, 24 Bibliotheken (82,8 Prozent) im Westteil Berlins.[69]

Was *Technisierungsgrad* und *Dienstleistungsspektrum* betrifft, verfügt durchschnittlich eine Mitarbeiterin/ein Mitarbeiter in den untersuchten Bibliotheken über 0,72 Personalcomputer oder Datenendgeräte.[70] Allerdings zeigt die Verteilung (siehe Tabelle 17), daß in nur sieben Bibliotheken, also einem guten Viertel des Untersuchungskollektivs, eine 1:1-Ausstattung gegeben ist.

Tabelle 17: Verteilung nach Ausstattung mit Datenendgeräten und PCs

mehr als zwei Mitarbeiter teilen sich einen PC	in 13 Bibliotheken = 44,8%
maximal zwei Mitarbeiter teilen sich einen PC	in 9 Bibliotheken = 31,0%
über mindestens einen PC pro Mitarbeiter verfügen	7 Bibliotheken = 24,1%

In Bibliotheken ohne Internet-Aktivitäten ist der Technisierungs- und EDV-Ausstattungsgrad erheblich geringer als in solchen mit derartigen Angeboten. Im

---

69 Insgesamt liegen sieben der untersuchten Bibliotheken in den östlichen Bezirken Berlins. Zwei von ihnen sind jedoch im Zuge von Umsetzungen vom Westteil in den Ostteil Berlins verlegt worden. Sie gelten im Rahmen dieser Erhebung, in der es um soziale Interaktionen geht, als West-Berliner Bibliotheken.

70 Diese Aussage relativiert sich, berücksichtigt man, daß im Erhebungsbogen nicht zwischen PC und Datenendgerät unterschieden wurde. Etwas wirklichkeitsgetreuer ließe sich die PC-Ausstattung beschreiben, wenn zwischen Bibliotheken mit und solchen ohne Internet-Aktivitäten unterschieden wird. Wo Internet-Aktivitäten genannt werden (in insgesamt sieben von 29 Bibliotheken, eine Zahl, die im Sommer 1996 ermittelt wurde und die mittlerweile höher sein dürfte), werden im Schnitt 19 PCs und Datenendgeräte pro Bibliothek angegeben, was einer Pro-Kopf-Ausstattung von 1,3 Geräten entspricht.

Durchschnitt werden sieben PCs oder Datenendgeräte pro Bibliothek genannt, was einer Pro-Kopf-Ausstattung von nur 0,5 Geräten entspricht. Der Befund ist eindeutig: Internet-Aktivitäten und Technisierungsgrad von Bibliotheken stehen in einem engen Zusammenhang. Hieraus folgt, daß elektronische Dienste, wie sie schon 1996 in vielen Bibliothekseinrichtungen bundesweit und vor allem in West- und Nordeuropa üblich waren (dezentral vernetzter Katalog, CD-ROM-Netz, Hostrecherchen, Internet-Recherchen, Online-Ordering usw.), in den untersuchten Einrichtungen sehr selten - nur von knapp einem Viertel - angeboten wurden. Dieser kleine Teil technologisch gut ausgestatteter wissenschaftlicher Bibliotheken bietet nicht nur Internet-Zugriffsmöglichkeiten, sondern auch - in drei Fällen - professionelle Hostrecherchen und - in einem Fall - zusätzlich eine Hostfunktion.

Grundsätzlich ist festzustellen: 14 von 29 Bibliotheken bieten über die klassischen Bibliotheksdienstleistungen hinaus keine weiteren, insbesondere elektronischen Dienstleistungen an. 15 Einrichtungen offerieren ein über diesen „Standard" hinausreichendes Serviceangebot, darunter Direktleihverkehr per Post, Aufbau fachbezogener Dokumentationen, Erstellung von Sonderdrucken, Bereitstellung einer Mediothek, Aufbau und Pflege eines Microfilm-Archivs, Scanning von Dissertationen, aktive Fernleihe, differenzierte Schlagwortsysteme, Zeitschriftenprofildienst, Katalog der Rezensionen. Sechs dieser 15 Bibliotheken bieten mehr als eine über den Grundlagenservice hinausreichende Dienstleistung an. Nur in einem Fall wurden drei über den „Standard" hinausgehende Angebote genannt. Mit anderen Worten: Spezielle, mit personellem und materiellem Aufwand verbundene, weitergehende Informationsdienstleistungen werden nur von etwa 50 Prozent der wissenschaftlichen Bibliotheken Berlins zur Verfügung gestellt. Das Angebot *elektronischer* Dienstleistungen war zum Untersuchungszeitpunkt gering; weniger als ein Viertel unterbreitete entsprechende Serviceangebote.

Zum Vergleich: Die Untersuchung von Creaser und Spiller (1997) zum Leistungsspektrum britischer Spezialbibliotheken erbrachte für 1996, daß 58 Prozent von diesen über elektronische Bibliothekssysteme verfügen. Fast zwei Drittel der Einrichtungen nahmen „document delivery"-Angebote in Anspruch, besonders jene der British Library. 25 Prozent von ihnen verfügten 1996 über ein CD-ROM-Netz. Nur zwei Prozent führten keine regulären Hostrecherchen durch. 46 Prozent aller untersuchten Bibliotheken waren regelmäßige Internet-User (ebenda: 2f.; 35ff.).

4.4 Tätigkeitsspezifische Basisdaten

Im Durchschnitt gehen die befragten Mitarbeiterinnen und Mitarbeiter 2,13 verschiedenen *Haupttätigkeiten* nach. Die entsprechende Frage des Erhebungsbogens zielte aber nicht in erster Linie auf die Ermittlung statistischer Durchschnittswerte zur Kennzeichnung der Arbeitsvielfalt. Vielmehr sollten strukturtypische Ähnlichkeiten der Arbeitsgegebenheiten und ihre Verteilung innerhalb des Untersuchungskollektivs herausgearbeitet werden. Durch die Auswertung der Antworten in bezug auf den Grad der Ausschließlichkeit und den Stellenwert der jeweiligen Tätigkeit im Arbeitsalltag wurden das Tätigkeitsspektrum und die Arbeitsplatzzuschnitte dokumentierbar - und damit auch der Anteil der einzelnen Tätigkeiten an der bibliothekarischen Leistungserbringung insgesamt.

Es wurden 14 typische Tätigkeiten im Erhebungsbogen zur Auswahl angeboten. Von der Unterscheidung der Tätigkeitsfelder nach Literaturarten wurde abgesehen, da es vor allem um die Einordnung in ein Raster bibliothekarischer Haupttätigkeiten ging, das sich von der Erwerbung über die formale und inhaltliche Erschließung sowie die technische Buchbearbeitung bis zum Nutzerkontakt oder zu Management- und Leitungsaufgaben erstreckt.

Die Mitarbeiterinnen und Mitarbeiter sollten nicht nur ihre Funktion, sondern auch den *Ausschließlichkeitsgrad* („ausschließlich", „überwiegend", „gelegentlich", „nie") ihrer Tätigkeit(en) charakterisieren. Die Reihenfolge der Antwortmöglichkeiten war bewußt unsystematisch angeordnet worden. Skalierungen sollten die eher auf Vielfalt hindeutenden Relationen und Variationen erfassen helfen.

Rund ein Drittel (33,5 Prozent) der befragten Mitarbeiterinnen und Mitarbeiter übt nach eigenem Bekunden nur *eine* einzige Haupttätigkeit aus. 22,6 Prozent der Befragten sagten aus, „überwiegend" oder „ausschließlich" mit zwei Haupttätigkeiten befaßt zu sein. Weitere 19,8 Prozent gaben drei verschiedene Haupttätigkeiten an. Im letztgenannten Fall ist nicht mehr von einem einseitigen Arbeitsplatzzuschnitt auszugehen. Die sich auf mehr als drei Haupttätigkeiten beziehenden Daten ergaben im einzelnen sehr viel kleinere Prozentsätze; diese addieren sich in der Gruppe jener, die vier bis zehn Haupttätigkeiten ausüben, auf insgesamt 21,6 Prozent. Ein derartiges Tätigkeitsspektrum in *einem* Zuständigkeitsbereich ist als ausgeprägte Mischarbeit zu verstehen.

Zusammenfassend läßt sich feststellen: 56,1 Prozent aller befragten Mitarbeiterinnen und Mitarbeiter gehen nicht mehr als zwei Haupttätigkeiten nach. Die Arbeit in der Bibliothek ist bei diesen Antwortenden demnach geprägt von recht einseitigen und homogenen Zuschnitten, was die Ausübung der Haupttätigkeiten betrifft. Hingegen üben 41,4 Prozent der Befragten regelmäßig drei und mehr Haupttätigkeiten aus; dies verweist auf eine Arbeitsvielfalt, wie sie typischerweise Mischarbeitsplätzen zugrunde liegt.

Vertiefte Auswertungen zeigten: Arbeitsvielfalt bzw. Homogenität können nicht jeweils einer Gruppe bibliothekarischer Funktionsträger und entsprechenden berufsqualifikatorischen Voraussetzungen zugeordnet werden. Die Zugehörigkeit zum einfachen, mittleren, gehobenen oder höheren Dienst ist nicht zwangsläufig eine Gewähr für ein spezifisches Maß an Arbeitsvielfalt und Abwechslung.

Die wichtigsten Daten zu den Haupttätigkeiten sind in Tabelle 18 zusammengefaßt, dies unter mehreren Aspekten:

- In welchem Ausmaß gehen ein, zwei, drei oder mehr Haupttätigkeiten mit elektronisch gestützten Arbeitsweisen einher?
- Wie sehr mischen sie sich mit Online-Recherchen?
- Gibt es spezifische Bindungen an Dienstgruppen?
- Wie stark mischen sich Innendienst- und kundenorientierte Tätigkeiten?

Tabelle 18: Zusammenhang zwischen Anzahl der Haupttätigkeiten und Art der Tätigkeit (absolute Zahlen in Klammern)

Anzahl der Haupttätig. Art der Tätigkeit	1 Haupttätigk.	2 Haupttätigk.	3 Haupttätigk.	4 und mehr
Berührung mit EDV-gestützten Funktionen	7% (5)	31% (15)	43% (18)	39,2% (20)
Durchführung von Online-Recherchen[1]	1,4% (1)	2% (1)	19% (8)	17,6% (9)
davon: Anbindung an höherrangige Tätigkeiten wie inhaltl. Erschließung, stv. Bibliotheksleitung[2]	-	100% (1)	75% (6)	44,4% (4)
Mischung von Innen- u. Außendiensttätigkeiten	-	18,8% (9)	71,4% (30)	89,1% (41)

1 69,3 Prozent aller befragten Mitarbeiterinnen und Mitarbeiter bekunden, im Rahmen ihrer bibliothekarischen Aufgaben „nie" Online-Recherchen durchzuführen.
2 Bei etwa 60 Prozent derjenigen, die Online-Recherchen durchführen, geschieht dies im Rahmen einer Tätigkeit, die dem höheren Dienst zugeordnet ist, z.B. inhaltliche Erschließung, stellvertretende Bibliotheksleitung.

Um herauszufinden, ob diese strukturellen Gegebenheiten sowie die Werkstückzergliederung und Arbeitssegmentierung mit der Größe der Bibliotheken, ihrem Technisierungsgrad, dem „Betriebsklima", dem Einsatz studentischer Kräfte oder der Zugehörigkeit zu Dienstgruppen korrelieren, wurden entsprechende Berechnungen durchgeführt.[71] Um Verzerrungen zu vermeiden, die aufgrund des quantitativen

---

71 Die Berechnungen und Tabellen sind in aller Ausführlichkeit in der digitalen Version der Dissertation des Autors auf den Seiten 212-223 dargestellt; vgl.: http://dochost.rz.hu-berlin.de/dissertationen/phil/paul-gerhard/

Übergewichts großer Bibliotheken entstehen könnten, wurde mit einem Gewichtungsfaktor die rechnerische „Gleichwertigkeit" aller Bibliotheken, unabhängig von der Anzahl ihrer Mitarbeiterschaft, hergestellt.

Was die Verteilung der Haupttätigkeiten betrifft, läßt sich resümierend feststellen:

- Die traditionelle tayloristische Arbeitssegmentierung kennzeichnet als Paradigma auch heute noch überwiegend die bibliothekarische Werkstückbearbeitung und Arbeitsorganisation. Deutlich mehr als 50 Prozent aller Arbeitsplätze und Tätigkeitsfelder in den untersuchten wissenschaftlichen Bibliotheken Berlins sind strukturell durch geringe Arbeitsvielfalt sowie hohe Segmentierung der Arbeitsschritte charakterisiert. Erwerbung, Katalogisierung, technische Buchbearbeitung und Benutzung markieren im großen und ganzen streng voneinander abgetrennte Zuständigkeitsbereiche.
- Etwa 44 Prozent der Befragten üben vielfältigere Tätigkeiten aus. Diese Gruppe nimmt auch in stärkerem Maße EDV-technische Systeme in Anspruch. Tendenziell läßt sich anhand der vorliegenden Daten feststellen, daß größere Arbeitsvielfalt mit mehr Technikanwendung korreliert.
- Mischarbeitsplätze zeichnen sich häufig auch dadurch aus, daß das Arbeitsprofil Innendienst-Aufgaben mit kundenbezogenen Tätigkeiten kombiniert.
- Der von vergleichsweise weniger starren Organisationsstrukturen geprägte Gestaltungsspielraum kleinerer Bibliotheken wird von diesen nicht offensiv genutzt. Arbeitsorganisatorische „Experimente" oder entsprechende Bestrebungen in der Folge von Diskussionen zu neuen oder alternativen Arbeitsorganisationsmodellen sind aus den Angaben der Befragten nicht herauszudestillieren.
- Im Gegenteil: Das traditionelle Paradigma bibliothekarischer Arbeitsorganisation der großen Universitäts- und Staatsbibliotheken - so der Befund - ist auch von den kleineren Einrichtungen weitgehend übernommen worden. Nahezu 70 Prozent der untersuchten Bibliotheken arbeiten nach dem tayloristischen Modell des Arbeitsplatzzuschnitts und der Arbeitsorganisation.
- Nur in wenigen Einrichtungen weicht das Tätigkeitsprofil der Mitarbeiterinnen und Mitarbeiter hiervon ab. Doch dies scheint auch in den entsprechenden Bibliotheken selbst eher als eine - aus welchen Gründen auch immer nötige - Abweichung von den grundsätzlich anerkannten und nicht in Frage gestellten traditionellen Organisationsformen und Verfahrensweisen begriffen zu werden denn als vielversprechendes Modell und als Chance für eine zeit- und anforderungsgemäße Arbeitsorganisation. Keine der interviewten Leitungspersonen aus diesen Bibliotheken wies auf die hierin liegenden Potentiale hin.
- Auch die Anwendung von Informationstechnologien und elektronischen Systemen scheint sich am Paradigma segmentierter Spezialisierung und Zuord-

nung zu orientieren. 69,3 Prozent der Befragten führten noch niemals Online-Recherchen durch, 21,7 Prozent gaben an, dies nur „gelegentlich" zu tun. Nur neun Prozent aller Mitarbeiterinnen und Mitarbeiter sind überwiegend damit befaßt. Durch die Konzentration technikgestützter Arbeitsgänge in den Händen weniger Mitarbeiter wiederum wird der beschriebene Sachverhalt fragmentierter Werkstückbearbeitung eher verstärkt als modifiziert.
- Die Tatsache, daß sich die Angaben in hohem Maße ähneln, und die flächendeckende Verteilung der Merkmale ergibt ein aus der Sicht der Mitarbeiterschaft hochgradig typisches Bild der Arbeitsgliederung, -vielfalt und -spezialisierung in wissenschaftlichen Bibliotheken. Unter anderem hierauf gründet die Vergleichbarkeit des Untersuchungsobjekts „Wissenschaftliche Bibliothek".

So sehr die untersuchten wissenschaftlichen Bibliotheken mit ihrer geringen Arbeitsvielfalt in den Haupttätigkeiten des Personals die traditionellen Formen der Arbeitsteilung und Spezialisierung großer Bibliotheken widerspiegeln - ihre Mitarbeiterinnen und Mitarbeiter sind *außerhalb der Haupttätigkeiten* mit *gelegentlichen Aufgaben* betraut, deren Spektrum und Ausmaß die „klassische" tayloristische Arbeitssegmentierung zumindest auflockern und modifizieren.

Im Durchschnitt üben die befragten Bibliothekarinnen und Bibliothekare 3,53 „gelegentliche" Tätigkeiten neben ihrem Haupttätigkeitsfeld aus. Bei gelegentlichen Tätigkeiten ist *qua definitionem* ausgeschlossen, daß über sie strukturell fixierte Arbeitszuschnitte und Zuständigkeiten aufgehoben werden. Nicht ausgeschlossen werden dagegen gewisse „Grenzüberschreitungen" zwischen Tätigkeiten, die üblicherweise unterschiedlichen Laufbahngruppen zugeordnet sind.

Anders als in großen Bibliotheken, deren Organisationsstrukturen das spontane, flexible Ausüben verschiedener Aufgaben über Abteilungsgrenzen hinweg weitgehend verhindern, sind kleinere Bibliotheken weitaus weniger institutionell substrukturiert. In Verbindung mit der Überschaubarkeit des Kollegenkreises und den hieraus erwachsenden Kommunikationschancen schafft dies Möglichkeiten, informell und spontan auf arbeitsbezogene Erfordernisse zu reagieren - unabhängig von Besoldungsgruppen und Zuständigkeiten.

Es zeigt sich: Die Akteure aller Besoldungs- und Laufbahngruppen üben nach eigenen Angaben gelegentlich höher oder niedriger bewertete Tätigkeiten aus. Auffällig sind die folgenden Ergebnisse:

- Verhältnismäßig viele Beschäftigte aus allen Dienstgruppen üben gelegentlich Hilfstätigkeiten aus.
- Beschäftigte aus den beiden untersten Dienstgruppen werden gelegentlich mit Aufgaben des gehobenen Dienstes betraut.

- Gut 45 Prozent der Angehörigen des gehobenen Dienstes nehmen gelegentlich Aufgaben des höheren Dienstes wahr.
- Der höhere Dienst übt auch Tätigkeiten in der Wertigkeit aller unter ihm liegenden Vergütungsgruppen aus.

Aus den Befunden läßt sich schließen: Gelegentliche „Grenzüberschreitungen" zwischen „höher" und „niedriger" bewerteten Tätigkeiten sind im Untersuchungssample weit verbreitet und geradezu „typisch" für die bibliothekarische Aufgabenerfüllung. Das konventionelle Raster bibliothekarischer Arbeitsorganisation wird in der Praxis durch vielfältige Modifikationen durchbrochen, die - strenggenommen - durchaus nicht systemkompatibel sind.

Zum Verhältnis von Innen- zu Außendienst bzw. Kundenorientierung ergeben sich folgende Resultate: Im mittleren und höheren Dienst liegt der Anteil der direkt kundenorientierten Tätigkeiten bei 50 Prozent. Die einfachen Arbeiter und Facharbeiter in den Bibliotheken nehmen zu 81,8 Prozent Außendienstfunktionen wahr. Der gehobene Dienst an den untersuchten Bibliotheken arbeitet zu rund zwei Dritteln (65,6 Prozent) im Rahmen seiner Haupttätigkeit innendienst-gebunden. Lediglich 31 Bibliothekare dieser Dienstgruppe geben an, neben administrativ-bibliothekarischen auch (!) direkt mit kundenorientierten Aufgaben befaßt zu sein. Die Ausübung fachbibliothekarischer Tätigkeit erfolgt überwiegend im Innendienst. Außendienst-, Auskunfts-, Beratungs- und sonstige kundenbezogene Tätigkeiten gehörten im wesentlichen nicht zu ihrem Berufsalltag, geben 64,4 Prozent der Befragten des gehobenen Dienstes an. Damit sieht sich die zentrale Dienstgruppe in wissenschaftlichen Bibliotheken nur gelegentlich, punktuell und zufällig mit direkt kundenbezogenen Tätigkeiten konfrontiert. Allerdings ist im Unterschied zu großen Bibliotheken aus den Daten immerhin eine gewisse Durchlässigkeit zwischen Innen- und Außenfunktionen auszumachen. Je kleiner die Organisation, desto größer ist *faktisch* die Benutzernähe der Bibliotheksbediensteten.

4.5 Basisdaten und Überlegungen mit Bezug zur Organisationsumwelt

Die Organisationsumwelt der in die Untersuchung einbezogenen wissenschaftlichen Bibliotheken Berlins - deren soziales Bezugsfeld (Klientinnen und Klienten) und die institutionelle Ein- und Anbindung jener Akteurinnen und Akteure, für die die Bibliotheken arbeiten - ist unter kontingenztheoretischen Gesichtspunkten daraufhin zu überprüfen, welchen Einfluß sie auf die Arbeitsorganisation, -struktur, und -orientierung der dienstleistenden Bibliothek selbst hat. Der Sammelbegriff „Kontingenztheorie" kennzeichnet die funktionale Abhängigkeit organisatorischer

Gestaltung von bestimmten Kontextbedingungen.[72] Als solche gelten im allgemeinen die Umwelt der Organisation und die eingesetzte Technologie. Tabelle 19 gibt einen Überblick über die institutionelle Anbindung und die Verteilung des Samples im Hinblick auf Klientengruppen sowie die - im vorliegenden Fall drei - Organisations- und Nutzerumwelten wissenschaftlicher Bibliotheken. Es handelt sich bei letzteren um Forschungseinrichtungen, Universitäten und Fachhochschulen, Ämter und Behörden.

Tabelle 19: Organisationsumwelt und wissenschaftliche Bibliotheken

	Anzahl	Typus der Organisationsumwelt	Klientel	Klientenbezug
Bib. an Forschungseinrichtungen	6	Forschung: - thematisch fokussierte Abteilungsgliederung - reduziert hierarchisch; diskurs- und teamorientiert	homogen, exklusiv (Forscherinnen und Forscher)	stetig und vertraut
Institutsbib. an Univ. u. Fachhochschulen	15	Ausbildung: - Fachbereichs- und Fakultätsorientierung - reduziert hierarchisch; diskursorientiert	heterogen innerhalb des akademischen Ausbildungsmilieus (Hochschullehrerschaft, Mittelbau, Studentenschaft)	eher wechselnd
Bib. an Ämtern u. Behörden	8	Öffentliche Verwaltung: -Vorschriften-, Verfahrens- und Kontrollorientierung; - hierarchisch-anordnungsorientiert	homogen, exklusiv (Behörden und Verwaltungspersonal)	stetig und vertraut
Summe	29			

Nur wenige Daten liefern Hinweise darauf, daß das vorherrschende bibliothekarische Modell der Arbeitsorganisation und Arbeitsteilung durch organisationsumweltbedingte Einflußgrößen *wesentliche* Modifikationen erfahren hätte. Die

---

72 Vgl. hierzu Schreyögg (1978: 3). Auf den in Organisationssoziologie und Betriebswirtschaft geführten Diskurs zum Thema „Organisation und Umwelt" kann im Rahmen dieser Arbeit nicht näher eingegangen werden. Kurz gesagt, geht es hierbei besonders um das Bedingungs- und Spannungsgefüge zwischen Umweltheterogenität bzw. -stabilität, Differenzierungsgrad einer Organisation und dem organisatorischen Integrationserfordernis (im Hinblick auf Effizienz). Auf die Gefahr einer ideologischen Verwendung von kontingenztheoretischen Ansätzen verweist Schreyögg (ebenda: 338).

folgende Tabelle läßt dennoch eine *Tendenz* dergestalt erkennen, daß die Spezialisierung und Taylorisierung bibliothekarischer Tätigkeit je nach institutionellem Umfeld unterschiedlich ausgeprägt sein könnte.

Tabelle 20: Taylorisierungsgrad und institutionelles Umfeld

Taylorisierungsgrad der Tätigkeit	Forschungsinstitut	universitäre Instituts- oder FH-Bibliothek	Amt/Behörde
1 Haupttätigkeit	27,3%	35,4%	36,2%
2 Haupttätigkeiten	23,6%	24,2%	19,0%
3 oder mehr Haupttätigkeiten	49,1%	37,4%	41,4%

Mit rund 50 Prozent eher vielfältiger Arbeitsplatzzuschnitte unterscheiden sich die Bibliotheken an Forschungseinrichtungen von denen an Ämtern und Behörden sowie an Hochschuleinrichtungen. Zwar ist die Diskrepanz innerhalb der einzelnen Gruppen nicht besonders gravierend. Dennoch ist nicht auszuschließen, daß die „Kooperationskultur" zwischen der „Bibliothek" und der auf kontinuierliche und spezifische Informationsbeschaffung angewiesenen „Forschung" intensiver und damit der entsprechende Einfluß der Umwelt hier größer ist als in den - vergleichsweise ähnlich homogen strukturierten - Bibliotheken von Behörden und Verwaltungseinrichtungen.

Ein weiterer Hinweis scheint diese Tendenz zu stützen: die Ausstattung und Anwendung digitaler Technologien in den Bibliotheken. Drei von sechs Bibliotheken an Forschungsinstituten sind als technologisch gut ausgestattet zu bezeichnen, und eine breite Palette elektronischer Dienstleistungen wird angeboten. Nur zwei von 15 Bibliotheken aus dem Hochschulbereich fallen unter diese Kategorie, ebenfalls nur zwei von insgesamt acht Bibliotheken aus dem Behördenumfeld.

Angesichts der (geringen) Gesamtmenge des Untersuchungsfeldes sind diese Daten zwar als Indikatoren einer Tendenz durchaus ernst zu nehmen, sie dürfen aber keinesfalls überbewertet werden. Allein schon der bessere finanzielle Rahmen, der im Regelfall (auch öffentlich finanzierten) Forschungseinrichtungen zur Verfügung steht, eröffnet diesen objektiv größere Modernisierungs- und entsprechende Gestaltungsspielräume. Dennoch gilt: die investiven Möglichkeiten zur Finanzierung technologischer Innovationen sind immer auch von der Anwendungs- und Innovationsbereitschaft der betroffenen Akteurinnen und Akteure abhängig.

Ohne den Einfluß des Organisationsumfelds zu unterschätzen, bleibt festzuhalten: Die vorliegenden Daten sind nicht prägnant genug, um von einem zweifelsfreien Bedingungsverhältnis zwischen der funktionalen Ausrichtung bibliothekarischer Organisationsmuster und Technikanwendungen einerseits und deren „Heimat"- Organisationen mit ihren spezifischen Arbeitsweisen und Strukturen andererseits zu sprechen. Träfe letztere Annahme zu, müßten auch auf der Ebene des Verhaltens der befragten Akteure Hinweise zu finden sein, die signifikant und spezifisch für die Interaktion in der jeweiligen Organisationsumwelt sind. Entsprechende eindeutige Rückschlüsse lassen die Befunde indes nicht zu.

Die Ähnlichkeiten im Antwortverhalten der Befragten sind zu groß, als daß sich signifikante Unterscheidungen als Ergebnis von Klienten- oder makroinstitutionellen Einflußgrößen auf das innerorganisatorische Geschehen treffen ließen. Ob positive Rückmeldungen zur Dienstleistungsqualität der Bibliothek seitens der Nutzerschaft oder informelles Verhalten der Leitungspersonen, Beachtung formaler Regeleinhaltung durch die Leitungen oder entsprechende Einschätzung seitens der Mitarbeiterschaft, Arbeitszufriedenheit oder Betriebsklima, individuelle Autonomie oder Entscheidungsfreiheiten usw. - in den meisten Fällen ähnelt sich das Antwortverhalten der Befragten über die drei hier erörterten institutionellen Umfelder hinweg; auszumachen sind, wenn überhaupt, nur geringe und von Frage zu Frage leicht variierende Differenzen je nach institutionellem Milieu.

Entsprechend lautet das Resümee: Die Beständigkeit des klassischen funktionalen bibliothekarischen Arbeitsmodells ist unübersehbar, unabhängig von den institutionellen Rahmenbedingungen und den sozialen Einflußgrößen der jeweiligen Organisationsumwelt und deren Organisationsmustern. Manches spricht dafür, daß die in Kapitel 1 näher dargelegte Verquickung dreier Komponenten beruflicher Sozialisation das hohe Maß an Beharrlichkeit und Intransigenz in den Haltungen und Verfahrensweisen bestimmt:

- die nur geringe Unsicherheiten und Innovationsimpulse auslösende Umgebung des (marktfernen) öffentlichen Dienstes mit seinen Strukturen, Ordnungen und Regeln;
- die bisherige Sparten- und Laufbahngebundenheit in der Ausbildung der Bibliothekarinnen und Bibliothekare;
- das Eigengewicht der vorherrschenden hocharbeitsteiligen („tayloristischen") Arbeitsorganisation und Arbeitsweise („normative Kraft des Faktischen").

5. Betriebsklima und innerorganisatorische Interaktion

5.1 Fragen zum Betriebsklima und dessen Bedeutung

Bei der Datenauswertung ging es - den konzeptionellen Ausgangsüberlegungen entsprechend - in erster Linie darum, spezifische Muster innerorganisatorischen Verhaltens vor dem Hintergrund des Betriebsklimas[73] der jeweiligen Bibliothek herauszuarbeiten und diese einander gegenüberzustellen.

Im Fragebogen dieser Erhebung waren es vor allem zwei Fragen (Frage 15 direkt zum Betriebsklima, Frage 20 zur Wertepräferenz), die Auskünfte über das Betriebsklima bzw. über dessen Wichtigkeit für die Mitarbeiterinnen und Mitarbeiter erbringen sollten. Die erste entsprechende Frage lautete:

Bitte geben Sie eine Einschätzung zum Betriebsklima in Ihrer Bibliothek (Frage 15, Variable 38)

Sie erwies sich - wie oben dargelegt - als *die* Schlüsselfrage der Erhebung, lieferte sie doch in erster Linie mit der Betriebsklima-Einschätzung der Befragten beider Hierarchieebenen das Hauptunterscheidungskriterium des Auswertungsverfahrens.

Das entsprechende Antwortverhalten (siehe Tabelle 21) soll hier aus systematischen Gründen zusammen mit den Kommentaren der Leitungspersonen und Vergleichsdaten anderer empirischer Erhebungen wiedergegeben werden.

In einem pauschalen Überblick lassen sich die Aussagen aller Beteiligten wie folgt zusammenfassen:

- In neun Bibliotheken schätzen nahezu drei Viertel aller Mitarbeiterinnen und Mitarbeiter und ein Drittel aller Leitungspersonen das Betriebsklima als „schlecht" oder „eher schlecht" ein.
- In zwölf Bibliotheken schätzen zwei Drittel der Mitarbeiterschaft und zwei Drittel der Leiterinnen und Leiter das Betriebsklima als „eher gut" ein.
- In acht Bibliotheken sind alle Befragten aus Mitarbeiterschaft wie Leitungsebene der Meinung, das Betriebsklima sei „sehr gut" oder „eher gut".

---

73 Aus Gründen der Platzersparnis wird in den folgenden Tabellen bisweilen statt „Betriebsklima" nur die Bezeichnung „Klima" gebraucht.

Tabelle 21: „Bitte geben Sie eine Einschätzung zum Betriebsklima in Ihrer Bibliothek" (absolute Zahlen in Klammern)

Klima schlecht	sehr gut	eher gut	eher schlecht	sehr schlecht
Leiter/in	-	66,7% (6)	33,3% (3)	-
Mitarbeiter/in	2,7% (2)	23,3% (17)	54,8% (40)	19,2% (14)

Klima mittel	sehr gut	eher gut	eher schlecht	sehr schlecht
Leiter/in	8,3% (1)	66,7% (8)	25% (3)	-
Mitarbeiter/in	12,6% (11)	55,2% (48)	31% (27)	1,1% (1)

Klima gut	sehr gut	eher gut	eher schlecht	sehr schlecht
Leiter/in	-	100% (8)	-	-
Mitarbeiter/in	16% (8)	84% (42)	-	-

Signifikanz (Chi-Quadrat-Wert): 0,00000

Folgende Kommentare wurden von den Leitungspersonen gegeben.[74]

Es schwankt. (±B)[75]

In der Bibliothek ist das Betriebsklima eher schlecht, weil die Mitarbeiter nicht arbeitswillig sind und ein großer Druck ausgeübt wird, mit dem Versuch, quantifizierbare Leistungen zu erhalten. Dies trägt aus Sicht der Mitarbeiter nicht immer zu einem guten Betriebsklima bei. (-B)

Die Bibliothek hat verschiedene Standorte, und dort ist das Klima jeweils sehr unterschiedlich, hier ist es sehr gut. (±B)

Das betrifft mich eigentlich nicht, aber unter den Mitarbeitern gibt es große Probleme, die auch nicht zu lösen sind. Darum muß ich sagen, eher schlecht. (±B)

---

[74] Zur Frage wurden insgesamt zwölf Kommentare gegeben. Nur drei Kommentare stammen von Leitungspersonen aus Bibliotheken, deren Betriebsklima als „gut" eingestuft wurde.

[75] +B soll der Kürze wegen im folgenden „Bibliotheken mit gutem Betriebsklima" kennzeichnen, -B solche mit „schlechtem Betriebsklima", ±B Bibliotheken mit durchschnittlichem Betriebsklima.

"Sehr schlecht" ist es nicht, aber ich kann nicht sagen "eher gut", sondern "eher schlecht". (...) Mit der einen Kollegin hier kann ich überhaupt nicht, und das geht allen so. Da ist insgesamt der Wurm drin; da bin ich sicherlich auch gefordert. Diese Kollegin sieht immer die Fehler der anderen und macht sie auch publik, für ihre eigenen Fehler hat sie immer eine Menge Argumente. (±B)

Die Bibliothek ist entstanden aus ehemaligen Institutsbibliotheken, was natürlich zu Spannungen führte. Diese Spannungen scheinen jetzt vom Tisch zu sein. (+B)

Seit November eher gut. Vorher hatten wir eine Kollegin, die ein sehr großer Störenfried war. Die haben wir dann gemeinsam mit der Personalabteilung erst mal abgeordnet. Nach einem Vierteljahr ist sie dann mit ihrem Einverständnis versetzt worden. Seitdem ist das Betriebsklima wesentlich besser geworden. (±B)

Als ich anfing, dachte ich, alles sei Friede, Freude, Eierkuchen, bis ich merkte, daß einige untereinander Grabenkämpfe haben. Mittlerweile bin ich da auch beteiligt. Wo mehrere zusammenarbeiten, gibt es eben Spannungen, es kommt auf das Ausmaß an. Aber bei uns ist das Betriebsklima schon eher gut, sonst würden die Leute ja nicht so lange bleiben. Die sind teilweise schon seit 25 Jahren hier. (+B)

Im Vergleich zu Einrichtungen, die ich kenne, würde ich sagen, es ist "sehr gut". Da sich aber immer noch etwas verbessern läßt, würde ich "eher gut" ankreuzen. (±B)

Das ist schwierig. Wir haben immer den Betriebsausflug und auch Feten, aber das Betriebsklima ist leider seit zwei Jahren schlechter geworden. Wenn Sie im Personalstab jemanden haben, mit dem Sie überhaupt nicht mehr können, dann strahlt das aus. Ich würde das Betriebsklima als "eher schlecht" bezeichnen. Es ist eine ganz merkwürdige Mittellage entstanden. (±B)

Das ist in den einzelnen Bereichen unterschiedlich. Es liegt wohl auch an dem Gefälle, an der unterschiedlichen Bezahlung. Man kommuniziert ganz gut miteinander, im Alltag klappt es gut. (-B)

Es gibt da Phasen. Im Moment ist es gut, aber es gibt immer jemanden, der querschießt. (+B)

Insgesamt vermitteln die Leitungspersonen den Eindruck, sie seien eher passiv und beinahe schicksalhaft dem scheinbar unbeeinflußbaren „Gesetzen" folgenden Betriebsklima ausgesetzt. Ihre Äußerungen legen mehrheitlich nahe, als Akteure hier nicht gefordert zu sein oder weder über Steuerungsmittel noch Steuerungsbefugnisse zu verfügen, um Einfluß auf das innerbetriebliche Geschehen zu nehmen und zumindest graduelle Veränderungen im Betriebsklima herbeizuführen.

Eine Reihe empirischer Studien wurde zur Illustration und zum Vergleich herangezogen.

Laut „Der Tagesspiegel" (1996) beurteilen drei Viertel aller Berufsanfänger das Betriebsklima an ihrem Arbeitsplatz positiv. Als Faktoren für gutes Betriebsklima werden genannt: Teamgeist (54 Prozent), Kooperationsbereitschaft der Kollegen (50 Prozent), selbständiges Arbeiten (41 Prozent), Anerkennung durch den Chef (39 Prozent); schlechtes Betriebsklima ist gekennzeichnet durch Intrigen (56 Prozent), Anschwärzen beim Chef (47 Prozent), mißgelaunten Chef (37 Prozent).

In der Studie Kruses (1996: 9) wurde auf die Frage nach den Schwächen der Bibliothek am häufigsten das „Betriebsklima" genannt (30,4 Prozent); zweithäufigste Nennung: „räumliche Situation (20,1%). Unter der Kategorie „Betriebsklima" wurden zusammengefaßt: Zusammenarbeit, Hierarchiebewußtsein, interne Kommunikation, Motivation.

Die Untersuchung von Schröder und Feldmann (1997: 20) erbrachte: 40,8 Prozent der Befragten waren mit dem Arbeits-/Betriebsklima zufrieden, 19,3 Prozent waren unzufrieden. 64 Prozent waren mit der Beziehung zum direkten Vorgesetzten, 46,8 Prozent mit der zu weiteren Vorgesetzten zufrieden. 16,2 Prozent waren mit der Beziehung zum direkten Vorgesetzten, 20 Prozent mit der zu weiteren Vorgesetzten unzufrieden.

Jones (1997) stellt in ihrer Erhebung fest:

„Das überraschendste Ergebnis der Befragung zu diesem Punkt ist sicher die übereinstimmende Meinung, daß verglichen mit einem angstfreien und konfliktarmen Betriebsklima alle anderen positiven oder negativen Arbeitsbedingungen von untergeordneter Bedeutung sind..." (Ebenda: 154)

Klages und Schäfer (1985) äußern sich zum „Organisationsklima" wie folgt:

„Hiermit sind die allgemeinen ‚menschlichen' Umgangsformen mündlicher und schriftlicher Art in einer Behörde oder in bestimmten Abteilungen/Ämtern/Referaten gemeint, die auch als ‚Stil des Hauses' bezeichnet werden... Als Indikatoren für die Qualität des Betriebsklimas können die Häufigkeit und die Art der Kommunikation zwischen dem ‚Chef' und ‚seinen' Mitarbeitern auf formeller und informeller Ebene, aber auch so ‚profane' Dinge wie Teilnahme an Betriebsfeiern seitens der Mitarbeiter und Vorgesetzten genannt werden." (Ebenda: 154)

Heidemann (1987: 68) kommt zu folgendem Ergebnis: Der Aussage, ein gutes Verhältnis zu den Vorgesetzten zu haben, stimmen 41 Prozent der Befragten zu. Völlig zufrieden sind 60 Prozent, überhaupt nicht zufrieden neun Prozent.

Pröhl (1995: 122) fragte in ihrer Untersuchung: „Wie beurteilen Sie das Betriebsklima in ihrem Amt?" Das Ergebnis lautete: sechs Prozent sehr gut, 30 Prozent gut, 39 Prozent durchschnittlich, 22 Prozent schlecht und vier Prozent sehr schlecht. Die Autorin unterstreicht:

> „Für die Beurteilung des Betriebsklimas im Amt scheint das Verhältnis zu Vorgesetzten von erheblicher Bedeutung zu sein. In den Ämtern, in denen die Befragten ihr Verhältnis zu Vorgesetzten überdurchschnittlich als gestört angeben, wird auch das Betriebsklima entsprechend schlecht bewertet." (Ebenda: 31)

Die zweite Fragestellung mit Bezug zum Betriebsklima lautet:

Die Mitarbeiter haben die Möglichkeit, zwischen verschiedenen Stellenangeboten zu wählen: Welche der sieben Kriterien sind für ihre Entscheidung ausschlaggebend? Bitte nur zwei Antwortmöglichkeiten ankreuzen (Frage 20, Variablen 45-51)

Diese Schlüsselfrage zur Bedeutsamkeit, die arbeitsatmosphärischen Gegebenheiten von den Befragten zugemessen wird, ist, wie erläutert, zusätzlich ein Begründungsfaktor für die zum Zwecke der Analyse vorgenommene Unterteilung des Samples in drei Subkategorien (Klassen) (vgl. Kapitel 3.5). Darüber hinaus sollte sie Auskunft geben über eine Rangskalierung verschiedener Wertvorstellungen, die nach Meinung und beruflicher Erfahrung des Verfassers berufliche Einstiegs- oder Veränderungsbedürfnisse motivieren. Dabei wurde unterschieden zwischen fundamentalen (Sicherheit), atmosphärischen (Betriebsklima), Verwertungs- (Verdienstmöglichkeit), Gestaltungs- (Vielfalt und Entscheidungsbefugnisse) sowie Statusinteressen (Aufstieg und Ausstattung).

Da alle Aspekte im Berufsleben - synchron oder gestaffelt - bedeutsam sind und je nach Biographie, Typus und Rahmenbedingungen eine sich ständig wandelnde, diffuse „Topographie" bilden, die nicht gänzlich abbildbar ist, wurde die Möglichkeit der Mehrfachnennung begrenzt. Die Befragten sollten sich für nur zwei der angebotenen Antwortoptionen entscheiden. Ob sie primär aufgrund aktueller Erfahrungen urteilten oder eher summarisch, muß hier offenbleiben. Das Gesamtbild der Antworten stellt sich für die verschiedenen Betriebsklima-Klassen wie folgt dar.

Tabelle 22: „Die Mitarbeiter haben die Möglichkeit, zwischen verschiedenen Stellenangeboten zu wählen: Welche der sieben Kriterien sind für ihre Entscheidung ausschlaggebend? Bitte nur zwei Antwortmöglichkeiten ankreuzen" (absolute Zahlen in Klammern)

Betriebs-klima schlecht	Verdienst-möglichkeit	Aufstiegs-chance	Betriebs-klima	Arbeitsviel-falt	Entschei-dungsbefug-nisse	Ausstattung	Arbeitsplatz-sicherheit
Leiter/in	77,8% (7)	22,2% (2)	55,6% (5)	22,2% (2)	11,1% (1)	11,1% (1)	11,1% (1)
Mitarb.	21,9% (16)	19,2% (14)	58,9% (43)	37% (27)	20,5% (15)	1,4% (1)	41,1% (30)

Betriebs-klima mittel	Verdienst-möglichkeit	Aufstiegs-chance	Betriebs-klima	Arbeitsviel-falt	Entschei-dungsbefug-nisse	Ausstattung	Arbeitsplatz-sicherheit
Leiter/in	66,7% (8)	33,3% (4)	41,7% (5)	16,7% (2)	-	-	41,7% (5)
Mitarb.	41,4% (36)	14,9% (13)	58,6% (51)	23% (20)	13,8% (12)	2,3% (2)	46% (40)

Betriebs-klima gut	Verdienst-möglichkeit	Aufstiegs-chance	Betriebs-klima	Arbeitsviel-falt	Entschei-dungsbefug-nisse	Ausstattung	Arbeitsplatz-sicherheit
Leiter/in	25% (29)	50% (4)	50% (4)	37,5% (3)	-	-	37,5% (3)
Mitarb.	28,6% (14)	4,1% (2)	65,3% (32)	36,7% (18)	8,2% (4)	-	51% (25)

Die Leiterinnen und Leiter aus den untersuchten Bibliotheken mit schlechtem Betriebsklima und jene aus den Einrichtungen mit mittlerem Betriebsklima vermuten an erster Stelle „Verdienstmöglichkeit" als Motiv für berufliche Veränderungswünsche ihrer Mitarbeiterinnen und Mitarbeiter. An zweiter Stelle rangiert mit klarem Abstand das Kriterium „Betriebsklima". „Verdienstmöglichkeit" wird von den Mitarbeiterinnen und Mitarbeitern aus diesen beiden Betriebsklima-Klassen erst an dritter oder vierter Stelle genannt. Die Diskrepanz in den Einschätzungen von Leitungspersonal und Mitarbeiterschaft beträgt zwischen 25 Prozent und 56 Prozent.

Ein völlig entgegengesetztes Bild wird in den Bibliotheken mit gutem Betriebsklima gezeichnet: Die Leiterinnen und Leiter nennen „Betriebsklima" an erster Stelle und stimmen damit weitgehend mit den Äußerungen ihrer Mitarbeiterinnen und Mitarbeiter überein. „Verdienstmöglichkeit" liegt an letzter Stelle der Nennungen, ebenfalls in weitgehender Übereinstimmung mit der Mitarbeiterschaft. Und nur hier kreuzen 50 Prozent der Leiterinnen und Leiter „Aufstiegschancen" als ausschlaggebendes Kriterium an - dies im Gegensatz zur Einschätzung der Mitarbeiterschaft.

Die entscheidenden Differenzen bewegen sich also nicht in erster Linie entlang der Betriebsklima-Zugehörigkeit; sie werden vielmehr markiert durch die hochdiskrepante Einschätzung zwischen Leitungspersonen einerseits und Beschäftigten andererseits in den untersuchten Bibliotheken mit durchschnittlichem oder schlechtem Betriebsklima. Hier überwiegt auf seiten der Leitungspersonen die auch andernsorts weit verbreitete Ansicht, der Mitarbeiterschaft gehe es in erster Linie „ums Geld". Die Leiterinnen und Leiter der Bibliotheken mit gutem Betriebsklima schätzen dies anders ein. Ihr wirklichkeitsgetreuer Kenntnisstand liefert einen weiteren Hinweis darauf, daß hier die Kommunikationsbande enger geknüpft sind.

Allen Mitarbeiterinnen und Mitarbeitern gemeinsam ist die Nennung von „Arbeitsplatzsicherheit" auf Rang zwei. In der Einschätzung der Leitungspersonen von Bibliotheken mit schlechtem Betriebsklima spielt dieser Aspekt keine Rolle; von den Leitern aus den anderen Betriebsklima-Klassen wird er hingegen realistisch gesehen.

Die Mitarbeiterschaft nennt generell „Betriebsklima" und „Sicherheit" vor dem Entscheidungskriterium „Arbeitsvielfalt", das mehrheitlich an dritter und nur in Bibliotheken mit durchschnittlichem Betriebsklima an vierter Stelle folgt.

Resümierend kann festgestellt werden: Das Bedürfnis nach Sicherheit verwundert angesichts der Arbeitsmarktlage nicht, auch nicht der Wunsch, sich am Arbeitsplatz wohlzufühlen. Interessant sind die Unterschiede, die das Verhältnis zur Arbeit und zur Kollegenschaft betreffen: Mitarbeiterinnen und Mitarbeiter aus den Bibliotheken mit gutem Betriebsklima wollen eher „Gleiche unter Gleichen" sein, jene aus den Bibliotheken mit durchschnittlichem Betriebsklima sind materieller eingestellt und jene aus den Einrichtungen mit schlechtem Betriebsklima haben eher als die anderen das Bedürfnis, sich über Befugnisse und Aufstiegsmöglichkeiten von den Kolleginnen und Kollegen am Arbeitsplatz abzusetzen.

Die Frage wurde lediglich von sechs Leitungspersonen kommentiert; nur eine von diesen stammte aus einer Bibliothek mit gutem Betriebsklima. In einem Fall wird „Betriebsklima" als wichtigstes Kriterium genannt, verbunden mit der Einschätzung gebunden, dies sei „osttypisch".

Für uns im Osten ist das nicht ganz einfach. Die Arbeitsplatzsicherheit rangiert wahrscheinlich an erster Stelle, aber Verdienstmöglichkeit und Aufstiegschancen sind meiner Meinung nach gleichberechtigt nachfolgend. (±B)

Ich würde mal sagen, „Betriebsklima" ist prioritär. Das scheint auch so eine osttypische Angelegenheit zu sein.[76]

Für die technischen Kräfte würde ich sagen „Verdienstmöglichkeit", für die wissenschaftlichen Kräfte „Arbeitsvielfalt". (±B)

„Verdienstmöglichkeit" und „Arbeitsplatzsicherheit". Vor zwei Jahren hätte ich noch etwas anderes gesagt. Bei uns ist eine Umstrukturierung und auch Privatisierung im Schwange, und dadurch ist die Arbeitsplatzsicherheit ganz wichtig, was früher nicht der Fall war. Und dies, obwohl wir öffentlicher Dienst sind. Vor zwei Jahren wären Aufstiegschancen wichtig gewesen. (±B)

Man muß es hier in diesem speziellen Kontext sehen. Die Mitarbeiter würden sicher eine schlechter bezahlte Stellung annehmen, wenn die stabil wäre. (+B)

Das ist bei den einzelnen Personen unterschiedlich, das hängt ja auch vom Alter ab. (-B)

Zum Vergleich herangezogene empirische Erhebungen kommen zu teilweise sehr abweichenden Ergebnissen. Es dominieren nahezu ausnahmslos materielle und Statusaspekte als handlungsleitende Kriterien.

In der Erhebung Reichs (1991) werden als Gründe für einen Stellenwechsel genannt: „befristete Stelle" von 41 Befragten, „interessantere Tätigkeit" von 160, „höher dotierte Tätigkeit" von 109, „besseres Arbeitsklima" von 47, „private Gründe" von 41, „sonstige Gründe" von 28 Befragten (ebenda: 211).

In einer Untersuchung der Arbeitsgruppe Berliner Bibliothekare (vgl. Pawlowsky-Flodell 1995b: 80) wurden zur Aussage: „Das gibt es bei meiner Arbeit zu wenig, das müßte es mehr geben" folgende Ansprüche genannt: „gerechter Aufstieg" von 80 Prozent der Befragten, „gute Ausstattung" von 66 Prozent, „leistungsgerechtes Einkommen" von 54 Prozent, „hohes Einkommen" von 53 Prozent, „Beteiligungsmöglichkeit" von 39 Prozent, mehr Information („wo informiert wird") von 34 Prozent, „Arbeitszeitflexibilität" von 34 Prozent, „geachtete Arbeit" von 30 Prozent, „kreativ/schöpferisch" von 19 Prozent, „gutes Chef-Verhältnis" von 16 Prozent. Nach Ansicht der Autorin zeigt dies,

„daß die Bibliothekare in Deutschland, über ihre intrinsische Motivation hinaus, sich sowohl für die materiellen als auch für die arbeitsinhaltlichen Aspekte ihrer Arbeit interessieren." Ebenda: 81)

---

76 Nicht in die Gesamtauswertung einbezogen; siehe hierzu Kapitel 3.3.2.

In einer Studie der Bertelsmann-Stiftung (vgl. Heidemann 1987: 52f.) werden als Bedingungen für stärkeren Einsatz genannt: „Höheres Einkommen" von 48 Prozent, „Bessere Aufstiegs- und Karrierechancen" von 25 Prozent, „Größere Selbständigkeit und Unabhängigkeit" von 25 Prozent, „Mehr Möglichkeiten, eigene Ideen wirksam durchzusetzen" von 23 Prozent, „Mehr Urlaub" von 22 Prozent, „Eine interessantere Tätigkeit" von 22 Prozent, „Mehr Einfluß, Entscheidungskompetenz" von 22 Prozent, „Freiere Gestaltungsmöglichkeiten bei der Arbeitszeit" von 21 Prozent, „Verkürzung der Arbeitszeit" von 21 Prozent, „Mehr Möglichkeiten, sich durch Tüchtigkeit und Leistung auszuzeichnen" von 16 Prozent, „Größere Sicherheit von Beschäftigung und Einkommen" von 13 Prozent, „Besseres Betriebsklima" von 13 Prozent, „Bessere Altersversorgung" von elf Prozent, „Veränderung des betrieblichen Führungsstils" von elf Prozent, „Mehr gesellschaftliche Anerkennung" von neun Prozent, „Verbesserung von Image/Zielsetzung der Firma" von sechs Prozent; keinerlei Bereitschaft zur Leistungssteigerung signalisierten 21 Prozent.

Pröhl (1995) stellt in ihrer Erhebung zum diesbezüglichen Fragenkomplex fest:

„Für 92% der Mitarbeiter/innen ist es wichtig, eine interessante Arbeit zu haben; 86% kommt es darauf an, daß es sich dabei auch um eine vielseitige, kreative und schöpferische Tätigkeit handelt." (Ebenda: 28)

5.2 Strukturelle (betriebsklima-unabhängige) Rahmenbedingungen der Arbeit wissenschaftlicher Bibliotheken Berlins

Im Zuge der Auswertung war - wie oben erläutert - deutlich geworden, daß das Betriebsklima-Raster bei manchen Fragen des Erhebungsbogens nicht zu sinnvollen Ergebnissen führt. Vielmehr hatten sich bestimmte strukturelle Rahmenbedingungen und charakteristische Interaktionsmuster der Akteure als so bestimmend erwiesen, daß diese Fragen gesondert ausgewertet werden mußten. Die Rahmenbedingungen zeichnen sich unter anderem dadurch aus,

- daß die Bibliotheksinfrastruktur in Berlin Defizite aufweist, was technische Innovation und Verbund betrifft;
- daß es sich ausschließlich um Einrichtungen des öffentlichen Dienstes handelt. Neben damit verbundenen dienstrechtlichen und arbeitsatmosphärischen Eigenheiten bedeutet dies, gerade zu dieser Zeit und in diesem Bundesland, einer besonders restriktiven Budgetpolitik unterworfen zu sein;
- daß das Leitungspersonal fast durchgängig über einen sehr engen Gestaltungsspielraum verfügt; dies nicht nur in Fragen technologischer Innovation, sondern

auch bei Personalentscheidungen und dem Einsatz materieller Anreize zur Belohnung besonderer Leistungen der Mitarbeiterinnen und Mitarbeiter;
* daß - im Gegensatz zu Vorgenanntem - die Mitarbeiterschaft einen recht umfangreichen arbeitsplatzbezogenen Gestaltungsspielraum hat.

Zwar gilt: Insgesamt ist die Situation durch hohen Wandlungsdruck gekennzeichnet, der sich aus Budgetrestriktionen, dem technologischen Wandel und auch vereinigungsbedingten Veränderungen speist. Dieser Druck zeitigte bis jetzt aber nur punktuelle Einzelmaßnahmen, was wiederum Irritationen hervorruft, zu Planungsunsicherheit führt und Abhängigkeiten verstärkt.

Infolgedessen sind jene Fragen, deren Beantwortung wesentlich durch diese und einige weitere Rahmenbedingungen und Interaktionsmuster beeinflußt wird, einer gesonderten Betrachtung unterzogen worden.

5.2.1 Rahmenbedingung „Strukturelle Handlungsgrenzen des Leitungspersonals und der Mitarbeiterschaft"

Zu den hiervon berührten Fragen gehört beispielsweise Frage 1 des Fragebogens, die auf die Einführung neuer Technologien abzielt:

Wenn neue Technologien eingeführt werden, in welchem Stadium der Entwicklung werden die Mitarbeiter informiert? (Mehrfachnennung möglich) (Frage 1, Variablen 1-6)

Das Antwortverhalten der Befragten wird in Tabelle 23 dokumentiert.

Tabelle 23: „Wenn neue Technologien eingeführt werden, in welchem Stadium der Entwicklung werden die Mitarbeiter informiert?" (Absolute Zahlen in Klammern)

	Sie werden aufgefordert, zur Ideensammlung beizutragen	Sie werden an Planungsgesprächen beteiligt	Sie werden an der Erarbeitung des Anwendungskonzepts beteiligt	Sie erfahren es unmittelbar vor der Beschlußfassung
Leiter/in	85,7% (24)	82,1% (23)	64,3% (18)	50,0% (14)
Mitarbeiter/in	28,1% (59)	24,8% (52)	24,3% (51)	47,1% (99)

Nur etwas mehr als die Hälfte aller befragten Mitarbeiter meint, in den gestalterischen Vorlauf technologischer Veränderungen einbezogen zu sein; knapp die

Hälfte gibt an, erst unmittelbar vor Einführung neuer Systeme oder Verfahrensweisen informiert und damit sozusagen „vor vollendete Tatsachen gestellt" worden zu sein. Lediglich ein Viertel ist in die Umsetzung einbezogen.

Das Ausmaß an Beteiligungs-, Mitgestaltungs- und Lernmöglichkeiten im Vorlauf technologischer Modernisierung beschränkt sich auf eine Minderheit der Belegschaft in wissenschaftlichen Bibliotheken Berlins. Dennoch legen die Leitungspersonen durch ihre Antworten entsprechende Bemühungen nahe. Überwiegend entsteht der Eindruck, als hätten die Leitungspersonen ausreichend Spielraum, technologische Innovationen systematisch und umfassend zu organisieren und zu kommunizieren. Erst die Kommentare der Leiterinnen und Leiter zu dieser Frage[77] lassen erkennen, in welchem Kontext sie zu handeln gezwungen sind. Außerdem ist davon auszugehen, daß ein Teil der Mitarbeiterinnen und Mitarbeiter in den Antworten auf eine insgesamt unbefriedigende Situation Bezug nahm und weniger auf das Verhalten der Leitungsperson.

Insgesamt 17 von 29 (rund 60 Prozent) der Leitungspersonen äußern sich kritisch und teilweise resigniert zu dieser Frage. Sie zeichnen ein Stimmungsbild geprägt von Abhängigkeit, Sachzwängen, Desorientierung, Chaos und Irritation. Die komprimierte Wiedergabe ausgewählter Kommentare soll dazu beitragen, den Handlungsrahmen der Akteure plastisch nachzuvollziehen.

Aus den Kommentaren lassen sich unterschiedliche Einflußgrößen extrahieren, die von den Leitungspersonen für die Situation verantwortlich gemacht werden:

- Abhängigkeit von nicht-transparenten und nicht-partizipativen Vorgängen und Entscheidungen (vor allem in vorgesetzten Behörden und Zentralbibliotheken)

Endgültige Beschlüsse werden an anderer Stelle, von einem anderen Gremium gefaßt. Bibliotheksinterne Beschlüsse werden diskutiert. Ich bin im Prinzip der Meinung, alles sollte mit den Mitarbeitern besprochen werden (...), ich möchte gerne, daß die Mitarbeiter verstehen, was gemeint ist.

Man bekommt gesagt, was man zu tun hat, daher besteht weder für mich noch für meine Mitarbeiter ein unmittelbarer Einfluß auf die EDV-Planung.

Neue Technologien werden, wenn Sie eingeführt werden, ohne unsere Beteiligung eingeführt. Wir sind (...) abhängig von großen Bibliotheken, die ein bestimmtes, integriertes Bibliothekssystem einführen werden, und es ist geplant, daß alle anderen kleineren Bibliotheken

---

77 Es handelt sich um die am zweithäufigsten von den Leitungspersonen kommentierte Frage insgesamt. Das Bedürfnis, bestimmte Fragen zu kommentieren, orientierte sich offenbar an der diesen innewohnenden Brisanz.

angeschlossen werden. Wir selber als kleine Bibliothek haben uns schon intensiv Gedanken gemacht. Ergebnis war, wenn die mit ihrem System noch gar nichts Näheres wissen, dann hat das ganze keinen Sinn, d.h., das hat bei uns eine Lethargie ausgelöst, so daß wir gesagt haben, wir lassen das einfach laufen.

- Unkalkulierbare Zuwendungsformen („spontane" Mittelfreigabe zum Jahresende ohne ausreichenden planerischen Vorlauf für sachgerechte Entscheidungen, kameralistisches Finanzgebaren)

Das lief eher informell. Wir haben irgendwann 14.000 DM übrig gehabt. Da haben wir innerhalb von zwei Wochen fünf Computerarbeitsplätze bestellt. Es kamen dann auch Ängste hoch, aber ich habe gesagt: „Sie müssen das gar nicht benutzen. Sie können weiterhin mit der Schreibmaschine arbeiten, wenn es Ihnen mit dem Computer nicht gefällt, aber ich prophezeie Ihnen, daß es Spaß macht - und wenn nicht, dann passiert gar nichts."

Bis zur (...) Beschlußfassung hatten wir nur 14 Tage Zeit. Wir hatten plötzlich Geld und nicht mehr viel Zeit, und dann mußte das ruck, zuck gehen.

- Behördenimmanenter „Fatalismus", starre Regeln des öffentlichen Dienstes

Es gibt Leute, die (...) mitdenken und (...) auch in Frage kommen, an solchen neuen Aufgaben mitzuwirken, das sind vielleicht von elf drei oder vier. Das hängt auch sicherlich mit der Hierarchie der Einstufung, mit dem Lohngefüge zusammen; klar, es gibt auch intelligente Leute in der Vergütungsgruppe VII, die mitdenken, aber es gibt eben auch welche, die das nicht können. Ich habe zum Teil ältere Kollegen, die über 60 sind, da ist naturgemäß der Drang, an Neuem mitzuwirken, nicht mehr so stark ausgeprägt.

Dann haben wir vor einiger Zeit einen Brief geschrieben. Wir haben angefangen, auch die anderen kleinen Bibliotheken zu sammeln, die auch zur Dachorganisation gehören, nach dem Motto, wenn die großen Bibliotheken schon nicht mit uns reden, dann reden wir kleinen miteinander. Dabei kam raus, die wissen noch viel weniger als wir. Wir haben alle einen Brief über unseren Direktor an die Stelle geschrieben, die die EDV einführt. Das Ergebnis war: Wir sollen abwarten...

Wir waren bei der Entscheidung auch nicht völlig frei, es gab Vorgaben, daß wir uns mit allen auf eine bestimmte Software einigen müssen. Man konnte sich nicht frei auf dem Markt tummeln. Alle (...) sollten dasselbe kaufen, obwohl sie vorher nicht kooperiert hatten. Das Problem ist wieder typisch für Behördenbibliotheken. Das System, auf das wir uns einigen mußten, ist natürlich nicht auf unsere Verhältnisse zugeschnitten.

Dann haben wir es mit der UB besprochen, weil die uns den Zugang zum Verbund schaffen müßte. Andererseits ist hier für die Universität geplant, ein integriertes Bibliothekssystem einzuführen; und eigentlich soll keine Bibliothek mehr vorher irgendeinen EDV-Gang machen. Dann sind wir mit den Mitarbeitern dieser Abteilungen in zwei Bibliotheken gewesen (...), und haben uns dort die neuen Arbeitsabläufe erklären lassen. Das ruht jetzt, weil die entsprechenden Mitarbeiter erst mal geschult werden müssen.

- Hierarchiedenken und damit selektive Mitarbeiterbeteiligung an Innovationsprozessen sowie vermeintlich unflexibles und wenig lernmotiviertes Personal

Das betrifft jeweils nicht alle Mitarbeiter, ist sicherlich auch hierarchisch gestaffelt...

Unterschiedliche Mitarbeiter (gehobener Dienst usw.) werden in verschiedenen Phasen informiert.

Das betrifft nicht immer alle Mitarbeiter. Ich bilde mit einigen eine Arbeitsgruppe. Die anderen werden dann nicht vor der Beschlußfassung informiert, sondern über die Entschlußfassung...

Ich bemühe mich, die Mitarbeiter von Anfang an zu beteiligen. Da wird besprochen, was geändert werden soll (...), wobei ich sagen muß, daß es nie alle Mitarbeiter sind, sondern immer so vier bis sechs, die unmittelbar damit zu tun haben. Nachgeordnete Bereiche werden zu diesem Zeitpunkt noch nicht eingebunden, weil das das ganze Konzept sprengen würde.

Ob die hier zum Ausdruck kommenden Situationen von Ausgeliefertsein, Vernachlässigung und Mißachtung nicht auch Ergebnis eigener Fehlsteuerungen, Fehlentscheidungen sowie unzureichender Innovations- und Kundenorientierung sind, muß anderen Untersuchungen vorbehalten bleiben. Zum Abschluß ein Beispiel dafür, daß es auch anders geht:

Das ist unterschiedlich. Wir haben vier wissenschaftliche Mitarbeiter, von denen drei Bereiche der Bibliothek leiten. Da gibt es einmal wöchentlich eine Zusammenkunft, in der auch die neuen Ideen besprochen werden; danach werden über diese Mitarbeiter die betroffenen Mitarbeiter informiert und einbezogen. Wenn Dinge prinzipielle Strukturveränderungen der Bibliothek betreffen, dann wird natürlich eine gemeinsame Sitzung dazu gemacht.

Insgesamt gesehen, fühlt sich die Mitarbeiterschaft in die Planungs-, Gestaltungs- und Entscheidungsprozesse zu neuen Technologien unzureichend einbezogen. Die Diskrepanz zwischen ihrer Einschätzung hierzu und derjenigen der Leitungspersonen ist überaus hoch und nur bei der Antwortmöglichkeit 4 („Ich erfahre es unmittelbar vor der Beschlußfassung") gering.

Die meisten Leiterinnen und Leiter sehen sich ihrerseits unzureichend informiert. Kaum mit Verantwortung in Innovationsfragen betraut, meinen sie möglicherweise, mit internen Besprechungen ihrer Pflicht genüge zu tun. Sie geben an, entsprechende interne Informationsstreuung und Beteiligungsmöglichkeiten anzubieten. Erst aus den Kommentaren wird deutlich, daß sie selber häufig über die geplanten technologischen Innovationen im Unklaren gelassen oder vor vollendete Tatsachen gestellt werden. Oft wird ihnen auch nur ein äußerst geringer zeitlicher Vorlauf eingeräumt, um Innovationen vorzustellen und zu implementieren.

Zieht man die Ergebnisse anderer Untersuchungen heran, ergibt sich das Problem mangelnder Übertragbarkeit und Vergleichbarkeit der Daten aufgrund differierender Frageformulierungen. Dennoch läßt sich generell festhalten: Auch andere Untersuchungen aus dem Bereich öffentlicher Verwaltung wiesen mangelnde Einbeziehung der Beschäftigten in Modernisierungen und damit verbundene Planungen und Entscheidungen nach (vgl. beispielsweise Schröder 1997b: 2; Kruse 1996: 46). Als sehr hoch erwies sich auch die Diskrepanz zwischen der Problemwahrnehmung der Leitungspersonen und derjenigen der Mitarbeiterschaft.

Motiviert der Chef seine Mitarbeiter durch materielle Anreize? (Frage 25, Variable 58)

Die Fragen 25 und 26 des Fragebogens geben Auskunft über die Möglichkeiten und Fähigkeiten der Leitungspersonen zur extrinsischen Motivierung der Mitarbeiterschaft - aus beider Perspektive. Unter „extrinsischer Motivierung" werden materielle und immaterielle Gratifikationen verstanden, beispielsweise Dienstreisen, außenorientierte Aktivitäten mit der Chance, sich zu profilieren und den beruflichen Erfahrungshorizont zu erweitern, Prestigegewinn, Aufstiegsmöglichkeiten oder Gehaltsaufbesserungen (befristete Aufstockungen) und Höhergruppierungen.

Bei der Auswertung wurde deutlich: Am aussagekräftigsten ist die Frage hinsichtlich der Handlungsmöglichkeiten der Leitungspersonen.

Tabelle 24: „Motiviert der Chef seine Mitarbeiter durch materielle Anreize?" (Absolute Zahlen in Klammern)

	der materielle Spielraum hierfür ist zu gering	ja	nein
Leiter/in	89,7% (26)	10,3% (3)	-
Mitarbeiter/in	46,2% (98)	0,5% (1)	53,3% (113)

Nur eine einzige Antwort aus dem Kreis der befragten 212 Mitarbeiterinnen und Mitarbeiter bestätigt, über diesen Weg Motivationsanreize zu erfahren. In keiner Bibliothek fühlt sich die Mitarbeiterschaft durch materielle Anreize, vermittelt über die Leitungspersonen, motiviert (Spalten 1 und 3 zusammengezogen).

Motiviert der Chef seine Mitarbeiter durch Aufstiegsmöglichkeiten? (Frage 26, Variable 59)

Die Auswertung ergab folgende Antwortverteilung.

Tabelle 25: „Motiviert der Chef seine Mitarbeiter durch Aufstiegsmöglichkeiten?" (Absolute Zahlen in Klammern)

	der institut. Spielraum hierfür ist zu gering	ja	nein
Leiter/in	89,7% (26)	6,9% (2)	3,4% (1)
Mitarbeiter/in	58,0% (123)	1,9% (4)	40,1% (85)

Die Frage wird ähnlich einhellig beantwortet wie die vorhergehende. Im Durchschnitt äußern nur vier Personen, durch Aufstiegsmöglichkeiten motiviert zu werden. Alle anderen verneinen diesen Aspekt der Personalpflege und -förderung. Zu den beiden Fragen liegen einige prägnante Kommentare[78] der Leitungspersonen vor, beispielsweise folgende:

Ich habe schon so viele Spielarten durchprobiert, angefangen von repressiven Gesprächen vor der Leitung unter Personalratsbeteiligung bis hin zur zwischenmenschlichen Kommunikation, daß man sagt: „Ich verstehe das nun wirklich nicht, warum schaffen Sie das nicht?" Dann wird gesagt: „Ich will ja." Und dann fallen sie in denselben Arbeitstrott zurück, den sie schon 20 Jahre innehaben.

Ja, da habe ich wenig Spielraum, das ist öffentlicher Dienst. Wir haben einen Fall, wo es möglich war. Es gibt hier Sonderzulagen für die Teilnahme an oder Leistungen zu wissenschaftlicher Arbeit. Das ist natürlich schwer, das in der Bibliothek deutlich zu machen, aber es geht.

---

78 Die Kommentare der Leitungspersonen zu den Fragen sind in der digitalen Version der Dissertation, die dieser Veröffentlichung zugrunde liegt, komplett nachzulesen - unter der Adresse http:// dochost.rz.hu-berlin.de/dissertationen/phil/paul-gerhard/

Doch, es kam schon vor, daß sie irgendwelche Ausstellungen eigenständig besuchen konnten. Das fördere ich schon, damit sie auch mal rauskommen und ein bißchen motiviert werden.

Aufstockungen könnte ich vielleicht beantragen, aber ich darf ja gar nicht wissen, wie meine Mitarbeiter eingruppiert sind. Das wird so gewünscht, daß wir als Leiter das nicht wissen sollen, ein absolutes Unding.

Zum Vergleich lassen sich einige Ergebnisse anderer Erhebungen heranziehen.

Die Arbeitsgruppe Berliner Bibliothekare (1995: 147) stellt zum Aspekt „materielle Anreize" fest, daß 64 Prozent der befragten Mitarbeiterinnen und Mitarbeiter öffentlicher Bibliotheken meinen, sie erzielten kein hohes Einkommen. 36 Prozent sagen, das Einkommen entspräche nicht ihrer Leistung, und 75 Prozent bekunden, nicht über leistungsgerechte Aufstiegsmöglichkeiten zu verfügen.

Pröhl (1995: 29) ermittelte, daß sich nur 28 Prozent der Befragten leistungsgerecht bezahlt sehen. 85 Prozent hätten gerne mehr Leistungsanreize, 64 Prozent nennen in gleichem Maße materielle wie immaterielle Leistungsanreize. Zum Kriterium „Aufstiegschancen" resümiert die Autorin:

„Nur 20% der Befragten haben das Gefühl, beruflich weiterzukommen; allerdings sind für 54% Aufstiegsmöglichkeiten ein wichtiger Aspekt ihrer Arbeit. 78% der Mitarbeiter/innen sehen für sich nur schlechte bis gar keine Aufstiegschancen... Die Mehrheit der Mitarbeiterinnen und Mitarbeiter glaubt, daß weder ihre Dienststelle (58%) noch das Personalamt (63%) ihre Aufstiegschancen planvoll fördere." (Ebenda)

Das Antwortverhalten verweist auf einen weiteren Aspekt: Welchen Stellenwert hat das Einkommen für das Kriterium „Spaß an der Arbeit"?

Das Ergebnis zur in der Untersuchung erhobenen Frage *Unter welchen Bedingungen macht Ihnen die Arbeit am meisten Spaß?* (Frage 53, Variable 130), Antwortvorgabe *wenn ich genug verdiene,* sieht folgendermaßen aus: 72 Prozent aller Mitarbeiterinnen und Mitarbeiter bestätigen, das Kriterium „genug zu verdienen" sei ein Bedingungsfaktor für „Spaß an der Arbeit". Der Anteil von 20 Prozent der Mitarbeiterschaft, der diesen Sachverhalt in Abrede stellt, ist jedoch nicht als unbedeutend einzuschätzen.

Auch die im Kapitel 5.1 beschriebene Rangfolge bedeutsamer Kriterien für die Entscheidung zwischen verschiedenen Stellenangeboten bestätigt diesen Eindruck. Das Einkommen nimmt bei der Auswahlentscheidung für ein neues (fiktives) Stellenangebot einen hohen Rang ein. Es bildet jedoch nicht das höchstrangige Kriterium, sondern rangiert hinter „Betriebsklima", „Arbeitsplatzsicherheit" und „Arbeitsvielfalt".

Festzuhalten bleibt: Alle befragten Mitarbeiterinnen und Mitarbeiter halten die Möglichkeiten der Leitungspersonen, über materielle Zuwendungen oder Karrierechancen zu motivieren, für äußerst gering oder nicht gegeben. Sie dokumentieren mit ihrem Antwortverhalten zugleich, daß diese Arten von „Belohnung" in ihrer arbeitsbezogenen Werteskala keinen hohen Rang einnehmen.

Haben die Mitarbeiter Einfluß auf die Personalauswahl bei Neueinstellungen in der Bibliothek? (Frage 31, Variable 69)

Die Auswertung dieser Frage des Erhebungsbogens erbrachte folgendes Ergebnis.

Tabelle 26: „Haben die Mitarbeiter Einfluß auf die Personalauswahl bei Neueinstellungen in der Bibliothek?" (Absolute Zahlen in Klammern)

	immer	häufig	selten	nie
Leiter/in	58,6% (17)	3,4% (1)	6,9% (2)	31,0% (9)
Mitarbeiter/in	6,2% (13)	9,5% (20)	18% (38)	66,4% (140)

Die große Mehrheit aller Mitarbeiterinnen und Mitarbeiter hat nach eigenem Bekunden keinen Einfluß auf die Personalauswahl bei Neueinstellungen. Überraschenderweise meinen zwischen 58 Prozent und 70 Prozent aller Leitungspersonen, dies sei anders. Wie oben ausgeführt, sehen die Leiterinnen und Leiter bei der Personalauswahl für sich selbst nur eingeschränkte Handlungsmöglichkeiten - worin sollten dann entsprechende Möglichkeiten auf der Mitarbeiterseite bestehen?

Zusammengefaßt kann festgehalten werden: Der Spielraum in Einstellungsverfahren ist gering, offenbar häufig von hierarchischen Gegebenheiten, formalisierten Verfahren und vorgesetzten Behörden limitiert. Institutionell verankerten Einfluß scheint es für die Mitarbeiterschaft kaum zu geben. Einmal mehr wird so eine Chance vertan, Personalpolitik mit den Betroffenen (zukünftigen Kolleginnen und Kollegen!) abzustimmen. Die formale Machtbefugnis der Entscheidungsträger und deren Bedürfnis, sie auch auszuüben, rangiert vor alltagspraktischen und psychologisch sinnvollen Erwägungen.

5.2.2 Rahmenbedingung „Liberale Arbeitsbedingungen der Mitarbeiterschaft"

Bei der Auswertung der Frage *Wie geht der Chef mit Fehlern seiner Mitarbeiter um? (Frage 13, Variable 35)* ergab sich für die *Antwortalternative d) Er gibt seinen Mitarbeitern die Möglichkeit, Fehler wieder auszubügeln* keine sinnvolle Zuordnung zu den Betriebsklima-Klassen der untersuchten Bibliotheken.

Tabelle 27: „Wie geht der Chef mit Fehlern seiner Mitarbeiter um?" Antwortalternative d) „Er gibt seinen Mitarbeitern die Möglichkeit, Fehler wieder auszubügeln" (absolute Zahlen in Klammern)

	trifft voll u. ganz zu	trifft eher zu	trifft eher nicht zu	trifft überh. nicht zu
Leiter/in	58,6% (17)	34,5% (10)	6,9% (2)	-
Mitarbeiter/in	30,9% (55)	52,8% (94)	11,8% (21)	4,5% (8)

Die Mitarbeiterinnen und Mitarbeiter des öffentlichen Dienstes stehen offenbar *nicht* unter massivem Erfolgsdruck. Es gibt genügend Raum und Gelegenheit, eigene Fehler wieder „auszubügeln". Die Arbeitsbedingungen scheinen insgesamt von einer gewissen liberalen Gelassenheit geprägt zu sein. Kommentare von Leitungspersonen liegen hierzu nicht vor.

Wie sieht es im Arbeitsbereich der Mitarbeiter aus? (Frage 19, Variablen 42-44)

Mit dieser Frage sollte die Bereitschaft der Leitungspersonen geprüft werden, eigenständige Befugnisse auf seiten der Mitarbeiterinnen und Mitarbeiter zu akzeptieren und zuzulassen. Sie gibt auch Aufschluß darüber, wieweit die Leitungsperson den Mitarbeiterinnen und Mitarbeitern hinsichtlich selbständiger Strukturierung des Arbeitstages vertraut. Die Frage besteht aus drei Teilkomponenten (Antwortvorgaben; siehe Tabellen 28-30).

Tabelle 28: Antwortvorgabe a) „Sie haben die Möglichkeit, selbständig Entscheidungen zu treffen" (absolute Zahlen in Klammern)

	trifft voll u. ganz zu	trifft eher zu	trifft eher nicht zu	trifft überh. nicht zu
Leiter/in	24,1% (7)	69,0% (20)	6,9% (2)	-
Mitarbeiter/in	30,3% (59)	42,6% (83)	20,5% (40)	6,7% (13)

Nahezu alle Leitungspersonen gaben an, die Mitarbeiterinnen und Mitarbeiter träfen selbständige Entscheidungen in ihrem Arbeitsbereich. Dieser Eindruck wird von mehr als zwei Dritteln aller befragten Mitarbeiterinnen und Mitarbeiter bestätigt. Zwischen 20 Prozent und 30 Prozent der Mitarbeiterschaft weichen hiervon ab. Damit scheint die Möglichkeit der Mitarbeiter zu selbständigen Entscheidungen die Arbeitssituation in Berliner wissenschaftlichen Bibliotheken generell zu kennzeichnen.

Tabelle 29: Antwortvorgabe b) „Sie haben die Möglichkeit, sich Ihre Arbeit weitgehend selbständig einzuteilen" (absolute Zahlen in Klammern)

	trifft voll u. ganz zu	trifft eher zu	trifft eher nicht zu	trifft überh. nicht zu
Leiter/in	48,3% (14)	44,8% (13)	6,9% (2)	-
Mitarbeiter/in	58,0% (119)	36,6% (75)	4,4% (9)	1,0% (2)

In noch höherem Maße als bei Antwortvorgabe a) bestätigen die Befragten ihre Selbständigkeit. 90 Prozent bis 98 Prozent der Mitarbeiterschaft und fast alle Leitungspersonen stellen fest, ihre Arbeit weitgehend selbst einteilen zu können.

Tabelle 30: Antwortvorgabe c) „Sie haben die Möglichkeit, sich Ihre Arbeitszeit in einem gewissen Umfang selbständig einzuteilen" (absolute Zahlen in Klammern)

	trifft voll u. ganz zu	trifft eher zu	trifft eher nicht zu	trifft überh. nicht zu
Leiter/in	48,3% (14)	37,9% (11)	10,3% (3)	3,4% (1)
Mitarbeiter/in	42,0% (84)	37,5% (75)	12,5% (25)	8,0% (16)

Damit erweist sich die Arbeitszeitsouveränität seitens der Mitarbeiterinnen und Mitarbeiter als recht hoch. Dieses Ergebnis dürfte auch den überwiegend geltenden Betriebsvereinbarungen zur gleitenden Arbeitszeit geschuldet sein.

Die Kommentare der Bibliotheksleiterinnen und -leiter (Auswahl siehe unten) geben ein eher diffuses Bild. Trotz der festgestellten sehr weiten Gestaltungsbereiche der Mitarbeiterinnen und Mitarbeiter entsteht der Eindruck von Einschränkung und recht enger Gebundenheit an hierarchische Vorgaben. In der Praxis verhält sich dies nach überwiegender Einschätzung der Befragten offenbar anders.

Als ich noch in einer Bibliothek gearbeitet habe, hätte ich es ziemlich unmöglich gefunden, wenn mir jemand reingeredet hätte, wie ich mir die Arbeit einteilen soll. Ich will das anderen auch nicht antun.

Das trifft eher nicht zu, weil Entscheidungen nicht zur Debatte stehen.

Wann einer wie katalogisiert, ist mir wurscht, Hauptsache, er kommt zum Ergebnis.

Das trifft eher nicht zu. Das liegt aber an der Organisation dieser Bibliothek, wir haben da bestimmte Sachzwänge.

Zum Vergleich seien einige Angaben aus anderen Studien angeführt.

Nach Schröder und Feldmann (1997: 20) sind 68,3 Prozent der Befragten mit dem Maß an Selbständigkeit der Arbeit zufrieden; 8,9 Prozent sind unzufrieden. 85,2 Prozent äußern sich zufrieden, was die Arbeitszeitregelung betrifft; fünf Prozent sind unzufrieden. 42 Prozent sehen in hohem Maße Mitbestimmungsmöglichkeiten, was die personelle Zusammenarbeit betrifft, 59,8 Prozent in bezug auf die Aufteilung der Arbeit, 66 Prozent hinsichtlich des Gestaltungsspielraums der Arbeit. 65,9 Prozent geben an, weitgehend selbst über den Zeitpunkt einer Arbeitsunterbrechung bestimmen zu können, 75,1 Prozent, was die Reihenfolge der Arbeit betrifft. 27,1 Prozent sehen geringe Mitbestimmungsmöglichkeiten, was die personelle Zusammenarbeit angeht; zwölf Prozent schätzen dies im Hinblick auf die Aufteilung der Arbeit entsprechend ein, 8,7 Prozent hinsichtlich des Gestaltungsspielraums, 8,1 Prozent in bezug auf den Zeitpunkt einer Arbeitsunterbrechung und sieben Prozent im Hinblick auf die Reihenfolge der Arbeit (ebenda: 23).

Die Arbeitsgruppe Berliner Bibliothekare (1995: 147) fragte in ihrer Untersuchung nach der Arbeitszeitregelung. Die Antwortvorgabe „Arbeitszeiten, die ich mir so einrichten kann, wie es mir am besten paßt" wurde nur von 7,4 Prozent als „voll und ganz" zutreffend bezeichnet; 49,2 Prozent sagten, dies treffe „teilweise" zu, von 42,3 Prozent wurde dies als „gar nicht" zutreffend angegeben.

Aus der Erhebung Pröhls (1995: 121ff.) sind mehrere Fragen für den hier interessierenden Gestaltungsspielraum heranzuziehen: „Können Sie die Ihnen übertragenen Arbeiten nach Ihren Vorstellungen durchführen?" Hierauf antworten 23 Prozent der Mitarbeiterinnen und Mitarbeiter mit „sehr häufig", 49 Prozent mit „häufig", 19 Prozent sagen „manchmal", sieben Prozent „selten" und zwei Prozent „sehr selten". Die Frage „Können Sie in eigener Verantwortung handeln und Entscheidungen treffen?" beantworten 53 Prozent mit „ja", fünf Prozent mit „nein, die Zielsetzung ist unklar", 17 Prozent mit „nein, die Aufgaben und/oder Kompetenzen bieten zuwenig Spielraum", neun Prozent mit „nein, der Anreiz fehlt"; 16 Prozent antworten mit „trifft für meine Tätigkeit nicht zu". 18 Prozent antworten auf die Frage „Sind Sie mit Ihrer Arbeitszeitregelung zufrieden?" mit „bin sehr zufrieden", 41 Prozent mit „bin zufrieden", 28 Prozent mit „teils, teils". Zehn Prozent sind „unzufrieden", und drei Prozent geben an, „sehr unzufrieden" zu sein. Die Frage „Hat Ihr/e Vorgesetzte/r Ihnen soweit wie möglich selbständige Aufgaben, Entscheidungsbefugnisse und Verantwortung übertragen?" wird wie folgt beantwortet: 21 Prozent geben an „ja, immer", 32 Prozent „ja, häufig", 29 Prozent „teils, teils", neun Prozent „manchmal" und neun Prozent „selten".

Im Vergleich zu den genannten Untersuchungen verweisen die Daten der vorliegenden Studie auf höhere dispositive Spielräume und auch mehr Autonomie in der Arbeitszeiteinteilung.

Wie verhält sich der Chef zu den Abläufen im Arbeitsbereich der Mitarbeiter? (Frage 36, Variable 86) Antwortvorgabe e) Er greift unmittelbar in den Arbeitsbereich seiner Mitarbeiter ein

Im Gegensatz zu den anderen Antwortvorgaben zu dieser Frage erwies sich das Antwortverhalten zu e) als betriebsklima-unabhängig.

Tabelle 31: „Wie verhält sich der Chef zu den Abläufen im Arbeitsbereich der Mitarbeiter?" Antwortvorgabe e) „Er greift unmittelbar in den Arbeitsbereich seiner Mitarbeiter ein" (absolute Zahlen in Klammern)

	trifft voll u. ganz zu	trifft eher zu	trifft eher nicht zu	trifft überh. nicht zu
Leiter/in	3,4% (1)	20,7% (6)	69,0% (20)	6,9% (2)
Mitarbeiter/in	3,6% (7)	13,0% (25)	51,0% (98)	32,3% (62)

Es zeigt sich: Der hierarchische (und möglicherweise willkürliche oder unvermittelte) Eingriff in Arbeitsbereiche der Mitarbeiterinnen und Mitarbeiter ist in den untersuchten Bibliotheken nicht üblich. Die Mitarbeiterschaft verfügt über Gestaltungsspielräume, die von den Leitungspersonen weitestgehend respektiert werden.

5.3 Charakteristische (betriebsklima-unabhängige) Interaktionsmuster in den wissenschaftlichen Bibliotheken Berlins

5.3.1 Zurückhaltender Einsatz von Lob und Tadel

Lobt der Chef die Arbeit seiner Mitarbeiter und ihre Arbeitsergebnisse? (Frage 18, Variable 41)

Das Antwortverhalten zu dieser Frage könnte Auskunft geben über die Bereitschaft der Leitungspersonen, Mitarbeiter zu motivieren und deren fachliche Kompetenz anzuerkennen. Die Auswertung erbrachte folgende Ergebnisse:

Tabelle 32: „Lobt der Chef die Arbeit seiner Mitarbeiter und ihre Arbeitsergebnisse?" (Absolute Zahlen in Klammern)

	immer	häufig	selten	nie
Leiter/in	13,8% (4)	41,4% (12)	44,8% (13)	-
Mitarbeiter/in	2,8% (6)	30,3% (64)	44,5% (94)	22,3% (47)

Lobt der Chef seine Mitarbeiter und ihre Leistungen auch in einem öffentlichen Rahmen? (Frage 22, Variable 53)

Im Vergleich zur vorhergehenden Frage ging es hier um eine andere Dimension. Bilaterales Lob, Lob im Mitarbeiterkreis spielt sich in einem eher „intimen" Rahmen ab. Lobt die Leitungsperson hingegen öffentlich, dokumentiert sie ihre Fähigkeit und Bereitschaft, sich in den „Schatten" der Mitarbeiterinnen und Mitarbeiter zu stellen. Hierzu bedarf es besonderer Voraussetzungen an Berufsrollenverständnis, „territoriale" Trennschärfe der jeweiligen Aufgaben, Kompetenzzuerkennung, Kommunikationskultur und allgemeine Arbeitsatmosphäre. Die Auswertung der Antworten erbrachte folgende Verteilung.

Tabelle 33: „Lobt der Chef seine Mitarbeiter und ihre Leistungen auch in einem öffentlichen Rahmen?" (Absolute Zahlen in Klammern)

	überwiegend ja	überwiegend nein
Leiter/in	60,7 % (17)	39,3% (11)
Mitarbeiter/in	17,8% (37)	82,2% (171)

Zwar dürfen die Diskrepanzen zwischen den Einschätzungen der Leitungspersonen[79] und denen der Mitarbeiterschaft nicht übersehen werden; dennoch wird deutlich: In deutschen Bibliotheken wird selten gelobt. Offenbar gehört Lob nicht zu den regelmäßigen Umgangsformen. Im Zuge der Recherchen ergaben sich hierfür einige plausible Begründungen:

- Lob als Instrument der „Wertqualifizierung" und „Rangstaffelung" verursacht Disharmonien und wird deshalb weitgehend gemieden (vgl. Paris 1995). Dies würde auch erklären, warum gerade in Bibliotheken mit gutem Betriebsklima nach Angaben der Betroffenen tendenziell weniger gelobt wird als in Bibliotheken mit mittlerem oder schlechtem Betriebsklima.
- Lob für Tätigkeiten, die seit Jahren in recht einseitiger Routine ausgeübt werden, wäre wenig glaubwürdig.
- Lob der Leitungsperson in einem beruflichen Betätigungsfeld, in dem sich die Fachkompetenz der Mitarbeiter (Fachhochschulabsolventen) kaum von jener der Leitungspersonen unterscheidet, ist schwer vorstellbar, wenn nicht unmöglich. Denn die beteiligten, einander hierarchisch zugeordneten Akteure stehen

---

79 Die Antworten der Leitungspersonen sind auch im Kontext der „social desirability" zu sehen.

fachlich in Konkurrenz zueinander. Erst wenn die „Territorien" und die Aufgabenschwerpunkte deutlich unterschieden wären - hier Leitung, Management, Kommunikation, Motivation, Innovation, Organisationswandel, Zielvorgänge, Interessenaushandlung, da „eigentliche" fachbibliothekarische Aufgaben -, würde Lob strukturell eher möglich.

In engem Zusammenhang mit der Frage nach Lob steht jene nach Kritik.

Kommt es vor, daß der Chef seine Mitarbeiter auch in Gegenwart anderer kritisiert? (Frage 23, Variable 54)

Diese Frage gibt ebenfalls Aufschluß über die Umgangsformen und die Struktur der Beziehungen zwischen Leitungsperson und Mitarbeiterschaft. Es geht um Respekt, darum, Grenzen zu wahren und Achtung zu erweisen. Bei negativer Beantwortung ist der Aufbau eines Vertrauensverhältnisses ausgeschlossen.

Tabelle 34: „Kommt es vor, daß der Chef seine Mitarbeiter auch in Gegenwart anderer kritisiert?" (Absolute Zahlen in Klammern)

	immer	häufig	selten	nie
Leiter/in	-	3,4% (1)	65,5% (19)	31,0% (9)
Mitarbeiter/in	0,9% (2)	8,0% (17)	43,4% (92)	47,6% (101)

So wenig wie in den untersuchten Einrichtungen gelobt wird, so wenig wird in ihnen öffentlich oder in Gegenwart anderer kritisiert. Ob das eine das andere bedingt, muß hier dahingestellt bleiben.

5.3.2 „Berufsethos" und Gestaltungsinteresse der Mitarbeiterinnen und Mitarbeiter

Sind die Mitarbeiter bereit, auch mal länger zu arbeiten, um eine wichtige Aufgabe im eigenen Arbeitsbereich abzuschließen? (Frage 27, Variable 60)

Die Frage soll Auskunft über das Pflichtbewußtsein und das Verantwortungsgefühl hinsichtlich der Arbeit geben und damit etwas zum „Berufsethos" der Mitarbeiterinnen und Mitarbeiter aussagen. Die Auswertung erbrachte folgende Ergebnisse.

Tabelle 35: „Sind die Mitarbeiter bereit, auch mal länger zu arbeiten, um eine wichtige Aufgabe im eigenen Arbeitsbereich abzuschließen?" (Absolute Zahlen in Klammern)

	ja	ja, unter Umständen	nein
Leiter/in	44,8% (13)	48,3% (14)	6,9% (2)
Mitarbeiter/in	62,7% (133)	34,0% (72)	3,3% (7)

Fast alle Mitarbeiterinnen und Mitarbeiter sind bereit, „Mehrarbeit" zu leisten, um Arbeiten im eigenen Bereich abzuschließen; die Summe der zustimmenden Antworten übersteigt 95 Prozent. Im großen und ganzen sehen die Leitungspersonen dies zwar ähnlich. In ihren Kommentaren tragen sie jedoch zurückhaltende und auch relativierende Einschätzungen vor. Sie konzedieren diese Bereitschaft eher den „höheren" fachbibliothekarischen Besoldungsgruppen.

Zum Vergleich soll hier ein Ergebnis aus der Erhebung Pröhls (1995) herangezogen werden:

> „Menschen mit höherem beruflichem Status, mit Berufen, die höhere Anforderungen stellen, eine interessantere, verantwortungsvollere (...) Tätigkeit mit sich bringen, neigen in stärkerem Maße der Meinung A (,Ich setze mich in meinem Beruf ganz ein und tue oft mehr, als von mir verlangt wird. Der Beruf ist mir so wichtig, daß ich ihm vieles opfere'; Anm. G. P.) zu, die von Pflicht- und Akzeptanzwerten herkömmlicher Art geprägt ist." (Ebenda: 19)

Sind die Mitarbeiter bereit, auch mal länger zu arbeiten, um einem dienstlichen Anliegen ihres Chefs nachzukommen? (Frage 28, Variable 61)

Die Frage will Näheres über die Qualität der Arbeitsbeziehungen zwischen Leitungsperson und Mitarbeiterschaft ermitteln und das Maß der Kooperationsbereitschaft der Mitarbeiter bestimmen. Darüber hinaus wird das Ausmaß der Loyalitätsempfindungen oder Loyalitätsbedürfnisse der Leitungsperson gegenüber charakterisiert. Die Auswertung der Antworten läßt das folgende Bild entstehen.

Tabelle 36: „Sind die Mitarbeiter bereit, auch mal länger zu arbeiten, um einem dienstlichen Anliegen ihres Chefs nachzukommen?" (Absolute Zahlen in Klammern)

	ja	ja, unter Umständen	nein
Leiter/in	48,3% (14)	41,4% (12)	10,3% (3)
Mitarbeiter/in	42,0% (89)	50,0% (106)	8,0% (17)

Die Bereitschaft der Mitarbeiterschaft, in dienstlichem Interesse „Mehrarbeit" zu leisten, ist erstaunlich hoch. Der Anteil jener, die diese Frage mit „nein" beantworten, liegt unter zehn Prozent. Allerdings zeigt der hohe Prozentanteil in Antwortspalte zwei, daß an die Zustimmung häufig „Bedingungen" geknüpft werden.

Die Frage löste bei den Leitungspersonen teilweise Überraschung aus; manche Befragten hatten sich hierüber bisher keine Gedanken gemacht. Die hohe Zustimmungsrate der Mitarbeiter dürfte dementsprechend für Verwunderung sorgen.

Die Bereitschaft der Mitarbeiterschaft zu Mehrarbeit, ihr Engagement und ihr Berufsethos lassen sich damit wie folgt kennzeichnen: Die befragten Mitarbeiterinnen und Mitarbeiter sind grundsätzlich bereit, durch Überstunden und Mehrarbeit, also besonderen persönlichen Einsatz, den Abschluß wichtiger Aufgaben zu forcieren. Da im öffentlichen Dienst das Instrument der Überstundenvergütung weitgehend fehlt, ist mit punktueller Mehrarbeit auch kein unmittelbarer materieller Anreiz verbunden. Die flexiblen Arbeitszeitregelungen (Gleitzeit) erlauben es allerdings meist, die angesammelten Mehrarbeits- und Überstunden so auszugleichen, daß sich dies vorteilhaft für die individuelle Freizeitgestaltung auswirkt (spontaner freier Tag, verlängertes Wochenende).

Die Antworten drücken zugleich auch ein weitverbreitetes Interesse der Mitarbeiterschaft an einem guten Gelingen der Arbeit aus und vermitteln den Eindruck innerer Identifikation mit der Arbeit. Pflichtgefühl und das Bedürfnis nach zügigem Abschluß drängender Aufgaben dürften hier ebenfalls eine Rolle spielen.

Es kommt ja bekanntlich in vielen Lebensbereichen vor, daß man entgegen Anordnungen und Absprachen handelt. Wie ist das bei Ihrer Arbeit, kommt das bei Ihnen vor? (Frage 49a, Variable 107)

Die Antworten auf diese Frage geben in erster Linie Auskunft über das Berufsethos der Akteure. Außerdem verweisen sie auf das Ausmaß an tatsächlicher Autorität der Leitungspersonen, deren Anerkennung als Vorgesetzte sowie auf die Konfliktbereitschaft und die Machtbedürfnisse der Mitarbeiterinnen und Mitarbeiter.

Folgendes Bild ergab sich aus dem Antwortverhalten:

Tabelle 37: „Es kommt ja bekanntlich in vielen Lebensbereichen vor, daß man entgegen Anordnungen und Absprachen handelt. Wie ist das bei Ihrer Arbeit, kommt das bei Ihnen vor?" (Absolute Zahlen in Klammern)

	immer	häufig	selten	nie
Leiter/in	-	6,9% (2)	82,8% (24)	10,3% (3)
Mitarbeiter/in	-	10,5% (22)	63,8% (134)	25,7% (54)

Die Beachtung formaler Rahmenbedingungen und die Einhaltung von Anordnungen und Absprachen ist damit die Regel. Die Antworten von Mitarbeiterschaft und Leitungspersonal konvergieren weitgehend. Regelverletzung als Protestartikulation ist in den befragten Einrichtungen unüblich. In den wenigen Fällen, in denen Mitarbeiter solche Übertretungen bestätigen, wird auf Zeitmangel oder darauf verwiesen, daß einzelne Regeln „unsinnig" erscheinen. Gleichgültigkeit gegenüber dem Regelkanon oder Eigensinn spielt nach eigenem Bekunden keine große Rolle.

Ähnlich sehen dies die Leitungspersonen, was sich auch in den Kommentaren ausdrückt. Manche besitzen eine gewisse „Fehlertoleranz", können sich Regelabweichungen gut erklären. Doch auch Resignation kommt vor. Dazwischen zeigt sich eine leicht pessimistische Weltsicht mit einem entsprechenden Menschenbild.

Unter welchen Bedingungen macht den Mitarbeitern die Arbeit am meisten Spaß? (Frage 53, Variable 129) Antwortvorgabe 1) wenn neue Aufgaben auf sie zukommen

Gehört es zum Berufsethos der Mitarbeiterinnen und Mitarbeiter, Neuem gegenüber aufgeschlossen zu sein? Das Antwortverhalten zeichnete folgendes Bild:

Tabelle 38: „Unter welchen Bedingungen macht den Mitarbeitern die Arbeit am meisten Spaß?" Antwortvorgabe 1) „wenn neue Aufgaben auf sie zukommen" (absolute Zahlen in Klammern)

	trifft voll u. ganz zu	trifft eher zu	trifft eher nicht zu	trifft überh. nicht zu
Leiter/in	6,9% (2)	51,7% (15)	41,4% (12)	-
Mitarbeiter/in	6,2% (51)	54,9% (107)	15,9% (31)	3,1% (6)

Damit zeigt sich, daß die befragten Mitarbeiterinnen und Mitarbeiter generell Neuem gegenüber recht aufgeschlossen sind - auch wenn die Leitungspersonen dies zurückhaltender einschätzen.

Wären Chef und Mitarbeiter eigentlich lieber nicht berufstätig? (Frage 55, Variable 133)

Das Antwortverhalten zu dieser Frage sagt zwar nichts aus über die Identifikation oder Liebe zum Beruf; die Frage liefert aber Hinweise über das Ausmaß an „Aussteigermentalität" bei den im Bibliothekswesen Beschäftigten. Die Auswertung ergab, daß lediglich eine Leitungsperson (= 3,4 Prozent) und 14 Personen aus der Mitarbeiterschaft (= 6,7 Prozent) lieber nicht berufstätig wären. Allen Problemen zum Trotz ist das Bedürfnis, nicht berufstätig zu sein, also wenig ausgeprägt. Der Prozentsatz ist nicht höher als generell bei Arbeitnehmerinnen und Arbeitnehmern in der Bundesrepublik.[80]

Die folgenden drei Fragen sollten über die fundamentalen Gestaltungsinteressen der Mitarbeiterinnen und Mitarbeiter Auskunft geben.

Sind die Mitarbeiter daran interessiert, Entscheidungsprozesse aktiv mitzugestalten? (Frage 30, Variable 67)

Hier geht es um das Kooperations- und Teilhabebedürfnis der Mitarbeiterschaft am institutionellen Geschehen und um die Wahrnehmung dieses Interesses durch die Leitungspersonen. Die Auswertung erbrachte das folgende Antwortverhalten.

Tabelle 39: „Sind die Mitarbeiter daran interessiert, Entscheidungsprozesse aktiv mitzugestalten?" (Absolute Zahlen in Klammern)

	ja	nein
Leiter/in	93,1% (27)	6,9% (2)
Mitarbeiter/in	85,3% (180)	14,7% (31)

Die Bereitschaft, an bibliotheksrelevanten Entscheidungen mitzuwirken, erweist sich als nahezu umfassend. Die noch pointiertere (aber statistisch nicht signifikante) Reklamierung des Gestaltungsinteresses in den Einrichtungen mit schlechtem Betriebsklima ist mit einem entsprechend größeren Bedürfnis angesichts eines vermeintlichen oder realen Defizits zu erklären. Allerdings ist der Wunsch nach mehr Teilhabe nicht immer Ergebnis unzureichender Möglichkeiten der Mitentscheidung. Nicht auszuschließen ist, daß tatsächliche Mitwirkungsofferten unterbewertet oder nicht wahrgenommen werden.

Als Leitungsperson auf das beschriebene Bedürfnis der Mitarbeiterschaft einzugehen, erfordert ein hohes Maß an Sozial- und Kommunikationskompetenz. Dieses Bedürfnis erkannt zu haben, dokumentieren die Leiterinnen und Leiter in ihren Antworten nahezu ausnahmslos. Entsprechend zu handeln, bereitet offensichtlich mehr Probleme.

Die Kommentare der Leitungspersonen sind wegen ihrer geringen Anzahl nicht repräsentativ. Tendenziell lassen sie eine gewisse Desillusionierung nicht verhehlen, wie die beiden folgenden Beispiele zeigen:

---

80 Mündliche Auskunft von Roland Habich, Wissenschaftszentrum Berlin für Sozialforschung, Abteilung „Sozialstruktur und Sozialberichterstattung".

Ein Teil ja, ein Teil ist nicht interessiert; die wollen gar nicht gefragt werden.

Grundsätzlich interessiert sind sie schon; daß sie dann die Entscheidungen nicht wahrnehmen bzw. im Ansatz stecken bleiben, ist dann eine andere Sache.

Andere empirische Studien, die zum Vergleich herangezogen wurden, gelangen - kurz gefaßt - zu den folgenden Befunden.

Nach einer Untersuchung der Stadt Bielefeld (1996: 4) bezeichnen 41 Prozent der Mitarbeiterschaft ihre Entscheidungsbefugnisse als angemessen.

Die Erhebung Jones' (1997) erbrachte folgendes Ergebnis: Befragte fühlen sich

„in ihren kreativen Gestaltungsmöglichkeiten am Arbeitsplatz oft eingeschränkt... Ihr Potential an Einsatzwilligkeit liegt oft brach, eine Reserve, die sie - würden sie aufgefordert - bereit wären einzubringen. Eigene Initiativen in dieser Hinsicht gingen allerdings von den Befragten kaum aus." (Ebenda: 154)

In der Studie der Bertelsmann-Stiftung (vgl. Windau/Pantenburg 1997: 154) wird festgestellt, daß sich rund 50 Prozent der Mitarbeiter quer über alle Tätigkeitsbereiche hinweg mehr inhaltliche und finanzielle Verantwortung wünschen.

Unter welchen Bedingungen macht den Mitarbeitern die Arbeit am meisten Spaß? (Frage 53, Variablen 119 und 120) Antwortvorgabe a) wenn die Arbeit abwechslungsreich ist - Antwortvorgabe b) wenn sie selbstverantwortlich arbeiten können

Das Antwortverhalten auf diese Frage mit den Antwortvorgaben a) und b) soll Aufschluß geben über die Motivation und Zufriedenheit der Mitarbeiterinnen und Mitarbeiter, ihr Selbstbild sowie über das Bild, das die Leitungspersonen von ihnen und ihren Handlungsmaximen haben.

Es zeigt sich: Die Mitarbeiterinnen und Mitarbeiter äußern überwiegend den Wunsch, abwechslungsreichen Tätigkeiten nachzugehen. Dies wird von den Leitungspersonen ebenso gesehen.

Tabelle 40: „Unter welchen Bedingungen macht den Mitarbeitern die Arbeit am meisten Spaß?" Antwortvorgabe a) „wenn die Arbeit abwechslungsreich ist" (absolute Zahlen in Klammern)

	trifft voll zu	trifft eher zu	trifft eher nicht zu	trifft überh. nicht zu
Leiter/in	37,9% (11)	58,6% (17)	3,4% (1)	-
Mitarbeiter/in	78,3% (159)	21,2% (43)	0,4% (1)	-

Vor dem Hintergrund der strukturellen Gegebenheiten zeigt sich eine erstaunliche Diskrepanz zwischen „institutioneller" Homogenität und nahezu hundertprozentiger Wertschätzung eines gegenteiligen, eben abwechslungsreichen Tätigkeitsprofils - und zwar bei den Mitarbeitern wie den Leitungspersonen.

Tabelle 41: „Unter welchen Bedingungen macht den Mitarbeitern die Arbeit am meisten Spaß?" Antwortvorgabe b) „wenn sie selbstverantwortlich arbeiten können" (absolute Zahlen in Klammern)

	trifft voll zu	trifft eher zu	trifft eher nicht zu	trifft überh. nicht zu
Leiter/in	20,7% (6)	75,9% (22)	3,4% (1)	-
Mitarbeiter/in	71,2% (146)	226,3% (54)	2,4% (5)	-

Fast alle Mitarbeiterinnen und Mitarbeiter bekunden ein fundamentales Interesse an selbstverantwortlichem Arbeiten (vgl. auch Dittrich 1985: 105ff.; Klages/Hippler 1991: 103ff.). Die Leitungspersonen schätzen dies überwiegend genauso ein.

5.3.3 Dominanz traditioneller Umgangsformen und Tugenden: Höflichkeit, Freundlichkeit, Selbstdisziplin, Pflichtbewußtsein

Umgangston der Mitarbeiterinnen und Mitarbeiter dem Chef gegenüber? (Frage 66, Variablen 152-160)[81]

Die Frage sollte Hinweise auf das Ausmaß der Einhaltung allgemeiner Höflichkeitsregeln geben. Werden Form- und Stilfragen im Umgang miteinander beachtet? Wie geschätzt sind Selbstkontrolle und Selbstdisziplin?[82]

Das Antwortverhalten lieferte eindeutige Ergebnisse[83]: Freundlich, höflich, zugewandt, nicht kühl und distanziert, auch nicht abweisend - so charakterisiert

---

81 Im Fragebogen für die Mitarbeiterinnen und Mitarbeiter lautete die Formulierung: „Wie bewerten Sie Ihren Umgangston dem Chef gegenüber?" Im Fragebogen für die Leiterinnen und Leiter lautete die Frage entsprechend: „Wie bewerten Sie den Umgangston der Mitarbeiter/innen Ihnen gegenüber?"

82 Es geht hier um die Frage, wie die Mitarbeiterschaft ihr eigenes Verhalten einschätzt, und um die entsprechende Wahrnehmung seitens der Leitungspersonen. Was die Einschätzung höflichen, beherrschten und korrekten Verhaltens der Leitungspersonen selbst betrifft, vgl. das Antwortverhalten der Mitarbeiterinnen und Mitarbeiter zu Frage 14. Dort zeigen sich deutliche betriebsklima-spezifische Unterschiede.

83 Die detaillierten Ergebnisse sind nachzulesen unter der Adresse http://dochost.rz.hu-berlin.de/dissertationen/phil/paul-gerhard/

das Gros der Mitarbeiterinnen und Mitarbeiter (bis zu 90 Prozent) seinen Umgang mit der Leitungsperson. Die Leiterinnen und Leiter bestätigen dies in ihren Antworten.

Dieser gepflegte Umgang ist dezidiert nicht „locker und lässig". Letzteres könnte leicht überraschen. Denn hätte angesichts der betont informellen Kommunikation, wie sie in Bibliotheken mit gutem Betriebsklima fast durchweg gang und gäbe ist (siehe unten), nicht auch ein „lockerer", „lässiger" Umgang erwartet werden dürfen? Fast 60 Prozent aller Mitarbeiterinnen und Mitarbeiter verneinen einen solchen Umgangston, halten ihn offenbar für inakzeptabel und unangebracht.

Daß die Mitarbeiterinnen und Mitarbeiter ihnen gegenüber einen „lockeren" und „lässigen" Umgangston pflegen, meinen allerdings zwei Drittel der Leitungspersonen aus den Bibliotheken mit schlechtem und etwa ebenso viele aus jenen mit gutem Betriebsklima. Dieses Ergebnis ist schwer zu erklären. Nicht ganz einfach dürften auch die Antworten der Leitungspersonen aus den Bibliotheken mit durchschnittlichem Betriebsklima zu bewerten sein. Nur hier werden Antworten gegeben, die einen locker-lässigen Umgangston der Mitarbeiterschaft „voll und ganz" bestätigen oder denen zufolge ein solcher „überhaupt nicht" wahrgenommen wird. Außerdem verneinen sehr viel mehr Leiterinnen und Leiter aus dieser Betriebsklima-Klasse einen locker-lässigen Umgangston ihrer Mitarbeiterschaft ihnen gegenüber.[84]

Selbsteinschätzung und Mitarbeitereinordnung des Führungsstils des Chefs (Frage 71, Variable 171) Antwortvorgabe „pflichtbewußt"[85]

Folgendes Antwortverhalten zeigte sich:

Tabelle 42: „Selbsteinschätzung und Mitarbeitereinordnung des Führungsstils des Chefs" Antwortvorgabe „pflichtbewußt" (absolute Zahlen in Klammern)

	trifft voll zu	trifft eher zu	trifft eher nicht zu	trifft überh. nicht zu
Leiter/in	34,5% (10)	58,6% (17)	6,9% (2)	-
Mitarbeiter/in	40,2% (76)	46,6% (88)	11,1% (21)	2,1% (4)

---

84 Aufgrund des sehr einheitlichen Antwortverhaltens der Mitarbeiterschaft kann hier trotzdem berechtigterweise von betriebsklima-unabhängigen Interaktionsmustern gesprochen werden.
85 Näheres zum Gesamtkomplex dieser Frage siehe in Kapitel 5.9.

Der Befund ist eindeutig: Eine große Mehrheit aller befragten Mitarbeiterinnen und Mitarbeiter billigt der Leitungsperson Pflichtbewußtsein zu - dies über alle Betriebsklima-Klassen der untersuchten Bibliotheken hinweg. Auch die Leiterinnen und Leiter selbst sehen sich zu etwa 93 Prozent als pflichtbewußt an. An diesem Ergebnis wird erneut deutlich, in welch großem Ausmaß ein eher traditioneller, um nicht zu sagen im Ruf der Antiquiertheit stehender und vielfach bereits totgesagter Wert noch heute Gültigkeit besitzt.

5.4 Informationsverhalten

Die folgenden Fragen zum Informationsverhalten zielen darauf ab, Auskunft zu erhalten über

- die Organisation und die Instrumentarien der Kommunikation,
- die Qualität der Verständigung in der Bibliothek generell,
- das Verhältnis von formeller und informeller Kommunikation.

Weisen die Mitarbeiter ihren Chef auf notwendige Neuerungen in ihrem Arbeitsbereich hin? (Frage 3a, Variable 8)

Die Frage soll das Kommunikations- und Kooperationsklima in der Bibliothek erfassen. Sind die Mitarbeiter bereit, die Leitungsperson über erforderliche Änderungen in Kenntnis zu setzen? Fühlen sie sich zu solchen Initiativen ermuntert? Gehen sie davon aus, daß ihre Hinweise ernstgenommen werden? Oder lösen ihre Verbesserungsvorschläge bei der Leitungsperson etwa Konkurrenzängste aus?

Die Auswertung der Antworten erbrachte - differenziert nach Betriebsklima-Klassen - folgendes Bild (siehe Tabelle 43):

Mehr als ein Viertel (26,5 Prozent) der Mitarbeiterschaft aus den Bibliotheken mit gutem Betriebsklima weist die Leitungsperson immer auf notwendige Neuerungen im jeweiligen Arbeitsbereich hin, jedoch nur 15,9 Prozent der Mitarbeiterinnen und Mitarbeiter in den Bibliotheken mit mittlerem Betriebsklima und 13,5 Prozent derjenigen in den Bibliotheken mit schlechtem Betriebsklima. „Immer" oder „häufig" (addiert) weisen hin 58 Prozent der -BM[86], 57 Prozent der +BM[87]

---

86 „-BM" soll hier und im folgenden „Antworten der Mitarbeiter aus Bibliotheken mit schlechtem Betriebsklima" kennzeichnen.
87 „+BM" soll hier und im folgenden „Antworten der Mitarbeiter aus Bibliotheken mit gutem Betriebsklima" kennzeichnen.

und 47,7 Prozent der ±BM[88]. „Selten" oder „nie" geben an 42 Prozent der -BM, 52 Prozent der ±BM und 43 Prozent der +BM. Diese Ergebnisse zeichnen ein mehrdeutiges Bild, die Antworten ähneln sich über alle Betriebsklima-Klassen hinweg.

Tabelle 43: „Weisen die Mitarbeiter ihren Chef auf notwendige Neuerungen in ihrem Arbeitsbereich hin?" (Absolute Zahlen in Klammern)

Klima schlecht	immer	häufig	selten	nie
Leiter/in	-	55,6% (5)	44,4% (4)	-
Mitarbeiter/in	13,5% (10)	44,6% (33)	36,5% (27)	5,4% (4)

Klima mittel	immer	häufig	selten	nie
Leiter/in	8,3% (1)	58,3% (7)	33,3% (4)	-
Mitarbeiter/in	15,9% (14)	31,8% (28)	44,3% (39)	8% (7)

Klima gut	immer	häufig	selten	nie
Leiter/in	25% (2)	37,5% (3)	37,5% (3)	-
Mitarbeiter/in	26,5% (13)	30,6% (15)	40,8% (20)	2% (1)

Signifikanz (Chi-Quadrat-Wert): 0,35489

Pröhl (1995: 121) fand bei einer Mitarbeiterbefragung im Kulturbereich der Stadt Bielefeld 1994 heraus, daß 51 Prozent der Befragten (sehr häufig oder häufig) „Anregungen oder Beiträge (vortragen), die ihre Arbeit oder die Zusammenarbeit mit anderen verbessern". 36 Prozent tun dies manchmal, neun Prozent selten und vier Prozent sehr selten. Der Vergleich mit den Daten der vorliegenden Erhebung ergibt damit keine signifikante Differenz im Mitarbeiterverhalten.

Die sieben Kommentare der Leitungspersonen zur Frage vermitteln - bis auf eine Ausnahme - ein eher hilfloses, fast schon resigniertes Bild.[89]

Die Folgefrage *(Frage 3b, Variable 9) - Ist ihm das willkommen?* - ergibt ein Antwortspektrum, das sich je nach Betriebsklima in den Einrichtungen deutlich unterscheidet. Mit ihr sollte herausgefunden werden, inwieweit eigenständige Beiträge/Vorschläge der Mitarbeiterinnen und Mitarbeiter von der Leitungsperson positiv aufgenommen werden. Die folgende Tabelle zeigt die Ergebnisse.

---

88 „± BM" soll hier und im folgenden „Antworten der Mitarbeiter aus Bibliotheken mit mittlerem Betriebsklima" kennzeichnen.
89 Auf der Rangskala der kommentierten Fragen liegt diese Frage an 21. Stelle.

Tabelle 44: „Ist ihm das willkommen?" (Absolute Zahlen in Klammern)

Klima schlecht	ja	gelegentlich	nein
Leiter/in	100% (9)	-	-
Mitarbeiter/in	40,8% (29)	39,4% (28)	18,3% (13)

Klima mittel	ja	gelegentlich	nein
Leiter/in	100% (12)	-	-
Mitarbeiter/in	41,9% (36)	48,8% (42)	9,3% (8)

Klima gut	ja	gelegentlich	nein
Leiter/in	100% (8)	-	-
Mitarbeiter/in	64,6% (31)	35,4% (17)	-

Signifikanz (Chi-Quadrat-Wert): 0,0042

Erst die Zusatzfrage offenbart die Differenz zwischen den Betriebsklima-Klassen. Nur in den Bibliotheken mit gutem Betriebsklima finden sich zu 100 Prozent („ja" und „gelegentlich") positive Aussagen. Die Mitarbeiterschaft scheint hier im wesentlichen positive Reaktionen der Leitungsperson erfahren zu haben. Nahezu 65 Prozent der Mitarbeiter in den Bibliotheken mit gutem Betriebsklima beantworten die Frage vorbehaltlos mit „ja". Die Nein-Option wird nicht angekreuzt. In den Bibliotheken mit mittlerem Betriebsklima meinen fast zehn Prozent der Befragten, keine positive Resonanz bei der Leitungsperson zu erhalten; der Prozentsatz derjenigen, die sich durch Reaktionen der Leitung nicht positiv bestätigt fühlen, erhöht sich in den Bibliotheken mit schlechtem Betriebsklima auf nahezu 20 Prozent.

In den Bibliotheken mit gutem Betriebsklima signalisiert das Verhalten der Leitungsperson offensichtlich Aufgeschlossenheit und Akzeptanz gegenüber Verbesserungs- und Neuerungsvorschlägen aus der Belegschaft. Die geringe Diskrepanz zwischen der Einschätzung der Leitungsperson und derjenigen der Mitarbeiter läßt auf eher zugewandtes und ermunterndes Verhalten seitens der Leitung schließen. Solche Vorschläge aus der Mitarbeiterschaft zu erhalten, bietet der Leitungsperson auch die Chance der verbesserten Information über Stimmungen, Bedürfnisse, Probleme und Erwartungen der Mitarbeiterinnen und Mitarbeiter.

Nur zwei Leitungspersonen kommentieren die Zusatzfrage, beide aus Bibliotheken mit schlechtem Betriebsklima. Die Kommentare zeichnen sich durch eine „reservierte" Haltung aus. Im einen Fall wird die Schwierigkeit der Leitung deutlich, Aufgaben zu delegieren.

Wie hält sich der Chef auf dem neuesten Stand der Entwicklungen im Bibliothekswesen? (Mehrfachnennung möglich) (Frage 4, Variablen 10-16)

An dieser Stelle soll das sich nach Betriebsklima-Klasse der Bibliothek unterscheidende Antwortverhalten der Mitarbeiterinnen und Mitarbeiter sowie der Leitungspersonen interessieren; es zeigt sich anhand der Antwortvariablen „durch Zufall" und „über informelle Gespräche". Die Auswertung der anderen Variablen ist in Kapitel 4.2 beschrieben.

Tabelle 45: „Wie hält sich der Chef auf dem neuesten Stand der Entwicklungen im Bibliothekswesen? (Mehrfachnennung möglich)" (absolute Zahlen in Klammern)

Klima schlecht	durch Zufall	über informelle Gespräche
Leiter/in	33,3% (3)	88,9% (8)
Mitarbeiter/in	10,8% (8)	44,6% (33)

Klima mittel	durch Zufall	über informelle Gespräche
Leiter/in	33,3% (4)	83,3% (10)
Mitarbeiter/in	2,3% (2)	47,7% (42)

Klima gut	durch Zufall	über informelle Gespräche
Leiter/in	50% (4)	75% (6)
Mitarbeiter/in	10% (5)	66% (33)

Signifikanzen (Chi-Quadrat-Werte): 0,07037 („Zufall"), 0,04752 („informelle Gespräche")

Besonders auffallend bei den Bibliotheken mit *gutem* Betriebsklima ist:

- Die Mitarbeiterschaft meint zu 66 Prozent (20 Differenzpunkte zu den anderen Betriebsklima-Klassen), die Leitungsperson informiere sich fachlich regelmäßig über informelle Gespräche.
- Ein hoher Anteil von Leitungspersonen bekundet, Fachinformationen „durch Zufall" zu erhalten.

Deutlich wird zudem, daß die Diskrepanzen in der Einschätzung des Informationswegs „informelle Gespräche" zwischen Mitarbeiterschaft und den Leitungspersonen in Bibliotheken mit gutem Betriebsklima überaus gering sind (keine zehn Prozent), während die beiden anderen Betriebsklima-Klassen hier Differenzen von

35 Prozent bis 45 Prozent aufweisen. Informelle Kommunikation scheint in Bibliotheken mit gutem Betriebsklima besonders geschätzt zu werden. Die unprätentiöse Aussage von 50 Prozent der Leitungspersonen in Bibliotheken mit gutem Betriebsklima (im Vergleich zu 33 Prozent bei den anderen Betriebsklima-Klassen), mitunter „durch Zufall" auf fachliche Erkenntnisse zu stoßen, läßt sich so auslegen: Die Leitungspersonen bekunden ihre Zurückhaltung recht selbstbewußt nach außen. Sie können offenbar sich selbst und anderen gegenüber eingestehen, nicht alle Erkenntnisse eigenen Bemühungen zu verdanken. Allerdings lassen sich durchaus Zusammenhänge annehmen: Je kommunikativer das eigene Verhalten ist, desto größer wird die Chance, auf „Zufallsinformationen" zu treffen.

Sucht der Chef von sich aus im persönlichen Gespräch den fachlichen Austausch mit seinen Mitarbeitern? (Frage 5, Variable 17)

Die Frage zielt auf die Fähigkeit und Bereitschaft der Leiterinnen und Leiter, von sich aus die fachliche Kommunikation mit der Mitarbeiterschaft zu suchen. Dies signalisiert zugleich die fachliche Akzeptanz und Wertschätzung der Mitarbeiterinnen und Mitarbeiter durch die Leitungsperson. Überdies ergibt sich daraus, ob und inwieweit die Leitungspersonen bereit sind, durch fachlichen Austausch eigene Kompetenzdefizite auszugleichen. Außerdem wird die Intensität deutlich, mit der Leitungspersonen Mitarbeiterinnen und Mitarbeiter in fachliche Vorgänge einbeziehen. Die Auswertung ergab folgendes Antwortverhalten.

Von Betriebsklima-Klassen unabhängig gilt: Der Anteil der Mitarbeiterinnen und Mitarbeiter, die sich in eine von der Leitungsperson initiierte Fachkommunikation einbezogen fühlen, liegt unter 50 Prozent. Die Hälfte aller Befragten über alle Betriebsklima-Klassen hinweg meint, eine solche Initiative komme selten vor.

Unterschiede je nach Betriebsklima treten zutage in der oberen Häufigkeitsskala und bei den „Nie"-Antworten. 42 Prozent der Mitarbeiterschaft in den Bibliotheken mit gutem Betriebsklima beantworten die Frage mit „immer" oder „häufig". Der Anteil sinkt in den Bibliotheken mit schlechtem Betriebsklima auf 25,7 Prozent. In letzteren steigt der Prozentsatz jener, die meinen, in solche kommunikativen Vorgänge fachlicher Wertschätzung überhaupt nicht integriert zu sein.

Deutlich geringere Diskrepanzen zwischen den Einschätzungen der Leitungspersonen und der Mitarbeiterschaft weisen darauf hin, daß in den Bibliotheken mit gutem Betriebsklima das entsprechende Verhalten der Leitung von allen Beteiligten recht wirklichkeitsgetreu beschrieben wird. Zwar gibt ein Viertel der Leitungspersonen der Bibliotheken mit mittlerem Betriebsklima an, einen fachlichen Informationsaustausch mit der Mitarbeiterschaft zu pflegen; dies wird allerdings nur von einem geringen Prozentsatz der Mitarbeiterinnen und Mitarbeiter genauso eingeschätzt.

Hat der Chef seinen Mitarbeitern schon mal mitgeteilt, daß ihre Bibliothek von Dritten gelobt wurde? (Frage 6, Variable 18)

Die Auswertung der Antworten der Mitarbeiterinnen und Mitarbeiter sowie der Leitungspersonen erbrachte folgendes Bild (siehe Tabelle 46).

Tabelle 46: „Hat der Chef seinen Mitarbeitern schon mal mitgeteilt, daß ihre Bibliothek von Dritten gelobt wurde?" (Absolute Zahlen in Klammern)

Klima schlecht	ja	nein
Leiter/in	88,9% (8)	11,1% (1)
Mitarbeiter/in	51,4% (38)	48,6% (36)

Klima mittel	ja	nein
Leiter/in	100% (12)	-
Mitarbeiter/in	67,8% (59)	32,2% (28)

Klima gut	ja	nein
Leiter/in	87,5% (7)	12,5% (1)
Mitarbeiter/in	84% (42)	16% (8)

Signifikanz (Chi-Quadrat-Wert): 0,00075

Ausgesprochen hoch ist die Übereinstimmung der Antworten der Mitarbeiterschaft und der Leitungspersonen in Bibliotheken mit gutem Betriebsklima. Sie wird um so geringer, je „weniger gut" das Betriebsklima ist. Die Mitarbeiterantworten aus den Bibliotheken mit gutem Betriebsklima scheinen auch eine Stimmung auszudrücken, die den Leitungspersonen grundsätzlich zubilligt, derartige Informationen selbstverständlich weiterzuleiten. Nicht auszuschließen ist, daß Leiterinnen und Leiter in Bibliotheken mit schlechtem Betriebsklima ebenso verfahren, ohne daß die Mitarbeiter dies entsprechend bewerten.

Aus den Kommentaren der Leitungspersonen wird allerdings deutlich, daß „ihre" Bibliotheken sehr selten für die dort geleistete Arbeit gelobt werden. Die Kommentare hierzu[90] vermitteln ein eher tristes, wenig ermutigendes Bild des Alltags von Bibliotheksleiterinnen und -leitern: Nur in zwei Fällen wird explizit von Lob berichtet.

---

90 Acht Kommentare, dies entspricht Rang 17 unter allen kommentierten Fragen.

Kommt es vor, daß der Chef Informationen zurückhält, die die Mitarbeiter und ihren Arbeitsplatz betreffen? (Frage 7, Variable 19)

Die Frage gibt Auskunft über Machtstrukturen und den Umgang mit Informationen. Sie liefert darüber hinaus Hinweise auf die Kommunikationskultur in der Bibliothek, auf Vertrauen/Mißtrauen und Gefühle der Unsicherheit.

Tabelle 47: „Kommt es vor, daß der Chef Informationen zurückhält, die die Mitarbeiter und ihren Arbeitsplatz betreffen?" (Absolute Zahlen in Klammern)

Klima schlecht	immer	häufig	selten	nie
Leiter/in	-	11,1% (1)	55,6% (5)	33,3% (3)
Mitarbeiter/in	2,7% (2)	35,6% (26)	46,6% (34)	15,1% (11)

Klima mittel	immer	häufig	selten	nie
Leiter/in	-	-	50% (6)	50% (6)
Mitarbeiter/in	6,9% (6)	24,1% (21)	54% (47)	14,9% (13)

Klima gut	immer	häufig	selten	nie
Leiter/in	-	12,5% (1)	50% (4)	37,5% (3)
Mitarbeiter/in	-	6,1% (3)	49% (24)	44,9% (22)

Signifikanz (Chi-Quadrat-Wert): 0,00034

Rund 50 Prozent aller befragten Mitarbeiterinnen und Mitarbeiter stellen fest, daß sich die Leitungsperson eher selten so verhält. Ein entsprechend hoher Anteil der Leitungspersonen sieht dies ebenso. Die Unterschiede nach Betriebsklima-Klasse treten vor allem in den Extremwerten sehr plastisch zutage. In Bibliotheken mit schlechtem Betriebsklima gehen 38,3 Prozent der Mitarbeiterschaft davon aus, daß die Leitungspersonen mit für sie bedeutsamen Informationen sehr zurückhaltend umgehen. Diese Prozentzahl geht in den Bibliotheken mit gutem Betriebsklima auf 6,1 Prozent zurück. Hier glaubt zudem kein einziger Mitarbeiter, daß sich die Leitungsperson immer so verhält.

Nach eigenen Angaben[91] hält jeweils eine Leitungsperson aus den Bibliotheken mit gutem und schlechtem Betriebsklima „häufig" Informationen zurück, die ihre

---

91 Frage 7 rangiert mit zwölf Kommentierungen auf Platz 7 der kommentierten Fragen.

Mitarbeiter betreffen. „Selten" tun dies die Hälfte aller Leitungspersonen, „nie" die andere Hälfte aus den Bibliotheken mit mittlerem sowie jeweils drei Leitungspersonen aus den Einrichtungen mit gutem und schlechtem Betriebsklima. Im folgenden werden einige Beispiele zur Illustration wiedergegeben.

Nie, das gehört jedenfalls zur Sozialkompetenz. (-B)

Zunächst versuche ich, bestimmte Dinge noch einmal zu klären und zu regeln; z.b. wenn es darum geht, daß eine Stelle nicht verlängert werden soll. Es ist grundsätzlich so, daß ich die immer einbinde, wenn es eine Gefährdung ist, weil ich das für wichtig halte, daß ich die unterstütze... (-B)

Grundsätzlich sicher nicht, aber das ist individuell verschieden, das kommt auch auf die Situation an. Wenn meine Informationen zunächst noch unklar sind, überlege ich mir, ob ich das sofort anspreche und alle aufschrecke, obwohl ich selber noch nichts Genaues weiß. (+B)

Selten, nur wenn ich es muß, wenn es sich z.b. um Dinge handelt, die erst einmal intern laufen (...), also vertrauliche Angelegenheiten. (-B)

Ja durchaus, wenn notwendig, z.B. wenn es Beunruhigung hervorruft, bevor es konkret ist. Aber das kommt selten vor. (-B)

Da würde ich unterscheiden: Wenn ich als Arbeitgebervertreter Dinge erfahre, halte ich sie zurück, wenn ich als Chef Dinge erfahre, habe ich keinen Grund, sie zurückzuhalten... (±B)

Höchstens, wenn irgendwas noch ganz unklar ist, also damit nicht unnötige Angst hochkommt, das könnte ich mir vorstellen, sonst aber nicht. (-B)

Im Vergleich zu den Ergebnissen der Untersuchung von Schröder und Feldmann (1997) werden damit für die wissenschaftlichen Bibliotheken in der vorliegenden Erhebung günstige Werte dokumentiert. Nach Schröder und Feldmann fühlen sich 40 Prozent der Beschäftigten meistens oder immer über sie direkt betreffende Vorgänge informiert (ebenda: 21ff.), in der vorliegenden Erhebung bekunden dies sogar in Bibliotheken mit schlechtem Betriebsklima 61,7 Prozent der Befragten. Allerdings sind die Ergebnisse beider Erhebungen nicht direkt miteinander vergleichbar. Die Frage in der zitierten Studie zielt weiter, umfaßt die Informierung über wesentliche Vorgänge in der gesamten Einrichtung sowie über persönliche Angelegenheiten. Entsprechend zurückhaltender dürften die Antworten ausgefallen sein. Dennoch: Schröder und Feldmann stellen fest: „Dieses Ergebnis ist (...) als positiv zu bewerten." (Ebenda: 22) Die Autoren unterstreichen aber auch:

„Insgesamt wurde dabei erkennbar, daß die Vorgesetzten deutlich besser informiert sind als ihre Mitarbeiter/innen." (Ebenda)

Tendenziell ähnlich lautet der Befund Pröhls (1995: 31), die feststellt, daß sich 60 Prozent der Mitarbeiterinnen und Mitarbeiter über den Bereich der Arbeit, der sie unmittelbar betrifft, ausreichend informiert fühlen.

„Jedoch möchten 48% der Befragten über geplante organisatorische Veränderungen und 50% über geplante Vorhaben der Amtsleitung besser informiert werden." (Ebenda)

Gibt der Chef Informationen an seine Mitarbeiter weiter, die nur er als Bibliotheksleiter erhalten hat? (Frage 8a, Variable 20)

Die Auswertung der Antworten zu dieser Frage ergab folgendes Bild.

Der überwiegende Teil der Mitarbeiterschaft billigt der Leitungsperson ein derartiges Verhalten zu. Die Prozentsätze steigern sich von etwa 60 Prozent in Bibliotheken mit schlechtem auf 75 Prozent in solchen mit gutem Betriebsklima. Entsprechend verringert sich auch die Diskrepanz in der Einschätzung zwischen Mitarbeiterschaft und Leitung: Sie ist um so größer, je schlechter das Betriebsklima empfunden wird.

In der folgenden Auswahl an Kommentaren der Leitungspersonen wird deutlicher, was diese unter Informationsweitergabe verstehen und welche Einschränkungen wirksam sind.

Einige Informationen, z.B. über das Budget, gebe ich nicht weiter, aber alles, was die Bibliothek betrifft. Es kommt auf die Qualität der Informationen an: Vertrauliches wird vertraulich behandelt, alles, was für die Mitarbeiter interessant ist, wird vermittelt. (±B)

Es gibt Informationen, deren Weitergabe unnötige Unruhe verursachen würde. (±B)

Das kommt auf die Informationen an. Wenn sie von Interesse für alle sind, dann ja. (-B)

Ja, bis auf die Sachen, die ich einfach nicht weitergeben darf. (-B)

Es treffen einen viele Informationen, die man häufig unterbewertet... Ich denke, daß ich zu wenig Informationen weitergebe. (+B)

Wenn es z.B. um Umstrukturierungen geht, die aber noch nicht ausgereift sind, gebe ich das nicht weiter; das würde die Leute unbegründet in Panik versetzen. Oder wenn die Rede davon ist, Serviceleistungen einzustellen. In der nächsten Woche kann das wieder anders sein. (+B)

Wenn ja, wie vermittelt der Chef seine Informationen? (Mehrfachnennung möglich) (Frage 8b, Variablen 21-26)

Die Frage soll Aufschlüsse über die Organisation der Kommunikation sowie über den Einsatz formeller und informeller Kommunikation geben.

Tabelle 48: „Wenn ja, wie vermittelt der Chef seine Informationen? (Mehrfachnennung möglich)" (absolute Zahlen in Klammern)

Klima schlecht	in internen informellen Gesprächen	in schriftlichen Berichten	in Sitzungen	am gemeins. Stammtisch oder in and. privaten Rahmen
Leiter/in	88,9% (8)	11,1% (1)	66,7% (6)	-
Mitarbeiter/in	57,1% (28)	14,3% (7)	44,9% (22)	2% (1)

Klima mittel	in internen informellen Gesprächen	in schriftlichen Berichten	in Sitzungen	am gemeins. Stammtisch oder in and. privaten Rahmen
Leiter/in	83,3% (10)	16,7% (2)	75% (9)	-
Mitarbeiter/in	56,5% (35)	16,1% (10)	48,4% (30)	-

Klima gut	in internen informellen Gesprächen	in schriftlichen Berichten	in Sitzungen	am gemeins. Stammtisch oder in and. privaten Rahmen
Leiter/in	62,5% (5)	-	62,5% (5)	-
Mitarbeiter/in	79,5% (31)	17,9% (7)	23,1% (9)	-

Signifikanzen (Chi-Quadrat-Werte): 0,01553 („informelle Gespräche"), 0,736 („schriftliche Berichte"), 0,13011 („Sitzungen"), 0,39186 („Stammtisch")

Die Daten belegen den (in der Mitarbeiterschaft) hoch eingeschätzten Stellenwert der informellen Kommunikation. Schriftliche Berichte als Instrument innerorganisatorischer Informationssteuerung sind in den untersuchten Bibliotheken ebenso unüblich wie die Erörterung und Vermittlung dienstlicher Angelegenheiten durch die Leitungsperson in privatem Rahmen. Als entscheidende Informationswege werden Sitzungen, informelle sowie persönliche Gespräche genannt, wobei über alle Betriebsklima-Klassen hinweg die informellen Gespräche den höchsten Prozentsatz bei den Mitarbeiterantworten verzeichnen.

Auffallend ist das Ausmaß informeller und persönlicher Gespräche in den Bibliotheken mit gutem Betriebsklima; hier schätzen die Mitarbeiterinnen und Mitarbeiter diesen Weg ganz besonders hoch ein (und übertreffen sogar den entsprechenden Prozentsatz der Leitungspersonen). Zugleich sinkt in der Einschätzung der Mitarbeiter der Anteil offizieller Sitzungen als Weg institutioneller Informationsweitergabe auf 23 Prozent.

Ganz anders das Bild in den beiden anderen Betriebsklima-Klassen: Sitzungen zur Informierung der Mitarbeiter haben einen relativ hohen Stellenwert (bei fast 45 Prozent der Bibliotheken mit schlechtem Betriebsklima und rund 50 Prozent derer mit durchschnittlichem Klima). Zugleich sinkt der Anteil jener Mitarbeiter, die informelle oder Einzelgespräche mit der Leitungsperson als regelmäßigen Weg interner Informationsweitergabe nennen.

Die Angaben der Leitungspersonen zeigen eine gegenläufige Tendenz auf. Wo die Mitarbeiter informelle Kommunikationsformen für besonders wenig ausgeprägt halten, schätzen die Leitenden diese besonders hoch ein. Wo die Mitarbeiterschaft das informelle Kommunikationsverhalten der Leitungsperson besonders hoch einschätzt, wird dieses von den Vorgesetzten eher zurückhaltend bewertet.

Schwaiger et al. (1995) stellten fest, daß in Großunternehmen klassische Printmedien und Veranstaltungen vor persönlichen Gesprächen als Kommunikationsinstrumente dominieren.[92] Bei mittelständischen Unternehmen dagegen stünden persönliche Gespräche im Vordergrund. Die Autoren kommen zu dem Schluß[93],

„daß die Schlüsselposition im Rahmen der internen Kommunikation den Führungskräften (nicht etwa den Kommunikationsmedien) zukommt. Maßnahmen zur effizienteren Gestaltung der internen Kommunikation müssen daher bei den Führungskräften ansetzen. Der Förderung des Dialogs zwischen Führungskräften, deren Unterstützung bei der Wahrnehmung von Führungsaufgaben und deren Weiterbildung im Hinblick auf Kommunikationsfähigkeit werden die höchsten Beiträge zur Verbesserung der internen Kommunikation attestiert." (Ebenda: 27)

Kommt es vor, daß der Chef Anordnungen erteilt, deren Sinn die Mitarbeiter nicht verstehen? (Frage 9, Variable 28)

Die Frage zielt auf die Qualität der Verständigung in den untersuchten Bibliotheken: Sprechen alle dieselbe Sprache?

---

92 E-Mail, Videokonferenzen und Fax spielten 1995 noch keine Rolle. Dieser Befund gilt auch für die untersuchten Bibliotheken.
93 Die Studie ist allerdings aufgrund der sehr geringen Rücklaufquote (teilweise unter 20 Prozent) nur begrenzt aussagefähig.

Tabelle 49: „Kommt es vor, daß der Chef Anordnungen erteilt, deren Sinn die Mitarbeiter nicht verstehen?" (Absolute Zahlen in Klammern)

Klima schlecht	immer	häufig	selten	nie
Leiter/in	-	11,1% (1)	77,8% (7)	11,1% (1)
Mitarbeiter/in	1,4% (1)	20,3% (15)	40,5% (30)	37,8% (28)

Klima mittel	immer	häufig	selten	nie
Leiter/in	-	8,3% (1)	58,3% (7)	33,3% (4)
Mitarbeiter/in	-	19,5% (17)	49,4% (43)	31% (27)

Klima gut	immer	häufig	selten	nie
Leiter/in	-	-	87,5% (7)	12,5% (1)
Mitarbeiter/in	-	4,0% (2)	52% (26)	44% (22)

Signifikanz (Chi-Quadrat-Wert): 0,02204

Die Auswertung zeigt eine deutliche Staffelung je nach Betriebsklima-Klasse. Rund 20 Prozent der Mitarbeiterschaft in Bibliotheken mit schlechtem oder mittlerem Betriebsklima verstehen „häufig" Anordnungen ihrer Leitungsperson nicht, im Gegensatz zu lediglich vier Prozent in solchen mit gutem Betriebsklima. Im Umkehrschluß: Leiterinnen und Leiter in Bibliotheken der ersten beiden Betriebsklima-Klassen haben größere Schwierigkeiten als solche in Bibliotheken mit gutem Betriebsklima, nachvollziehbare, unmißverständliche Anordnungen zu erteilen.

Die Einschätzung der Leitungspersonen differiert hiervon: sieben von neun Leiterinnen und Leitern in Bibliotheken mit schlechtem Betriebsklima und sieben von zwölf in Bibliotheken mit durchschnittlichem Betriebsklima meinen, dies geschehe „selten". Ähnlich ist die Einschätzung der Leitungspersonen in Bibliotheken mit gutem Betriebsklima. Die Bibliotheksleiter gehen insgesamt davon aus, daß ihre Anordnungen verständlich sind.

Die Kommentare zur Frage[94] bringen ein breites Spektrum von Haltungen zum Ausdruck: von Fürsorglichkeit, Bedachtsamkeit bis hin zu Fatalismus und Ignoranz. Im folgenden eine Auswahl:

Ich versuche immer, mich in meine Mitarbeiter hineinzuversetzen. Eigentlich fragen die immer gleich, wenn sie irgend etwas nicht verstehen, und ich versuche, es zu erklären. (-B)

---

94 Sie steht mit 15 Kommentaren an dritter Stelle der Rangskala der kommentierten Fragen.

Das kann vorkommen. Ich staune bisweilen, daß sie manches nicht verstehen, obwohl ich mich vorher bemüht habe, (...) zu erklären. Natürlich gibt es mitunter auch eine Anweisung von mir, die nicht sofort verstanden wird, aber wenn ich das merke, versuche ich, das nochmal zu erläutern. Ich kann mir vorstellen, daß das deshalb passieren kann, weil der Kopf der Mitarbeiter mit konkreteren Dingen beschäftigt ist. Man selbst hat ja doch ein breiteres Wissen und andere Informationen. (±B)

Kommt vor, aber selten. Wenn sie dann verdattert gucken oder weggehen und sich mit anderen zusammenrotten, dann wird das schon aufgeklärt. (-B)

Ich bemühe mich natürlich, zunächst einmal den Hintergrund zu schildern. Es kann durchaus vorkommen, daß ein Mitarbeiter dann Schwierigkeiten hat, eine Anweisung oder Bitte zu verstehen oder verstehen zu wollen. Dieses Verstehen ist ja auch psychologisch gemeint. Es gibt unterschiedliche Denkstrukturen, deshalb kommen solche Sachen vor. (+B)

Nein, nie. Ich erkläre das so, daß es alle verstehen, wirklich. (±B)

Ich registriere schon, daß etwas nicht verstanden worden ist. Diese durchaus netten Kollegen, die ich hier habe, verstehen mich, aber es kommt auch vor, daß sie mich nicht verstanden haben, sagen wir ruhig mal: häufig. (±B)

Kann gut sein. (±B)

Die wenigsten Leitungspersonen scheinen sich sicher zu sein, ob ihre Anordnungen bei den Adressaten auch „ankommen". Hierüber Gewißheit zu haben, setzt eine langjährig gepflegte intensive Kommunikationskultur voraus. Zu dieser gehören z.B. eine realistische Wahrnehmung möglicher Mißverständnisse, die „proaktive" Signalisierung von Kommunikationsbereitschaft, Konzentration auf den jeweiligen Gesprächspartner sowie insgesamt die Fähigkeit, geeignete Rahmenbedingungen für einen Dialog zu schaffen.

In der Untersuchung Pröhls (1995: 121) wird die Frage „Gibt es innerhalb Ihres Arbeitsbereiches Unklarheit über die Arbeitsanweisungen von Vorgesetzten?" wie folgt beantwortet: 16 Prozent nennen „nie", 36 Prozent „selten", 31 Prozent „manchmal", 13 Prozent „häufig" und vier Prozent „ständig". Diese Ergebnisse sind *grosso modo* weniger positiv als die Antworten der Befragten in den wissenschaftlichen Bibliotheken Berlins.[95]

---

95 Durch die Skalierungsstufe „manchmal" ist ein direkter Vergleich jedoch schwierig. Die Tatsache, daß nur 52 Prozent in der Befragung Pröhls mit „selten" oder „nie" antworten, zeigt, daß deren Befund nicht als ungewöhnlich negativ zu bewerten ist.

Ist Ihr Chef für seine Mitarbeiter ohne Terminabsprachen und Formalitäten ansprechbar? *(Frage 10, Variable 29)*

Die Frage soll über das Ausmaß an Abschottungsbedürfnis der Leitungspersonen Auskunft erteilen. Sie gibt auch Hinweise auf den Einsatz symbolischer und formaler Machtmittel, die den Eindruck von Wichtigkeit zu erwecken suchen.

Tabelle 50: „Ist Ihr Chef für seine Mitarbeiter ohne Terminabsprachen und Formalitäten ansprechbar?" (Absolute Zahlen in Klammern)

Klima schlecht	immer	häufig	selten	nie
Leiter/in	77,8% (7)	22,2% (2)	-	-
Mitarbeiter/in	50% (37)	31,1% (23)	18,9% (14)	-

Klima mittel	immer	häufig	selten	nie
Leiter/in	58,3% (7)	41,7% (5)	-	-
Mitarbeiter/in	50% (44)	31,8% (28)	14,8% (13)	3,4% (3)

Klima gut	immer	häufig	selten	nie
Leiter/in	100% (8)	-	-	-
Mitarbeiter/in	64% (32)	36% (18)	-	-

Signifikanz (Chi-Quadrat-Wert): 0,00451

Es zeigt sich: *Alle* Leiterinnen und Leiter der befragten wissenschaftlichen Bibliotheken mit gutem Betriebsklima sind „häufig" oder „immer" für die Mitarbeiterschaft erreichbar, zugänglich und ansprechbar.[96] Kein einziger Mitarbeiter aus den entsprechenden Bibliotheken macht hier Einschränkungen.

Dagegen äußert sich rund ein Fünftel der Mitarbeiterschaft aus Bibliotheken mit schlechtem oder mittlerem Betriebsklima eher kritisch, vielleicht resigniert. Hier bekunden Antworten negative Erfahrungen zur Kommunikation mit der Leitung. Der Eindruck bestätigt sich, werden die Skalierungsstufen „immer" und „häufig" betrachtet. In letztgenannten Einrichtungen beschränkt sich der Anteil jener, die meinen, „immer" Zugang zur Leitungsperson zu haben, auf 50 Prozent.

---

96 Dieses Ergebnis korrespondiert mit der generell eher vorhandenen Gesprächsbereitschaft der Leitungspersonen in Bibliotheken mit gutem Betriebsklima, wie sie die Auswertung der Antworten zur Frage 4 ergeben hatte (siehe oben).

In Bibliotheken mit gutem Betriebsklima liegt dieser Anteil mit 64 Prozent deutlich höher.

Die Leitungspersonen selbst nehmen in Bibliotheken mit schlechtem und mittlerem Betriebsklima ihr eigenes Verhalten in dieser Hinsicht abgestuft wahr und differenzieren entsprechend. Die Leitungspersonen in Bibliotheken mit gutem Betriebsklima antworten pauschal mit „immer". Insofern ist die Diskrepanz in der Einschätzung zwischen Leitung und Beschäftigten in den Bibliotheken mit gutem Betriebsklima höher als in den anderen Betriebsklima-Klassen.

Zum Vergleich herangezogene Erhebungen illustrieren die Bandbreite der Ergebnisse; dies gilt auch für anders strukturierte und teilweise deutlich größere Einrichtungen.

In einer Untersuchung der Stadt Bielefeld (1996: 4) ergab sich: Zwei Drittel der Mitarbeiterinnen und Mitarbeiter meinen, ihre Leitung habe immer für sie Zeit.

Schröder und Feldmann (1997) folgern aus ihren empirischen Befunden:

„Zweifelsohne wirken sich insgesamt Häufigkeit, Intensität und Charakter der Kommunikation und der Zusammenarbeit positiv auf die Beurteilung der Beziehung zu den Kolleginnen und Kollegen aus. *Umgekehrt ist es gerade die größere kommunikative Distanz sowie die höhere hierarchische Stellung, die die negativere Beurteilung vor allem der weiteren Vorgesetzten bedingt.* Je höher die Position der zu beurteilenden Person ist, desto negativer fällt das Urteil aus. Hieran wird ein Ansatzpunkt für Hierarchieverflachung oder ‚lean management' sehr gut sichtbar: *Über den direkten Kontakt und die direkte, hierarchieübergreifende Kommunikation und Beteiligung der Beschäftigten wird durch konkrete Erfahrungen im Umgang miteinander der ‚Freiraum' für Stereotype oder Vorurteile sowohl für Führungskräfte als auch für deren Mitarbeiter/innen stark eingeschränkt.*" (Ebenda: 21; Hervorhebungen G. P.)

Pröhl (1995) urteilt wie folgt:

„Die Erreichbarkeit von Vorgesetzten ist ein wichtiges Kriterium für einen mitarbeiterorientierten Führungsstil. 55% der Beschäftigten im Kulturbereich geben an, Vorgesetzte seien gut erreich- und ansprechbar, doch immerhin äußert ein Viertel der Befragten, daß Vorgesetzte so gut wie gar nicht ansprechbar seien." (Ebenda: 30)

Gibt es Mitarbeiterbesprechungen ohne Chef? (Frage 11, Variable 30)

Die Frage zielt auf das Vertrauen der Leitungsperson in die Mitarbeiterinnen und Mitarbeiter generell sowie in deren Sachverstand. Darüber hinaus können sich Hinweise auf die Risikobereitschaft der Leiterinnen und Leiter, auf deren mögliche „Territorialangst" und auf die Flexibilität der Rollengestaltung ergeben.

Tabelle 51: „Gibt es Mitarbeiterbesprechungen ohne Chef?" (Absolute Zahlen in Klammern)

Klima schlecht	ja	nein
Leiter/in	33,3% (3)	66,7% (6)
Mitarbeiter/in	32,9% (24)	67,1% (49)

Klima mittel	ja	nein
Leiter/in	33,3% (4)	66,7% (8)
Mitarbeiter/in	34,1% (30)	65,9% (58)

Klima gut	ja	nein
Leiter/in	50% (4)	50% (4)
Mitarbeiter/in	54% (27)	46% (23)

Signifikanz (Chi-Quadrat-Wert): 0,03376

Die Auswertung der Antworten offenbart, daß in der Beziehung zwischen Mitarbeiterschaft und Leitung je nach Betriebsklima-Klasse der untersuchten Bibliothek deutliche Unterschiede auszumachen sind. Sie betreffen die Spielräume der Mitarbeiterschaft, die hierarchischen Gepflogenheiten, den Umgang miteinander und das Ausmaß an Rollenflexibilität der Beteiligten. Mehr als die Hälfte der Mitarbeiterinnen und Mitarbeiter in Bibliotheken mit gutem Betriebsklima gibt an, daß Mitarbeiterbesprechungen ohne Leitungsperson stattfinden.[97]

Frappierend ist, daß etwa 50 Prozent aller Befragten (Leiter wie Mitarbeiter) in Bibliotheken mit gutem Betriebsklima meinen, eine solche Möglichkeit sei bei ihnen gegeben; etwa zwei Drittel aller Leitungspersonen sowie Mitarbeiterinnen und Mitarbeiter der Bibliotheken mit schlechtem Betriebsklima antworten, daß ein derartiges Vorgehen bei ihnen nicht möglich sei.

In den Bibliotheken mit gutem Betriebsklima gibt es mehr Raum für interne hierarchiefreie Besprechungen. Dies könnte auf ein hohes Maß an Eigeninitiative und Selbstbewußtsein der Mitarbeiterinnen und Mitarbeiter hindeuten, ebenso auf deren - positiv sanktionierte - Fähigkeit, in Abwesenheit der Leitungsperson gemeinsam kommunikations-, koordinations- und handlungsfähig zu sein.

---

[97] Dies bedeutet nicht, daß die Besprechungen ohne Absprache mit der Leitungsperson zustande kommen.

Lediglich vier Leitungspersonen kommentieren die Frage in den Interviews. Zwei verweisen darauf, daß im Falle solcher Besprechungen der Stellvertreter anwesend ist bzw. solche Ereignisse eher informellen Charakter haben („gemeinsames Kaffeetrinken").
Ein Leiter antwortet überrascht:

Ach so, ist das etwas, was man machen sollte? Das wäre vielleicht nicht schlecht, aber letzten Endes hoffe ich natürlich, daß die in einer Besprechung ohne mich dasselbe sagen würden wie in einer Besprechung mit mir. Aber wir haben hier auch gar keinen Raum dafür. (+B)

Nur einer der Kommentierenden erläutert seine Vorstellungen hierzu offensiv:

Ja, denn die Mitarbeiter wollen sich auch über manches einig werden und herausfinden, ob sie ihre Probleme selber lösen können oder nicht. (+B)

Die anderen Leiterinnen und Leiter, die diese Frage vorbehaltlos bejahten (elf Personen), kommentieren sie nicht weiter. Die Ergänzungen kamen nur in zwei Fällen von Leitern, die einer Bibliothek mit gutem Betriebsklima vorstanden.

Resümee

Gutes Betriebsklima in den untersuchten Bibliotheken steht in hohem Maße in Zusammenhang mit bestimmtem Informationsverhalten der Leitungspersonen: mit Bevorzugung informeller Kommunikation, einer gewissen Zurückhaltung („realistische" Selbsteinschätzung, siehe Faktor „Zufall"), hoher Akzeptanz der Mitarbeiterinnen und Mitarbeiter, Wertschätzung von deren Vorstellungen und Initiativen (positive Bestätigung), Einbeziehung in den fachlichen Informationsaustausch sowie (am schwächsten) der Bereitschaft, Lob von Dritten weiterzugeben.

5.5 Motivation

Die Erhebung enthielt zum Themenschwerpunkt „Motivation" die folgenden Fragen:

Sieht der Chef in seinen Mitarbeitern einen kompetenten Partner/eine kompetente Partnerin? (Frage 12, Variable 31)

Die Frage soll die grundsätzliche Bereitschaft der Leitungsperson beleuchten, den Sachverstand der Mitarbeiterinnen und Mitarbeiter zu würdigen und zu nutzen. Es geht dabei nicht nur um die fachliche „Egalisierungsfähigkeit" der Leitungsperson, sondern - stärker noch - um den Aspekt fachlicher und persönlicher Wertschätzung der Kompetenz und Qualifikation der Mitarbeiterinnen und Mitarbeiter. Eben jene Wertschätzung ist es, die diese motiviert. Sie ist für deren „Motivationslage" geradezu konstitutiv. Die Auswertung erbrachte folgendes Bild (siehe Tabelle 52).

Ein wichtiges Ergebnis ist, daß das Gefühl der Mitarbeiterinnen und Mitarbeiter, von der Leitungsperson fachlich wertgeschätzt zu werden, mit ihrer Einschätzung des Betriebsklimas korrespondiert. Mehr als ein Drittel der Mitarbeiter in Bibliotheken mit schlechtem Betriebsklima und knapp ein Drittel aus den Bibliotheken mit mittlerem Betriebsklima meinen, von der Leitungsperson „selten" oder „nie" als kompetente Partner wahrgenommen zu werden. Dagegen fühlen sich 92 Prozent der Mitarbeiterschaft in den Bibliotheken mit gutem Betriebsklima „immer" oder zumindest „häufig" als kompetente Partner betrachtet.

Tabelle 52: „Sieht der Chef in seinen Mitarbeitern einen kompetenten Partner/eine kompetente Partnerin?" (Absolute Zahlen in Klammern)

Klima schlecht	immer	häufig	selten	nie
Leiter/in	33,3% (3)	66,7% (6)	-	-
Mitarbeiter/in	26% (19)	35,6% (26)	30,1% (22)	6,8% (5)

Klima mittel	immer	häufig	selten	nie
Leiter/in	45,5% (5)	54,5% (6)	-	-
Mitarbeiter/in	22,6% (19)	46,4% (39)	27,4% (23)	3,6% (3)

Klima gut	immer	häufig	selten	nie
Leiter/in	50% (4)	50% (4)	-	-
Mitarbeiter/in	29,2 % (14)	62,5% (30)	6,3% (3)	2,1% (1)

Signifikanz (Chi-Quadrat-Wert): 0,00165

Ein ganz anderes Bild zeichnen die Antworten der Leiterinnen und Leiter. Durchweg alle bekunden, in ihren Mitarbeiterinnen und Mitarbeitern überwiegend („immer" oder „häufig") kompetente Partner zu sehen. Keine Leitungsperson meint, die Mitarbeiter seien für sie „selten" oder „nie" kompetente Partner. In ihrer Selbsteinschätzung tendieren zwei Drittel der Leiter von Bibliotheken mit schlechtem Betriebsklima dazu, das relativierende Adjektiv „häufig" zu wählen; im Gegensatz dazu meinen die Leiter aus Bibliotheken der beiden anderen Betriebsklima-Klassen zu rund 50 Prozent, in den Mitarbeitern „immer" kompetente Partner zu sehen.

Die neun Kommentare der Leitungspersonen (Auswahl siehe unten) zu dieser Frage sind im großen und ganzen gekennzeichnet durch Reserviertheit, gelegentlich gar Skepsis, was die Einschätzung der Mitarbeiterkompetenz betrifft. Mitarbeiterkompetenz scheint in den meisten Kommentaren eine statische Größe zu sein: Sie ist entweder vorhanden oder nicht. Die Möglichkeit ihrer Stimulierung und Weiterentwicklung, auch unter dem Aspekt wechselseitig inszenierter Lernprozesse, war aus den Kommentaren jedenfalls nicht erkennbar. Zum Teil entsteht der Eindruck, daß die Zubilligung von Fachkompetenz sich auf jenen Kreis von Mitarbeitern beschränkt, der durch Position und Besoldungsgruppe formal nahe an der Leitungsebene angesiedelt ist. Nicht auszuschließen ist, daß in Bibliotheken mit gutem Betriebsklima der Kreis jener, deren Kompetenz seitens der Leitung wertgeschätzt wird, größer ist und sich weniger an formalen Kriterien orientiert.

Ja, weil ich einen Grundsatz habe, (...) und da sind wir gleich bei einer fundamentalen Frage der Leitungstätigkeit: Robert Schumann hat einmal gesagt, achte jeden Musiker an seinem Platze. Wenn jeder die erste Geige spielen wollte, würden wir nie ein Orchester zusammen bekommen. Und das ist ein Grundzug meiner Arbeit... (±B)

Die Frage ist schwer zu beantworten, weil ich eine sehr heterogene Truppe habe. Das müßte ich differenzieren; aber in der Mehrheit der Mitarbeiter sehe ich kompetente Partner. (±B)

Das ist ja schlecht so einfach zu sagen. Ich habe hier (Frau NN); das ist die einzige, die vorbildlich arbeitet, die ist sehr kompetent; eine ist überhaupt nicht kompetent, gerade die Mitarbeiter aus den XY-Bereichen sind nicht kompetent. (±B)

Das ist ja gestuft, von A14 bis BAT VIII, da ist ja ein Bildungsgefälle da, das sich nicht leugnen läßt. Aber für ihren jeweiligen Bereich ja, doch häufig. (-B)

Wie geht der Chef mit Fehlern seiner Mitarbeiter um? (Frage 13, Variablen 32-36)[98]

Erhofft werden von dieser Frage und den verschiedenen Antwortvorgaben vor allem Rückschlüsse auf die Angemessenheit des Verhaltens der Leitungsperson, deren Selbstkontrolle und Selbstdisziplin. Solange davon auszugehen ist, daß Feh-

---

98 Frage 13 Antwortvorgabe a) „Er reagiert ungeduldig" wird wegen mangelnder Aussagekraft im Hauptteil der empirischen Auswertung nicht verwandt. Antwortvorgabe d) „Er gibt seinen Mitarbeitern die Möglichkeit, Fehler wieder ‚auszubügeln'", wird in Kapitel 5.2 ausgewertet. Es zeigte sich nämlich, daß die Rahmenbedingung „Öffentlicher Dienst" einen großen Einfluß auf das Antwortverhalten hat.

ler seitens der Mitarbeiter nicht aufgrund gezielter Obstruktionen erfolgen - und die Bewertung der Antworten aller Fragebögen gibt keinen Hinweis hierauf -, läßt sich mutmaßen, daß Fehlertoleranz im Umgang zwischen Leitung und Mitarbeitern zu einer entspannten, kooperativen Arbeitsatmosphäre beiträgt.

Antwortvorgabe b) Er reagiert nachtragend erbrachte folgende Verteilung.

Tabelle 53: Antwortvorgabe b) „er reagiert nachtragend" (absolute Zahlen in Klammern)

Klima schlecht	voll	eher	eher nicht	überhaupt nicht
Leiter/in	-	-	44,4% (4)	55,6% (5)
Mitarbeiter/in	7,9% (5)	27% (17)	33,3% (21)	31,7% (20)

Klima mittel	voll	eher	eher nicht	überhaupt nicht
Leiter/in	-	8,3% (1)	33,3% (4)	58,3% (7)
Mitarbeiter/in	7,5% (5)	29,9% (20)	26,9% (18)	35,8% (24)

Betriebsklima gut	voll	eher	eher nicht	überhaupt nicht
Leiter/in	-	37,5% (3)	25% (2)	37,5% (3)
Mitarbeiter/in	7,7% (3)	5,1% (2)	28,2% (11)	59% (23)

Signifikanz (Chi-Quadrat-Wert): 0,0207

Die Antworten der Mitarbeiterinnen und Mitarbeiter zeigen: Wo nachtragendes Verhalten als Reaktion auf Fehler der Mitarbeiter von den Leitungspersonen kategorisch in Abrede gestellt wird (in den Bibliotheken mit schlechtem Betriebsklima), bekundet mehr als ein Drittel der Mitarbeiterschaft, daß ihrer Einschätzung nach solche Reaktionen „voll" oder „eher" zutreffen. Dagegen meinen in Bibliotheken mit gutem Betriebsklima nur knapp 13 Prozent der Mitarbeiter, ein solches Verhalten bei ihrer Leitungsperson festgestellt zu haben. 59 Prozent geben an, dies sei „überhaupt nicht" der Fall. Letzterer Wert übertrifft sogar die Selbsteinschätzung der Leiter, von denen lediglich 37,5 Prozent behaupten, „überhaupt nicht" nachtragend zu sein.

Leitungspersonen in Bibliotheken mit negativem oder mittlerem Betriebsklima sind sich ungleich mehr gewiß, auf Fehler der Mitarbeiter *nicht* nachtragend zu reagieren als ihre Kollegen in Bibliotheken mit gutem Betriebsklima.

Die Auswertung zeigt anschaulich die Diskrepanz zwischen Selbst- und Fremdwahrnehmung. Verstärkt wird dieser Befund durch die eher selbstkritische Haltung und das Antwortverhalten der Leitungspersonen aus Bibliotheken mit gutem Betriebsklima. Offenbar sind deren Antworten nicht Ausdruck einer entsprechenden Praxis, sondern spiegeln eher die Bereitschaft zu selbstkritischer Reflexion des eigenen Verhaltens wider.

Die Antwortvorgabe wird von den Leitungspersonen nur zweimal kommentiert. In der ersten Einlassung wird ausgeführt, daß objektive Hinderungsfaktoren wie beispielsweise langjähriges innerorganisatorisches Mißtrauen das Verhalten prädisponieren können. In der zweiten Stellungnahme wird selbstkritisch konzediert, Fehler der Mitarbeiter könnten auch inkonsequentem Führungsverhalten geschuldet sein. Beiden Leitungspersonen scheint klar zu sein: Nachtragendes Verhalten bei vermeintlichen oder tatsächlichen „Fehlleistungen" von Mitarbeiterinnen und Mitarbeitern wirkt demotivierend und entmutigend. Es führt zu eben jenen Konsequenzen, die als Mangel an Initiativbereitschaft, Engagement und Selbständigkeit an anderer Stelle wiederum beklagt werden. Umgekehrt läßt sich mutmaßen, daß Fehlertoleranz im Umgang zwischen Leitung und Mitarbeiterschaft zu einer entspannten, kooperativen und motivierenden Arbeitsatmosphäre beiträgt.

Zur *Antwortvorgabe c) Er reagiert mit erhöhter Kontrolle* erbrachte die Auswertung folgendes Ergebnis: Die meisten Leitungspersonen reagieren auf Fehler der Mitarbeiterinnen und Mitarbeiter mit erhöhter Kontrolle (insgesamt rund 60 Prozent). In den Bibliotheken mit gutem Betriebsklima handeln 75 Prozent der Leitungspersonen nach eigenem Bekunden so. Der Anteil liegt damit höher als in den beiden anderen Betriebsklima-Klassen; dennoch meinen fast 70 Prozent der Mitarbeiterschaft in diesen Bibliotheken, die Leitungsperson reagiere so „eher nicht" oder „überhaupt nicht". Nur knapp 31 Prozent stellen erhöhte Kontrolle fest, gegenüber 45 Prozent bzw. 47 Prozent. Entweder gilt auch hier: Die eher zurückgenommene, selbstkritische Haltung der Leitungspersonen aus Bibliotheken mit gutem Betriebsklima veranlaßt sie zu einer besonders „ehrlichen" Antwort. Oder der Begriff „Kontrolle" wird in diesen Bibliotheken anders konnotiert. Vor dem Hintergrund der Folgefrage („gemeinsame Lösungen finden") ist nicht auszuschließen, daß „Kontrolle" hier eher mit „Interesse" und „Kooperation" verknüpft wird, also in einer insgesamt vertrauensvollen Atmosphäre stattfindet. Dagegen wird „Kontrolle" in Bibliotheken mit durchschnittlichem oder schlechtem Betriebsklima möglicherweise als Überprüfung der Arbeitshaltung verstanden - und damit tendenziell als Zeichen der Leistungsüberwachung und des Mißtrauens.

Antwortvorgabe e) Er nimmt aufgetretene Fehler zum Anlaß, gemeinsam mit seinen Mitarbeitern Lösungen zu finden ist unter den Aspekten Kooperativität, Motivation und Lösungsbezogenheit zu betrachten. Sie hat einen hohen Erklärungswert für die Antwortvorgabe „Er reagiert mit erhöhter Kontrolle".

Im Ergebnis zeigt sich: Während nur etwa 43 Prozent der Mitarbeiterinnen und Mitarbeiter in Bibliotheken mit schlechtem und 60 Prozent in solchen mit durchschnittlichem Betriebsklima meinen, die Leitungsperson bemühe sich mit ihnen gemeinsam um konstruktive Lösungen, beläuft sich der entsprechende Prozentsatz in Bibliotheken mit gutem Betriebsklima auf 81,4 Prozent. Dies läßt auf eine Atmosphäre von Entspanntheit und Kooperation schließen, die von der Frage der Kontrolle im Zusammenhang mit Fehlern nicht getrennt betrachtet werden kann. Kontrolle scheint in diesem Kontext eher als Ausdruck des Bemühens der Leitungsperson verstanden zu werden, von Mitarbeitern verursachte Fehler gemeinsam aus der Welt zu schaffen.

Die Auswertungen zur Frage 13 lassen sich damit wie folgt zusammenfassen: Leitungspersonen aus Bibliotheken mit gutem Betriebsklima reagieren aus Sicht der Mitarbeiterschaft seltener nachtragend und weniger mit erhöhter Kontrolle auf deren Fehler als solche in Bibliotheken mit schlechtem oder mittlerem Betriebsklima. Sie sind auch deutlich eher als jene bereit, Fehler zum Anlaß zu nehmen, gemeinsam mit ihren Mitarbeitern nach Lösungen zu suchen. Sie scheinen darauf bedacht, fehlerkorrigierendes Vorgehen mit mitarbeiterorientierten, ermutigenden und motivierenden Aktivitäten zu verbinden.

Jedem Menschen widerfahren gelegentlich peinliche Ausrutscher. Entschuldigt sich der Chef für unpassendes oder unbeherrschtes Verhalten? (Frage 14, Variable 37)

Eruiert werden sollen die Selbstdisziplin und der Respekt der Leitungsperson gegenüber den Mitarbeiterinnen und Mitarbeitern. Die Frage gibt darüber hinaus Auskunft über die Zuweisung von Positionen (übergeordnet, untergeordnet): Wer kann es sich leisten, die Höflichkeitsregeln zu verletzten? Wer ist souverän genug, Fehlverhalten einzugestehen?

Zunächst geht es darum festzustellen, ob, und wenn ja, in welchem Maße Leitungspersonen allgemeine Höflichkeitsregeln verletzen. Ein hoher Anteil der Leitungspersonen bescheinigt sich in den Bibliotheken mit durchschnittlichem Betriebsklima, daß Derartiges nicht vorkomme. Anders die Leiterinnen und Leiter aus den anderen Betriebsklima-Klassen: Sie sind in dieser Hinsicht recht selbstkritisch. Der Anteil der Mitarbeiterinnen und Mitarbeiter, die ein solches Verhalten der Leitungsperson ausschließen oder verneinen, steigt von rund 30 Prozent in Bibliotheken mit schlechtem auf rund 42 Prozent in Bibliotheken mit gutem Betriebsklima.

Tabelle 54: „Jedem Menschen widerfahren gelegentlich peinliche Ausrutscher. Entschuldigt sich der Chef für unpassendes oder unbeherrschtes Verhalten?" (Absolute Zahlen in Klammern)

Betriebs-klima schlecht	unpass. oder unbeherr. Verh. kommt nicht vor	immer	häufig	selten	nie
Leiter/in	11,1% (1)	55,6% (5)	22,2% (2)	11,1% (1)	-
Mitarbeiter/in	29,7% (22)	5,4% (4)	10,8% (8)	21,6% (16)	32,4% (24)

Betriebsklima mittel	unpass. oder unbeherr. Verh. kommt nicht vor	immer	häufig	selten	nie
Leiter/in	50% (6)	50% (6)	-	-	-
Mitarbeiter/in	34,1% (29)	9,4% (8)	8,2% (7)	27,1% (23)	21,2% (18)

Betriebsklima gut	unpass. oder unbeherr. Verh. kommt nicht vor	immer	häufig	selten	nie
Leiter/in	25% (2)	50% (4)	12,5% (1)	12,5% (1)	-
Mitarbeiter/in	41,7% (20)	6,3% (3)	18,8% (9)	22,9% (11)	8,3% (4)

Signifikanz (Chi-Quadrat-Wert): 0,09779

Alle Leitungspersonen meinen, sich - wenn auch nicht immer, so doch überwiegend - für Regelverletzungen zu entschuldigen. Dies schätzen die Mitarbeiter je nach Betriebsklima-Klasse der Einrichtung deutlich anders ein. Fast ein Drittel der Mitarbeiterschaft in Bibliotheken mit schlechtem Betriebsklima gibt an, die Leitungsperson entschuldige sich nie; in Bibliotheken mit durchschnittlichem Betriebsklima äußert sich ein Fünftel entsprechend. Weniger als ein Zehntel meint dies in den Bibliotheken mit gutem Betriebsklima.

Ohne im Detail konkrete Anhaltspunkte zu haben, welches Verhalten als „peinlicher Ausrutscher" oder unhöflich bewertet wird, bleibt festzuhalten: Von Verletzungen der Höflichkeitsregeln durch Leitungspersonen wird um so häufiger berichtet, je schlechter das Betriebsklima insgesamt eingeschätzt wird. Insofern ist diese Variable auch ein Indikator für generell gestörte innerorganisatorische Kooperations- und Kommunikationsbeziehungen.

In der Gegenüberstellung zu Frage 66 des Fragebogens (Selbst- und Fremdeinschätzung des Umgangstons der Mitarbeiterinnen und Mitarbeiter gegenüber der

Leitungsperson) ist eine deutliche Diskrepanz nicht zu übersehen. Während die Beteiligten zu nahezu 100 Prozent einen höflichen Umgangston der Mitarbeiterinnen und Mitarbeiter festzustellen meinen, sieht das Antwortspektrum der Mitarbeiterschaft zu den „Regelverletzungen" der Leitungspersonen und deren Korrekturbereitschaft deutlich anders aus. Der Bezug zur Betriebsklima-Klasse ist offensichtlich. Ob die kritische Einschätzung des Verhaltens der Leiterinnen und Leiter in dieser Hinsicht eine Folge der ohnehin gestörten Kooperation ist, oder ob die (gelegentliche) Verletzung von Höflichkeitsregeln seitens der Leitungsperson zu einer Beeinträchtigung auf Mitarbeiterseite führte und Verletztheit, inneren Rückzug und Demotivation auslöste, muß zunächst offenbleiben.

Es erstaunt, daß lediglich drei Leitungspersonen ihr Antwortverhalten kommentieren:

Ja doch, das passiert schon mal. Ich habe eine recht saloppe Ausdrucksweise. (-B)

Aus meiner Sicht kommt es nicht vor. Aber wenn ich jemand mal ganz deutlich meine Meinung sage, weiß ich, daß ich aus dessen Sicht einen peinlichen Ausrutscher hatte, aus meiner Sicht aber ein notwendiges Führungsgespräch hatte. Ich denke von mir, daß ich ununterbrochen passendes und beherrschtes Verhalten an den Tag lege. (±B)

Ich bemühe mich in der Regel, die Dinge locker zu sehen. Ich habe noch nie jemanden angebrüllt, das paßt nicht zu meinem Naturell. Ich kann mich zu meiner Schande nicht erinnern, mich mal entschuldigt zu haben. Entschuldigung hieße ja, sich ein Schuldverhalten zuzusprechen. (+B)

Wie sieht die konkrete Zusammenarbeit zwischen Chef und Mitarbeitern aus? (Frage 24, Variablen 55-57)

Der in der *Antwortvorgabe a) Der Chef hört zu, so daß die Mitarbeiter die Möglichkeit haben, ihre Meinung in Sachfragen ausführlich darzustellen* angesprochene Aspekt der vertikalen Kommunikation drückt Aufmerksamkeit aus, ebenso Respekt, Wertschätzung und Lernfähigkeit der Leitungsperson gegenüber Fachkompetenz, Erfahrungsschatz, Ausführungen und Folgerungen der Mitarbeiterinnen und Mitarbeiter. Die Auswertung ergab folgendes Bild (siehe Tabelle 55). Die Leitungspersonen und die Mitarbeiterschaft in Bibliotheken mit gutem Betriebsklima stimmen in der Einschätzung der Antwortvorgabe a) zu fast 100 Prozent überein. 19 Prozent bis 24 Prozent der befragten Mitarbeiterinnen und Mitarbeiter aus den beiden anderen Betriebsklima-Klassen äußern sich ablehnend und damit dem Verhalten der Leitungsperson gegenüber kritisch.

Tabelle 55: „Wie sieht die konkrete Zusammenarbeit zwischen Chef und Mitarbeitern aus?" Antwortvorgabe a) „Der Chef hört zu, so daß die Mitarbeiter die Möglichkeit haben, ihre Meinung in Sachfragen ausführlich darzustellen" (absolute Zahlen in Klammern)

Betriebsklima schlecht	trifft voll und ganz zu	trifft eher zu	trifft eher nicht zu	trifft überhaupt nicht zu
Leiter/in	44,4% (4)	55,6% (5)	-	-
Mitarbeiter/in	38,4% (28)	42,5% (31)	12,3% (9)	6,8% (5)

Betriebsklima mittel	trifft voll und ganz zu	trifft eher zu	trifft eher nicht zu	trifft überhaupt nicht zu
Leiter/in	41,7% (5)	58,3% (7)	-	-
Mitarbeiter/in	36% (31)	39,5% (34)	18,6% (16)	5,8% (5)

Betriebsklima gut	trifft voll und ganz zu	trifft eher zu	trifft eher nicht zu	trifft überhaupt nicht zu
Leiter/in	62,5% (5)	37,5% (3)	-	-
Mitarbeiter/in	55,3% (26)	42,6% (20)	-	2,1% (1)

Signifikanz (Chi-Quadrat-Wert): 0,00475

Eine Antwortquote von mindestens 75 Prozent bis nahezu 100 Prozent über die verschiedenen Betriebsklima-Klassen hinweg, die der Leitungsperson ein solches positives Verhalten zubilligt, ist als hoch, wenn nicht gar als erstaunlich zu bewerten.

Kommentiert wurde die Frage von keiner der befragten Leitungspersonen. Vergleichsdaten aus anderen empirischen Erhebungen wurden dem Autor nicht bekannt.

Resümee

Aus der Beantwortung der Fragen läßt sich unter Fokussierung auf das Verhalten (und die entsprechenden Einschätzungen der Beteiligten) in den Bibliotheken mit gutem Betriebsklima feststellen: Leiterinnen und Leiter in dieser Bibliotheksgruppe wird durch die Antworten der Mitarbeiterinnen und Mitarbeiter bescheinigt,

- sich durch ein bestätigendes, zugewandtes und ermutigendes Verhalten auszuzeichnen,
- den Sachverstand der Mitarbeiterschaft stärker zu würdigen und zu nutzen,
- über einen höheren Grad an fachlicher Egalisierungsfähigkeit zu verfügen,
- größere Fehlertoleranz zu besitzen und kooperativer mit Fehlern umzugehen,
- die Höflichkeitsregeln seltener als in den Vergleichsbibliotheken zu verletzen,
- über ein höheres Maß an Souveränität zu verfügen,
- mehr Selbstdisziplin und Respekt ihren Mitarbeiterinnen und Mitarbeitern gegenüber an den Tag zu legen.

Im Ergebnis scheint dieses Verhalten beim einzelnen Mitarbeiter ein ausgeprägtes Gefühl, wertgeschätzt zu werden, zu erzeugen; diese Gewißheit wiederum trägt nicht unwesentlich zur Steigerung der Motivation im Sinne des Organisationszwecks bei.

5.6 Vorbereitung und Abstimmung von Entscheidungen

Wie verhält sich der Chef bei Entscheidungen, die den Arbeitsbereich seiner Mitarbeiter betreffen? (Frage 29, Variablen 62-66)

Bei dieser Frage erwies sich im Zuge der Auswertung lediglich die *Antwortvorgabe d) Er begründet seine Entscheidungen* im Hinblick auf das Untersuchungsziel als bedeutsam. Sie hebt ab auf die Bereitschaft der Leitungspersonen, Entscheidungsvorgänge und -ergebnisse der Mitarbeiterschaft mit Details und Hintergründen zu erläutern und damit inhaltlich (und nicht nur formal) zu legitimieren. Die Auswertung erbrachte folgende Antwortverteilung (siehe Tabelle 56).

Die beiden Spalten mit positiven Äußerungen addiert, steigt in der Einschätzung der Mitarbeiterschaft die Zustimmungsquote mit der Betriebsklima-Klasse der Einrichtung an. Von 55 Prozent über 63 Prozent zu 78 Prozent nimmt der Anteil jener zu, die ihrer Leitungsperson ein solches Vorgehen grundsätzlich zubilligen, auch wenn zwischen „voll und ganz" und „eher" Abstufungen auftreten, die der Klimazuordnung gegenläufig sind. Die ablehnenden Äußerungen verdeutlichen die Einschätzungen (von 45 Prozent bei den Bibliotheken mit schlechtem zu 22 Prozent bei jenen mit gutem Betriebsklima). Je positiver das Klima, um so geringer auch die Diskrepanz zwischen der Einschätzung des Leitungspersonals und jener der Mitarbeiterschaft (die beiden positiven Antwortmöglichkeiten addiert).

Tabelle 56: „Wie verhält sich der Chef bei Entscheidungen, die den Arbeitsbereich seiner Mitarbeiter betreffen?" Antwortvorgabe d): „Er begründet seine Entscheidungen" (absolute Zahlen in Klammern)

Betriebsklima schlecht	trifft voll und ganz zu	trifft eher zu	trifft eher nicht zu	trifft überh. nicht zu
Leiter/in	44,4% (4)	55,6% (5)	-	-
Mitarbeiter/in	18,3% (13)	36,6% (26)	32,4% (23)	12,7% (9)

Betriebsklima mittel	trifft voll und ganz zu	trifft eher zu	trifft eher nicht zu	trifft überh. nicht zu
Leiter/in	58,3% (7)	41,7% (5)	-	-
Mitarbeiter/in	26,2% (22)	36,9% (31)	23,8% (20)	13,1% (11)

Betriebsklima gut	trifft voll und ganz zu	trifft eher zu	trifft eher nicht zu	trifft überh. nicht zu
Leiter/in	75% (6)	25% (2)	-	-
Mitarbeiter/in	14,6% (6)	63,4% (26)	12,2% (5)	9,8% (4)

Signifikanz (Chi-Quadrat-Wert): 0,05030

Keine Leitungsperson hat die Frage (Antwortvorgabe d) kommentiert. Dies dokumentiert, daß ein solches Verhalten von den Leitungspersonen als selbstverständlich erachtet wird. Die Resonanz und Beurteilung seitens der Mitarbeiterschaft ist allerdings recht diskrepant. Nur dort, wo die vertikale Kommunikation „gepflegt" und dies auch so wahrgenommen wird, erweist sich diese Bringschuld der Leitungsebene auch als entsprechend eingeschätzt.

Vergleichsdaten aus anderen Untersuchungen liegen dem Verfasser nicht vor.

Betont der Chef seinen Mitarbeitern gegenüber seine Chef-Position? (Frage 32, Variable 70)

Das Antwortverhalten auf diese Frage soll Aufschluß geben über das Abschottungsbedürfnis des Leitungspersonals, auch über dessen eventuelle Unsicherheit. Sucht sich ein Leiter mit symbolischen Mitteln den Eindruck von Wichtigkeit zu verschaffen? Indirekt sind Erkenntnisse zu gewinnen über die „Zugänglichkeit" der Leitungspersonen und deren Bereitschaft zu informeller Interaktion.

Tabelle 57: „Betont der Chef seinen Mitarbeitern gegenüber seine Chef-Position?" (Absolute Zahlen in Klammern)

Klima schlecht	immer	häufig	selten	nie
Leiter/in	11,1% (1)	11,1% (1)	77,8% (7)	-
Mitarbeiter/in	14,9% (11)	16,2% (12)	45,9% (34)	23% (17)

Klima mittel	immer	häufig	selten	nie
Leiter/in	-	16,7% (2)	75% (9)	8,3% (1)
Mitarbeiter/in	15,9% (14)	20,5% (18)	38,6% (34)	25% (22)

Klima gut	immer	häufig	selten	nie
Leiter/in	-	-	75% (6)	25% (2)
Mitarbeiter/in	4% (2)	8% (4)	54% (27)	34% (17)

Signifikanz (Chi-Quadrat-Wert): 0,00852

Lediglich in Bibliotheken mit schlechtem oder durchschnittlichem Betriebsklima dokumentieren einige wenige Leitungspersonen mit ihren Antworten, daß sie häufig oder (in einem Fall) sogar immer ihre Chefposition Mitarbeitern gegenüber betonen. Die überwiegende Mehrheit aller Leiterinnen und Leiter (durchschnittlich 86 Prozent insgesamt) stellt fest, ein solches Verhalten komme selten oder nie vor. „Chefgehabe" scheint als eine eher unzeitgemäße Attitüde betrachtet zu werden.

Auf Mitarbeiterseite wird diese Einschätzung in den Bibliotheken mit schlechtem und durchschnittlichem Betriebsklima nicht geteilt. Rund ein Drittel der Mitarbeiterschaft aus Bibliotheken dieser Betriebsklima-Klassen meint, die Vorgesetzten betonten immer oder häufig ihre Position. Nur in Bibliotheken mit gutem Betriebsklima ist der Anteil der Mitarbeiterinnen und Mitarbeiter, die eine solche Feststellung treffen, verschwindend gering (sechs Personen = zwölf Prozent).

Insgesamt ist eine große Übereinstimmung zwischen der Selbsteinschätzung der Leitungspersonen und jener der Mitarbeiter zu verzeichnen. Dies ordnet sich in die bisherigen Verhaltensraster der Leiterinnen und Leiter aus Bibliotheken mit gutem Betriebsklima ein: Die vertikale Kommunikation zeigt sich nur wenig formalisiert, ist eher informell, kooperativ, fachlich-egalitär.

Neun Leiterinnen und Leiter kommentierten die Frage (Auswahl siehe unten). Diese Kommentare vermitteln ein eher selbstbewußtes Bild der Leitungspersonen von sich und ihrer Rolle. Fünf von ihnen meinen, sich zu formaler Machtbetonung selten veranlaßt zu sehen. Vier der Kommentierenden halten ihre betont selbstbewußte Rollenauffassung nicht für begründungsbedürftig.

Wenn erforderlich, ja. Ich kehre sie nie nach vorn. Aber es gibt Situationen, wo man das betonen muß, und es gibt Leute, denen gegenüber man das betonen muß. (±B)

Eigentlich strahle ich das ununterbrochen aus. (±B)

Manchmal muß ich das, ja. Sonst würde ich das nicht machen, das wäre ja auch falsch. (-B)

Die brauche ich gar nicht zu betonen, das wissen die eh. (-B)

Selten, aber manchmal muß ich ihnen das sagen. Wenn Fehler passiert sind und sie Entscheidungen getroffen haben, die sie nach außen hin doch nicht hätten vertreten können, dann muß ich sagen: „Der Chef bin immer noch ich, und ich habe das anders angewiesen, als sich das jetzt offenbart." (+B)

Akzeptieren die Mitarbeiter ihren Chef in dessen übergeordneter Rolle? (Frage 33, Variable 71)

Die Frage soll näheren Aufschluß über den Bezug des Leitungspersonals zur betrieblichen Realität geben. Sie soll zugleich zeigen, in welchem Maße die Leiterinnen und Leiter von ihrer Mitarbeiterschaft akzeptiert und respektiert werden.
Folgendes Antwortverhalten ist zu konstatieren.

Tabelle 58: „Akzeptieren die Mitarbeiter ihren Chef in dessen übergeordneter Rolle?" (Absolute Zahlen in Klammern)

Betriebsklima schlecht	ja, durchgängig	ja, überwiegend	eher nein
Leiter/in	33,3% (3)	66,7% (6)	-
Mitarbeiter/in	21,6% (16)	54,1% (40)	24,3% (18)

Betriebsklima mittel	ja, durchgängig	ja, überwiegend	eher nein
Leiter/in	50% (6)	50% (6)	-
Mitarbeiter/in	34,5% (30)	44,8% (39)	20,7% (18)

Betriebsklima gut	ja, durchgängig	ja, überwiegend	eher nein
Leiter/in	37,5% (3)	62,5% (5)	-
Mitarbeiter/in	44% (22)	52% (26)	4% (2)

Signifikanz (Chi-Quadrat-Wert): 0,01101

Die Leitungspersonen sind sich - über die Betriebsklima-Klassen der Einrichtungen hinweg - einig, durchgängig oder überwiegend von ihren Mitarbeiterinnen und Mitarbeitern in ihrer Rolle akzeptiert zu werden. In Bibliotheken mit gutem Betriebsklima erweist sich die Einschätzung der Leiterinnen und Leiter allerdings als etwas kritischer. Nur ein Drittel meint hier, durchgängig in der Leiterrolle akzeptiert zu werden. Die Einschätzung der Mitarbeiterschaft wiederum differiert von der des Leitungspersonals vor allem in den Bibliotheken mit schlechtem oder mittlerem Betriebsklima. Ein Viertel aller Mitarbeiterinnen und Mitarbeiter aus den Bibliotheken mit schlechtem Betriebsklima bringt zum Ausdruck, die Rollenausübung der Leitungsperson nicht akzeptieren zu können. Ein Fünftel der Mitarbeiterschaft aus Bibliotheken mit durchschnittlichem Betriebsklima äußert sich entsprechend. In den Bibliotheken mit gutem Betriebsklima ist der Anteil derart Antwortender verschwindend gering: Nur zwei Mitarbeiter (vier Prozent) stellen fest, ihre Leitungsperson in deren Rolle nicht zu akzeptieren.

Das Antwortverhalten zeichnet damit das eindeutige Bild eines Zusammenhangs zwischen „Chefakzeptanz" und Betriebsklima-Klasse. Inwieweit die Akzeptanz mit der Rollenausgestaltung der Leiterinnen und Leiter zusammenhängt, muß hier unbeantwortet bleiben. Die bisherigen Daten legen jedenfalls nahe, daß Aspekten wie Informalität, Kommunikationsbereitschaft, Zugewandtheit und Relativierung der eigenen Bedeutung ein erheblicher Einfluß zukommt.

Lediglich ein Leiter kommentiert die Frage; die Äußerung offenbart ein eher ambivalentes und brüchiges Verhältnis zur eigenen Rolle:

Ich komme mir zwar manchmal wie deren Dienstbote vor. Wenn die mit ihren Wünschen hier ankommen, dann springe ich und versuche, es umzusetzen. (-B)

Welche Aufgaben löst der Chef meistens allein und ohne Rücksprache mit den Mitarbeitern? (Mehrfachnennung möglich) (Frage 35, Variablen 73-80)

Die Frage sollte Hinweise auf eine etwaige Selbstüberschätzung der Leitungsperson liefern (nach dem Motto: „Ohne mich läuft gar nichts..."), gibt aber auch Auskunft darüber, was die Leiterinnen und Leiter als ihr „ureigenstes Territorium" ansehen. Für die Interpretation nach Betriebsklima-Klasse erwiesen sich lediglich die Spalten vier und fünf der Auswertungstabelle (Aufgaben, die mit Technikeinsatz und die mit der Servicegestaltung zu tun haben) als bedeutsam (siehe Tabelle 59). Die anderen verweisen auf „klassische Chefaufgaben" und werden hier der Vollständigkeit halber mitaufgeführt.

Tabelle 59: „Welche Aufgaben löst der Chef meistens allein und ohne Rücksprache mit den Mitarbeitern? (Mehrfachnennung möglich)" (absolute Zahlen in Klammern)

Betriebs-klima schlecht	Personal-fragen	Finanz-fragen	Technik-einsatz	Service-Gestaltung u. Person.-einsatz	was m. vorgesetz-ten Inst. zu tun hat	Planung der Zu-kunft	Außen-darstellung
Leiter/in	42,9% (3)	42,9% (3)	-	-	85,7% (6)	14,3% (1)	42,9% (3)
Mitarb.	47,2% (34)	43,1% (31)	*19,4% (14)*	*23,6% (17)*	86,1% (62)	51,4% (37)	51,4% (37)

Betriebs-klima mittel	Personal-fragen	Finanz-fragen	Technik-einsatz	Service-Gestaltung u. Person.-einsatz	was m. vorgesetz-ten Inst. zu tun hat	Planung der Zu-kunft	Außen-darstellung
Leiter/in	20% (2)	42% (4)	-	*10% (1)*	90% (9)	10% (1)	70% (7)
Mitarb.	51,8% (44)	51,8% (44)	*27,1% (23)*	*28,2% (24)*	82,4% (70)	47,1% (40)	60% (51)

Betriebs-klima gut	Personal-fragen	Finanz-fragen	Technik-einsatz	Service-Gestaltung u. Person.-einsatz	was m. vorgesetz-ten Inst. zu tun hat	Planung der Zu-kunft	Außen-darstellung
Leiter/in	16,7% (1)	33,3% (2)	-	-	66,7% (4)	16,7% (1)	66,7% (4)
Mitarb.	31,9% (15)	31,9% (15)	*10,6% (5)*	*6,4% (3)*	89,4% (42)	36,2% (17)	36,2% (17)

Signifikanzen (Chi-Quadrat-Werte): 0,06792 („Personalfragen"), 0,07298 („Finanzfragen"), 0,07126 („Technikeinsatz"), 0,01050 („Servicegestaltung"), 0,7202 („höhere Instanzen"), 0,20485 („Zukunftsplanung"), 0,02562 („Außendarstellung")

Nur wenige Mitarbeiterinnen und Mitarbeiter in Bibliotheken mit gutem Betriebsklima meinen, Aufgaben, die mit Service und Technikeinsatz zu tun haben, löse die Leitungsperson ohne Rücksprache. Drei- bis viermal soviele stellen dies in den anderen Betriebsklima-Klassen fest. Damit beschreiben letztere eine Arbeitsatmosphäre, in der die Fähigkeit der Leitungsperson zur Aufgabendelegation und zum Vertrauen in die Kompetenz der Mitarbeiterschaft nur gering ausgeprägt ist.

Die Kommentare der Leiterinnen und Leiter (Auswahl siehe unten) fügen sich insgesamt zu einem Bild breiter Kommunikationsbedürfnisse und großer Kommunikationsbereitschaft in fachlichen Angelegenheiten, auch und vor allem, wenn ureigenste „Chefterritorien" berührt werden.

Ich versuche, gar keine Aufgabe ohne Rücksprache mit einzelnen Mitarbeitern zu lösen. Das entspricht auch meinem Leitungsstil... (±B)

Es gibt immer einen Kernbereich, innerhalb dessen zu entscheiden ich mir vorbehalte... (±B)

Wir stimmen alles ab, weil es ja uns alle betrifft. Wir sind nur wenige, da geht es nur so. (+B)

Resümee

Leitungspersonen in Bibliotheken mit gutem Betriebsklima zeichnen sich durch eine höhere Bereitschaft aus, dienstliche und fachliche Entscheidungen inhaltlich zu legitimieren. Sie neigen weniger dazu, ihre Positionsmacht zu betonen und durch symbolische Gesten zu untermauern.

Leiterinnen und Leiter in Bibliotheken mit gutem Betriebsklima sind in höherem Maße als solche in den beiden anderen Betriebsklima-Klassen bereit, Aufgaben zu delegieren; ihnen wird höheres Vertrauen in die Kompetenz und Verantwortungsbereitschaft der Mitarbeiterinnen und Mitarbeiter bescheinigt - dies bei zugleich geringerem Bedürfnis nach Abschottung des eigenen „Territoriums".

Leitungspersonen in der höchsten Betriebsklima-Klasse verfügen offenbar über eine relativierende Einschätzung hinsichtlich der Bedeutung der eigenen Rolle. Hiermit korrespondiert das Ausmaß der hohen Akzeptanz dieser Leitungspersonen seitens der Mitarbeiterinnen und Mitarbeiter.

5.7 Möglichkeiten der Abstimmung und Gestaltung von Arbeitsabläufen

Eine Reihe von Fragen befaßte sich mit der konkreten Ausgestaltung der Arbeitsabläufe.

Wie verhält sich der Chef zu den Abläufen im Arbeitsbereich der Mitarbeiter? (Frage 36, Variablen 82-86)

Aus dem Antwortverhalten sollen Erkenntnisse gewonnen werden über das Ausmaß positiver Reaktionen der Leiterinnen und Leiter auf Vorschläge und Beiträge der Mitarbeiterschaft, über den Respekt vor deren fachlicher Kompetenz und die Wertschätzung von deren Vorschlägen und fachlicher Urteilsfähigkeit.

Folgendes Antwortverhalten ergab sich zur *Antwortvorgabe a) Er greift die Änderungsvorschläge der Mitarbeiter auf* (siehe Tabelle 60).

Die Mitarbeiterschaft in den Bibliotheken mit gutem Betriebsklima bestätigt zu fast 87 Prozent, in dieser Hinsicht positive Erfahrungen mit ihrer Leitungsperson zu machen. Deren Verhalten scheint aus dieser Sicht von weitgehender Kooperationsbereitschaft und -fähigkeit sowie umfassender Einbeziehung und Berücksichtigung der fachlichen Kompetenz und der berufspraktischen Erfahrungen der Mitarbeiterinnen und Mitarbeiter gekennzeichnet zu sein. Die Zustimmungsquote reduziert sich um 16 Prozent (auf 71 Prozent) in den Bibliotheken mit schlechtem Betriebsklima bzw. um 23 Prozent (auf 64 Prozent) in jenen mit durchschnittlichem Betriebsklima. Dennoch sollte nicht übersehen werden, daß unabhängig vom Betriebsklima auch im schlechtesten Fall kaum weniger als zwei Drittel aller Mitarbeiterinnen und Mitarbeiter den Leitungspersonen eine kooperative Grundhaltung attestieren.

Tabelle 60: „Wie verhält sich der Chef zu den Abläufen im Arbeitsbereich der Mitarbeiter?" Antwortvorgabe a) „Er greift die Änderungsvorschläge der Mitarbeiter auf" (absolute Zahlen in Klammern)

Betriebsklima schlecht	trifft voll und ganz zu	trifft eher zu	trifft eher nicht zu	trifft überhaupt nicht zu
Leiter/in	33,3% (3)	66,7% (6)	-	-
Mitarbeiter/in	11,6% (8)	59,4% (41)	21,7% (15)	7,2% (5)

Betriebsklima mittel	trifft voll und ganz zu	trifft eher zu	trifft eher nicht zu	trifft überhaupt nicht zu
Leiter/in	36,4% (4)	63,6% (7)	-	-
Mitarbeiter/in	9,9% (8)	54,3% (44)	29,6% (24)	6,2% (5)

Betriebsklima gut	trifft voll und ganz zu	trifft eher zu	trifft eher nicht zu	trifft überhaupt nicht zu
Leiter/in	37,5% (3)	50% (4)	12,5% (1)	-
Mitarbeiter/in	35,6% (16)	51,1% (23)	13,3% (6)	-

Signifikanz (Chi-Quadrat-Wert): 0,02672

Eine entsprechende Frage aus der zweiten Mitarbeiterbefragung im Kulturbereich der Stadt Bielefeld (1996: 4) zeitigte etwas positivere Ergebnisse. Lediglich ein Fünftel der Befragten dieser Erhebung meinte, Verbesserungsvorschläge würden abgelehnt oder behindert.

Zur *Antwortvorgabe b) Er ändert die Arbeitsgebiete und Aufgaben der Mitarbeiter, ohne vorher mit ihnen gesprochen zu haben* zeigte sich folgendes Antwortverhalten (siehe Tabelle 61):

Tabelle 61: „Wie verhält sich der Chef zu den Abläufen im Arbeitsbereich der Mitarbeiter?" Antwortvorgabe b) „Er ändert die Arbeitsgebiete und Aufgaben, ohne vorher mit ihnen gesprochen zu haben" (absolute Zahlen in Klammern)

Betriebsklima schlecht	trifft voll und ganz zu	trifft eher zu	trifft eher nicht zu	trifft überhaupt nicht zu
Leiter/in	-	-	11,1% (1)	88,9% (8)
Mitarbeiter/in	5,6% (4)	15,5% (11)	36,6% (26)	42,3% (30)

Betriebsklima mittel	trifft voll und ganz zu	trifft eher zu	trifft eher nicht zu	trifft überhaupt nicht zu
Leiter/in	-	-	33,3% (4)	66,7% (8)
Mitarbeiter/in	3,6% (3)	16,7% (14)	39,3% (33)	40,5% (34)

Betriebsklima gut	trifft voll und ganz zu	trifft eher zu	trifft eher nicht zu	trifft überhaupt nicht zu
Leiter/in	-	-	-	100% (8)
Mitarbeiter/in	-	-	35,7% (15)	64,3% (27)

Signifikanz (Chi-Quadrat-Wert): 0,00559

Auch diese Antworten bestätigen die generell kooperative Arbeitsatmosphäre in den wissenschaftlichen Bibliotheken Berlins. Es ist nicht angemessen, über den Kopf der Mitarbeiterinnen und Mitarbeiter hinweg Änderungen in deren Arbeitsgebieten vorzunehmen. Keine Leitungsperson hält ein solches Verhalten für üblich. 80 Prozent der Mitarbeiterschaft verneinen in den Einrichtungen mit durchschnittlichem oder schlechtem Betriebsklima eine derartige Praxis. Das hundertprozentige Urteil der Mitarbeiterschaft in den Bibliotheken mit gutem Betriebsklima bestätigt eindrucksvoll die bisherige Tendenz, daß die Kooperation bei dienstlichen Vorgängen in dieser Betriebsklima-Klasse umfassender ist als in den beiden anderen.

Die Auswertung zur *Antwortvorgabe c) Er zeigt im Alltag gezieltes Interesse am Stand der Arbeit seiner Mitarbeiter* erbrachte folgende Verteilung (siehe Tabelle 62):

Tabelle 62: „Wie verhält sich der Chef zu den Abläufen im Arbeitsbereich der Mitarbeiter?" Antwortvorgabe c) „Er zeigt im Alltag gezieltes Interesse am Stand der Arbeit seiner Mitarbeiter" (absolute Zahlen in Klammern)

Betriebsklima schlecht	trifft voll und ganz zu	trifft eher zu	trifft eher nicht zu	trifft überhaupt nicht zu
Leiter/in	-	77,8% (7)	22,2% (2)	-
Mitarbeiter/in	5,5% (4)	34,2% (25)	38,4% (28)	21,9% (16)

Betriebsklima mittel	trifft voll und ganz zu	trifft eher zu	trifft eher nicht zu	trifft überhaupt nicht zu
Leiter/in	16,7% (2)	58,3% (7)	25% (3)	-
Mitarbeiter/in	12,9% (11)	38,8% (33)	34,1% (29)	14,1% (12)

Betriebsklima gut	trifft voll und ganz zu	trifft eher zu	trifft eher nicht zu	trifft überhaupt nicht zu
Leiter/in	12,5% (1)	87,5% (7)	-	-
Mitarbeiter/in	14% (6)	48,8% (21)	27,9% (12)	9,3% (4)

Signifikanz (Chi-Quadrat-Wert): 0,04986

Die bisherige Tendenz wird bestätigt: In Bibliotheken mit gutem Betriebsklima wird den Leitungspersonen ein hohes Interesse an der Tätigkeit der Mitarbeiterschaft bescheinigt. Die Zustimmung steigt von 40 Prozent in Bibliotheken mit schlechtem Betriebsklima über 52 Prozent in solchen mit durchschnittlichem auf 63 Prozent in jenen mit gutem Betriebsklima. Je positiver das Betriebsklima, um so größer ist das Interesse der Leiterinnen und Leiter an der Arbeit der Mitarbeiterschaft. Auch die Antworten der Leitungspersonen sind in dieser Hinsicht eindeutig: In den Bibliotheken mit gutem Betriebsklima schreiben sich ausnahmslos alle ein solches Verhalten zu, ein knappes Viertel aus den Bibliotheken der anderen Betriebsklima-Klassen meint, dies träfe eher nicht oder überhaupt nicht zu.[99]

---

99 Generell ist festzustellen: Die Antworten der Leiterinnen und Leiter zeichnen sich durch eine große Ehrlichkeit aus. Auch eher unangenehme oder heikle Fragen werden in der Regel unvoreingenommen und ohne Rücksicht auf die „political correctness" beantwortet. Dies festzustellen ist um so wichtiger, als damit das empirische Bild der Rollenausübung und der Verhaltensmaximen Realitätsnähe ausstrahlt und an Glaubwürdigkeit gewinnt.

Die folgende Antwortvorgabe und einige weitere Fragen (so Frage 40, Frage 41, Frage 47) zielen darauf ab, das Maß an formaler Regeleinhaltung zu ermitteln. Neben der Beachtung von Pünktlichkeit, der Einhaltung von Pausenzeiten, der Urlaubsplanung ging es dabei zunächst um die Befolgung terminlicher Vorgaben. Bezogen auf die *Antwortvorgabe d) Er legt Wert darauf, daß Termine bei der Aufgabenerfüllung genau eingehalten werden* zeigte sich folgendes Ergebnis:

Tabelle 63: „Wie verhält sich der Chef zu den Abläufen im Arbeitsbereich der Mitarbeiter?" Antwortvorgabe d) „Er legt Wert darauf, daß Termine bei der Aufgabenerfüllung genau eingehalten werden" (absolute Zahlen in Klammern)

Betriebsklima schlecht	trifft voll und ganz zu	trifft eher zu	trifft eher nicht zu	trifft überhaupt nicht zu
Leiter/in	22,2% (2)	33,3% (3)	44,4% (4)	-
Mitarbeiter/in	14,3% (10)	45,7% (32)	34,3% (24)	5,7% (4)

Betriebsklima mittel	trifft voll und ganz zu	trifft eher zu	trifft eher nicht zu	trifft überhaupt nicht zu
Leiter/in	41,7% (5)	41,7% (5)	16,7% (2)	-
Mitarbeiter/in	39% (32)	37,8% (31)	17,1% (14)	6,1% (5)

Betriebsklima gut	trifft voll und ganz zu	trifft eher zu	trifft eher nicht zu	trifft überhaupt nicht zu
Leiter/in	37,5% (3)	50% (4)	12,5% (1)	-
Mitarbeiter/in	36,4% (16)	43,2% (19)	18,2% (8)	2,3% (1)

Signifikanz (Chi-Quadrat-Wert): 0,02912

Der Terminbeachtung kommt in Bibliotheken mit schlechtem Betriebsklima ein geringer Stellenwert zu - dies in der Einschätzung sowohl der Leitungspersonen wie der Mitarbeiterschaft. Ganz anders in den Einrichtungen der anderen Betriebsklima-Klassen: Dort wird die „Termintreue" um so höher bewertet, je besser das Betriebsklima ist. Knapp 80 Prozent der Mitarbeiterschaft und fast 80 Prozent der Leitungspersonen halten Termineinhaltung bei der Aufgabenerfüllung für wichtig. Diese starke Beachtung formaler Erfordernisse und Grenzsetzungen im Arbeitsgeschehen insbesondere in den Einrichtungen mit gutem Betriebsklima überrascht um so mehr, als die bisherigen Antworten aus dieser Betriebsklima-Klasse eher auf „lockeren" und informellen Umgang auch in diesem Punkt hätten schließen lassen.

Festzuhalten bleibt, daß in einer umfassend gepflegten informellen Kommunikationskultur formale Rahmenbedingungen besonders akzeptiert werden. Inwieweit die Antworten zu ähnlichen Fragen diesen Zusammenhang bestätigen, wird in der weiteren Auswertung dargestellt. Folgende Tendenz deutet sich an: Ein durch informelle Kommunikation geprägtes Betriebsklima geht *nicht* mit einer Informalisierung der Rahmenbedingungen einher - im Gegenteil: es korrespondiert signifikant mit der Akzeptanz formaler Rahmensetzungen.

Erhalten Sie von Ihren Benutzern und Benutzerinnen Rückmeldungen zur Arbeit Ihrer Bibliothek? (Frage 37, Variable 87)

Die Frage soll die Intensität des Kontaktes zur Nutzerschaft erhellen. Darüber hinaus werden Erkenntnisse darüber erhofft, wie die Leistungen der Bibliothek durch die Kundschaft eingeschätzt werden.

Die Auswertung ergab (siehe Tabelle 64):

Keine der Leitungspersonen und lediglich acht Prozent der Mitarbeiterschaft in Bibliotheken mit gutem Betriebsklima gaben an, seitens ihrer Kundschaft keine Resonanz, sei diese positiv oder negativ, zu erfahren. Rund ein Drittel der Mitarbeiterinnen und Mitarbeiter aus den anderen Betriebsklima-Klassen bekundeten hingegen, im Arbeitsalltag keinerlei Kontakt zu Kundinnen und Kunden zu haben oder von diesen keinerlei Reaktionen zu erhalten. Zwei Leitungspersonen erklärten, ebenfalls kein Feedback von außen zu ihrer Arbeit zu erhalten.

Tabelle 64: „Erhalten Sie von Ihren Benutzern und Benutzerinnen Rückmeldungen zur Arbeit Ihrer Bibliothek?" (Absolute Zahlen in Klammern)

Betriebsklima schlecht	ja, überwiegend positive	ja, überwiegend negative	nein
Leiter/in	75% (6)	12,5% (1)	12,5% (1)
Mitarbeiter/in	60,3% (44)	11% (8)	28,8% (21)

Betriebsklima mittel	ja, überwiegend positive	ja, überwiegend negative	nein
Leiter/in	66,7% (8)	25% (3)	8,3% (1)
Mitarbeiter/in	59,3% (48)	8,6% (7)	30,9% (25)

Betriebsklima gut	ja, überwiegend positive	ja, überwiegend negative	nein
Leiter/in	87,5% (7)	12,5% (1)	-
Mitarbeiter/in	82% (41)	10% (5)	8% (4)

Signifikanz (Chi-Quadrat-Wert): 0,03298

Was die Art der erfahrenen Rückmeldungen betrifft, zeigten sich deutlich mehr positive Kundenreaktionen bei der Mitarbeiterschaft in Bibliotheken mit gutem Betriebsklima (82 Prozent) im Vergleich zu den Einrichtungen mit schlechtem oder durchschnittlichem Betriebsklima (etwa 60 Prozent). Der Anteil der Mitarbeiterinnen und Mitarbeiter, die negative Reaktionen auf die Arbeit der Bibliothek erfahren, liegt mit etwa zehn Prozent in allen Betriebsklima-Klassen gleich hoch.

Die entscheidenden Unterschiede zwischen den Befragten der verschiedenen Betriebsklima-Klassen bestehen offensichtlich im Ausmaß an Kundenkontakt, der Möglichkeit, von den Kundenreaktionen Kenntnis zu erhalten und der Anzahl positiver Reaktionen auf die Dienstleistungen der Bibliothek - und zwar in der Einschätzung der Leitungspersonen wie der Mitarbeiterschaft. Ob diese Befunde Ausdruck einer generell positiveren sozio-emotionalen Befindlichkeit in den Bibliotheken mit gutem Betriebsklima sind und diese die Einschätzungen entsprechend prägt, oder ob die Benutzer aufgrund objektiver Leistungen und kundenorientierten Verhaltens der Mitarbeiterschaft sich in stärkerem Maße bewogen fühlen, positive Rückmeldungen zu geben, muß zunächst dahingestellt bleiben.

Die Leitungspersonen kommentierten die Frage in den Interviews wie folgt (Auswahl):

Die negativen Rückmeldungen sind seltener geworden, kommen auf Umwegen zu uns. (-B)

Sehr selten, und wenn, dann ist es eine Beschwerde. (±B)

Ich würde sagen, die Regel ist, daß man keine Reaktionen hört, und das würde ich als positiv empfinden. Die nehmen unsere Arbeit als selbstverständlich hin... (-B)

Wenn eine Bibliothek funktioniert, ist das eine Selbstverständlichkeit. Sowie etwas nicht da ist, gibt es Krach. 80 bis 90 Prozent der Bücher sind da - das wird hingenommen. Wenn dann eines fehlt, gibt es Krach. Rückmeldungen, die eher negativ sind, lassen nicht auf mangelhafte Funktionalität der Bibliothek schließen. (+B)

Nein, daß wir irgendwas toll gemacht haben, das sagt keiner, wir hören immer nur, was negativ ist. (±B)

Ich würde sagen, überwiegend positive. Wenn ich negative Rückmeldungen erhalte, bemühe ich mich, denen noch etwas Positives abzugewinnen oder in Diskussionen darzustellen, warum dieses oder jenes so negativ gesehen wird. (+B)

Das hängt mit den Benutzungsbedingungen zusammen, daß die Leute sagen: „Sie sind unheimlich nett, aber eigentlich ist die Bibliothek hinterm Mond." (-B)

Wir erhalten überwiegend positive Rückmeldungen. Wir geben uns aber auch ungeheure Mühe. Von höchster Stelle kriegen wir auch immer mal gute Rückmeldungen; das ist ein Pfund, mit dem die Bibliothek wuchern müßte und könnte. (±B)

Hätten die Mitarbeiter gerne mehr Entscheidungsfreiheit und Eigenständigkeit? (Frage 38, Variable 88)

Die Frage beleuchtet die Vorstellung der Leitungspersonen vom Bedürfnis der Mitarbeiter nach mehr Eigenständigkeit. Auf Mitarbeiterseite gibt sie Auskunft über den Bedarf an zusätzlichen Gestaltungs- und Entscheidungskompetenzen. Folgende Ergebnisse kristallisierten sich heraus:

Tabelle 65: „Hätten die Mitarbeiter gerne mehr Entscheidungsfreiheit und Eigenständigkeit?" (Absolute Zahlen in Klammern)

Betriebsklima schlecht	ja	ja, in einigen Bereichen	nein
Leiter/in	11,1% (1)	66,7% (6)	22,2% (2)
Mitarbeiter/in	14,9% (11)	64,9% (48)	20,3% (15)

Betriebsklima mittel	ja	ja, in einigen Bereichen	nein
Leiter/in	8,3% (1)	50% (6)	41,7% (5)
Mitarbeiter/in	18,2% (16)	40,9% (36)	40,9% (36)

Betriebsklima gut	ja	ja, in einigen Bereichen	nein
Leiter/in	-	62,5% (5)	37,5% (3)
Mitarbeiter/in	4% (2)	38% (19)	58% (29)

Signifikanz (Chi-Quadrat-Wert): 0,00014

Das Antwortverhalten der Befragten überrascht auf den ersten Blick, da aufgrund der bisher vorliegenden Daten von einem betriebsklima-unabhängigen hohen Maß an Gestaltungsfreiheit und Bewegungsspielraum, einer generell durch geringes Kontrollverhalten der Leitungspersonen gekennzeichneten Arbeitsatmosphäre und relativ liberalen Arbeitsbedingungen ausgegangen werden mußte.[100] Das eher ein-

---

100 Insbesondere bei Prüfung der Hypothese, daß Gestaltungs- und Entscheidungsbefugnisse ein signifikantes Unterscheidungskriterium zwischen Bibliotheksklassen sein könnten, hatte sich gezeigt, daß *im großen und ganzen* die individuelle Autonomie, die zeitliche Disposition und die Selbständigkeit der Arbeitsgestaltung *etwa gleichverteilt* waren.

heitliche Antwortverhalten hierzu wird durch die Reaktionen auf die vorliegende Frage konterkariert. Zwei Interpretationsoptionen bieten sich an:

Es ist nicht auszuschließen, daß in den Bibliotheken mit schlechtem oder durchschnittlichem Betriebsklima die Spielräume geringer sind, als in den Antworten zum Ausdruck kommt. Die (subjektiven) Einschätzungen könnten positiver ausgefallen sein, als die (objektive) Arbeitsrealität vorgibt. Da jedoch die Antworten zu vier Variablen ein relativ ähnliches Bild zeichnen, das zudem durch weitere Fragen gestützt wird, dürfte diese Überlegung wenig plausibel sein.

Wahrscheinlicher ist, daß die Frageformulierung „Hätten sie gerne *mehr* Entscheidungsfreiheit und Eigenständigkeit" die Unterschiede im Antwortverhalten ausgelöst hat. Während zuvor Einschätzungen zu konkreten Gegebenheiten abgefragt wurden, geht es hier um Wunschvorstellungen. Als Hypothese sei deshalb angenommen, daß aus den Antworten der Befragten in erster Linie der Wunsch nach stärkerer Einbeziehung in wichtige Vorgänge der Bibliothek abzulesen ist.

Sich ein „Mehr" an Entscheidungsfreiheit zu wünschen, wird von 58 Prozent der Befragten in Bibliotheken mit gutem Betriebsklima verneint. Der entsprechende Anteil sinkt in Bibliotheken mit durchschnittlichem Betriebsklima auf rund 40 Prozent und in jenen mit schlechtem Betriebsklima auf etwa 20 Prozent.

Es erstaunt, daß die Antworten der Leitungspersonen zur Einschätzung dieser Bedürfnisse von denen der Mitarbeiter in den Bibliotheken mit schlechtem oder durchschnittlichem Betriebsklima kaum abweichen. Zwar ist der Wunsch nach mehr Entscheidungsfreiheit und Eigenständigkeit auch in diesen Einrichtungen nicht gänzlich unbekannt. Diskrepanzen zwischen den Einschätzungen der Leitungspersonen und jenen der Mitarbeiterschaft zeigen sich indes in den Bibliotheken mit gutem Betriebsklima: Hier signalisieren deutlich mehr Mitarbeiter, als von den Leitungen angenommen wird, „Zufriedenheit", möglicherweise auch eine gewisse Sättigung, was den Gestaltungsspielraum anbelangt, der in ihrem Arbeitsalltag bereits Realität ist.

Wie wichtig die über den jeweiligen unmittelbaren Arbeitsbereich hinausgehenden Teilhabe- und Einflußmöglichkeiten für den betriebsinternen Umgang sind, illustrieren auch die Kommentare (Auswahl) der Leitungspersonen:

Es geht oft nicht. Ich kann die Zügel nicht länger lassen, meistens geht es um finanzielle Probleme, z.B. bei Bestellungen. (-B)

Ich habe eher die Befürchtung, daß sie sich in einigen Bereichen allein gelassen fühlen. (+B)

Ich bin der Auffassung, daß eigentlich relativ frei gehandelt wird. Mehr Entscheidungsfreiheit muß da nicht sein. (+B)

Vergleichsdaten aus anderen Untersuchungen sind aufgrund differierender Fragen nur eingeschränkt heranzuziehen.

Besteht der Chef auf Pünktlichkeit? (Frage 40, Variable 90)

Aus den Antworten auf diese Frage (und einige weitere) werden Aufschlüsse darüber erwartet, auf welche Prinzipien die Leitungspersonen setzen, um die Leistungsfähigkeit der Einrichtung sicherzustellen. Eventuell ergeben sich auch Hinweise auf „Prinzipienreiterei" oder den Einsatz solcher Prinzipien zur Stabilisierung eigener Macht.

Tabelle 66: „Besteht der Chef auf Pünktlichkeit?" (Absolute Zahlen in Klammern)

Betriebsklima schlecht	ja sehr, aus Prinzip	ja, normalerweise	ja, wenn Unpünktlichk. zur Gewohnheit zu werden droht	er hält das nicht für wichtig
Leiter/in	-	55,6% (5)	44,4% (4)	-
Mitarbeiter/in	24,3% (18)	39,2% (29)	25,7% (19)	9,5% (7)

Betriebsklima mittel	ja sehr, aus Prinzip	ja, normalerweise	ja, wenn Unpünktlichk. zur Gewohnheit zu werden droht	er hält das nicht für wichtig
Leiter/in	16,7% (2)	66,7% (8)	16,7% (2)	-
Mitarbeiter/in	11,5% (10)	59,8% (52)	21,8% (19)	6,9% (6)

Betriebsklima gut	ja sehr, aus Prinzip	ja, normalerweise	ja, wenn Unpünktlichk. zur Gewohnheit zu werden droht	er hält das nicht für wichtig
Leiter/in	25% (2)	37,5% (3)	25% (2)	12,5% (1)
Mitarbeiter/in	22,4% (11)	51% (25)	20,4% (10)	6,1% (3)

Signifikanz (Chi-Quadrat-Wert): 0,21145

Deutlich wird, daß eher informeller Umgang, ein hohes Maß an partizipativer Einbindung der Mitarbeiterschaft sowie fachliche Egalisierungsfähigkeit der Leitungspersonen - Befunde, die allesamt die Bibliotheken mit gutem Betriebsklima kennzeichnen - *nicht* einhergehen mit einer Vernachlässigung von Arbeitsdisziplin und professionellen Standards. Auch die Mitarbeiterinnen und Mitarbeiter selbst schätzen in diesen Bibliotheken die Einhaltung formaler Rahmenbedingungen höher ein als in den anderen Betriebsklima-Klassen. Informeller Umgang und weitgehende Partizipation führen offenbar nicht zu einer „kumpelhaften" Arbeitsatmosphäre, in der Konzessionen an die Arbeitsdisziplin gemacht werden und die vertikalen Grenzen zwischen den Rollen verschwimmen.

Achtet der Chef auf die Einhaltung von Pausenzeiten der Mitarbeiter/innen? (Frage 41a, Variable 91)

Die Auswertung der Frage erbrachte folgende Antwortverteilung:

Tabelle 67: „Achtet der Chef auf die Einhaltung von Pausenzeiten der Mitarbeiter?" (Absolute Zahlen in Klammern)

Betriebsklima schlecht	ja	nein
Leiter/in	22,2% (2)	77,8% (7)
Mitarbeiter/in	40,5% (30)	59,5% (44)

Betriebsklima mittel	ja	nein
Leiter/in	33,3% (4)	66,7% (8)
Mitarbeiter/in	47,7% (42)	52,3% (46)

Betriebsklima gut	ja	nein
Leiter/in	37,5% (3)	62,5% (5)
Mitarbeiter/in	54% (27)	46% (23)

Signifikanz (Chi-Quadrat-Wert): 0,32698

In den Bibliotheken mit gutem Betriebsklima wird die Einhaltung der Pausenzeiten strikter beachtet als in jenen mit durchschnittlichem oder schlechtem Betriebsklima - und zwar aus der Sicht der Mitarbeiterschaft wie der Leitungspersonen.

Auch dieses Ergebnis zeigt, daß die Mitarbeiterschaft in Bibliotheken mit gutem Betriebsklima von den Leitungspersonen gesetzte formale Rahmenbedingungen besonders hoch einschätzt - selbst wenn die Leiterinnen und Leiter ihren Anteil an formalen Kontrollaktivitäten als eher gering erachten.

Sieben Leiterinnen und Leiter kommentierten diese beiden Fragen. Zwei Einlassungen zur Beachtung von Pünktlichkeit stammen aus Bibliotheken mit gutem Betriebsklima; die weiteren Kommentare (Auswahl siehe unten) beziehen sich auf die Einhaltung von Pausenzeiten und kommen nicht aus Bibliotheken dieser Betriebsklima-Klasse. Die Äußerungen schwanken zwischen Resignation, Eingestehen eigener Schwäche, Mißtrauen und Kontrollbedürfnis.

Pünktlichkeit ist die Höflichkeit der Könige. (+B)

Ja sehr, aus Prinzip. Das hört sich so an, als ob man darauf herumreitet, aber sie müssen pünktlich sein. (+B)

Ich glaube, ich würde mir alles verderben, wenn ich plötzlich anfangen würde, auf Pausenzeiten zu achten. (-B)

Ich würde gerne, aber das geht nicht... Es ist ein Dauerbrenner, aber ich bin noch nicht dahinter gekommen, wie ich das durchsetzen kann. Es wird auch mißbraucht, wir haben keine Stechuhren. Und es ist selbstverständlich so, daß die Leute falsch eintragen. Nicht alle - aber ich darf ja noch nicht einmal die Arbeitszeitbögen regelmäßig kontrollieren... (-B)

Stellt sich der Chef vor seine Mitarbeiter, wenn Kritik von außen kommt oder von höheren Vorgesetzten? (Frage 43, Variable 100)

Von den Antworten werden Aufschlüsse über das Rollenverständnis der Leitungspersonen erwartet, über deren Bereitschaft, Verantwortung für das Handeln der Mitarbeiterinnen und Mitarbeiter zu übernehmen sowie über ihre Solidarisierungsfähigkeit. Letztere schafft nach innen Stabilität und begründet Loyalität - Basis für vertrauensvolle Zusammenarbeit.

Die Auswertung ergab folgendes Bild (siehe Tabelle 68):

Deutlich mehr Mitarbeiterinnen und Mitarbeiter (rund 69 Prozent) als in den anderen Betriebsklima-Klassen äußern in den Bibliotheken mit gutem Betriebsklima, die Leitungsperson stelle sich bei Kritik von außen vor sie. In den Einrichtungen mit schlechtem Betriebsklima antworten lediglich 43 Prozent der Befragten entsprechend. Keine Leitungsperson verneint kategorisch eine solche Haltung in entsprechenden Situationen. Die Diskrepanz zwischen der Selbsteinschätzung der Leiterinnen und Leiter und der Einschätzung der Mitarbeiterschaft erweist sich jedoch als um so größer, je schlechter das Betriebsklima ist: Etwa ein Viertel der Mitarbeiter in den Bibliotheken mit gutem Betriebsklima meint, ein solches Verhalten käme selten oder nie vor. In den Einrichtungen mit schlechtem Betriebsklima vertreten mehr als 47 Prozent der Befragten diese Ansicht.

Tabelle 68: „Stellt sich der Chef vor seine Mitarbeiter, wenn Kritik von außen kommt oder von höheren Vorgesetzten?" (Absolute Zahlen in Klammern)

Betriebsklima schlecht	kommt nicht vor	immer	häufig	selten	nie
Leiter/in	-	33,3% (3)	66,7% (6)	-	-
Mitarbeiter/in	6,9% (5)	9,7% (7)	33,3% (24)	34,7% (25)	12,5% (9)

Betriebsklima mittel	kommt nicht vor	immer	häufig	selten	nie
Leiter/in	-	66,7% (8)	33,3% (4)	-	-
Mitarbeiter/in	4,7% (4)	27,1% (23)	31,8% (27)	15,3% (13)	18,8% (16)

Betriebsklima gut	kommt nicht vor	immer	häufig	selten	nie
Leiter/in	12,5% (1)	50% (4)	25% (2)	12,5% (1)	-
Mitarbeiter/in	4,4% (2)	26,7% (12)	42,2% (19)	17,8% (8)	8,9% (4)

Signifikanz (Chi-Quadrat-Wert): 0,02913

Stabile innerbetriebliche Kooperationsbeziehungen bedürfen eines Minimums an Vertrauen in die wechselseitige Loyalität. Die Ergebnisse zeigen entlang der Betriebsklima-Staffelung zunehmende Zweifel der Mitarbeiterinnen und Mitarbeiter an einem diesbezüglichen Verhalten der Leiterinnen und Leiter.

Die Erhebung Schröders (1997a: 2) erbrachte folgenden Befund: 22,6 Prozent der Befragten sind mit der Parteinahme der Vorgesetzten für die Mitarbeiter unzufrieden, 57,8 Prozent zeigen sich zufrieden.

Nach Schröder und Feldmann (1997: 25) stimmten 58,8 Prozent der von ihnen Befragten der Aussage zu, daß sich ihr direkter Vorgesetzter bei Kritik hinter seine Mitarbeiter stellt, 16,1 Prozent verneinten dies.

Veränderungen am Arbeitsplatz, besonders auch die Einführung neuer Technologien sind mit Unsicherheiten und Befürchtungen verbunden. Nimmt der Chef die Ängste seiner Mitarbeiter vor Veränderungen ernst? (Frage 44, Variable 101)

Die Antworten auf diese Frage legen offen, wie wirklichkeitsgetreu die Leitungspersonen die Haltungen der Mitarbeiterinnen und Mitarbeiter zu technologischen Veränderungen einschätzen.

Die Auswertung ergab folgende Antwortverteilung:

Tabelle 69: „Veränderungen am Arbeitsplatz, insbesondere auch die Einführung neuer Technologien sind mit Unsicherheiten und Befürchtungen verbunden. Nimmt der Chef die Ängste seiner Mitarbeiter vor Veränderungen ernst?" (Absolute Zahlen in Klammern)

Betriebsklima schlecht	grundsätzlich immer	mit Einschränkungen	selten	die Mitarbeiter haben keine Ängste vor Veränderungen
Leiter/in	66,7% (6)	22,2% (2)	-	11,1% (1)
Mitarbeiter/in	9,6% (7)	21,9% (16)	20,5% (15)	47,9% (35)

Betriebsklima mittel	grundsätzlich immer	mit Einschränkungen	selten	die Mitarbeiter haben keine Ängste vor Veränderungen
Leiter/in	41,7% (5)	41,7% (5)	-	16,7% (2)
Mitarbeiter/in	15,1% (13)	29,1% (25)	8,1% (7)	47,7% (41)

Betriebsklima gut	grundsätzlich immer	mit Einschränkungen	selten	die Mitarbeiter haben keine Ängste vor Veränderungen
Leiter/in	50% (4)	25% (2)	12,5% (1)	12,5% (1)
Mitarbeiter/in	12% (6)	24% (12)	8% (4)	56% (28)

Signifikanz (Chi-Quadrat-Wert): 0,21916

Auffällig ist das große Ausmaß an Zuversicht und der geringe Grad an Ängsten gegenüber technologischen Neuerungen in Bibliotheken mit gutem Betriebsklima. Generell gilt: Etwa die Hälfte der Mitarbeiterinnen und Mitarbeiter aus allen Betriebsklima-Klassen hat keine Ängste vor Veränderungen, die neue Technologien mit sich bringen. Etwa jeder fünfte Mitarbeiter (20,5 Prozent) in Bibliotheken mit schlechtem Betriebsklima meint, die Leitungsperson nehme die Ängste vor Veränderungen „selten" ernst. In den anderen Betriebsklima-Klassen beträgt der entsprechende Anteil nur acht Prozent.

Als gravierend erweist sich die Diskrepanz zwischen der Einschätzung der Mitarbeiterschaft und jener der Leitungspersonen. Unabhängig von der Betriebsklima-Klasse hat zum Zeitpunkt der Befragung nur ein geringer Anteil der Leiterinnen und Leiter Äußerungen der Mitarbeiter wahrgenommen, aus denen hervorgeht, daß deren Ängste vor technologischen Neuerungen relativ gering sind. In der Einschätzung der Leitungspersonen überwiegt der Eindruck, in der Mitarbeiterschaft herrschten Technik- und Innovationsängste vor - ein (Vor-)Urteil, das vor dem Hintergrund der Antworten obsolet sein dürfte. Die Innovations- und Veränderungsbereitschaft der Mitarbeiterschaft ist vielmehr recht hoch.

Ob die hier zutage tretende Diskrepanz auf unzureichende Kommunikation, kognitive Verzerrungen oder die Projektion eigener Ängste vor Veränderung zurückzuführen ist, läßt sich nicht eindeutig beantworten. Nicht auszuschließen ist, daß die relative Unbefangenheit vieler Mitarbeiter gegenüber technologischen Veränderungen dem zur Zeit der Befragung stärker ins Bewußtsein rückenden Internet und seiner Popularisierung geschuldet ist, ohne daß diese Entwicklung vom Leitungspersonal in ihrer Tragweite entsprechend erkannt worden wäre.

Lange Zeit waren die Diskussionen um Neuerungserfordernisse primär von Bedenken und Ängsten beherrscht; diese Haltungen hatten sich auch die jeweiligen Arbeitnehmervertretungen zu eigen gemacht. Hiermit umzugehen, war und ist m.E. eine Herausforderung, die die Leitungspersonen von Bibliotheken hierzulande häufig überfordert(e). Eine Unterschätzung des Einstellungswandels gegenüber technologischen Veränderungen ist deshalb nicht auszuschließen. Die Verteilung der Antworten auf seiten der Leitungspersonen liefert keinen Hinweis darauf, daß das jeweilige Betriebsklima Einfluß auf einen Meinungswandel in Richtung größerer Aktualität und Wirklichkeitsnähe genommen hätte.

Wie Vergleichsdaten aus Untersuchungen in *öffentlichen* Bibliotheken ergeben, steht das Bibliothekspersonal auch dort dem Einsatz moderner Informationstechnologien recht unvoreingenommen und überwiegend positiv gegenüber. Wenngleich die Ergebnisse zur Frage aus der vorliegenden Erhebung nicht direkt mit diesen Befunden vergleichbar sind, läßt sich doch schließen, daß die Ängste vor technologischen Innovationen weder sehr massiv noch weit verbreitet sind.

Die Untersuchung der Arbeitsgruppe Berliner Bibliothekare (1995) brachte folgendes Ergebnis: Auf die Frage „Glauben Sie, daß die Informationstechnologie und EDV alles in allem eher ein Segen oder eher ein Fluch für den Beruf des Bibliothekars/der Bibliothekarin ist?" antworteten mit „eher ein Segen" 87,8 Prozent, mit „eher ein Fluch" 4,6 Prozent. Die Frage „Glauben Sie, daß die Informationstechnologie die Arbeit des Bibliothekars/der Bibliothekarin erleichtert oder erschwert?" wurde wie folgt beantwortet: „erleichtert" nannten 89,2 Prozent, „erschwert" meinten 4,4 Prozent (ebenda: 149).[101]

---

101 Dieser Befund korrespondiert direkt mit den Antworten zur Frage 46 der vorliegenden Erhebung, die in dieser Auswertung sonst nicht weiter berücksichtigt wird. Durchschnittlich 80 Prozent der Befragten betrachten demnach die technologischen Veränderungen im Bibliothekswesen mit Interesse, ein kleiner Teil davon sogar mit Faszination.

Wie wird die Urlaubsplanung geregelt? (Frage 47, Variable 104)

Aus dem Antwortverhalten auf diese Frage werden Rückschlüsse dazu erhofft, wie stark die Leitungspersonen auf Regeleinhaltung (hier hinsichtlich Urlaubsplanung) setzen, um die Leistungsfähigkeit der jeweiligen Einrichtung sicherzustellen. Die Antworten verteilten sich wie folgt:

Tabelle 70: „Wie wird die Urlaubsplanung geregelt?" (Absolute Zahlen in Klammern)

Betriebsklima schlecht	der Urlaub muß frühzeitig verb. festgelegt werden (Änd. nur in Ausnahmefällen)	der Urlaub wird am Anfang des Jahres festgelegt, Änderungen sind aber jederzeit möglich	es gibt keine Urlaubsplanung, der Urlaub wird kurzfristig von Fall zu Fall entschieden
Leiter/in	-	66,7% (6)	33,3% (3)
Mitarbeiter/in	9,6% (7)	38,4% (28)	47,9% (35)

Betriebsklima mittel	der Urlaub muß frühzeitig verb. festgelegt werden (Änd. nur in Ausnahmefällen)	der Urlaub wird am Anfang des Jahres festgelegt, Änderungen sind aber jederzeit möglich	es gibt keine Urlaubsplanung, der Urlaub wird kurzfristig von Fall zu Fall entschieden
Leiter/in	-	66,7% (8)	25% (3)
Mitarbeiter/in	12,5% (11)	67% (59)	15,9% (14)

Betriebsklima gut	der Urlaub muß frühzeitig verb. festgelegt werden (Änd. nur in Ausnahmefällen)	der Urlaub wird am Anfang des Jahres festgelegt, Änderungen sind aber jederzeit möglich	es gibt keine Urlaubsplanung, der Urlaub wird kurzfristig von Fall zu Fall entschieden
Leiter/in	-	75% (6)	12,5% (1)
Mitarbeiter/in	8% (4)	74% (37)	16% (8)

Signifikanz (Chi-Quadrat-Wert): 0,00002

Die frühzeitige verbindliche Festlegung des Urlaubs ist in Bibliotheken generell unüblich. Die flexible Regelung, den Urlaub zu Jahresanfang anzukündigen, aber jederzeit Änderungen zuzulassen, ist in den Bibliotheken mit durchschnittlichem und gutem Betriebsklima weit verbreitet. In letzteren erreicht diese Art der Urlaubsplanung - und damit der Strukturierung der Präsenzzeiten der Mitarbeiterschaft im Interesse der Leistungsfähigkeit der Organisation - einen Wert von rund

75 Prozent. Alle Befragten - Leitungspersonen wie Mitarbeiterschaft - bestätigen in dieser Betriebsklima-Klasse ein entsprechendes Verfahren. Der Befund unterstreicht erneut, welche Bedeutung formalen Rahmenbedingungen und deren Einhaltung in Bibliotheken mit gutem Betriebsklima zukommt. Bezeichnenderweise zeigt sich die Urlaubsregelung in den Bibliotheken mit schlechtem Betriebsklima unzureichend konturiert. Ein großer Teil der Mitarbeiterschaft (knapp 48 Prozent) stellt fest, daß es keine Planung des Urlaubs gebe, vielmehr kurzfristig von Fall zu Fall entschieden werde. Diese Einschätzung divergiert wiederum mit jener der Leitungspersonen - im Unterschied zu den beiden anderen Betriebsklima-Klassen. Zwei Drittel der Leiter meinen hier, es gäbe eine frühzeitige Urlaubsplanung.

Akzeptiert der Chef, wenn die Mitarbeiter mit ihren Kollegen und Kolleginnen selbständig Dienste tauschen? (Frage 48, Variable 106)

Die Antworten lassen erkennen, inwieweit die Leitungsperson den Mitarbeiterinnen und Mitarbeitern bei der selbständigen Strukturierung des Arbeitstags vertraut. Oder befürchten die Leitungspersonen, daß selbständige Aushandlungen unter den Mitarbeitern die Leistungsfähigkeit der Organisation beeinträchtigen?

Tabelle 71: „Akzeptiert der Chef, wenn die Mitarbeiter mit ihren Kollegen und Kolleginnen selbständig Dienste tauschen?" (Absolute Zahlen in Klammern)

Betriebsklima schlecht	ja	ja, mit Einschränkungen	nein	kommt nicht vor
Leiter/in	88,9% (8)	-	-	11,1% (1)
Mitarbeiter/in	43,2% (32)	24,3% (18)	2,7% (2)	29,7% (22)

Betriebsklima mittel	ja	ja, mit Einschränkungen	nein	kommt nicht vor
Leiter/in	91,7% (11)	-	-	8,3% (1)
Mitarbeiter/in	47,7% (42)	19,3% (17)	8% (7)	25% (22)

Betriebsklima gut	ja	ja, mit Einschränkungen	nein	kommt nicht vor
Leiter/in	75% (6)	12,5% (1)	-	12,5% (1)
Mitarbeiter/in	67,3% (33)	16,3% (8)	-	16,3% (8)

Signifikanz (Chi-Quadrat-Wert): 0,05914

Besonders auffallend ist die Diskrepanz zwischen den Äußerungen der Leitungspersonen und denen der Mitarbeiterschaft in Bibliotheken mit schlechtem oder durchschnittlichem Betriebsklima. Zwischen 40 Prozent und 50 Prozent der befragten Mitarbeiter geben dort an, die Leitungsperson akzeptiere den untereinander selbständig vereinbarten Diensttausch. Hingegen meinen rund 90 Prozent der Leiterinnen und Leiter aus diesen Betriebsklima-Klassen, sie akzeptierten solche Aushandlungen der Mitarbeiter untereinander. Ein Viertel bis ein Drittel der Mitarbeiterschaft stellt fest, ein solcher Regelungsbedarf käme nicht vor.

Ganz anders das Bild in den Bibliotheken mit gutem Betriebsklima: Drei Viertel des Leitungspersonals und rund 70 Prozent der Mitarbeiterschaft bestätigen eine solche Praxis; nur ein sehr kleiner Prozentsatz der Mitarbeiterinnen und Mitarbeiter vermerkt, so etwas käme nicht vor. Das hohe Maß an Konvergenz zwischen der Einschätzung des Leitungspersonals und jener der Mitarbeiterschaft läßt darauf schließen, daß die Mitarbeiter in Bibliotheken mit gutem Betriebsklima über größere Spielräume für flexible Gestaltung - auch über ihren unmittelbaren Bereich hinaus - verfügen, als dies in den anderen Betriebsklima-Klassen der Fall ist. Es zeigt auch, daß die Bereitschaft zu kollegialem und flexiblem Verhalten auf horizontaler Ebene in diesen Bibliotheken verbreiteter ist als in jenen mit durchschnittlichem oder schlechtem Betriebsklima. Zwar akzeptieren alle Leitungspersonen Diensttausche ihrer Mitarbeiterinnen und Mitarbeiter - falls sie vorkommen. Die Akzeptanz nimmt jedoch mit der Betriebsklima-Staffelung zu.

Nicht auszuschließen ist, daß dieses Maß an Spielraum bei der Mitarbeiterschaft einen hohen Stellenwert für die generelle Beurteilung der Arbeitsatmosphäre und des Betriebsklimas einnimmt. Ein hohes Maß an Autonomie und Flexibilität auf der horizontalen Ebene ohne besondere Begründungs- und Darstellungserfordernisse gegenüber der vertikalen Ebene wird möglicherweise als erheblicher Gewinn an Arbeitsplatzqualität empfunden. Der entsprechendem Verhalten der Leitungspersonen zugrundeliegende Vertrauensvorschuß mag das Seine dazu beitragen, daß Mitarbeiterinnen und Mitarbeiter sich in ihrem Verantwortungsgefühl, ihrer fachlichen Kompetenz und Sorgfalt anerkannt und bestärkt fühlen.

Suchen die Mitarbeiter von sich aus die Unterstützung ihres Chefs zur Lösung fachlicher, organisatorischer oder technischer Probleme in ihrem Arbeitsgebiet? (Frage 50, Variable 110)

Die Frage zielt auf das Vertrauensverhältnis zwischen Mitarbeiterschaft und Leitungspersonal in der fachlichen Zusammenarbeit. Überdies gibt das diesbezügliche Antwortverhalten Auskunft über das Vertrauen der Mitarbeiterinnen und Mitarbeiter in die Leitungskompetenz der Vorgesetzten.

Die Auswertung erbrachte folgende Verteilung (siehe Tabelle 72).

Tabelle 72: „Suchen die Mitarbeiter von sich aus die Unterstützung ihres Chefs zur Lösung fachlicher, organisatorischer oder technischer Probleme in ihrem Arbeitsgebiet?" (Absolute Zahlen in Klammern)

Klima schlecht	immer	häufig	selten	nie
Leiter/in	-	55,6% (5)	44,4% (4)	-
Mitarbeiter/in	6,8% (5)	17,6% (13)	64,9% (48)	10,8% (8)

Klima mittel	immer	häufig	selten	nie
Leiter/in	8,3% (1)	83,3% (10)	8,3% (1)	-
Mitarbeiter/in	5,7% (5)	35,2% (31)	50% (44)	9,1% (8)

Klima gut	immer	häufig	selten	nie
Leiter/in	-	62,5% (5)	37,5% (3)	-
Mitarbeiter/in	6% (3)	40% (20)	52% (26)	2% (1)

Signifikanz (Chi-Quadrat-Wert): 0,02434

Insgesamt zeigt sich, daß die fachliche Kompetenz der Leitungspersonen von den Mitarbeitern bei nicht eigenständig lösbaren fachlichen Problemen wenig genutzt wird. Nur ein sehr kleiner Prozentsatz der Mitarbeiterschaft nimmt diese Unterstützung ständig in Anspruch. Der größte Prozentsatz - zwischen 50 Prozent und 65 Prozent - tut dies selten. Ob letzteres mangelndem Vertrauen in die Lösungskompetenz der Leitungsperson, hohem eigenen Selbstbewußtsein oder Defiziten in der vertikalen Kooperation geschuldet ist, kann hier nicht beantwortet werden.

Dennoch dürfte unstrittig sein, daß im Arbeitsalltag wissenschaftlicher Bibliotheken eine Vielzahl von Problemen auftritt, die eine aktive Einbeziehung der technischen, organisatorischen und/oder fachlichen Lösungskompetenz der jeweiligen Leiterinnen und Leiter erforderlich machen. Dazu zählen: Abstimmungsbedarf mit administrativen Instanzen, Erwerbungsprobleme, Budgetfragen, intraorganisatorische Dissonanzen, Mißverständnisse, technische Ausfälle, Weiterbildungsbedarf, Vertretungsregelungen, Gäste, Sonderwünsche, Termindruck usw. Je intensiver der Kontakt zwischen Leitungspersonal und Mitarbeiterschaft, um so konsensualer sind die Lösungswege.

Aus den Angaben der Befragten ist ersichtlich, daß der Austausch mit der Leitungsperson um so weniger in Anspruch genommen wird, je schlechter das Betriebsklima der Einrichtung ist. Drei Viertel aller Mitarbeiterinnen und Mitarbeiter in Bibliotheken mit schlechtem Betriebsklima äußern, die Unterstützung der Leitungsperson bei fachlichen Problemen selten oder nie zu suchen. Der entsprechende Anteil reduziert sich auf knapp 60 Prozent in Bibliotheken mit durchschnittlichem und auf 54 Prozent in solchen mit gutem Betriebsklima.

Unter welchen Bedingungen macht dem Chef die Arbeit am meisten Spaß? (Frage 51, Variablen 111-117)

Die Frage ist mit einer Reihe von Antwortvorgaben versehen, die alltägliche arbeitsbezogene Einstellungen, Maximen, Verhaltensweisen und Haltungen der Leitungspersonen beschreiben. Eruiert werden soll damit das grundsätzliche Rollenverständnis der Leitungsperson: Inwiefern ist ihr Verhalten mitarbeiter- oder aufgabenorientiert, inwieweit ist es „autoritär"? Wie stark divergieren die Selbsteinschätzungen des Leitungspersonals von den Einschätzungen der Mitarbeiterschaft? Und wie stark differieren diese Werte nach Betriebsklima-Klassen?

Zunächst stellte sich in der Auswertung heraus, daß Fragen, die sich auf aufgabenorientierte Verhaltensweisen und Einstellungen bezogen, weitgehend betriebsklima-unabhängig und auch wenig dissonant beantwortet wurden. Dazu zählen die Feststellungen, den „Chefs" mache die Arbeit am meisten Spaß, „wenn er/sie sich vor besondere Herausforderungen gestellt sieht", „wenn die Arbeit zügig und effizient erledigt wird" und „wenn die Bibliothek hohe Anerkennung von außen erfährt".

Die verbleibenden Antwortvorgaben werden von allen Leitungspersonen in gleicher Reihenfolge (bei unterschiedlicher Gewichtung) beantwortet. Nach eigenen Angaben macht ihnen die Arbeit dann am meisten Spaß, wenn

- auch allen Mitarbeiterinnen und Mitarbeitern die „Arbeit Spaß macht";
- der „Arbeitsalltag abwechslungsreich ist";
- die Mitarbeiterinnen und Mitarbeiter nach den Anweisungen der Leitungsperson arbeiten (etwa 70 Prozent, deutlich weniger die Leiterinnen und Leiter in Bibliotheken mit gutem Betriebsklima: 37,5 Prozent);
- sie mit den Problemen der Bibliothek „behelligt" werden.

Die Einschätzungen der Mitarbeiterschaft weichen hiervon teilweise umgekehrt proportional ab. Lediglich in Bibliotheken mit gutem Betriebsklima bestätigen die Mitarbeiterinnen und Mitarbeiter, daß die Leitungsperson dann besondere Freude an der Arbeit empfinde, wenn diese allen Spaß mache (+BM: 80 Prozent im Vergleich zu ±BM: 69 Prozent, -BM: 39 Prozent). Auch meinen sie, daß die Leitungsperson Abwechslungsreichtum im Arbeitsalltag liebe. Sie bescheinigen ihrer Leitung eine weniger ausgeprägte Anweisungsorientierung als die Mitarbeiterschaft in den beiden anderen Betriebsklima-Klassen (+BM: 58 Prozent im Vergleich zu ±BM: 82 Prozent, -BM: 70 Prozent), und sie bestätigen mit großem

Abstand zu den anderen Betriebsklima-Klassen (+BM: 66 Prozent im Vergleich zu ±BM: 53 Prozent, -BM: 46 Prozent), daß „Behelligung" mit Bibliotheksproblemen die Freude der Leitungsperson an der Arbeit nicht beeinträchtigt.

Damit wird das bisher gezeichnete Bild bestätigt: Gutes Betriebsklima wird wesentlich dadurch geprägt, daß sich das Leitungspersonal in hohem Maße mitarbeiterorientiert verhält. Die Einstellung, auch „Spaß" mit und an der Arbeit haben zu dürfen, wird offenbar nur in den Bibliotheken mit gutem Betriebsklima überzeugend repräsentiert. Flankiert von einem anweisungsarmen Kommunikationsstil, spielt das Ausmaß des Interesses an bibliothekarischen Problemen eine weitere große Rolle. Je besser das Betriebsklima, desto geringer ist der Prozentsatz jener Mitarbeiterinnen und Mitarbeiter, die meinen, der „Chef" habe dann Spaß an der Arbeit, „wenn er von den Problemen der Bibliothek möglichst wenig behelligt werde". Auch hierbei geht es um Zugänglichkeit, Interesse und Zuwendung.

Bibliotheksprobleme sind immer auch Probleme der Personen, der Akteure, die mit ihnen primär konfrontiert sind. Dem Leitungspersonal in Bibliotheken mit gutem Betriebsklima gelingt es offenbar, durch die Art seiner Kommunikation und Kooperation mit der Mitarbeiterschaft ein hohes Maß an Identifikation mit der Aufgabe und den damit verbundenen bibliothekarischen Anliegen zu vermitteln - dies über die formale Ebene hinaus. Zwei Drittel der Mitarbeiterinnen und Mitarbeiter bescheinigen diesen Leitungspersonen, daß ihre Anliegen aus der täglichen Sacharbeit deren Geduld, Zeit und Befassungsbereitschaft nicht überfordern.

Die Kommentare der Leitungspersonen zur Frage kommen bis auf eine Ausnahme aus Bibliotheken mit schlechtem oder durchschnittlichem Betriebsklima:

„Wenn Mitarbeiter mich möglichst wenig behelligen": Das trifft voll und ganz zu, weil ich mir dann sage: Das läuft gut... Und das finde ich prima. Ich will ja nicht dauernd reinfunken, der Laden soll laufen. Zu „Wenn allen die Arbeit Spaß macht": Da würde ich sagen, das trifft eher nicht zu, weil ich der Meinung bin, das kann doch kein Kriterium sein. (±B)

Zu „Anweisungen": Ich gebe gar keine Anweisungen. Ich bin natürlich froh, wenn alles läuft, aber das trifft eher nicht zu. (-B)

Zu „Anweisungen": Wenn man hier jemanden hätte, der besonders renitent ist und einem immer wieder Knüppel zwischen die Beine wirft, könnte es zu einem Problem werden. Aber da ich mich eigentlich bemühe, mich möglichst wenig in die einzelnen Aufgabengebiete mit irgendwelchen Anweisungen reinzuhängen, ist das auch nicht so sehr das Problem. (+B)

Unter welchen Bedingungen macht den Mitarbeitern die Arbeit am meisten Spaß?
(Frage 53, Variablen 119-130)

Diese Frage mit mehreren Antwortvorgaben[102] soll Aufschluß geben über die Motivation und Zufriedenheit der Mitarbeiterinnen und Mitarbeiter, ihr Selbstbild sowie das Bild, das sich die Leitungspersonen von ihnen machen.

Antwortvorgabe d) wenn die Arbeit sie nicht zu sehr beansprucht erbrachte folgendes Ergebnis: Bibliotheken mit schlechtem oder durchschnittlichem Betriebsklima scheinen durch ein höheres Maß an Bequemlichkeit gekennzeichnet (30 Prozent bzw. 24 Prozent stimmen zu). In den Bibliotheken mit gutem Betriebsklima stimmen lediglich 2,4 Prozent der Mitarbeiterschaft zu.

Die *Antwortvorgabe h) wenn sie Zeit für private Gespräche haben* führte zu folgendem Bild (siehe Tabelle 73).

Tabelle 73: „Unter welchen Bedingungen macht den Mitarbeitern die Arbeit am meisten Spaß?" Antwortvorgabe h) „wenn sie Zeit für private Gespräche haben" (absolute Zahlen in Klammern)

Betriebsklima schlecht	trifft voll und ganz zu	trifft eher zu	trifft eher nicht zu	trifft überhaupt nicht zu
Leiter/in	22,2% (2)	66,7% (6)	11,1% (1)	-
Mitarbeiter/in	8,8% (6)	47,1% (32)	38,2% (26)	5,9% (4)

Betriebsklima mittel	trifft voll und ganz zu	trifft eher zu	trifft eher nicht zu	trifft überhaupt nicht zu
Leiter/in	33,3% (4)	58,3% (7)	8,3% (1)	-
Mitarbeiter/in	14,5% (11)	26,3% (20)	44,7% (34)	14,5% (11)

Betriebsklima gut	trifft voll und ganz zu	trifft eher zu	trifft eher nicht zu	trifft überhaupt nicht zu
Leiter/in	25% (2)	75% (6)	-	-
Mitarbeiter/in	7,1% (3)	21,4% (9)	50% (21)	21,4% (9)

Signifikanz (Chi-Quadrat-Wert): 0,0159

---

102 Die Antwortvorgaben, die zu einem betriebsklima-unabhängigen Antwortverhalten führten, werden in den Kapiteln 5.2 und 5.3 behandelt.

Ein Bedürfnis nach Zeit für private Gespräche während der Dienstzeit haben rund 56 Prozent der Mitarbeiterschaft aus Bibliotheken mit schlechtem und fast 41 Prozent aus solchen mit durchschnittlichem Betriebsklima. Der entsprechende Anteil sinkt in Bibliotheken mit gutem Betriebsklima auf 28,5 Prozent.

Der Befund weist auf ein betriebsklima-differentes Arbeitsethos hin, wenngleich dies nicht überbewertet werden sollte. In diesem Zusammenhang gewinnt das Antwortverhalten bezüglich Variable 122 (siehe oben) einen veränderten Stellenwert. Unter dem Aspekt „Mobilisierung von Leistungspotentialen" könnte der Schluß erlaubt sein, daß in Bibliotheken mit gutem Betriebsklima die Bereitschaft, am Arbeitsplatz primär mit arbeitsrelevanten Vorgängen befaßt zu sein, besonders hoch ist.

Antwortvorgabe i) wenn sie vom Chef genaue Vorgaben bekommen

Folgendes Antwortverhalten zeigte sich:

Tabelle 74: „Unter welchen Bedingungen macht den Mitarbeitern die Arbeit am meisten Spaß?" Antwortvorgabe i) „wenn sie vom Chef genaue Vorgaben bekommen" (absolute Zahlen in Klammern)

Betriebsklima schlecht	trifft voll und ganz zu	trifft eher zu	trifft eher nicht zu	trifft überhaupt nicht zu
Leiter/in	11,1% (1)	55,6% (5)	22,2% (2)	11,1% (1)
Mitarbeiter/in	5,8% (4)	11,6% (8)	55,1% (38)	27,5% (19)

Betriebsklima mittel	trifft voll und ganz zu	trifft eher zu	trifft eher nicht zu	trifft überhaupt nicht zu
Leiter/in	25% (3)	16,7% (2)	58,3% (7)	-
Mitarbeiter/in	8,8% (7)	13,8% (11)	45% (36)	32,5% (26)

Betriebsklima gut	trifft voll und ganz zu	trifft eher zu	trifft eher nicht zu	trifft überhaupt nicht zu
Leiter/in	12,5% (1)	62,5% (5)	12,5% (1)	12,5% (1)
Mitarbeiter/in	-	2,4% (1)	65,9% (27)	31,7% (13)

Signifikanz: (Chi-Quadrat-Wert): 0,14197

Trotz einer kleinen Differenz zwischen den Betriebsklima-Klassen gilt generell: Das Bedürfnis nach selbständiger Gestaltung und die Ablehnung genauer Vorgaben sind in den wissenschaftlichen Bibliotheken Berlins weitverbreitet.

Einige Kommentierungen seitens des Leitungspersonals werden hier wegen ihrer Aussagequalität dokumentiert, auch wenn sie nicht die Antwortalternativen h) und i) betreffen:

(zu „Benutzer stören"): Die (...) Kollegen, die für die Ausleihe zuständig sind, geraten schon in Panik, wenn mehr als zwei Benutzer da sind. Die (...) sind meistens sehr in ihr Gespräch vertieft, und da stören die Benutzer zum Teil häufig... Ein Kollege gerät gleich in Streß, wenn er mehr als einen Kunden zu bedienen hat... (-B)

(zu „Beanspruchung"): Ich meine nicht, daß sie nicht arbeiten wollen, aber manchmal ist die Belastung einfach zu groß, da werden sie ganz nervös. Wenn die Arbeit sie nicht zu sehr beansprucht, dann macht sie auch mehr Spaß. Es macht denen z.B. sehr viel Spaß, wenn sie die Arbeit so gestalten können, wie sie wollen... (-B)

(zu „Einmischung"): Ich glaube, die sind dann glücklich, wenn ich mich nicht einmische. (±B)

(zu „Verdienst"): Ja, natürlich, aber nicht ausschließlich. Das alleine ist es ja nicht, das kann ja nicht sein, daß ihnen die Arbeit nur Spaß macht, wenn sie genug verdienen, dabei aber die Aufgaben schlecht sind. (±B)

Das ist bei den einzelnen Mitarbeitern unterschiedlich. (±B)

(zu „genauen Vorgaben"): „Je präziser ich bin, desto leichter fällt meinen Mitarbeitern die Arbeit." Bei „wenn die Benutzer wenig stören" lacht er zunächst laut und zitiert dann ironisch Friedrich Smendt: „Benutzer sind der Krebsschaden der Bibliothek." Davon distanziert er sich sofort wieder und erwähnt, wie deprimierend es ist, wenn die Bibliothek zu wenige oder nur selten Benutzer habe. (+B)

(zu „Verdienst"): Das ist ja so: Man entscheidet sich in dem Moment, wo man die Stelle annimmt. Da weiß man genau, was auf einen zukommt. Die Diplomkräfte haben keine Möglichkeit mehr, sich zu verbessern, das wissen sie auch... (+B)

(zu „Benutzer stören"): Die stören immer. Nein, das kann man so nicht sagen, wir sind ja für die da. (±B)

Inwieweit entsprechen die realen Arbeitsbedingungen und der Arbeitsalltag den von den Mitarbeitern angekreuzten Merkmalen? (Frage 54, Variable 132)

Mit dieser Frage soll herausgefunden werden, inwieweit die tatsächlichen Arbeitsbedingungen und der Arbeitsalltag der Mitarbeiterinnen und Mitarbeiter mit deren Vorstellungen und Wünschen (in Frage 53 erhoben) übereinstimmen. Die Befunde stellen sich wie folgt dar:

Tabelle 75: „Inwieweit entsprechen die realen Arbeitsbedingungen und der Arbeitsalltag den von den Mitarbeitern angekreuzten Merkmalen?" (Absolute Zahlen in Klammern)

Mitarbeiter/in	voll und ganz	weitgehend	zum Teil	gar nicht
Klima schlecht	2,7% (2)	37% (27)	46,6% (34)	13,7% (10)
Klima mittel	2,3% (2)	56,8% (50)	35,2% (31)	5,7% (5)
Klima gut	10% (5)	64% (32)	26% (13)	-

Signifikanz (Chi-Quadrat-Wert): 0,00108

Damit zeigt sich: Zufriedenheit mit den tatsächlichen Arbeitsbedingungen und positive Klimaeinschätzung korrelieren miteinander. Die Zustimmung steigt von 40 Prozent in den Bibliotheken mit schlechtem über 60 Prozent in solchen mit durchschnittlichem Klima auf 74 Prozent bei jenen mit positivem Klima an. „Gar nicht"-Äußerungen kommen in letzteren überhaupt nicht vor, dagegen zu fast 14 Prozent bzw. sechs Prozent in den beiden anderen Betriebsklima-Klassen.

In den Bibliotheken, die sich durch gutes Betriebsklima auszeichnen, ist die Übereinstimmung zwischen den Wünschen und der Arbeitsrealität am höchsten.

Resümee

Positive Betriebsklima-Einschätzung geht einher mit einem hohen Maß an Beachtung formaler Regeleinhaltung durch die Leitungspersonen (bezogen auf Pünktlichkeit, Pausenzeit-Einhaltung, Urlaubsplanung usw.). Die Betriebsklima-Einschätzung der Mitarbeiterschaft steigt mit der Bereitschaft der Leitungspersonen, Verantwortung für das Verhalten (und auch die Fehler) der Mitarbeiter zu übernehmen. Eine positive Korrelation mit dem Betriebsklima zeigt sich auch bei der Bereitschaft der Leiter, die Fachkompetenz der Mitarbeiter in Zweifelsfragen zu beanspruchen, ebenso bei ihrer Bereitschaft, die Einhaltung struktureller Gestaltungsspielräume der Mitarbeiterschaft zu betonen und zu respektieren.

5.8 Handhabung und Regelung von Konflikten

Die „Einführungsfrage" zum Themenkomplex lautete:

Kann der Chef Kritik ertragen? (Frage 57, Variable 135)

Aus ihrer Beantwortung werden Erkenntnisse erhofft über die Korrekturfähigkeit und Lernbereitschaft der Leitungspersonen, über die Reversibilität der Beziehungen zwischen Leitung und Mitarbeiterschaft. Zugleich soll sie Aufschluß über die Belastbarkeit des innerbetrieblichen Meinungsaustauschs geben.
Folgendes Antwortverhalten ergab sich:

Tabelle 76: „Kann der Chef Kritik ertragen?" (Absolute Zahlen in Klammern)

Betriebsklima schlecht	ja, in jedem Fall	ja, fast immer	es kommt darauf an	nein, eigentlich nicht, aber er zwingt sich	nein
Leiter/in	-	44,4% (4)	44,4% (4)	11,1% (1)	-
Mitarbeiter/in	4,1% (3)	11% (8)	49,3% (36)	19,2% (14)	15,1% (11)

Betriebsklima mittel	ja, in jedem Fall	ja, fast immer	es kommt darauf an	nein, eigentlich nicht, aber er zwingt sich	nein
Leiter/in	25% (3)	16,7% (2)	58,3% (7)	-	-
Mitarbeiter/in	6,9% (6)	10,3% (9)	35,6% (31)	25,3% (22)	20,7% (18)

Betriebsklima gut	ja, in jedem Fall	ja, fast immer	es kommt darauf an	nein, eigentlich nicht, aber er zwingt sich	nein
Leiter/in	-	25% (2)	75% (6)	-	-
Mitarbeiter/in	8% (4)	30% (15)	52% (26)	10% (5)	-

Signifikanz (Chi-Quadrat-Wert): 0,00089

In den Bibliotheken mit schlechtem und jenen mit durchschnittlichem Betriebsklima ist die Selbsteinschätzung der Leitungspersonen hinsichtlich ihrer Fähigkeit und Bereitschaft, Kritik zu akzeptieren, auffallend hoch, vergleicht man sie mit den Angaben der Leiterinnen und Leiter aus den Bibliotheken mit gutem Betriebsklima: Mehr als 40 Prozent im Vergleich zu 25 Prozent meinen, Kritik in jedem

Fall oder fast immer ertragen zu können. 75 Prozent der Leitungspersonen aus den Einrichtungen der höchsten Betriebsklima-Klasse ziehen die relativierende, weniger grundsätzliche, eher situativ bezogene Antwort vor.

Die Antworten der Mitarbeiterschaft in der niedrigen und mittleren Betriebsklima-Klasse weichen hiervon deutlich ab: Die Leitungsperson könne Kritik *nicht* ertragen oder wenn doch, dann nur widerwillig, geben zwischen 34 Prozent und 46 Prozent an. Lediglich zehn Prozent der Mitarbeiterinnen und Mitarbeiter in den Bibliotheken mit gutem Betriebsklima kommen zu einem solchen Urteil. Die Übereinstimmung der Einschätzungen von Leitungsperson und Mitarbeiterschaft in dieser Frage erweist sich in der oberen Betriebsklima-Klasse als besonders hoch. Dies läßt auf eine relativ spannungsfreie und unbefangene Diskursatmosphäre schließen. Nicht unwesentlich dürfte hierzu auch eine eher selbstkritische und realistische Haltung des Leitungspersonals zu den eigenen Fähigkeiten und Belastbarkeiten in der sozialen Interaktion mit der Mitarbeiterschaft beitragen.

Vier Kommentare seitens der Leitungspersonen liegen zur Frage vor. Sie lassen sich als sehr offen und ehrlich, problembewußt und selbstkritisch charakterisieren.

Na ja, das ist eine knifflige Sache... Es kommt darauf an, aber ich (...) nehme so etwas relativ ruhig entgegen. Das liegt so in meiner Mentalität, meistens gibt es dann noch ein Nachgespräch unter vier Augen. (±B)

Nein, aber ich nehme es hin. Es ist nicht angenehm. Ich meine, keiner kann Kritik gut ertragen, es kommt auch darauf an, wie die Kritik geäußert wird. (+B)

Ja, ich muß die Kritik auf jeden Fall erst einmal anhören... Es geht ja um rein sachliche Dinge. Man kann daraus nur lernen; aber es ist sicherlich nicht angenehm. (±B)

Ich kann grundsätzlich Kritik schlecht ertragen und ich weiß, daß hier vielfach Kritik berechtigt ist. Mein Problem ist eigentlich immer gewesen, daß ich es als Kritik an meiner Person und nicht als solche an einem bestimmten Verhalten betrachte. Das verschiebt sich Gott sei Dank jetzt so langsam. (+B)

Mitarbeiterbefragungen anderer Untersuchungen lassen ähnliche Einschätzungen erkennen, wie sie die Aussagen der Mitarbeiter in Bibliotheken mit schlechtem und durchschnittlichem Betriebsklima in der vorliegenden Erhebung kennzeichnen.

So stimmten bei Schröder und Feldmann (1997: 25) 44,2 Prozent der Befragten der Feststellung zu, ihr direkter Vorgesetzter setze sich mit Kritik auseinander. 53,7 Prozent sagen, er finde Fehler auch bei sich selbst. 23,7 Prozent bzw. 20,9 Prozent bestritten dies.

In der Studie Heidemanns (1987: 83) beantworteten die Frage „Ist Ihr Vorgesetzter bereit, sich mit Anregungen und Kritik seiner Mitarbeiter auseinanderzusetzen?" 16 Prozent mit „Ja, immer", 53 Prozent mit „Ja, meistens", 27 Prozent mit „Nein, häufig nicht" und vier Prozent mit „Nein, nie".

Wie handelt der Chef, wenn die Mitarbeiter/innen in dienstlichen Angelegenheiten unterschiedliche Meinungen vertreten? (Frage 58, Variablen 136-139)

Das Antwortverhalten soll Auskunft geben über das Rollenverständnis der Leitungspersonen, ihre Vorstellung davon, wie sie ihre Funktion als Vorgesetzte auszufüllen und umzusetzen haben.

Die Auswertung erbrachte folgende Ergebnisse: In den beiden ersten *Antwortvorgaben - a) Er führt eine Mehrheitsentscheidung herbei (Variable 136)* und *b) Er verfügt entsprechend seiner Meinung (Variable 137)* - weisen die Antworten der Mitarbeiterschaft und der Leitungspersonen kaum Differenzen nach Betriebsklima-Klasse auf. Auch die Diskrepanzen in der Einschätzung zwischen Mitarbeiterschaft und Leitungspersonal ähneln sich unabhängig vom Betriebsklima. Die Antworten lassen erkennen:

- Mehrheitsentscheidungen werden nur selten als Steuerungsinstrumente in Konfliktfällen eingesetzt.
- Durch die Leitung verfügte Entscheidungen sind - so die Wahrnehmung der Mitarbeiterschaft - durchaus üblich, auch wenn der überwiegende Teil aller Leitungspersonen einem solchen Prozedere eher ablehnend gegenübersteht und bestreitet, sich so zu verhalten.

Antwortvorgabe c) Er versucht, einen Kompromiß auszuhandeln

Das Antwortverhalten zu dieser Antwortvorgabe kann darüber Aufschluß geben, inwieweit die Leitungspersonen in Konfliktsituationen bereit sind, durch die Initiierung eines Aushandlungsprozesses, also eines kommunikationsorientierten Verfahrens der Konfliktmoderation und des Interessenausgleichs, interne Dissonanzen gemeinsam mit den Betroffenen zu bearbeiten und zu lösen.

Zwar zeigt das Ergebnis (siehe Tabelle 77), daß fast alle Leitungspersonen nach ihrer eigenen Einschätzung auf Kompromisse als Lösungsweg setzen. Und auch aus der Sicht der Mitarbeiterschaft wird den Leitungspersonen mehrheitlich eine Bereitschaft zum Kompromiß zugestanden. Dennoch ergibt sich eine deutliche Staffelung entlang der Betriebsklima-Klassen der befragten Einrichtungen: Dokumentiert wird ein unterschiedliches Ausmaß von Verhandlungsorientierung, Aushandlungsbereitschaft und damit von Kommunikativität der Leiterinnen und

Leiter. Die Zustimmung zu dieser Antwortvorgabe steigert sich aus Mitarbeitersicht von knapp 61 Prozent in den Bibliotheken mit schlechtem Betriebsklima über rund 65 Prozent in jenen mit durchschnittlichem auf etwa 79 Prozent in den Einrichtungen mit gutem Betriebsklima.

Tabelle 77: „Wie handelt der Chef, wenn die Mitarbeiter/innen in dienstlichen Angelegenheiten unterschiedliche Meinungen vertreten?" Antwortvorgabe c) „Er versucht, einen Kompromiß auszuhandeln" (absolute Zahlen in Klammern)

Betriebsklima schlecht	trifft voll und ganz zu	trifft eher zu	trifft eher nicht zu	trifft überhaupt nicht zu
Leiter/in	44,4% (4)	44,4% (4)	11,1% (1)	-
Mitarbeiter/in	11,6% (8)	49,3% (34)	33,3% (23)	5,8% (4)

Betriebsklima mittel	trifft voll und ganz zu	trifft eher zu	trifft eher nicht zu	trifft überhaupt nicht zu
Leiter/in	16,7% (2)	83,3% (10)	-	-
Mitarbeiter/in	27% (20)	37,8% (28)	31,1% (23)	4,1% (3)

Betriebsklima gut	trifft voll und ganz zu	trifft eher zu	trifft eher nicht zu	trifft überhaupt nicht zu
Leiter/in	37,5% (3)	62,5% (5)	-	-
Mitarbeiter/in	23,4% (11)	55,3% (26)	19,1% (9)	2,1% (1)

Signifikanz (Chi-Quadrat-Wert): 0,14583

Antwortvorgabe d) Er verschiebt die Entscheidung

Antwortvorgabe d) verspricht zu Erkenntnissen zu führen, ob die Leitungsperson bereit ist, sich innerbetrieblichen Problemen und Konflikten unverzüglich zuzuwenden; sie zielt auf Auskunft über deren jeweiliges Rollenverständnis und Interesse an einer möglichst reibungslosen innerbetrieblichen Arbeitssituation.

Wie sich zeigt (siehe Tabelle 78), geben zwar einige wenige Leiterinnen und Leiter aus allen Betriebsklima-Klassen sehr ehrlich zu erkennen, daß sie in konflikträchtigen Situationen Entscheidungen zu verschieben neigen. Das Gros jedoch bestreitet *dilatorisches* Führungsverhalten in Konfliktsituationen.

Tabelle 78: „Wie handelt der Chef, wenn die Mitarbeiter/innen in dienstlichen Angelegenheiten unterschiedliche Meinungen vertreten?" Antwortvorgabe d) „Er verschiebt die Entscheidung" (absolute Zahlen in Klammern)

Betriebsklima schlecht	trifft voll und ganz zu	trifft eher zu	trifft eher nicht zu	trifft überhaupt nicht zu
Leiter/in	11,1% (1)	11,1% (1)	66,7% (6)	11,1% (1)
Mitarbeiter/in	16,1% (10)	35,5% (22)	38,7% (24)	9,7% (6)

Betriebsklima mittel	trifft voll und ganz zu	trifft eher zu	trifft eher nicht zu	trifft überhaupt nicht zu
Leiter/in	-	25% (3)	50% (6)	25% (3)
Mitarbeiter/in	6,9% (5)	33,3% (24)	31,9% (23)	27,8% (20)

Betriebsklima gut	trifft voll und ganz zu	trifft eher zu	trifft eher nicht zu	trifft überhaupt nicht zu
Leiter/in	-	12,5% (1)	62,5% (5)	25% (2)
Mitarbeiter/in	5,4% (2)	18,9% (7)	40,5% (15)	35,1% (13)

Signifikanz (Chi-Quadrat-Wert): 0,02789

Das Antwortverhalten insbesondere der befragten Mitarbeiterschaft zeichnet ein entlang der Betriebsklima-Klassen deutlich differenziertes Bild. Die Mitarbeiterinnen und Mitarbeiter, denen bei internen Konflikten bestimmte Probleme „unter den Nägeln brennen", geben durch ihre Antworten eine kritische Einschätzung, möglicherweise auch Mißbilligung des Verhaltens der Leitungsperson zu erkennen - dies übereinstimmend mit der jeweiligen Betriebsklima-Einschätzung. Während in den Bibliotheken mit schlechtem Betriebsklima mehr als 50 Prozent der Mitarbeiter feststellen, die Leitungsperson verschiebe Entscheidungen, verringert sich der entsprechende Anteil auf etwa 40 Prozent in den Einrichtungen mit durchschnittlichem und auf weniger als 25 Prozent in jenen mit gutem Betriebsklima. In letzteren scheint deutlicher der Eindruck vorzuherrschen, daß das Leitungspersonal bereit ist, sich konkreter Probleme und interner Dissonanzen anzunehmen und sie nicht auf die sprichwörtliche lange Bank zu schieben.

Welches sind in Ihrer Bibliothek die häufigsten Reaktionen bei Konflikten? (Frage 59, Variablen 140-145)

Die Frage zielt auf die organisationsinternen Formen der Konfliktaustragung. In einer Gesamtübersicht werden die Antworten der Befragten zu den Möglichkeiten passiver und aktiver Verweigerungshaltung im Arbeitsalltag (Desinteresse, Trotz, plötzliche Erkrankung, Vorwurf) wiedergegeben und der einzigen Option, die lösungsorientiert ist (Auseinandersetzungsbereitschaft), gegenübergestellt.

Die Frage erhebt vordergründig das generelle Muster betriebsinterner Konfliktaustragung. Sie fokussiert - abweichend von der zentralen Intention der Erhebung - zunächst *nicht* spezifisch auf die *vertikale* Dimension.

Als Ergebnis zeigte sich: Alle Tabellenwerte der verschiedenen „Eskalationsstufen" von verweigerndem Verhalten in Konflikten weisen deutliche betriebsklima-spezifische Unterschiede auf (bis zu 50 Prozent; siehe Tabellen 79 bis 83). Diese sind so gravierend, daß von höchst unterschiedlichen „Welten" oder Organisations- und Kommunikationskulturen gesprochen werden kann.

Antwortvorgabe a) Desinteresse

Tabelle 79: „Welches sind in Ihrer Bibliothek die häufigsten Reaktionen bei Konflikten?" Antwortvorgabe a) „Desinteresse" (absolute Zahlen in Klammern)

Betriebsklima schlecht	trifft voll und ganz zu	trifft eher zu	trifft eher nicht zu	trifft überhaupt nicht zu
Leiter/in	11,1% (1)	-	77,8% (7)	11,1% (1)
Mitarbeiter/in	14,7% (10)	41,2% (28)	36,8% (25)	7,4% (5)

Betriebsklima mittel	trifft voll und ganz zu	trifft eher zu	trifft eher nicht zu	trifft überhaupt nicht zu
Leiter/in	-	16,7% (2)	66,7% (8)	16,7% (2)
Mitarbeiter/in	10,7% (8)	44% (33)	30,7% (23)	14,7% (11)

Betriebsklima gut	trifft voll und ganz zu	trifft eher zu	trifft eher nicht zu	trifft überhaupt nicht zu
Leiter/in	-	-	62,5% (5)	37,5% (3)
Mitarbeiter/in	2,6% (1)	7,7% (3)	69,2% (27)	20,5% (8)

Signifikanz (Chi-Quadrat-Wert): 0,0

Antwortvorgabe b) Trotzverhalten

Tabelle 80: „Welches sind in Ihrer Bibliothek die häufigsten Reaktionen bei Konflikten?" Antwortvorgabe b) „Trotzverhalten" (absolute Zahlen in Klammern)

Betriebsklima schlecht	trifft voll und ganz zu	trifft eher zu	trifft eher nicht zu	trifft überhaupt nicht zu
Leiter/in	-	44,4% (4)	55,6% (5)	-
Mitarbeiter/in	16,2% (11)	51,5% (35)	23,5% (16)	8,8% (6)

Betriebsklima mittel	trifft voll und ganz zu	trifft eher zu	trifft eher nicht zu	trifft überhaupt nicht zu
Leiter/in	8,3% (1)	25% (3)	50% (6)	16,7% (2)
Mitarbeiter/in	6,8% (5)	37,8% (28)	37,8% (28)	17,6% (13)

Betriebsklima gut	trifft voll und ganz zu	trifft eher zu	trifft eher nicht zu	trifft überhaupt nicht zu
Leiter/in	12,5% (1)	12,5% (1)	62,5% (5)	12,5% (1)
Mitarbeiter/in	5,1% (2)	17,9% (7)	66,7% (26)	10,3% (4)

Signifikanz (Chi-Quadrat-Wert): 0,00003

Die Mitarbeiterinnen und Mitarbeiter in den untersuchten wissenschaftlichen Bibliotheken mit schlechtem, aber auch in denen mit durchschnittlichem Betriebsklima geben mit den Antworten in überwiegendem Maße zu erkennen, an einer Lösung nicht interessiert zu sein oder emotionale Repressionspotentiale wie Vorwurfs- und Trotzverhalten zu mobilisieren - mithin Attitüden, die eher juvenile Persönlichkeitsentwicklungsphasen kennzeichnen. „Komplettverweigerung" lösungsorientierter Aktivitäten durch physische Absenz mit dem Mittel der Krankmeldung bekunden immerhin 63 Prozent der Befragten in den Bibliotheken mit schlechtem und noch 35 Prozent in jenen mit durchschnittlichem Betriebsklima (siehe Tabelle 81).

In den Einrichtungen mit schlechtem oder durchschnittlichem Betriebsklima scheinen interne Konflikte unabhängig von ihrer Hierarchiedimension durch Resignation, emotionale Verweigerung, Obstruktion sowie physischen Entzug geprägt. Allein die Antworten der Mitarbeiterinnen und Mitarbeiter aus Bibliotheken mit gutem Betriebsklima weichen hiervon signifikant ab. Trotzverhalten oder plötzliche Krankmeldungen sind dort untypische interne Konfliktstrategien.

Antwortvorgabe d)[103] Plötzliche Erkrankung[104]

Tabelle 81: „Welches sind in Ihrer Bibliothek die häufigsten Reaktionen bei Konflikten?" Antwortvorgabe d) „Plötzliche Erkrankung" (absolute Zahlen in Klammern)

Betriebsklima schlecht	trifft voll und ganz zu	trifft eher zu	trifft eher nicht zu	trifft überhaupt nicht zu
Leiter/in	22,2% (2)	22,2% (2)	44,4% (4)	11,1% (1)
Mitarbeiter/in	21,2% (14)	42,4% (28)	31,8% (21)	4,5% (3)

Betriebsklima mittel	trifft voll und ganz zu	trifft eher zu	trifft eher nicht zu	trifft überhaupt nicht zu
Leiter/in	-	16,7% (2)	66,7% (8)	16,7% (2)
Mitarbeiter/in	13% (10)	22,1% (17)	42,9% (33)	22,1% (17)

Betriebsklima gut	trifft voll und ganz zu	trifft eher zu	trifft eher nicht zu	trifft überhaupt nicht zu
Leiter/in	12,5% (1)	12,5% (1)	37,5% (3)	37,5% (3)
Mitarbeiter/in	2,5% (1)	20% (8)	52,5% (21)	25% (10)

Signifikanz (Chi-Quadrat-Wert): 0,00004

---

103 Im Fragebogen folgte auf Antwortvorgabe b) die Antwortoption c) „Auseinandersetzungsbereitschaft". Bei der Darstellung der Ergebnisse wird aus systematischen Gründen die Reihenfolge verändert.
104 Die im Rahmen der Bertelsmann-Studie (vgl. Windau/Pantenburg 1997) durchgeführte Untersuchung führt an, daß der Mittelwert des Krankenstandes in den untersuchten Projektbibliotheken bei etwa sechs Prozent liegt. Auch wenn ein direkter Vergleich zu der vorliegenden Frage nicht möglich ist, liefert dieser Befund einen Hinweis auf die statistische Realität in einem ähnlichen Untersuchungsmilieu. Vgl. hierzu auch die Ausführungen zum Krankenstand am Ende von Kapitel 5.9.

Antwortvorgabe f) Vorwurfshaltung[105]

Tabelle 82: „Welches sind in Ihrer Bibliothek die häufigsten Reaktionen bei Konflikten?" Antwortvorgabe f) „Vorwurfshaltung" (absolute Zahlen in Klammern)

Betriebsklima schlecht	trifft voll und ganz zu	trifft eher zu	trifft eher nicht zu	trifft überhaupt nicht zu
Leiter/in	11,1% (1)	55,6% (5)	33,3% (3)	-
Mitarbeiter/in	12,3% (8)	60% (39)	20% (13)	7,7% (5)

Betriebsklima mittel	trifft voll und ganz zu	trifft eher zu	trifft eher nicht zu	trifft überhaupt nicht zu
Leiter/in	8,3% (1)	25% (3)	58,3% (7)	8,3% (1)
Mitarbeiter/in	4,1% (3)	50% (37)	31,1% (23)	14,9% (11)

Betriebsklima gut	trifft voll und ganz zu	trifft eher zu	trifft eher nicht zu	trifft überhaupt nicht zu
Leiter/in	-	50% (4)	50% (4)	-
Mitarbeiter/in	-	25% (10)	62,5% (25)	12,5% (5)

Signifikanz (Chi-Quadrat-Wert): 0,00001

Die Bereitschaft und das Bedürfnis, Interessenkonflikte und Dissonanzen durch auseinandersetzungsorientierte Kommunikation anzugehen und zu lösen, ist hoch, wie Tabelle 83 zeigt. Gerade 40 Prozent der Befragten in den Bibliotheken mit schlechtem Betriebsklima, keine 50 Prozent in jenen mit durchschnittlichem, aber fast 80 Prozent der Mitarbeiterinnen und Mitarbeiter in den Einrichtungen mit gutem Betriebsklima bekunden mit ihrem Antwortverhalten, daß „Auseinandersetzungsbereitschaft" eine der häufigsten Verhaltensweisen in Konflikten sei. Umgangsformen und Atmosphäre in den Bibliotheken mit gutem Betriebsklima scheinen eher geprägt durch offenen Diskurs, Konfliktfähigkeit und Interessenausgleich, lösungsorientierten, sachbezogenen Umgangsstil sowie weitgehenden Verzicht auf emotionale Repressionsmittel und persönliches Entziehen.

---

[105] Im Fragebogen folgte auf d) die Antwortvorgabe e) „Dienst nach Vorschrift". Aus systematischen und inhaltlich-methodischen Gründen bleibt diese Antwortalternative hier unberücksichtigt.

Antwortvorgabe c) Auseinandersetzungsbereitschaft

Tabelle 83: „Welches sind in Ihrer Bibliothek die häufigsten Reaktionen bei Konflikten?" Antwortvorgabe c) „Auseinandersetzungsbereitschaft" (absolute Zahlen in Klammern)

Betriebsklima schlecht	trifft voll und ganz zu	trifft eher zu	trifft eher nicht zu	trifft überhaupt nicht zu
Leiter/in	11,1% (1)	55,6% (5)	33,3% (3)	-
Mitarbeiter/in	4,5% (3)	35,8% (24)	50,7% (34)	9% (6)

Betriebsklima mittel	trifft voll und ganz zu	trifft eher zu	trifft eher nicht zu	trifft überhaupt nicht zu
Leiter/in	16,7% (2)	50% (6)	33,3% (4)	-
Mitarbeiter/in	7,9% (6)	40,8% (31)	44,7% (34)	6,6% (5)

Betriebsklima gut	trifft voll und ganz zu	trifft eher zu	trifft eher nicht zu	trifft überhaupt nicht zu
Leiter/in	12,5% (1)	87,5% (7)	-	-
Mitarbeiter/in	20,8% (10)	56,3% (27)	22,9% (11)	-

Signifikanz (Chi-Quadrat-Wert): 0,00032

Die Auswertung der beiden Folgefragen läßt erkennen, inwieweit organisationsinternes Konfliktgeschehen nicht unabhängig betrachtet werden kann von der konkreten Ausübung der Leitungsfunktion.

Erkennt der Chef drohende Konflikte rechtzeitig? (Frage 60, Variable 146)

Mit der Frage soll Auskunft eingeholt werden über die Sensibilität der Leitungsperson, ihre „innere Antenne" und ihr Frühwarnsystem für organisationsinterne Spannungen und Dissonanzen. Die Fragen sind zugleich auch ein Indikator für die Nähe oder Distanz des Leitungspersonals zum innerorganisatorischen Geschehen und den betriebsinternen Stimmungen.

Die Frage wurde folgendermaßen beantwortet (siehe Tabelle 84):

Nahezu alle Leitungspersonen bekunden unabhängig von der Betriebsklima-Klasse der Einrichtung, über ein Gespür für organisationsinterne Konfliktanbahnung zu verfügen. Sie stehen damit in deutlichem Gegensatz zur Einschätzung der Mitarbeiterschaft. Diese wiederum meint durchgängig (zu rund 55 Prozent) und unabhängig von der Betriebsklima-Klasse, die Leiterinnen und Leiter nähmen drohende interne Konflikte „eher selten" rechtzeitig wahr. Unabhängig davon, wie die Frage im einzelnen verstanden wurde und ob das Rollenverständnis der beteiligten Akteure und faktische Hierarchiebarrieren hier nicht objektive Wahrnehmungsgrenzen bedingen: das betriebsklima-spezifische Antwortverhalten in den anderen Spalten drückt die jeweilige organisationsinterne Atmosphäre aus.

Tabelle 84: „Erkennt der Chef drohende Konflikte rechtzeitig?" (Absolute Zahlen in Klammern)

Klima schlecht	immer	häufig	selten	nie
Leiter/in	-	77,8% (7)	22,2% (2)	-
Mitarbeiter/in	2,7% (2)	17,8% (13)	53,4% (39)	26% (19)

Klima mittel	immer	häufig	selten	nie
Leiter/in	-	91,7% (11)	8,3% (1)	-
Mitarbeiter/in	1,2% (1)	34,5% (29)	54,8% (46)	9,5% (8)

Klima gut	immer	häufig	selten	nie
Leiter/in	-	87,5% (7)	12,5% (1)	-
Mitarbeiter/in	4,3% (2)	40,4% (19)	55,3% (26)	-

Signifikanz (Chi-Quadrat-Wert): 0,01541

Etwas mehr als ein Viertel der befragten Mitarbeiterschaft in Bibliotheken mit schlechtem Betriebsklima gibt an, ein derartiges Verhalten bei der Leitungsperson bisher „nie" festgestellt zu haben. Vermutlich wird auch dem Gefühl Ausdruck verliehen, daß die Leitungsperson eine eher distanzierte oder abgeklärte Haltung gegenüber den organisationsinternen Vorgängen und Problemen hat. Der Anteil derjenigen Mitarbeiterinnen und Mitarbeiter, die mit „nie" antworten, reduziert sich in den Bibliotheken mit durchschnittlichem Betriebsklima auf rund zehn Prozent. Kein einziger Mitarbeiter aus den Einrichtungen mit gutem Betriebsklima wählt diese negative Antwortoption.

Eine zum Vergleich herangezogene Untersuchung (Scherer 1994) ermittelte folgende Daten zur Diskrepanz zwischen dem Selbstbild der Führungskräfte und der Einschätzung des Führungsverhaltens seitens der Mitarbeiterschaft zum Aspekt „Gespür für die Stimmung bei den Mitarbeitern": 64 Prozent der Leiterinnen und Leiter meinen über ein solches Gespür zu verfügen; nur 35 Prozent der Mitarbeiterinnen und Mitarbeiter sehen dies so. Sorgen und Probleme der Mitarbeiter zu erkennen und hierauf zu reagieren, meinen 53 Prozent der Leitungspersonen. Lediglich 30 Prozent der Mitarbeiterschaft bestätigen dies (ebenda: 72). Die Angaben sind demnach zumindest teilweise mit den Ergebnissen der vorliegenden Erhebung vergleichbar.

Wird der Chef bei Konflikten zwischen Kollegen und Kolleginnen herangezogen? (Frage 61, Variable 147)

Das Antwortverhalten auf die Frage soll Erkenntnisse liefern über das grundsätzliche Vertrauen, das die Mitarbeiterschaft der Leitungsperson in interkollegialen Konflikten entgegenbringt. Es drückt die Einschätzung aus, wie sehr die Leitungsperson in der Lage ist, Interessengegensätze und Dissonanzen auf horizontaler Ebene kompetent zu moderieren bzw. auszugleichen. Das aktive Einbeziehen der Leitungsperson in interkollegiale Konflikte, so darf unterstellt werden, stellt eine *ultima ratio* dar, die erst zum Einsatz kommt, wenn individuelle Ausgleichs- und Lösungsversuche zwischen den Beteiligten zu keinem Erfolg führten.

Die Auswertung brachte folgendes Ergebnis:

Tabelle 85: „Wird der Chef bei Konflikten zwischen Kollegen und Kolleginnen herangezogen?" (Absolute Zahlen in Klammern)

Betriebsklima schlecht	ja	nein
Leiter/in	100% (9)	-
Mitarbeiter/in	41,1% (30)	58,9% (43)

Betriebsklima mittel	ja	nein
Leiter/in	91,7% (11)	8,3% (1)
Mitarbeiter/in	54,7% (47)	45,3% (39)

Betriebsklima gut	ja	nein
Leiter/in	100% (8)	-
Mitarbeiter/in	64,6% (31)	35,4% (17)

Signifikanz (Chi-Quadrat-Wert): 0,03398

Die deutliche Antwortstaffelung entlang der Betriebsklima-Klassen ist augenscheinlich: Zwar meinen nahezu alle Leitungspersonen, in derartiger Rollenausübung von der Mitarbeiterschaft beansprucht zu werden. Rund 60 Prozent der Mitarbeiterinnen und Mitarbeiter in den Bibliotheken mit schlechtem Betriebsklima lehnen diesen Weg interner Konliktlösung ab. Sie verzichten auf die Involvierung und Inanspruchnahme der Leitungsperson bei interkollegialen Konflikten. In den Einrichtungen mit durchschnittlichem Betriebsklima sinkt der entsprechende Anteil auf 45 Prozent, mit rund 35 Prozent ist er in den Bibliotheken mit gutem Betriebsklima am geringsten.

Seitens des Leitungspersonals liegen vier Kommentare zur Frage vor:

Wenn es dienstliche Sachen sind, ja, wenn es andere Sachen sind, dann nicht. (-B)

Es gibt nur einen wirklichen Fall in all den Jahren, und sonst eigentlich selten. Das war ein wirklich ernster Fall. (-B)

Die Mitarbeiter haben gar nicht so viele Konflikte. Das geschieht in einer anderen Form, wenn einer über den andern spricht, wo ich häufig denke, das sind persönliche Sachen, die nicht über mich laufen sollen. Es ist dann ehrlicher, wenn die das untereinander regeln. (+B)

Ja, aber auf zwei Ebenen. Manchmal direkt als Schiedsrichter, manchmal auch nur von einer Seite. Das ist nicht so, daß die beiden darüber sprechen und mich dann hinzuziehen, das ist eher bei sachbezogenen Konflikten der Fall. (+B)

Kommt es vor, daß konfliktträchtige, gereizte Situationen durch eine humorvolle Bemerkung des Chefs entspannt bzw. entschärft werden? (Frage 63, Variable 149)

Aus dem Antwortverhalten ergeben sich Hinweise auf den Einsatz von Humor als Instrument zur Bewältigung von Krisen und zur Aufrechterhaltung der Kommunikation. Erwartet werden auch Auskünfte über die Sensibilität, das Einfühlungsvermögen und das Verhandlungsgeschick der Leitungspersonen.

Folgende Befunde sind zu konstatieren (siehe auch Tabelle 86):

Die Selbsteinschätzung der Leiterinnen und Leiter zeigt ein diffuses Bild. Die große Mehrheit setzt Humor nicht dazu ein, konfliktträchtige Situationen zu entspannen. Die größte Einzelgruppe, die von Humor Gebrauch zu machen meint, sind mit 50 Prozent die Leitungspersonen in den Bibliotheken mit durchschnittlichem Betriebsklima. Auch die Aussagen der Mitarbeiterschaft lassen nicht den Schluß zu, humorvolle Bemerkungen würden vom Leitungspersonal in solcher Lage eingesetzt. Mit Humor wird wohl generell zurückhaltend umgegangen. Die Arbeitsatmosphäre scheint eher von Ernsthaftigkeit und Nüchternheit geprägt.

Dennoch sind in der Einschätzung der Mitarbeiterschaft Unterschiede entlang der Betriebsklima-Staffelung auszumachen: In den Bibliotheken mit gutem Betriebsklima meint immerhin ein gutes Drittel, die Leitungsperson suche „immer" oder „häufig" gereizte Situationen durch Humor zu entspannen. Der entsprechende

Anteil sinkt in den beiden anderen Betriebsklima-Klassen auf 13 Prozent bzw. 15 Prozent, entsprechend hoch fällt dort die negative Beantwortung der Frage aus.

Tabelle 86: „Kommt es vor, daß konfliktträchtige, gereizte Situationen durch eine humorvolle Bemerkung des Chefs entspannt bzw. entschärft werden?" (Absolute Zahlen in Klammern)

Klima schlecht	immer	häufig	selten	nie
Leiter/in	-	33,3% (3)	55,6% (5)	11,1% (1)
Mitarbeiter/in	-	15,1% (11)	39,7% (29)	45,2% (33)

Klima mittel	immer	häufig	selten	nie
Leiter/in	8,3% (1)	41,7% (5)	50% (6)	-
Mitarbeiter/in	-	13,1% (11)	48,8% (41)	35,7% (30)

Klima gut	immer	häufig	selten	nie
Leiter/in	12,5% (1)	25% (2)	50% (4)	12,5% (1)
Mitarbeiter/in	6,1% (3)	28,6% (14)	49% (24)	14,3% (7)

Signifikanz (Chi-Quadrat-Wert): 0,00474

Insgesamt ist der Eindruck nicht von der Hand zu weisen, bibliothekarische Arbeit sei eine sehr ernste Angelegenheit und entsprechend ernst müßten auch Konflikte behandelt werden. Ob es den Akteuren ein wenig an Rollendistanz und Flexibilität mangelt? Das Spielerische im kommunikativen Umgang miteinander, das gerade in Konflikten harmonisieren könnte, scheint wenig verbreitet zu sein. Daß es überdies schlichte Unsicherheiten im Umgang mit Humor gibt, zeigen auch die vier Kommentare der Leitungspersonen:

Das weiß ich nicht. Das müssen Sie schon die anderen fragen. Ich bemühe mich schon darum, aber ich weiß nicht, ob ich ein sehr humorvoller Mensch bin. (±B)

Ich nehme die Konflikte ernst (...). Wenn ich dann eine flapsige Bemerkung mache, fühlen sich die Mitarbeiter in ihrer Konfliktposition nicht ernst genommen; das will ich nicht. (+B)

Ich wünschte, ich könnte es, aber das kann ich nicht. (+B)

Ich versuche immer, das nicht so verbissen zu sehen. Es ist nicht so, daß ich ständig irgendwelche Sprüche drauf habe. Aber ich versuche, das irgendwie menschlich zu lösen. (±B)

Resümee

In den Bibliotheken mit gutem Betriebsklima zeichnen sich nach Bekunden der Mitarbeiterinnen und Mitarbeiter die Leitungspersonen aus durch

- Konfliktsensibilität,
- Bereitschaft zur Auseinandersetzung,
- Lösungsorientierung,
- Lernbereitschaft,
- Egalisierungsfähigkeit,
- Rollenreversibilität,
- Verhandlungsbereitschaft.

Leitungen wie Mitarbeiterschaft in dieser Betriebsklima-Klasse liegt die Erhaltung der Funktionstüchtigkeit ihrer Organisation besonders am Herzen. Das professionelle Bedürfnis, „Sand im Getriebe" zu entfernen, ist deutlicher ausgeprägt als in den Einrichtungen mit durchschnittlichem oder schlechtem Betriebsklima.

5.9 Atmosphärischer Arbeitszusammenhang

Im folgenden wird eine Übersicht über die wichtigsten Fragen der Erhebung zum Thema „atmosphärischer Arbeitszusammenhang" gegeben.

Fühlen sich die Mitarbeiter in Gesprächen mit ihrem Chef frei, gelöst und entspannt? (Frage 64, Variable 150)

Das Antwortverhalten auf diese Frage gibt Auskunft über die allgemeine Atmosphäre und das Ausmaß an emotional unbelasteter vertikaler Kommunikation.
Die Daten führen zu folgendem Ergebnis (siehe Tabelle 87):
Die Einschätzungen der Leitungspersonen stimmen am ehesten in den Bibliotheken mit gutem Betriebsklima überein. Hier meinen alle von ihnen, die Kommunikation mit der Mitarbeiterschaft sei entspannt und gelöst. Dies schätzen die Mitarbeiter ebenso ein (mit rund 90 Prozent aller Befragten). Mithin ist in den Bibliotheken dieser Betriebsklima-Klasse von einer Atmosphäre zwanglosen Meinungsaustauschs zwischen Leitungspersonen und Mitarbeiterschaft auszugehen.
In den Einrichtungen mit durchschnittlichem oder schlechtem Betriebsklima gibt es hiervon beträchtliche Abweichungen: Mehr als ein Drittel (fast 37 Prozent) der befragten Mitarbeiterinnen und Mitarbeiter verneint eine derartige Gesprächsatmosphäre. Einige wenige Leitungspersonen schätzen die Gesprächssituation mit

ihren Mitarbeiterinnen und Mitarbeitern ähnlich kritisch ein, der überwiegende Anteil der Leiterinnen und Leiter aber geht - deutlich abweichend von den Einschätzungen der Mitarbeiterschaft - von einer entspannten Gesprächsatmosphäre aus (rund 78 Prozent in den Bibliotheken mit schlechtem und rund 92 Prozent in jenen mit durchschnittlichem Betriebsklima).

Tabelle 87: „Fühlen sich die Mitarbeiter in Gesprächen mit ihrem Chef frei, gelöst und entspannt?" (Absolute Zahlen in Klammern)

Betriebsklima schlecht	voll und ganz	eher ja	eher nicht	überhaupt nicht
Leiter/in	-	77,8% (7)	22,2% (2)	-
Mitarbeiter/in	17,6% (13)	45,9% (34)	31,1% (23)	5,4% (4)

Betriebsklima mittel	voll und ganz	eher ja	eher nicht	überhaupt nicht
Leiter/in	41,7% (5)	50% (6)	8,3% (1)	-
Mitarbeiter/in	14,9% (13)	48,3% (42)	29,9% (26)	6,9% (6)

Betriebsklima gut	voll und ganz	eher ja	eher nicht	überhaupt nicht
Leiter/in	12,5% (1)	87,5% (7)	-	-
Mitarbeiter/in	32% (16)	56% (28)	12% (6)	-

Signifikanz (Chi-Quadrat-Wert): 0,00435

Die Ergebnisse bestätigen das bisherige Bild: Je intensiver die interne Kommunikation zwischen Leitungsperson und Mitarbeiterschaft, um so positiver ist die Einschätzung des Betriebsklimas.

Kommt es vor, daß sich die Mitarbeiter von Ideen und Vorstellungen ihres Chefs gewinnen und begeistern lassen? (Frage 67, Variable 161)

Die Frage zielt auf die Fähigkeit und Bereitschaft der Leitungsperson, ihre eigene Begeisterung für neue Ideen und Ziele der Mitarbeiterschaft zu vermitteln.
Folgendes Antwortverhalten ist festzustellen (siehe Tabelle 88):
Rund zwei Drittel der Mitarbeiterschaft aus den Bibliotheken mit schlechtem und jenen mit durchschnittlichem Betriebsklima geben an, sich selten oder nie von Ideen und Vorstellungen der Leitungsperson begeistern zu lassen. Sie dokumentieren damit auch, sich in sehr geringem Maße von ihren Leiterinnen und Leitern inspiriert zu fühlen.

Tabelle 88: „Kommt es vor, daß sich die Mitarbeiter von Ideen und Vorstellungen ihres Chefs gewinnen und begeistern lassen?" (Absolute Zahlen in Klammern)

Klima schlecht	immer	häufig	selten	nie
Leiter/in	-	44,4% (4)	55,6% (5)	-
Mitarbeiter/in	-	23,3% (17)	65,8% (48)	11% (8)

Klima mittel	immer	häufig	selten	nie
Leiter/in	-	100% (12)	-	-
Mitarbeiter/in	2,3% (2)	36% (31)	54,7% (47)	7% (6)

Klima gut	immer	häufig	selten	nie
Leiter/in	-	100% (8)	-	-
Mitarbeiter/in		54% (27)	42% (21)	4% (2)

Signifikanz (Chi-Quadrat-Wert): 0,00227

Die Selbsteinschätzung der Leitungspersonen in den Bibliotheken mit schlechtem Betriebsklima stimmt zumindest teilweise mit dieser Mitarbeitereinschätzung überein. Die Selbsteinschätzung der Leiterinnen und Leiter aus den Bibliotheken mit durchschnittlichem Betriebsklima weicht von jener der Mitarbeiterschaft dagegen völlig ab. Ihr Selbstbild scheint eher an einem „Macherimage", geprägt von Einfallsreichtum und Veränderungsfreude, orientiert zu sein. Die Einschätzung der Mitarbeiterschaft weicht hiervon allerdings deutlich ab.

Etwas anders stellt sich der Befund für die Bibliotheken mit gutem Betriebsklima dar. Zwar differieren die Einschätzungen von Leitungspersonen und Mitarbeiterschaft erheblich. Nur hier jedoch bekunden mehr als die Hälfte der Mitarbeiterinnen und Mitarbeiter (54 Prozent), die Leitungsperson verfüge über die Fähigkeit, andere mitzureißen und zu begeistern. Lediglich eine Minderheit in dieser Akteursgruppe meint, dies selten oder nie erfahren zu haben.

Vergleichbare Ergebnisse aus anderen empirischen Erhebungen liegen nicht vor. Der Aspekt der Begeisterungsfähigkeit Vorgesetzter wird allerdings in einer anderen - explizit motivationalen - Studie (vgl. Heidemann 1987) berührt. Gefragt wird, ob der direkte Vorgesetzte seine „Mitarbeiter motivieren und für die Arbeit begeistern kann". Mit „Ja, immer" antworteten 17 Prozent, mit „Ja, meistens" 48 Prozent. „Nein, häufig nicht" nannten 30 Prozent, „Nein, nie" vier Prozent (ebenda: 83).

Die Kommentare der Leitungspersonen (Auswahl siehe unten) - keiner aus einer Bibliothek mit gutem Betriebsklima - dokumentieren eher geringen Ideenreichtum oder sind als eher zurückhaltend zu bewerten.

Ich habe da Schwierigkeiten. (...) Ich denke, man muß aufpassen, daß man sich nicht zu weit entfernt. Ich kann mich manchmal für Dinge begeistern, die vielleicht in nächster Zeit nicht so schnell zu realisieren sind. (-B)

Da ich wenig Ideen habe, trifft das selten zu. (-B)

Habe ich eigentlich so oft Ideen und Vorstellungen? Nein, also wenn ich Ideen habe, die sie nicht so toll finden, dann sagen sie mir das. Sofern ich Ideen und Vorstellungen habe, besprechen wir das. Ideen bringe ich ja nur ein, wenn sie realistisch sind... (±B)

Selbsteinschätzung und Mitarbeitereinordnung des Führungsstil des Chefs (Frage 71, Variablen 165-173)[106]

Bei dieser Frage geht es - sozusagen im Anschluß an die ausführlichere Charakterisierung und Bewertung des „Chef"-Verhaltens auf den unterschiedlichsten Ebenen des Arbeitsgeschehens (Motivation, Kommunikation, Entscheidungs- und Informationsverhalten, Konfliktsteuerung usw.) - darum, die Befragten zu einer „schlagwortartigen" Beschreibung des Leiterverhaltens aus ihrer jeweiligen Sicht zu bewegen. Isoliert von dem konkreten Vorlauf wiese die Frage wenig Plausibilität und Beschreibungswert auf, wäre eher als zu ungenau, pauschal und willkürlich abzulehnen. Im Anschluß an das gesamte Bündel von Fragen zum sozialen Geschehen im vertikalen Bezugsfeld der „wissenschaftlichen Bibliothek" ist sie m.E. allerdings höchst illustrativ und setzt - dramaturgisch gesprochen - mit ihrer komprimierten Aussage eine Art Schlußakkord.

Zwei charakterisierende Adjektive mußten aus dem Antwortkanon der Frage herausgenommen werden und sind an anderer Stelle eingeordnet worden. „Pflichtbewußt" zur Beschreibung des Führungsstils erwies sich als betriebsklima-unabhängig und war von den Befragten generell auf den ersten Rang aller Eigen-

---

[106] Im Fragebogen für die Mitarbeiterinnen und Mitarbeiter lautete der Text: „Bitte ordnen Sie den Führungsstil Ihres Chefs auf der folgenden Skala ein." Im Fragebogen für die Leiterinnen und Leiter lautete er entsprechend: „Bitte ordnen Sie sich auf der folgenden Skala zur Kennzeichnung Ihres Führungsstils ein."

schaften gesetzt worden.[107] Die Antworten zur Vorgabe „fürsorglich" erwiesen sich als diffus und uneindeutig.[108]

Das Set der Beschreibungselemente zum Führungsverhalten der Leiterinnen und Leiter beschränkt sich also auf sechs Begriffe. Sie zielen darauf ab, die - vermutlich eher intuitiv wahrgenommene - grundsätzliche Rollenidentifikation der Leitungsperson zu benennen (Aspekt „Gleichgültigkeit"[109]), das operative Verhalten zu kennzeichnen (kommunikativ, kooperativ, autoritär) sowie die Leistungs- und Flexibilitätskomponenten zu erfassen.

Die Antworten der Befragten wurden so bearbeitet, daß sie in einer Skala (siehe Tabelle 89) und in einem Gesamtüberblick[110] darstellbar sind.

Tabelle 89: Mitarbeitereinordnung des Führungsstils der Leitungsperson (Ergebnisse insgesamt) (Angaben in Prozent)

	Klima gut	Klima mittel	Klima schlecht
nicht gleichgültig	95	82	79
kommunikativ	91	75	57
kooperativ	88	66	53
leistungsorientiert	78	76	63
nicht autoritär	74	45	50
innovativ	61	64	47
durchschn. Zustimmungsquote	81,17	68	58,17

Alle Beschreibungselemente bis auf eines nehmen jeweils bei den Befragten aus Bibliotheken mit gutem Betriebsklima den höchsten Rang ein. Die dortigen Leitungspersonen gelten mit über 90 Prozent der Nennungen als „nicht gleichgültig" (d.h. engagiert und involviert) und kommunikativ. Beinahe 90 Prozent erreicht der Wert „kooperativ". Die Leiterinnen und Leiter aus Bibliotheken mit gutem Be-

---

107 Pflichtbewußtsein gehört deshalb zu den charakteristischen betriebsklima-unabhängigen Interaktionsmustern bzw. zu den diesen zugrundeliegenden ethischen Werten und Normen.
108 Diese wie auch andere Antworten und Ergebnisse der Erhebung, die in dem hier interessierenden Zusammenhang schwer zu deuten sind, sollen unter Hinzuziehung variierender Auswertungsmethoden und vertiefender Einzelfragen in späteren Arbeiten interpretiert und publiziert werden.
109 In der Ausübung der beruflichen Rolle nicht gleichgültig ist ein Verhalten, das als engagiert, beteiligt und präsent in bezug auf das Gesamtgeschehen des jeweiligen Zuständigkeitsbereichs zu bezeichnen ist.
110 Der Gesamtüberblick in Form einer graphischen Darstellung findet sich in Kapitel 6.

triebsklima gelten zu mehr als drei Viertel als „leistungsorientiert" und zu 74 Prozent als „nicht autoritär". Lediglich in der Einschätzung innovativen Verhaltens unterschreiten sie die Mitarbeiterbewertung der Leitungspersonen in Bibliotheken mit durchschnittlichem Betriebsklima um drei Prozentpunkte.

Die letzteren werden von der Mitarbeiterschaft um zwei bis 29 Prozentpunkte niedriger als erstere eingeschätzt. Um 14 bis 35 Prozentpunkte schließlich unterschreiten die Antworten der Mitarbeiter aus den Bibliotheken mit schlechtem Betriebsklima die Bewertung jener aus Einrichtungen mit gutem Betriebsklima.

Resümierend bleibt festzuhalten: Leitungspersonen wissenschaftlicher Bibliotheken mit nach Einschätzung der Mitarbeiterinnen und Mitarbeiter gutem Betriebsklima gelten aus deren Sicht als engagiert und präsent, kommunikativ, kooperativ und leistungsorientiert. Autoritäres Verhalten wird ihnen überwiegend abgesprochen, innovatives zurückhaltend zugebilligt.

Das Bild, das die Leitungspersonen aus Bibliotheken mit schlechtem Betriebsklima aus der Sicht ihrer Mitarbeiterinnen und Mitarbeiter abgeben, kann als „Kontrastprogramm" hierzu angesehen werden. Zwar gelten die dortigen Leitungspersonen überwiegend nicht als gleichgültig, dafür aber als wenig kommunikativ, kooperativ und innovativ. 50 Prozent der Mitarbeiterschaft schätzen sie als autoritär ein, und nur 63 Prozent billigen ihnen das Attribut „leistungsorientiert" zu.

Es verwundert kaum, daß die Selbsteinschätzung der Leitungspersonen hiervon stark differiert. Die Diskrepanzen zwischen der Selbst- und der Gegenwahrnehmung (durch die Mitarbeiterschaft) verringern sich, je besser das Betriebsklima einer Einrichtung eingeschätzt wird, wie die folgende Tabelle zeigt.

Tabelle 90: Selbsteinschätzung und Mitarbeitereinordnung des Führungsstils des Chefs - Übereinstimmungen und Diskrepanzen (alle Angaben in Prozent)

	Klima gut	Klima mittel	Klima schlecht
nicht gleichgültig	100	92	100
kommunikativ	100	100	78
kooperativ	100	100	100
leistungsorientiert	100	100	78
nicht autoritär	88	100	78
innovativ	63	100	44

Überraschend ist, daß nur eine geringe Zahl von Leiterinnen und Leitern die Frage kommentiert.

(Zu „gleichgültig") Ich habe den Anspruch, daß die Mitarbeiter ihre Konflikte horizontal austragen sollen. Es gibt ganz konkrete, bibliotheksbezogene Sachen, da mische ich mich ein, da bin ich überhaupt nicht gleichgültig. Aber ich muß und will mich zurückhalten, so daß ich nicht Details mitbestimme. Das ist die Sache, wo ich versuche, wirklich „gleichgültig" zu sein, daß ich sage: „Sie müssen selber sehen, ich könnte es mir so und so vorstellen, aber Sie müssen das selber regeln." Die Wirkung muß das Ziel der Sache sein... (-B)

Ich werde als „gleichgültig" eingestuft. Mir sind die Mitarbeiter zugegebenermeißen persönlich gleichgültig, es sind nicht meine Freunde. (±B)

(Zu „autoritär") Ich bilde mir ein, daß das eher nicht zutrifft, wobei ich mich bei Dingen, die mir wichtig sind, auf Dauer durchsetze.
Frage: Ist der Begriff „autoritär" für Sie eher positiv oder negativ besetzt?
Antwort: Er ist eigentlich ambivalent. Autorität ist ja etwas, das, wenn sie nicht bewußt eingesetzt wird, positiv ist: Sachautorität anstelle von Autorität aufgrund der Position innerhalb einer Hierarchie. Ersteres würde ich für mich begrüßen, und ich bemühe mich auch, meine Entscheidungen so zu begründen, daß sie akzeptiert werden. Ich fände es nicht gut, wenn meine Entscheidungen nicht hinterfragt werden, weil sie vom Chef kommen. (+B)

Fühlen sich die Mitarbeiter beruflich so sehr „eingespannt", daß ihr Privatleben darunter leidet?[111] (Frage 73, Variable 174)

Die Frage zielt auf den Zusammenhang von sozio-emotionalem Umfeld und individuellem Überforderungs- und Belastungsdruck auf seiten der Mitarbeiterinnen und Mitarbeiter.

Die Auswertung erbrachte das folgende Antwortverhalten (siehe Tabelle 91):
Festzustellen ist ein Zusammenhang zwischen der Betriebsklima-Einschätzung der Mitarbeiterschaft und dem individuellen Empfinden von „Eingespanntheit", Belastung, auch Überforderung. Zwischen 58 Prozent und 63 Prozent (je nach Betriebsklima-Klasse) fühlen sich „selten" so sehr eingespannt, daß das Privatleben darunter leidet. „Häufig" und „immer" allerdings bekunden 27 Prozent der Mitarbeiter in den Bibliotheken mit schlechtem Betriebsklima, sich in einer solchen Situation zu befinden. Der entsprechende Anteil reduziert sich auf acht Prozent in den Einrichtungen mit gutem Betriebsklima. Spiegelbildlich erweisen sich die Antworten in der Negationsskala: Lediglich acht Prozent der Befragten in

---

111 Im Fragebogen für die Mitarbeiterinnen und Mitarbeiter lautete die Frage: „Fühlen Sie sich selbst so sehr eingespannt, daß Ihr Privatleben darunter leidet?" Im Fragebogen für das Leitungspersonal wurde folgendermaßen formuliert: „Glauben Sie, daß Ihre Mitarbeiter/innen so sehr eingespannt sind, daß deren Privatleben darunter leidet?"

den Bibliotheken mit schlechtem Betriebsklima geben an, eine solche Konstellation komme „nie" vor. Der entsprechende Anteil erhöht sich auf 30 Prozent in den Einrichtungen mit gutem Betriebsklima.

Tabelle 91: „Fühlen sich die Mitarbeiter beruflich so sehr „eingespannt", daß ihr Privatleben darunter leidet?" (Absolute Zahlen in Klammern)

Klima schlecht	immer	häufig	selten	nie	weiß nicht
Leiter/in	-	22,2% (2)	55,6% (5)	22,2% (2)	-
Mitarbeiter/in	5,4% (4)	21,6% (16)	63,5% (47)	8,1% (6)	-

Klima mittel	immer	häufig	selten	nie	weiß nicht
Leiter/in	-	8,3% (1)	58,3% (7)	25% (3)	8,3% (1)
Mitarbeiter/in	-	19,3% (17)	58% (51)	22,7% (20)	-

Klima gut	immer	häufig	selten	nie	weiß nicht
Leiter/in	-	-	50% (4)	37,5% (3)	12,5% (1)
Mitarbeiter/in	2% (1)	6% (3)	62% (31)	30% (15)	-

Signifikanz (Chi-Quadrat-Wert): 0,02825

Zur Frage liegen zwei Kommentare von Leitungspersonen vor:

Nein, die Mitarbeiter haben ja eine andere Position. Im Unterschied zu mir brauchen die keine Probleme mit nach Hause zu nehmen. Die sind nicht so im Streß und ausgelaugt, also wirklich nicht. (±B)

Ich denke eher „selten". Die Tatsache, daß sie im Schichtdienst tätig sind, ist natürlich eine Beeinträchtigung des Privatlebens. Ich gehe davon aus, daß zusätzliche Anforderungen, die zu Hause zu erfüllen sind, für die Mitarbeiter in der Regel nicht zutreffen. (+B)

Aus anderen Untersuchungen lassen sich Vergleichsdaten heranziehen.
So ergibt eine Studie der Stadt Bielefeld (1996: 4), daß 70 Prozent der Mitarbeiterschaft die Arbeitsbelastung als sehr hoch einschätzen. Nicht auszuschließen ist, daß sich dies belastend auf das Privatleben auswirkt.
Jones (1997: 156) kommt zu dem Befund, Ärger am Arbeitsplatz werde mit nach Hause genommen. Während sachliche Unzulänglichkeiten kaum eine Rolle spielten, hallen emotionale Belastungen spürbar nach.

Eckardstein et al. (1995: 193) fanden, daß sich 8,9 Prozent der von ihnen Untersuchten durch die Arbeit überhaupt nicht belastet fühlen. 35,6 Prozent nannten geringe, 35 Prozent mittelmäßige Belastungen und 20 Prozent gaben an, ziemlich bis sehr belastet zu sein.

Pröhl (1995: 122) fragte: „Kommt es vor, daß Sie sich zum Dienstschluß sehr erschöpft von der Arbeit fühlen?" Neun Prozent antworteten mit „fast nie", 16 Prozent mit „selten", 42 Prozent befanden „manchmal", 20 Prozent „häufig" und 13 Prozent „sehr häufig".

Resümee

Die Mitarbeiterinnen und Mitarbeiter in den Bibliotheken, die sich durch ein gutes Betriebsklima auszeichnen, geben zu erkennen, daß sie sich in der vertikalen Interaktion weitgehend unbelastet fühlen. Die Beziehung zwischen Mitarbeiterschaft und Leitungsebene kann als spannungsfrei charakterisiert werden. Die Mitarbeiterschaft in der höchsten Betriebsklima-Klasse bezeugt eine hohe Überzeugungs- und Begeisterungsfähigkeit ihrer Leiterinnen und Leiter für neue Ziele.

Die Mitarbeiterinnen und Mitarbeiter aus dieser Bibliotheksgruppe empfinden keinen bis geringen Überforderungs- und Belastungsdruck.

Basierend auf den eher allgemein-atmosphärischen Fragen zum innersozialen Geschehen in der „wissenschaftlichen Bibliothek" bleibt insgesamt festzuhalten: Je mehr sich die Leitungspersonen bemühen, die Kompetenz ihrer Mitarbeiterinnen und Mitarbeiter umfassend - und zwar über die engen Grenzen von Rang- und Besoldungsstufen hinaus - zu mobilisieren und in Anspruch zu nehmen, je mehr sie überdies bereit sind, mit der Mitarbeiterschaft auf der Basis kommunikativer und partizipativer Einbindung vertrauensvoll zu kooperieren, um so positiver ist die Einschätzung des Betriebsklimas, um so höher auch die Arbeitszufriedenheit, um so stärker nicht zuletzt das Engagement und die Leistungsorientierung der Mitarbeiterinnen und Mitarbeiter.

Solche Leiterinnen und Leiter scheinen sich durch Flexibilität in der Ausgestaltung ihrer Rolle, durch ein gewisses Maß an Zurückgenommenheit und ihre Fähigkeit zur Selbstkorrektur auszuzeichnen. Sie handeln eher pragmatisch und auf Verständigung hin, achten aber durchaus auf die Einhaltung formaler Regeln. Bei innerorganisatorischen Konflikten erweisen sie sich, so die plausible Annahme, als ausgesprochen lösungsorientiert; sie schieben notwendige Klärungen wohl auch nicht allzulange hinaus. Sie akzeptieren das Bedürfnis der Mitarbeiterinnen und Mitarbeiter nach Selbstverwirklichung und gestehen diesen Räume für Mitwirkung und Gestaltung sowie Spaß zu. Ihr Humor ist, wenngleich nicht übermäßig ausgeprägt, so doch unübersehbar. Sie vermögen darüber hinaus durch ihr Engagement und ihre Präsenz zu überzeugen und genießen einigen Respekt in der

Mitarbeiterschaft. Letztere bringt dies durch entsprechende Einschätzungen und Einstellungen zum Ausdruck. Entspannte Arbeitsatmosphäre und allenfalls geringe gesundheitliche Beeinträchtigungen als Folge von Dissonanzen im Arbeitsgeschehen sind weitere Indikatoren für diesen Befund.[112]

Sind bei den Leiterinnen und Leitern entsprechende Haltungen und Verhaltensweisen nicht vorhanden oder ungenügend ausgeprägt, drückt sich dies seitens der Mitarbeiterschaft in der (geringeren) Arbeitszufriedenheit und vor allem in der (schlechteren) Betriebsklima-Einschätzung aus.

Im folgenden Kapitel wird die Bedeutung dieser Haltungen und Verhaltensweisen für die Leistungsoptimierung und Innovationsbereitschaft zusammengefaßt und zugespitzt - dies vor dem Hintergrund der zentralen Bedingungs- und Beeinflussungskomponenten „Umwelt", „Akteure", „strukturelle Rahmenbedingungen" und „Interaktionsmuster".

---

[112] Um realitätsfernen Interpretationen dieser „Positivliste" vorzubeugen, sei noch einmal darauf hingewiesen, daß das geschilderte Verhalten eine insgesamt konstruktive Kooperationsbereitschaft der beteiligten Mitarbeiterinnen und Mitarbeiter voraussetzt. Das Bemühen um Kooperativität und Förderung einer, wie dargelegt, überwiegend intrinsisch motivierten Mitarbeiterschaft findet dort seine Grenzen, wo Eigenwilligkeit und Konkurrenzbedürfnisse einzelner die Kooperation behindern. Mit letzteren Verhaltensformen umzugehen, erfordert besondere soziale Kompetenzen der Leitungsperson. In jüngster Zeit wurde in mehreren Presseberichten auf entsprechende Forschungen hingewiesen. Vgl. hierzu: Strahlendorf (1998: 71); Hauschildt (1998: 150).

6. Zusammenfassung der Ergebnisse

6.1 Perspektiven der Untersuchung

Mit dieser Untersuchung in wissenschaftlichen Bibliotheken Berlins verbanden sich zwei zentrale Intentionen:

- Im Mittelpunkt des Erkenntnisinteresses stand die „Arbeitsorganisation" Bibliothek als *soziales System*. Erfolg und Effizienz von Organisationen - seien sie privat geführt oder öffentlich finanziert - hängen, so übereinstimmend neuere Forschungsergebnisse aus Organisationssoziologie, Managementlehre, Arbeitspsychologie und Kommunikationswissenschaft, maßgeblich von der Qualität der internen Interaktionen, von der Bereitschaft und Fähigkeit der in ihnen handelnden Individuen zur *Kooperation* ab. Deren Zusammenwirken stellt die unabdingbare Prämisse und den bedeutsamsten Bedingungsfaktor für die Erfüllung des Organisationszwecks dar.
- Gestützt auf empirische Befunde wurden Aussagen erarbeitet, die Hinweis darauf geben, welche Interaktionsformen und Haltungen der beteiligten Akteure, voran des Leitungspersonals, die Erfolgswahrscheinlichkeit organisatorischen Handelns erhöhen oder beeinträchtigen. Die zentrale Frage hierbei lautete: Wie können die Leistungs- und Innovationspotentiale der beteiligten Individuen mobilisiert und in die Erfüllung des gemeinsamen Organisationszwecks integriert werden? Das Hauptergebnis aus der Datenanalyse hierzu: Kommunikativ-partizipatives Verhalten der Leitungspersonen beeinflußt in hohem Ausmaß das Engagement der Mitarbeiterinnen und Mitarbeiter, ebenso deren Identifikation mit und innovationsorientierte Einstellung gegenüber „ihrer" Einrichtung.

Als Herausforderungen an das wissenschaftliche Bibliothekswesen wurden in ihrem ambivalenten Facettenreichtum herausgearbeitet: Budgetreduzierungen, technologischer Wandel und veränderte Kundenansprüche an Leistungsfähigkeit (Effizienz) und Dienstleistungsqualität der Einrichtungen. Hieraus folgt ein Reformdruck, der vom Bibliothekswesen bisher nicht angemessen beantwortet wurde.
Lediglich einige weitsichtige Vertreter der bibliothekarischen Profession wie Stoltzenburg und Kortzfleisch hatten die Entwicklung schon früh erkannt und sich in der Fachöffentlichkeit - mit wenig positiver Resonanz - zu Wort gemeldet. Eine entsprechende Diskurskultur war für Deutschland nicht auszumachen. Die „Reform"-Diskussion fand und findet ansonsten - und spärlich genug - weitgehend auf

der Ebene von Theorie und Wissenschaft statt, nur sehr vereinzelt auf der Ebene der realen Akteure in den Einrichtungen. Überdies wird Wandlung in erster Linie als Postulat aufgefaßt, das aus *technologischer* Innovation herrühre; einbezogen werden auch formale und administrative Aspekte des Handels in Organisationen. Aus den Augen gerät dabei allerdings Wandlung als *soziale* Innovation - und damit auch die Akteure selbst, die Subjekt und Objekt, Handelnde und Adressaten neuer Handlungserfordernisse darstellen. Vor diesem Hintergrund war es um so notwendiger, *systematische Betrachtungen, Ansätze historischer Rückschau* sowie *empirische Datensammlung und -analyse* miteinander zu verbinden.

6.2 Zugespitzte Bedingungen für den Wandel in wissenschaftlichen Bibliotheken

Zu den Ergebnissen der Erhebung zählt, daß die einbezogenen Bibliotheken ein diffuses Bild zwischen technologischer Modernität und Rückständigkeit abgeben. Nur eine Minderheit der Einrichtungen verfügte zur Zeit der Befragung über eine *informationstechnische Geräte- und Kompetenzausstattung*, die dem Standard wissenschaftlicher (Spezial-)Bibliotheken in vergleichbaren europäischen Staaten, insbesondere West- und Nordeuropas, entsprach.

Die technologisch rückständigen ebenso wie die wenigen zeitgemäß ausgestatteten Einrichtungen lassen eine Arbeitsorganisation erkennen, die durch *hochgradig segmentierte Werkstückbearbeitung* geprägt und deren Struktur an traditioneller industriell-arbeitsteiliger Fertigung orientiert ist. Dieses organisatorische Modell Berliner bibliothekarischer Großeinrichtungen schlägt - mit nur unwesentlichen Brüchen - bis in kleine und kleinste Bibliotheken durch. Die Bindung der Ressourcen der hoch und sehr hoch qualifizierten Akteure Berliner wissenschaftlicher Bibliotheken erweist sich zudem als überwiegend *innendienstorientiert*. Die komplexen Erfordernisse kundennaher Informationsversorgung werden nur von einem kleinen Kreis der Befragten erkannt, akzeptiert und umgesetzt.

Der in den siebziger Jahren einsetzende, spätestens seit Mitte der achtziger Jahre unübersehbare und mit Beginn der neunziger Jahre unabdingbare Modernisierungszwang trifft Ende der neunziger Jahre auf zugespitzte Schwierigkeiten, hält aber durchaus auch Chancen bereit:

1. Nahezu zeitgleich mit den erhöhten Erfordernissen nach technologischem und organisatorischem Wandel als Antwort auf Veränderungen in der „außerbibliothekarischen" Umwelt vollzieht sich in den Bibliotheken ein *soziodemographischer Wandel*. Aufgrund der Altersstruktur entsteht in den kommenden Jahren ein erheblicher personeller Wechsel. Jeden Generationswechsel begleiten indes ge-

stalterische, unter Umständen eigensinnige, vielleicht auch experimentelle Impulse. Die hierin liegenden Chancen sind evident.

2. Der *Kulturbruch* zwischen der Durchführung einer technischen Neuerung und dem gesellschaftlichen Umfeld ist *geringer denn je*. Während noch vor zehn Jahren die Installierung eines Datenendgeräts für Online-Kataloginformationen Kundenwiderstand zu mobilisieren in der Lage war, erfüllt ein PC-Internet-Angebot heute selbstverständliche Erwartungen der Nutzerinnen und Nutzer.

3. *Innovative, veränderungsbereite Haltungen und Einstellungen* sind unter den Mitarbeiterinnen und Mitarbeitern Berliner wissenschaftlicher Bibliotheken weit verbreitet. In Verbindung mit hohen intrinsischen Motivationspotentialen ist dies ein Aspekt, der von Entscheidungsträgern in seiner Tragweite nicht hoch genug eingeschätzt werden kann. Reserviertheit gegenüber Veränderungen und Modernisierung ist eher beim befragten Leitungspersonal zu verzeichnen.

4. Die Neustrukturierung von Arbeitsabläufen, also auch der Neuzuschnitt von Arbeitsfeldern und Zuständigkeiten, wird meist *gravierende Anpassungsprobleme und Konflikte* seitens der betroffenen Belegschaften und Einzelpersonen nach sich ziehen. Die Initiierung solcher organisatorischer Innovationen stößt indes auf Mitarbeiterinnen und Mitarbeiter, die mental zunehmend auf Wandel setzen. Deren *Bereitschaft mitzuziehen* ist daher nicht zu unterschätzen, sondern kann seitens der Leiterinnen und Leiter aufgegriffen und in die Implementierung - um nicht zu sagen „Inszenierung" - innovativer Prozesse einbezogen werden.

5. Wenn ein Großteil des befragten Berliner Leitungspersonals die Haltung der Mitarbeiterschaft als überwiegend „innovationsängstlich" charakterisiert, so ist dies eher *projektiv* zu verstehen. Die Leitungspersonen sind es, die sich herausgefordert, leicht auch überfordert sehen; dies aufgrund von strukturellen und formalen Handlungsbeschränkungen einerseits, von Unbehagen über die Konflikträchtigkeit und die Imponderabilien organisationssozialer Wandlungen und Steuerungserfordernisse andererseits - die Skepsis ist also durchaus angebracht.

6.3 Schwierigkeiten bei der Gestaltung von Leitungstätigkeit

Hinsichtlich der Gestaltungsbedingungen für Leitungstätigkeit in wissenschaftlichen Bibliotheken Berlins lassen sich mehrere Ebenen unterscheiden:
1. Innovation und Wandel sind mit einem hohen Maß an *Aufwand und Anstrengung* außerhalb der Routinetätigkeiten verbunden.
2. Die „Inszenierung" von Veränderungsprozessen ist *konflikträchtig*, und zwar in doppelter Hinsicht:
    - organisationsintern: es geht um die Vermittlung von Zielen, um plausible Erklärung der angestrebten Maßnahmen, um Konsensbildung, wobei oft

Besitzstände und Gewohnheiten in Frage gestellt werden (müssen), um Aushandlungen, um die Unkalkulierbarkeit von Konfliktverläufen usw.;
- organisationsextern: zu (ver-)handeln ist mit vorgesetzten Instanzen, Personalvertretungen, Zuwendungsgebern, unter Umständen den Nutzern usw.
3. Die Leiterinnen und Leiter wissenschaftlicher Bibliotheken Berlins verfügen mehrheitlich über
   - nur *eingeschränkte Entscheidungskompetenz*, was Technikausstattung und Organisationsstruktur ihrer Bibliothek angeht;
   - nahezu *keinerlei materielle Anreize*, um „ihre" Mitarbeiterinnen und Mitarbeiter auch über diesen Weg zu stimulieren;
   - *keine oder nur geringe soziotechnische Qualifikation* zur „Inszenierung" und Steuerung von Innovations- und (gemeinsamen) Lernprozessen.
4. Das Leitungspersonal ist mit der *Regelungsdichte des öffentlichen Dienstes* konfrontiert, die gleichwohl mehr Gestaltungsmöglichkeiten bietet, als mancher, aus welchen Gründen auch immer, wahrhaben möchte. Trotz aller „Starrheiten" der Strukturen, hierarchischer Einbindungen, auch Tabus und Fixierungen (etwa in den Arbeitsabläufen) gibt es durchaus Spielräume auf der Interaktionsebene, wie zahlreiche Beispiele belegen.

Wo angesichts dieser eher *strukturellen* („non-initiativen" und „non-risikofördernden") Rahmenbedingungen geschuldeten Schwierigkeiten um so größere *soziale Kompetenz* der Leitungspersonen gefordert wäre, ist statt dessen die Tendenz zum risikoscheuen Umgang mit interaktiven Steuerungsinstrumenten nicht zu leugnen: Die Leiterinnen und Leiter loben und kritisieren wenig; Interventionen sind so selten wie Anstöße im unmittelbaren Arbeitsbereich der Mitarbeiter.

Die Handhabung organisationssozialer Äußerungen, Ansprüche und Prozesse (einschließlich Dissonanzen und Friktionen) als *Qualifikationsanforderung* an Leitungspersonal wird gleichwohl im Bibliothekswesen seit Jahrzehnten vereinzelt thematisiert. Sie gewinnt gegenwärtig vor dem Hintergrund von Erfolgsdruck und Umsetzungseffizienz innovativer Prozesse einen unabdingbaren Stellenwert.

6.4 Widersprüchliche Handlungs- und Gestaltungsautonomie der Mitarbeiterinnen und Mitarbeiter

Die Auswertung der Daten läßt eine widersprüchliche arbeitsorganisatorische Eigenständigkeit der Mitarbeiterinnen und Mitarbeiter erkennen. Dies wird deutlicher, wenn bedacht wird, was deren Arbeitsbereiche auszeichnet: weitgehend *hochsegmentierte Werkstückbearbeitung* und *hochgradig tayloristische Arbeitsorganisation* mit, positiv ausgedrückt, homogenem, negativ ausgedrückt, monotonem oder „vereinseitigtem" Arbeitsplatzzuschnitt. Innerhalb des *eng umgrenzten* Arbeitsbereichs besitzen die Mitarbeiterinnen und Mitarbeiter nahezu *unbeschränkte Handlungs- und Gestaltungsautonomie*[113]. Interventionen der Leitungspersonen finden faktisch nicht statt. Keine einzige Äußerung einer Leitungsperson ist im Rahmen der Interviews zu finden, die hierauf einen Hinweis gäbe.

Die überwiegend praktizierte klassische Werkstückbearbeitung einschließlich der hierauf fußenden Gestaltungsautonomie gehört zum strukturellen und damit nahezu unberührbaren „Besitzstand" der Mitarbeiterschaft. Die Effizienz einer solchen Arbeitsorganisation ist wesentlich abhängig von den Eigenarten, auch Eigensinnigkeiten der beteiligten Akteure. So können Abschottungstendenzen einzelner Mitarbeiter genauso zum Tragen kommen wie informelle kommunikative „Auflockerungen" seitens der Leitungsverantwortlichen und im Gefolge hiervon jener Mitarbeiter, die sich von zweck-, effizienz- und kundenorientierten Kriterien in ihrer Arbeitsgestaltung ansprechen und motivieren lassen.

Die nahezu *vollständige zeitdispositive Autonomie der Arbeitseinteilung* am jeweiligen Arbeitsplatz mit konsequent tayloristischer Werkstücksegmentierung und die hierauf basierenden Zuständigkeiten sowie „Besitzansprüche" ergeben in Verbindung mit *reduzierter Kommunikationsbereitschaft der Leitungsebene* - eher „typisch" für die Bibliotheken mit schlechtem Betriebsklima - ein *Kooperationshemmnis erster Ordnung*.

Die aktuelle gesellschaftliche Diskussion um weitgehend eigenständige Gestaltung des Arbeitsbereichs und um persönliche Entfaltung am Arbeitsplatz mit dem Ziel, *Verantwortungsbereitschaft* zu fördern und *kreative Potentiale* zu mobilisieren, stößt an Grenzen, wo „Entscheidungsfreiheit" im eigenen Bereich faktisch Blockademacht hinsichtlich Zweckerfüllung und Effizienzverbesserungen bedeutet. Das vordergründig weitreichende Autonomiemodell bibliothekarischer Arbeitsgestaltung erweist sich unter den gegebenen Umständen eher als Hemmnis: Es verhindert die Entwicklung effizienter kundenbezogener Dienstleistungen, schränkt aber ebenso die Entfaltung individueller Fähigkeiten und Bedürfnisse der Mitarbeiterinnen und Mitarbeiter ein. Gekoppelt mit einer oftmals formal und hierarchisch handelnden Leitung entsteht eine Gemengelage, angesichts derer Wandel nahezu unmöglich wird. In jedem Fall werden unnötige, unproduktive *dilemmatische* Einbindungen und Sachzwänge des Leitungspersonals gefördert.

Den Leiterinnen und Leitern aus den Bibliotheken mit gutem Betriebsklima gelingt es tendenziell, diese hemmenden und *trennenden* Strukturen mittels Kommunikation und Vermittlung innovativer Perspektiven sowie kundenorientierter Ansätze zu überwinden oder wenigstens abzuschwächen.

---

113 Angesichts dieser Konstellation ließe sich diese Art unbeschränkter Handlungs- und Gestaltungsautonomie leicht als eine faktische *contradictio in adjecto* beschreiben.

6.5 Konkordanzen und Diskrepanzen in der wechselseitigen Einschätzung von Leitungspersonal und Mitarbeiterschaft

Die Auswertung aller Antworten hinsichtlich Übereinstimmungen und Abweichungen[114] zwischen Leitungspersonen und Mitarbeiterschaft ergab:

- 51 Prozent aller Einschätzungen in den Bibliotheken mit gutem Betriebsklima sind konkordant, bei 49 Prozent zeigen sich Diskrepanzen. Zu letzteren gehören auch jene Abweichungen, bei denen die Mitarbeiterinnen und Mitarbeiter „ihre" Leitungspersonen positiver einschätzten als diese sich selbst. Die faktische *soziale Qualität* der Interaktionen dürfte daher noch höher sein, als es die ohnehin schon günstigen Prozentzahlen vermuten lassen.
- Bei den Bibliotheken mit durchschnittlichem Betriebsklima sind 28 Prozent der Einschätzungen konkordant, 72 Prozent diskordant, bei den Bibliotheken mit schlechtem Betriebsklima 29 Prozent konkordant, 71 Prozent diskordant.

Auf dieser Ebene der höchstaggregierten Daten zeigt sich plastisch, was sich in der detaillierten Datenanalyse schon andeutet: eine prägnante *Trennlinie zwischen zwei (Arbeits-)„Welten"* - der in den Bibliotheken mit gutem Betriebsklima und jener in den Einrichtungen mit durchschnittlichem oder schlechtem Betriebsklima. Diese zwei Welten betreffen den innerorganisatorischen Umgang sowie die Diskurs- und Verständigungsintensitäten. Die Konkordanzen und Diskrepanzen sind - so die Folgerung des Autors - Ausdruck gelungener bzw. mißlungener Kommunikation.

Im folgenden werden jene Fähigkeiten, Leistungen und Haltungen herausgestellt, die das Verhalten der Leiterinnen und Leiter in den Bibliotheken mit gutem Betriebsklima auszeichnen. Die Aussagen konzentrieren sich damit auf gelungene innerorganisatorische Integrations- Steuerungs- und Gestaltungsprozesse.

6.6 Was zeichnet die Leitungspersonen in den Bibliotheken mit gutem Betriebsklima wesentlich aus?

6.6.1 Integration durch Kommunikation, Transparenz und Partizipation

Die Leiterinnen und Leiter in den Einrichtungen mit gutem Betriebsklima lassen sich durch ihre *Bereitschaft und Fähigkeit zur Integration* der im Arbeitsprozeß

---

114 Konkordanz bedeutete Abweichungen zwischen den Antworten von Leitungspersonen und Mitarbeiterschaft von unter zehn Prozent. Diskrepanz bedeutete Abweichungen zwischen den Antworten von Leitungspersonen und Mitarbeiterschaft von über 20 Prozent.

(inter-)agierenden Mitglieder charakterisieren. Um diese Integration zu erreichen, setzen sie auf ein breites Spektrum von *Kommunikation* zwischen Leitung und Belegschaft, auf *Transparenz* bei den die Bibliothek betreffenden Vorgängen und auf weitreichende *Partizipation* der Mitarbeiterinnen und Mitarbeiter.

Leitungsverhalten und -handeln in diesem Sinne bedarf ausgeprägter *Sozialkompetenz*.

6.6.2 Bereitschaft und Fähigkeit zu fachlicher Egalisierung und zur Übernahme der Rolle einer formalen Regeleinhaltungsinstanz

Wenn es um fachliche Egalisierung und die Rolle einer Regeleinhaltungsinstanz geht, erfordert *Leitungskompetenz zugleich Sozialkompetenz* und *Fachkompetenz*.

Bei der fachlichen Egalisierung geht es um die Rücknahme der Leitungsposition auf das für den Organisationszweck unabdingbare Maß; keinesfalls ist damit gemeint, fachlich mit den Mitarbeitern zu konkurrieren. Zur (erwarteten) Rolle eines Leiters/einer Leiterin gehört, konsequent auf die Einhaltung der formalen Standards zu achten (*Aufsichtsfunktion*).

Bei diesen Kennzeichen der Leiterinnen und Leiter in Bibliotheken mit gutem Betriebsklima handelt es sich um die Habitualisierung zweier Fähigkeiten: fachlich *non-hierarchisch* zu handeln und zugleich die *formale Positionsmacht* aufrechtzuerhalten - besonders in bezug auf die Regeleinhaltung. Für alle Organisationsmitglieder geltenden Rahmenbedingungen dürfen nicht einer Egalisierungstendenz unterliegen, zur Disposition stehen oder willkürlich auslegbar sein. Kontrolle und Durchsetzung der Regeleinhaltung zählen zu den wichtigsten Aufgaben der Leitungsposition. Ihre kontinuierliche Wahrnehmung schafft zugleich Orientierung und Sicherheit für alle Beteiligten und ist ein Garant *innerbetrieblicher Gerechtigkeit*. Entsprechend wird diese Art „straff-lockerer" Führung in den Einrichtungen mit gutem Betriebsklima von den Mitarbeitern geschätzt.

6.6.3 Auseinandersetzungsbereitschaft: Konflikt- und Lösungsorientierung

Die Leiterinnen und Leiter in den Bibliotheken mit gutem Betriebsklima zeichnen sich dadurch aus, Konflikte früh zu erkennen und die dahinterstehenden Interessen und Motive differenziert wahrzunehmen (*Konfliktsensibilität*) und im Sinne einer *konstruktiven Konfliktmoderation und -lösung* aufzugreifen.

Auch hier ist *sozialkompetentes Verhalten* erforderlich, vor allem Diskurs- und Aushandlungsbereitschaft. Einen hohen Stellenwert besitzt hierbei die *Lösungsorientierung*, die im Dienstleistungsbetrieb wissenschaftliche Bibliothek immer auch Sicherstellung der legitimen Ansprüche und Erwartungen der Nutzerschaft bedeutet.

6.6.4 Faktor „Spaß/Begeisterungsfähigkeit"

Spaß an und in der Arbeit zu gestatten und Begeisterungsfähigkeit zu erzeugen - diese Bereitschaft und Fähigkeit der Leiterinnen und Leiter in den Bibliotheken mit gutem Betriebsklima zeugt von der *Souveränität* der leitenden Akteure. Sie fühlen sich durch Spaß eben nicht in Frage gestellt - weder in ihrer Rolle noch hinsichtlich der Arbeitsinhalte und des Organisationszwecks. Spaß zuzulassen bedeutet immer auch, einen Spielraum für *Individualität* einzuräumen, und dies setzt *innere Stärke* voraus. Wer Begeisterungsfähigkeit auszulösen vermag, verfügt außerdem über Überzeugungskraft, Ideenreichtum und geistige „Beweglichkeit".

6.7 Motivation und Kooperation als Kernelemente des Leitungsprofils in den Bibliotheken mit gutem Betriebsklima - Gesamtresümee

Zur Illustrierung des Leitungsprofils in den untersuchten Einrichtungen dient abschließend Abbildung 1, die auf der Auswertung von Frage 71 des Fragebogens basiert. Bei dieser sollten die Mitarbeiterinnen und Mitarbeiter das Leiterverhalten „schlagwortartig" beschreiben. Die Antworten besitzen für die Charakterisierung des vertikalen Bezugsfelds der Bibliotheken hohen illustrativen Gehalt, und die graphische Darstellung bildet einen „dramaturgischen" Höhepunkt, der die Differenzierung zwischen zwei (Arbeits-)Welten - hier die Bibliotheken mit gutem Betriebsklima, dort jene mit durchschnittlichem oder schlechtem - unterstreicht.

Aus dem geschilderten komplexen Verhaltens- und Eigenschaftsrepertoire der Leitungspersonen in den Bibliotheken mit gutem Betriebsklima schälen sich neben anderen fördernden Aspekten zuallererst *Motivation* und *Kooperation* heraus. Diese bieten große Chancen für die Mobilisierung von Leistungs- und Innovationspotentialen, die sicherstellen helfen, die Institution an die sich rasch wandelnde Umwelt anzupassen, das Organisationsziel zu erreichen und die Organisationsmitglieder zu integrieren. Erst in einem solchen Arbeitsumfeld kann es gelingen, Effizienz-, Kunden- und Mitarbeiterorientierung miteinander zu verkoppeln.

Im Ergebnis wird bei den Mitarbeiterinnen und Mitarbeitern eine erhöhte Innovations- und Wandlungs- sowie Verantwortungsbereitschaft erzeugt. In einer solchen Arbeitsumgebung sind die Akteure eher bereit, sich mit dem Organisationszweck zu identifizieren; in einem derartigen Team sind sie eher in der Lage, den Anforderungen an eine zeitgemäße Dienstleistungseinrichtung nachzukommen. Dadurch kann es den Mitarbeiterinnen und Mitarbeitern gelingen, die Potentiale zu nutzen, die in ihrer hohen intrinsischen Motivationsbereitschaft angelegt sind; nicht zuletzt ermöglichen es solche Bedingungen, wertgeschätzt zu werden, Sinn zu finden und in der Arbeit ein Stück Selbstverwirklichung zu erfahren.

Abbildung 1: Einordnung des Führungsverhaltens der Leitungsperson durch die Mitarbeiterschaft (nach Betriebsklima-Klassen, in Prozent)

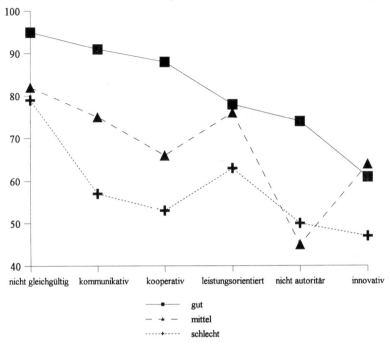

Es lassen sich aber auch zwei anders kombinierte (Arbeits-)Welten darstellen, betrachtet man diese primär unter dem Aspekt der Leistungs- und Innovationsorientierung. Bemessungsgrundlage hierfür ist die Charakterisierung des Leitungspersonals als leistungs- und innovationsorientiert. Den Bibliotheken mit hoher Leistungs- und Innovationsorientierung - eben denen mit gutem oder durchschnittlichem Betriebsklima - stehen hier jene mit schlechtem Betriebsklima gegenüber.

Unter dieser Maßgabe und mit Blick auf die Ergebnisse der Untersuchung läßt sich zugespitzt feststellen: Nicht nur geringe Kommunikations- und Kooperationsbereitschaft des Leitungspersonals, sondern auch dessen mangelnde Leistungs- und Innovationsorientierung sind offenbar Faktoren, die die Betriebsklima-Einschätzung seitens der Mitarbeiterschaft gravierend negativ beeinflussen.

Selbst ein als hochgradig autoritär gekennzeichnetes Leitungsverhalten - mit 55 Prozent Nennungen ist in den Bibliotheken mit durchschnittlichem Betriebsklima der höchste Negativwert aller Betriebsklima-Klassen zu verzeichnen - ist für die Befragten in diesen Einrichtungen offenbar kein hinreichender Grund, das Betriebsklima als überwiegend schlecht zu klassifizieren. Bibliotheken mit durchschnittlichem Betriebsklima zeichnen sich durch Leiterinnen und Leiter aus, die eine hohe Leistungs- und Innovationsorientierung aufweisen: hier wird der höchste Wert im Vergleich aller Betriebsklima-Klassen erreicht. Zugleich wird die Bereitschaft und Fähigkeit dieser Leitungspersonen zur Kommunikation und Kooperation recht verhalten eingeschätzt, werden die Leiterinnen und Leiter mehrheitlich als autoritär charakterisiert.

Auf dieser hohen Aggregationsebene läßt sich demnach eine Typologie dreier Leitungsprofile für die zentralen Aspekte innerorganisatorischen sozialen Geschehens insgesamt entwerfen:

- Die „Leistungs- und Innovationsverweigerer": Ihr Rückzug vor den Erfordernissen zeitgemäßer Modernisierung und den Anforderungen der Umwelt drückt sich auch in geringer innerorganisatorischer Interaktivität und Kommunikationsbereitschaft aus. Das Betriebsklima wird angesichts dessen in den Einrichtungen durchgehend als schlecht gekennzeichnet.
- Die eher autoritär strukturierten „Macher": Ihr Vertrauen in die Kompetenzen und Potentiale ihrer Mitarbeiterinnen und Mitarbeiter ist tendenziell gering. Sie neigen daher zu direktiver Steuerung - und nehmen entsprechende „soziale Kosten" wie Frustration, Verunsicherung, konfliktbedingte Erkrankungen und höhere Belastungsgefühle seitens der Mitarbeiterschaft durchaus in Kauf.
- Die kooperativ-kommunikativen „Leistungs- und Innovationsförderer": Sie sichern die durch sie repräsentierten und vermittelten Leistungs- und Innovationsanforderungen konsensual ab. In ihrer Verständigung und Auseinandersetzung mit den Mitarbeiterinnen und Mitarbeitern setzen sie auf Kommunikation und betonen die Kooperationsaspekte. Ihr eher lern- und konsensorientierter Ansatz hält die sozialen Kosten im Zuge des technologischen und organisatorischen Wandels gering und begünstigt zugleich ein höheres Maß an (Organisations-)Umwelt- und Kundenorientierung.

7. Konsequenzen für Forschung und Praxis

Niemand hat klarer und nachdrücklicher für die ausgiebige Nutzung sozialwissenschaftlicher Wissensbestände und Methoden *im Bibliothekswesen* plädiert als Joachim Stoltzenburg[115]: Er sah darin eine unverzichtbare - und bisher weitgehend vernachlässigte - Ressource zur intersubjektiven Begleitung und Fundierung der auch in diesem Bereich unabdingbaren Modernisierungsprozesse.

Der im Mittelpunkt seiner Analysen und bibliothekspolitischen Forderungen stehende „kompetente Bibliothekar" (Stoltzenburg 1984a: 433) wird prognostisch als ein Akteur mit breiter Professionalität beschrieben. Er vermag sich mittels lebenslangem Lernen Veränderungen schnell anzupassen und verfügt - zusätzlich zu seiner soliden bibliothekarischen Fachqualifikation - über Kenntnisse und Fähigkeiten, die sich, modern ausgedrückt, als ein Bündel von technologischen, Management- und Sozialkompetenzen beschreiben lassen.

Hieran gilt es heute anzuknüpfen. Gerade weil Stoltzenburgs auf dem Bibliothekartag 1984 vorgetragene Ideen bei ihrem Publikum streckenweise auf Unverständnis stießen, zum Teil auch Ausgrenzung und Aversion auslösten, haben sie an „Modernität" in den letzten eineinhalb Jahrzehnten nichts eingebüßt; sie sind in ihrer diagnostischen Schärfe und pragmatischen Konsequenz aktueller denn je. Die Defizite an Erkenntnissen über das organisationssoziale Geschehen sind offensichtlich und die zur Verfügung stehenden Wissensgrundlagen so gering, daß sich in diesem Zusammenhang zu Recht von einem „weißen Fleck" sprechen läßt.

Betrachtet man die kognitive Ebene, läßt sich feststellen, daß das interne soziale Geschehen und seine Bedeutung für die Leistungs- und Innovationsfähigkeit der Dienstleistungsorganisation „wissenschaftliche Bibliothek" durchaus thematisiert werden. Vor allem im Kontext praxisgebundener Erfahrungswirklichkeit(en) ist eine solche Perspektive kein Einzelfall mehr. Die Auswertung veröffentlichter Äußerungen hierzu in fachverbandlichen Medien zeigt eine zunehmende Problemsensibilisierung und wachsenden Problemdruck.[116]

---

115 Eine der „großen" charismatischen, durchaus nicht unumstrittenen Führungspersönlichkeiten des deutschen Bibliothekswesens der Nachkriegszeit.

116 Dies häufig auch als Folge individueller Hilflosigkeit, so wenn die Grenzen der Steuerbarkeit organisationssozialer Turbulenzen und Friktionen erfahren und deren Bedeutung für Funktionalität, Qualität und Effizienz der Dienstleistungseinrichtung als solcher erlebt werden.

Die Ergebnisse der vorliegenden Erhebung, ihre Deskription und Interpretation legen eine Reihe von Forderungen an die Bereiche Wissenschaft und Forschung, an die publizistische verbandliche Diskurskultur sowie die professionelle Praxis im Bibliothekswesen nahe. Dabei werden nicht nur kognitive, sondern vor allem auch affektive und transaktiv-operationale Aspekte berücksichtigt. In jedem der genannten Bereiche besteht - so die hier vertretene Ansicht - Handlungsbedarf; da sie eng miteinander verknüpft sind und sich wechselseitig stimulieren, lassen sich die entsprechenden Forderungen nicht getrennt adressieren.

Angesichts der derzeitigen und künftigen Herausforderungen an das Bibliothekswesen kann jede Form diskursiver, evaluativer oder experimenteller Befassung mit dem Thema nur förderlich sein. In dieser Gemengelage unterschiedlich ausgeprägter Problemwahrnehmung, diesem Bedingungsgefüge von Theorie und Praxis, Lernbereitschaft und Lernverweigerung, Diskurs und Disput, „Trial and Error", Erfolg und Entmutigung ist es wichtig, die kognitive, affektive und operationale Dimension des innerorganisatorischen sozialen Geschehens genauer zu untersuchen. Worum geht es hierbei?

Effiziente Führung als Ergebnis komplexer Interaktion und Kommunikation erfordert neben fachlichen und organisatorischen bzw. Managementkompetenzen vielfältige *soziale Kompetenzen* (= Fähigkeiten und Qualifikationen). Letztere bilden zusammen mit ersteren (als „Kompetenz-Mix") überhaupt erst die Voraussetzungen für professionelle Handlungskompetenz. Profundes Fachwissen und effiziente Managementfähigkeiten reichen nach Erkenntnissen der Management- und Organisationsforschung nicht aus, um das hochkomplexe soziale Geschehen in sich modernisierenden Dienstleistungsorganisationen kompetent zu steuern und den damit verbundenen evolutionären Anforderungen gerecht zu werden.

Sozialwissenschaftliches Know-how ist zu nutzen, um im ersten Schritt die Erkenntnisbasis hinsichtlich des Sozialsystems Bibliothek zu erweitern und die unübersehbaren soziologischen Defizite abzubauen. Systematisch aufgearbeitet werden muß etwa der aktuelle Forschungsstand der Sozialpsychologie, der Arbeits-, Betriebs- und Organisationssoziologie, und zwar in einer Weise, daß die spezifischen Wahrnehmungs- und Handlungsformen der Akteure im Dienstleistungsbereich Bibliothek angemessen berücksichtigt werden können. Nötig sind auch komparative Forschungsvorhaben, d.h. quantitative wie qualitative Studien, die über institutionelle und/oder regionale Begrenzungen hinweg interkulturelle Vergleiche im europäischen Rahmen und darüber hinaus ermöglichen. Erst die vergleichende Analyse von Organisations-, Interaktions- und Performanzspezifika wird gestatten, die Vielfalt an Strategien und Verfahren, an organisationssoziale Lernprozesse begünstigenden und hemmenden Faktoren zu sortieren sowie konstitutive Einflußgrößen auszumachen, die beispielsweise Mißerfolge, gar das Scheitern von Einrichtungen bis zu deren Auflösung nach sich zogen.

Empirische Forschung zu Alltagsproblemen und -phänomenen - sei es in den Bereichen Familie oder Betrieb, Sportverein oder Politik (Beispiel Meinungsumfragen) - steht in einer Art „natürlicher" Konkurrenz zu den Erfahrungen, Einstellungen und Haltungen der jeweils befragten Klientel. Mit deren subjektiven An- und Einsichten (und häufig auch den entsprechenden Schlußfolgerungen und Handlungen) sowie Skepsis ist sie konfrontiert. Ihre - potentiell aufklärerischen - Erkenntnisse werden schon auf dieser ersten Wahrnehmungsebene den selektiven Kognitionsprozessen des einzelnen ausgesetzt und subjektiven Wahrnehmungsfiltern der je „eigenen" Empirie des Individuums unterzogen.

Die Legitimität dieses Vorgehens wird hier nicht in Abrede gestellt, im Gegenteil: So manche empirischen Daten widersprechende Erfahrung mag eine differenziertere Dateninterpretation oder weiterführende Fragestellung erst stimulieren. Reflexartigen Impulsen jedoch, die subjektiven Erfahrungen den Charakter allgemeingültiger Erkenntnisse zu verleihen suchen, soll widersprochen werden, auch im Hinblick auf weitverbreitete Abwehrmechanismen im Spannungsfeld zwischen eigener „Realitätswahrnehmung" und hierzu konträren empirischen Ergebnissen. Bei aller Bedeutung der „Alltagserfahrung" - deren Grenzen sind unübersehbar.

Der Versuch, komplexe soziale Systeme und ihre internen Wirkmechanismen durchschaubar und transparent zu machen, überfordert die Perzeptionskapazitäten von Individuen. Erst auf der Grundlage kontrollierter, methodisch explizierter und (EDV-gestützter) statistischer Verfahren eröffnen sich Chancen auf Erkenntnisse, die subjektiv-selektiver Wahrnehmung überlegen sind.

Der Bedarf an Anwendung empirischer Methoden ist in einer Vielzahl gesellschaftlicher Problemfelder unübersehbar: Die soziale Legitimierung betrieblicher oder gesellschaftlicher Steuerungsprozesse, die Notwendigkeit, die jeweiligen Humanressourcen zu mobilisieren, die Umsetzung komplexer, Kreativität und Partizipation erfordernder Lösungen - solche Aufgaben machen den Einsatz sozialwissenschaftlicher Erhebungsmethoden unverzichtbar und sind auf den mit ihnen verbundenen intersubjektiven Erkenntnisgewinn angewiesen.

Dies gilt um so mehr, je größer der Problemdruck und die Lösungserfordernisse in den sozialen Bezugsfeldern werden. Die Bibliothek als *Arbeitsorganisation* macht hier keine Ausnahme. Nur fundierte Erkenntnisse zum Spannungsverhältnis von Organisationszweck einerseits und individueller Wertepräferenz sowie Eigensinn andererseits, von organisationssozialen Potentialen und ihrer formalen Verengung, von subjektiv empfundener Kommunikativität (seitens der Leitungsperson) und kollektiv eingeschätzter Intransparenz und tendenzieller Ausgrenzung (auf Mitarbeiterseite), von („chefseitig") eingeräumten Leitungsdefiziten und (mitarbeiterseits) erwarteten Leitungsqualitäten lassen die Bibliothek solche Herausforderungen meistern, die über die Einzelakteure hinaus den Zweck, die Effizienz und letztlich auch die Legitimation und Existenz der Einrichtung betreffen.

Entscheidend auf dieser Ebene ist zunächst, daß jene, die die Ergebnisse kontrollierter und methodisch-explizierter sozialempirischer Untersuchungen rezipieren, mit Neugier und prinzipieller Diskursbereitschaft reagieren. Bestenfalls als Folge hiervon lassen sich entsprechende Fragen auf die professionsspezifische Tagesordnung setzen: so die nach der Stimulierung des verbandsinternen Diskurses in Arbeitsgruppen und Veröffentlichungen; jene nach der Entwicklung und Implementierung geeigneter Curricula und didaktischer Konzepte in den Institutionen bibliothekarischer Aus- und Weiterbildung. Die „Abarbeitung" einer solchen Agenda schließlich bleibt der - hoffentlich durch breite Partizipation legitimierten - Aushandlung zwischen den Beteiligten im Bibliothekswesen überlassen.

Das plakative und einprägsame Schlagwort „Qualitätsarbeit verlangt Arbeitsqualität", entstanden im Kontext mittelständischer Unternehmen, die angesichts eines sich globalisierenden Marktes alle Potentiale ihrer Belegschaften mobilisieren mußten, um zu überleben, hebt primär auf soziale und partizipative Aspekte der Arbeitsorganisation und Produkterstellung ab. Die dem Verfasser bekannten Experten schildern optimierte, zum Teil exzellente Chancen in einem von Unsicherheiten und Konkurrenz geprägten Umfeld. Daß die gewohnten, wesentlich vom öffentlichen Dienst und seinen Strukturen bestimmten Rahmenbedingungen des Bibliothekswesens angesichts der gegenwärtigen gesellschaftlichen, technologischen und budgetären Entwicklungen mittelfristig uneingeschränkt weitergelten, darf mit einiger Berechtigung bezweifelt werden. Zwar ist nicht *generell* zu erwarten, daß kurzfristig die öffentlichen Zuwendungen entzogen oder die institutionellen Bestandsgarantien aufgehoben werden, wenn sich die Einrichtungen weitgehender Modernisierung und tiefgreifendem Wandel verweigern. Allen Beteiligten dürfte aber klar sein, daß derartige Reaktionen der Zuwendungsgeber und Träger der Einrichtungen im Einzelfall nicht mehr undenkbar sind.

Eine der Chancen zur Verbesserung der institutionellen und professionellen Perspektiven im Bibliothekswesen liegt in einem Paradigmenwechsel. Dessen substantieller Kern postuliert das Verständnis von *Arbeitsorganisationen als sozialen Systemen*. Technologische und institutionelle Modernisierungserfordernisse auch und wesentlich als soziale Prozesse zu betrachten, erhöht die Legitimation, Umsetzbarkeit und Erfolgswahrscheinlichkeit notwendiger Wandlungsbemühungen. Bibliotheken sind von der dargestellten Entwicklung nicht ausgenommen, mögen sie als Branche personalquantitativ insgesamt auch nur 40 Prozent dessen ausmachen, was der Berufsstand der Innendekorateure hierzulande repräsentiert. Gesellschaftlich, wissenschaftlich und kulturell ist die Bedeutsamkeit wissenschaftlicher Bibliotheken nicht grundsätzlich in Frage gestellt. Zur Disposition steht ihre Flexibilität vor dem Hintergrund alle betreffender, sehr weitgehender technologischer und gesellschaftlicher Veränderungen.

Literatur

Altekamp, S. (1997): Die Geisteswissenschaftliche Freihandbibliothek. Zu ihrer möglichen Entwicklung in Deutschland. In: Bibliothek. Jg. 21 (1997), S. 343-349

Anzenberger, G. (1991): Kooperation und Altruismus: ihre stammesgeschichtlichen Wurzeln. In: Wunderer, R. (Hg.), S. 3-19

Arbeitsgemeinschaft der Universitätsbibliotheken (1998): Stellungnahme der Arbeitsgemeinschaft der Universitätsbibliotheken zur künftigen Ausbildung des wissenschaftlichen Bibliotheksdienstes. In: Pro Libris. Heft 1 (1998), S. 16-17

Arbeitsgruppe Berliner Bibliothekare (1995): Berufsbild und Selbstverständnis der Bibliothekare in Deutschland 1994. Berlin

Armbrust, F. (1990): Menschliche Aspekte der neuen Informations- und Kommunikationstechnologien. Anforderungen an Bibliotheksleitungen bei der Einführung der EDV. In: Zentralblatt für Bibliothekswesen. Jg. 104 (1990), Heft 2, S. 49-56

Bäumer, H.; Erd, R. (1993): Hat der öffentliche Dienst (noch) eine Zukunft? Verwaltung in der Kritik. In: Hilbert, J.; Stöbe, S. (Hg.), S. 43-55

Bardmann, T. M. (1994): Wenn aus Arbeit Abfall wird. Aufbau und Abbau organisatorischer Realitäten. Frankfurt/M.

Bardmann, T. M.; Franzpötter, R. (1990): Unternehmenskultur. Ein postmodernes Organisationskonzept? In: Soziale Welt. Jg. 41 (1990), Heft 4, S. 424-440

BAT (Bundes-Angestelltentarifvertrag) Kommentar (1996). Begründet von W. Böhm und H. Spiertz. Bearbeitet von F. Steinherr und W. Sponer. 248. Ergänzungslieferung. Heidelberg

BAT (Bundes-Angestelltentarifvertrag) Textausgabe (1996). Bearbeitet von K.-P. Pühler. 81. Ergänzungslieferung. München

Baumann, M. (1996): „Bis er tot umfällt". Robert House, Experte für Führungsforschung in Amerika, über Erfolgsfaktoren im interkulturellen Vergleich. In: Wirtschaftswoche, Nr. 48 (1996), S. 156

Beckerath, P. G. v.; Sauermann, P. und G. Wiswede (Hg.) (1981): Handwörterbuch der Betriebspsychologie und Betriebssoziologie. Stuttgart

Behm-Steidel, G.; Blumendorf, P.; Bock, G. und H.-P. Schramm (1998): Überlegungen zur Ausbildung von Informationsfachleuten an der Fachhochschule Hannover. In: Buch und Bibliothek. Jg. 50 (1998), Heft 8, S. 516-520

Belling, M.; Bister, F.; Klinkner, S. und M. Noever (1994): Berufliche Situation der Fachhochschul-Absolventinnen in den bibliothekarischen Studiengängen. In: Bibliotheksdienst. Jg. 28 (1994), Heft 5, S. 623-636

Bergmann, G. (1995): Betriebsklima-Analysen für Veränderungsprozesse nutzen. In: Personal. Heft 7 (1995), S. 348-354

Berkel, K. (1995): Konflikte in und zwischen Gruppen. In: Rosenstiel, L. v.; Regnet, E. und M. Domsch (Hg.): Führung von Mitarbeitern. Handbuch für erfolgreiches Personalmanagement. Stuttgart, S. 359-376

Berthoin Antal, A.; Dierkes, M. und S. Helmers (1993): Unternehmenskultur: eine Forschungsagenda aus Sicht der Handlungsperspektive. In: Dierkes, M.; Rosenstiel, L. v. und U. Steger (Hg.): Unternehmenskultur in Theorie und Praxis. Konzepte aus Ökonomie, Psychologie und Ethnologie. Haniel Stiftung. Schriftenreihe Band 3. Frankfurt/M., S. 200-218

Bierhoff, H. W. (1991): Soziale Motivation kooperativen Verhaltens. In: Wunderer, R. (Hg.), S. 21-38

Bierhoff, H. W.; Müller, G. F. (1993): Kooperation in Organisationen. In: Zeitschrift für Arbeits- und Organisationspsychologie. Jg. 37 (1993), Heft 2, S. 42-51

Biermann, B. (1994): Betriebsklima. In: Fuchs-Heinritz, W.; Lautmann, R. und O. Rammstedt (Hg.), S. 94

Binder, W. (1996): Die virtuelle Bibliothek ist Internet-Realität. Neue Rollen für reale Bibliotheken. In: Neubauer, W.; Schmidt, R. (Hg.): 18. Online-Tagung der DGD. Frankfurt/M., S. 135-139

Bischoff-Kümmel, G.; Feller, A. (1989a): Berufseinstieg und Berufsverläufe von BibliothekarInnen. Untersuchung der AbsolventInnen des Fachbereichs Bibliothekswesen, Fachhochschule Hamburg. In: Bibliotheksdienst. Jg. 23 (1989), Heft 4, S. 369-380

Bischoff-Kümmel, G.; Feller, A. (1989b): „Bibliotheksarbeit ist ja eine unendliche Arbeit". Berufsverläufe von Bibliothekarinnen. Teil. 1. In: Buch und Bibliothek (BuB). Jg. 41 (1989), Heft 4, S. 322-329

Bischoff-Kümmel, G.; Feller, A. (1989c): „Bibliotheksarbeit ist ja eine unendliche Arbeit". Berufsverläufe von Bibliothekarinnen. Teil 2. In: Buch und Bibliothek (BuB). Jg. 41 (1989), Heft. 5, S. 436-445

Bischoff-Kümmel, G.; Feller, A. (1989d): „Bibliotheksarbeit ist ja eine unendliche Arbeit". Berufsverläufe von Bibliothekarinnen. Teil 3. In: Buch und Bibliothek (BuB). Jg. 41 (1989), Heft 8, S. 666-678

Bischoff-Kümmel, G.; Ritzi, C. (1983): Berufserfahrungen von Bibliothekaren/innen. Eine empirische Untersuchung in Hamburg. In: Buch und Bibliothek (BuB). Jg. 35 (1983), Heft 2, S. 124-130

Bleicher, K. (1991): Kooperation als Teil des organisatorischen Harmonisationsprozesses. In: Wunderer, R. (Hg.), S. 143-157

Bögel, R. (1995): Organisationsklima und Unternehmenskultur. In: Rosenstiel, L. v. (Hg.): Führung von Mitarbeitern. 3., überarbeitete und erweiterte Auflage. Stuttgart, S. 661-674

Bögel, R. (o. J.): Das Konzept des Betriebsklimas und die Möglichkeit seiner Anwendung. Universitäts- u. Stadtbibliothek Köln, Literaturdienst. Köln

Borchardt, P. (Red.) (1992): Die effektive Bibliothek. Endbericht des Projekts „Anwendung und Erprobung einer Marketingkonzeption für öffentliche Bibliotheken". Band 1-2. Berlin

Botte, A.; Rusch-Feja, D. (Hg.) (1997): Implikationen der Informationsgesellschaft für die Bildung. 4. GIB-Fachtagung (Gesellschaft Information Bildung), 10.-11. Oktober 1996 in Berlin. Berlin

Boulanger, K. (1993): Seminar „Neue Betriebsformen" in Reutlingen: „Wir müssen etwas wollen, was wir noch gar nicht können". In: Buch und Bibliothek (BuB). Jg. 45 (1993), Heft 12, S. 982-983

Brandes, U.; Bachinger, R. und M. Erlhoff (Hg.) (1988): Unternehmenskultur und Stammeskultur. Metaphysische Aspekte des Kalküls. Darmstadt

Braun, W. (1991): Kooperation und Konflikt als Problem der Unternehmenstheorie. In: Wunderer, R. (Hg.), S. 125-142

Brosius, F. (1998): SPSS 8.0. Bonn

Brinkmann, G.; Knoth, B. und W. Krämer (1982): Führungskräfte kleinerer Unternehmen. Arbeitsanforderungen und Ausbildungsbedarf. Berlin

Buch, H. (1997): Benutzerzufriedenheitsstudie 1996 der Universitäts- und Landesbibliothek Münster oder „... hier scheint mir alles wunderbar und perfekt!" In: Bibliotheksdienst. Jg. 23 (1997), Heft 1, S. 23-31

Bullinger, H.-J.; Schäfer, M. (1996): Lernende Unternehmen. In: Oracle Welt. Heft 3 (1996), S. 4-9

Bundesvereinigung Deutscher Bibliotheksverbände (1994): Bibliotheken '93. Strukturen - Aufgaben - Positionen. Berlin

Burghardt, A.; Wiswede, G. (1981): Konflikt im Betrieb. In: Beckerath, P. G. v.; Sauermann, P. und G. Wiswede (Hg.), S. 231-236

Busse, G. v.; Ernestus, H. und E. Plassmann (1983): Das Bibliothekswesen der Bundesrepublik. Wiesbaden

Buzás, L. (1960): Berufssorgen des wissenschaftlichen Bibliothekars. Ein Diskussionsbeitrag. In: Libri. Band 10 (1960), Heft 2, S. 81-104

Canzler, W.; Marz, L. (1997): Stagnovation. Der Automobilpakt und die gedopte Arbeitsgesellschaft. In: Universitas. Jg. 52 (1997), Heft 610, S. 359-371

Ceynowa, K. (1997a): „Toyotismus" in der Bibliothek? Worauf sich Bibliotheken einlassen, wenn sie sich auf „Lean Management" einlassen. In: Bibliotheksdienst. Jg. 31 (1997), Heft 8, S. 1501-1516

Ceynowa, K. (1997b): Geschäftsprozeßmanagement für wissenschaftliche Bibliotheken. In: Zeitschrift für Bibliothekswesen und Bibliographie (ZfBB). Jg. 44 (1997), Heft 3, S. 241-263

Ceynowa, K. (1994): Von der „Dreigeteilten" zur „Fraktalen" Bibliothek. Benutzerzentrierte Bibliotheksarbeit im Wandel: das Beispiel der Stadtbibliothek Paderborn. Würzburg

Cooper, E. A. (1998): Managing change to enhance technological orientation and knowledge among library staff. In: Electronic Library. Vol. 16 (1998), No. 4, S. 247-251

Cooper, R. (1995): When lean enterprises collide. Competing through confrontation. Boston

Creaser, C.; Spiller, D. (1997): TFPL survey of UK special library statistics. Loughborough

Cullmann, K. (1996): Mangelnde Führung. Krankheitsursachen. In: Wirtschaftswoche, Nr. 8 (1996), S. 16-17

Dahrendorf, R. (1959): Sozialstruktur des Betriebes. Betriebssoziologie. Wiesbaden

Depping, R. (1998): Kölner Thesen zum höheren Bibliotheksdienst. In: Pro Libris. Heft 1 (1998), S. 22-23

Der Spiegel (2000): Die Online-Revolution. In: Der Spiegel, 2000, Nr. 3, S. 92-101

Der Spiegel (1997): Da muß etwas passieren. In: Der Spiegel, 1997, Nr. 3, S. 24-27

Der Tagesspiegel (1996): Berufsanfänger mit Betriebsklima meist zufrieden. Teamgeist und Anerkennung durch den Chef sehr wichtig. In: Der Tagesspiegel, 18. März 1996

Deutsche Forschungsgemeinschaft, Bibliotheksausschuß/DFG: Elektronische Publikationen im Literatur- und Informationsangebot wissenschaftlicher Bibliotheken. In: Zeitschrift für Bibliothekswesen und Bibliographie (ZfBB). Jg. 42 (1995), Heft 5, S. 445-463

Deutsches Bibliotheksinstitut, Expertengruppe zur Überarbeitung der Deutschen Bibliotheksstatistik/Teil C Wissenschaftliche Bibliotheken/DBI (1998): Bibliotheksstatistik für Spezialbibliotheken - ja bitte! Ein Aufruf zur Rettung der Deutschen Bibliotheksstatistik (DBS)/Teil C. Online URL: http://www.dbi-berlin.de/bib_wes/zdf/dbs/dbs_03.gif (Stand 26.2.1998)

Deutsches Bibliotheksinstitut/DBI (1998, 1997, 1996, 1995, 1994, 1993, 1992): Deutsche Bibliotheksstatistik. Berlin

Deutsches Institut für Normung, Normenausschuß Bibliotheks- und Dokumentationswesen/ DIN, NABD; Europäisches Komitee für Normung, Brüssel/CEN (1995): Information und Dokumentation - Internationale Bibliotheksstatistik (ISO 2789 : 1991). Europäische Norm. Deutsche Fassung EN ISO 2789 : 1994. Berlin

Dienelt, O. (1992): Das Image des bibliothekarischen Berufes und die nötige Selbstbehauptung im großen und kleinen. In: Rundschreiben. Heft 4 (1992), S. 15-16

Dierkes, M. (1988): Unternehmenskultur und Unternehmensführung. Konzeptionelle Ansätze und gesicherte Erkenntnisse. Berlin

Dierkes, M.; Rosenstiel, L. v. und U. Steger (Hg.) (1993): Unternehmenskultur in Theorie und Praxis. Konzepte aus Ökonomie, Psychologie und Ethnologie. Frankfurt/M.

Dirks, D. (1995): Japanisches Management in internationalen Unternehmen. Methodik interkultureller Organisation. Wiesbaden

Donath, U. (1987): Bibliotheken ohne „weibliche Tugenden"? In: Buch und Bibliothek (BuB). Jg. 39 (1987), Heft 1, S. 35-40

Dopheide, R.; Funk, R. (1977): Tätigkeitsspektrum des wissenschaftlichen Bibliothekars. In: Zeitschrift für Bibliothekswesen und Bibliographie (ZfBB). Jg. 24 (1977), Heft 5, S. 442-450

Dougherty, R. M. (1998): Inside Pandora's box - navigating permanent „White-water" of organizational change. In: Against the Grain. Vol. 9 (1998), No. 6, S. 68-74

Dülfer, E. (1988): Organisationskultur: Phänomen - Philosophie - Technologie. Eine Einführung in die Diskussion. In: Dülfer, Eberhard (Hg.), S. 1-20

Dülfer, E. (Hg.) (1988): Organisationskultur. Stuttgart

Ebers, M. (1988): Der Aufstieg des Themas „Organisationskultur" in problem- und disziplingeschichtlicher Perspektive. In: Dülfer, E. (Hg.), S. 23-47

Eckardstein, D. v.; Lueger, G.; Niedl, K. und B. Schuster (1995): Psychische Befindensbeeinträchtigungen und Gesundheit im Betrieb. Herausforderung für Personalmanager und Gesundheitsexperten. München

Egidy, B. v. (1997): Eröffnung des 86. Bibliothekartags. Eröffnungsansprache. In: Zeitschrift für Bibliothekswesen und Bibliographie (ZfBB). Sonderheft 66 (1997), S. 9-14

Eicher, C. (1998): Bibliotheken und Verwaltungsreform. In: Pro Libris. Heft 3 (1998), S. 153-162

Ellwein, T.; Zoll, R. (1973): Berufsbeamtentum. Anspruch und Wirklichkeit. Zur Entwicklung und Problematik des öffentlichen Dienstes. Düsseldorf

Empfehlungen des Expertenhearings vom 28.11.1997 in der FH Köln an die Gremien der FH Köln zu einer möglichen Neugestaltung der Qualifizierung von wissenschaftlichen Mitarbeiterinnen und Mitarbeitern im Bibliotheks- und Informationsbereich. Köln

Enderle, G.; Homann, K.; Honecker, M.; Kerber, W. und H. Steinmann (Hg.) (1993): Lexikon der Wirtschaftsethik. Freiburg

Enzyklopädie der Betriebswirtschaftslehre. Band 1. Handwörterbuch der Betriebswirtschaft. Teilband 1. A-H (1993, 5. Auflage). Stuttgart

Ewert, G.; Umstätter, W. (1997): Lehrbuch der Bibliotheksverwaltung. Auf der Grundlage des Werkes von Wilhelm Krabbe und Wilhelm Martin Luther völlig neu bearbeitet von Gisela Ewert und Walther Umstätter. Stuttgart

Fachhochschule Hamburg, Fachbereich Bibliothek und Information (1995): Biblionota. 50 Jahre bibliothekarische Ausbildung in Hamburg. 25 Jahre Fachbereich Bibliothek und Information. Münster

Fachhochschule Hamburg, Institut für Kontaktstudien (1995): Mitarbeiterführung in Bibliotheken. In: Bibliotheksdienst. Jg. 29 (1995), Heft 12, S. 2043

Fietkau, H.-J. (1981): Soziale Fragen in Wissenschaft und Alltag. In: Aus Politik und Zeitgeschichte. Heft 1 (1981), S. 17-28

Fischer, A. (1993): Wie sich die als gesellschaftliche Einrichtung unsichtbare Bibliothek sichtbar machen ließe. In: Zeitschrift für Bibliothekswesen und Bibliographie (ZfBB). Sonderheft 55 (1993), S. 349-365.

Fittkau-Garthe, H.; Fittkau, B. (1971): Fragebogen zur Vorgesetzten-Verhaltens-Beschreibung (FVVB). Handanweisung. Göttingen

Frank, H.; Lueger, M. (1993): Transformationen kooperativen Handelns. Von der Gründung eines selbstverwalteten Betriebes zum erfolgreichen kooperativ geführten Unternehmen. In: Zeitschrift für Soziologie (ZfS). Jg. 22 (1993), Heft 1, S. 49-64

Franken, K. (1986): Wandel im Bibliotheksbetrieb. Veränderungen der Arbeitsorganisation. In: Landwehrmeyer, R.; Franken, K. und U. Ott (Hg.): Bibliotheken im Netz. München, S. 44-62

Franken, K.; Schnelling, H. (1990): Innerbetriebliche Information, Kommunikation und Entscheidungsfindung: das Beispiel der Bibliothek der Universität Konstanz. In: Bibliotheksdienst, Jg. 24 (1990), Heft 7, S. 900-911

Frankenberger, R.; Hilgemann, K. und U. Jochum (1994): Entwurf zum Berufsbild des Bibliothekars im Höheren Dienst. Ohne Ortsangabe

Franz, H.-W.; Schröder, H. (1994): Qualitätsarbeit braucht Arbeitsqualität. Der Fall epro. In: Die Mitbestimmung. Jg. 40 (1994), Heft 11, S. 22-26

Freriks, R.; Hauptmanns, P. und J. Schmid (1993): Die Funktion von Managementstrategien und -entscheidungen bei der Modernisierung des betrieblichen Produktionsapparats. In: Zeitschrift für Soziologie (ZfS). Jg. 22 (1993), Heft 6, S. 399-415

Friedeburg, L. v. (1969): Betriebsklima. In: Grochla, E. (Hg.). Handwörterbuch der Organisation. Enzyklopädie der Betriebswirtschaftslehre. Band 2. Stuttgart, Sp. 291-294

Friedeburg, L. v. (1966): Soziologie des Betriebsklimas. Studien zur Deutung empirischer Untersuchungen in industriellen Großbetrieben. Frankfurt/M.

Friedrichs, J. (1990): Methoden empirischer Sozialforschung. Opladen

Fuchs-Heinritz, W. (1994): Kooperation. In: Fuchs-Heinritz, W.; Lautmann, R. und O. Rammstedt (Hg.), S. 371

Fuchs-Heinritz, W.; Lautmann, R. und O. Rammstedt (Hg.) (1994): Lexikon zur Soziologie. Opladen

Fürstenberg, F. (1981): Arbeitssoziologie. In: Beckerath, P. G. v.; Sauermann, P. und G. Wiswede (Hg.), S. 68-72

Fürstenberg, F. (1964): Grundfragen der Betriebssoziologie. Köln

Gabler Wirtschafts-Lexikon (1988, 12. Auflage). Wiesbaden

Geleijnse, H. (1994): Human and organizational aspects of library automation. In: Ders.: Developing the library of the future. Tilburg, S. 115-135

Gewerkschaft Öffentliche Dienste, Transport und Verkehr, Bezirk Hessen/ÖTV (1991): Reorganisation der Bibliotheksarbeit. Positionen der hessischen Bibliotheksdirektoren und des ÖTV-Arbeitskreises HEBIS. Frankfurt/M.

Ghéczy, M. C. (1993): Führung durch Vertrauen. In: io Management Zeitschrift. Jg. 62 (1993), Heft 9, S. 30-33

Girndt, C. (1998): Wirklichkeitsnah und pragmatisch. Interview mit Wolfgang Streeck. In: Die Mitbestimmung. Heft 6 (1998), S. 15-18

Glang-Süberkrüb, A. (1991): Anforderungen an die Ausbildung der Institute aus der Sicht der Öffentlichen Bibliotheken. In: Tehnzen, J. (Hg.), S. 55-59

Goebel, J. W.; Grudowski, S. und J. Herget (Hg.) (1994): Projekt- und Dienstleistungsmanagement in der Information und Dokumentation. Vorbereitungstexte zum Selbststudium. Potsdam

Gödert, W. (1998): Konferenz der bibliothekarischen Ausbildungsstätten (KBA): Umbenennung. In: Bibliotheksdienst. Jg. 32 (1998), Heft 6, S. 1104

Gödert, W.; Oßwald, A. (1998): Perspektiven bibliothekarischer Studienreform. Die Kölner Sicht. In: Buch und Bibliothek. Jg. 50 (1998), Heft 8, S. 498-503

Görgens, K.; Hamacher, D.; Mittrowann, A.; Radtke, A. und C. Wetter (1993): Das Ende der Bescheidenheit. Managementseminar. In: Buch und Bibliothek (BuB). Jg. 45 (1993), Heft 5, S. 413-414

Görner, R. (1998): Verbeamtung: Hemmschuh der Reform? In: Die Mitbestimmung. Heft 11 (1998), S. 39-42

Grabka, M. (1998): Zusatzstudium statt Referendariat. Was kommt nach der verwaltungsinternen Ausbildung? In: Rundschreiben. Heft 3 (1998), S. 6-9

Grabka, M. (1992): In welchem Maß erzeugen die praktische und theoretische Ausbildung Kompetenz für die berufliche Tätigkeit des Höheren Dienstes. Ergebnisse einer Umfrage. In: Bibliotheksdienst. Jg. 26 (1992), Heft 10, S. 1513-1524

Gräf, L.; Rohlinger, H. (1997): Empirische Sozialforschung 1996. Empirical social research 1996. Frankfurt/M.

Griebel, R.; Tscharntke, U. (1997): Etatsituation der wissenschaftlichen Bibliotheken 1997. In: Zeitschrift für Bibliothekswesen und Bibliographie (ZfBB). Jg. 45 (1998), Heft 1, S. 1-50

Grochla, E. (Hg.) (1969): Handwörterbuch der Organisation. Enzyklopädie der Betriebswirtschaftslehre. Bd. 2. Stuttgart

Grötschel, M.; Lügger, J. (1997): Neueste Entwicklungen der Informations- und Kommunikationstechnik und ihre Auswirkungen auf den Wissenschaftsbetrieb. In: Botte, A.; Rusch-Feja, D. (Hg.), S. 1-45

Grunwald, W. (1995): Konfliktmanagement: Denken in Gegensätzen. In: Aus Politik und Zeitgeschichte. Heft 43 (1995), S. 18-23

Habermann, A. (1995): Statistische Impressionen oder: die Durchleuchtung des Personalverzeichnisses des Jahrbuchs der Deutschen Bibliotheken 1993. In: Wätjen, H.-J. (Hg.), S. 39-47

Habermann, A. (1983): Nachwuchs und Bedarf an Bibliothekaren des höheren Dienstes in wissenschaftlichen Bibliotheken. Eine Untersuchung über die Berufschancen für Absolventen der bibliothekarischen Ausbildungsstätten. In: Zeitschrift für Bibliothekswesen und Bibliographie (ZfBB). Sonderheft 38 (1983), S. 165-174

Habermann, A. (1979): Berufschancen für Absolventen der bibliothekarischen Ausbildungsstätten. Untersuchung über den Bedarf an Bibliothekaren im höheren Dienst an wissenschaftlichen Bibliotheken. In: Zeitschrift für Bibliothekswesen und Bibliographie (ZfBB). Sonderheft 28 (1979), S. 224-238

Habermann, A.; Havekost, H. und H. Sonntag (Hg.) (1978): Die wissenschaftliche Bibliothek 1977. Sacherschließung, Arbeitsplatz, Mitbestimmung, Ausbildung. 67. Deutscher Bibliothekartag in Bremen vom 31. Mai bis 4. Juni 1977. Frankfurt/M.

Hagenau, B. (1992): Wissenschaftlicher Bibliothekar - ein Beruf mit Zukunft? In: Rundschreiben. Heft 4 (1992), S. 9-15

Halle, A. (1997): Die schlanke Bibliothek. Möglichkeiten und Grenzen. In: Zeitschrift für Bibliothekswesen und Bibliographie (ZfBB). Sonderheft 69 (1997), S. 128-137

Haller, M.; Verband der Hochschullehrer für Betriebswirtschaft (Hg.) (1993): Globalisierung der Wirtschaft. Einwirkungen auf die Betriebswirtschaftslehre. Bern

Hammer, M.; Champy, J. (1996): Business reengineering. Die Radikalkur für das Unternehmen. Frankfurt/M.

Happel, H.-G. (1996): Was ist eine Lean Library? In: Zeitschrift für Bibliothekswesen und Bibliographie (ZfBB). Jg. 43 (1996), Heft 1, S. 9-21

Harpprecht, K. (1996): Die beherrschende Klasse. In: Manager Magazin. Heft 12 (1996), S. 264-266

Hartfiel, G. (1976): Soziologie des Personalwesens. Köln

Hartwieg, G. (1985): Der „kompetente" Bibliothekar, die „neue" Bibliothek - humanisierte Arbeitsbedingungen in der wissenschaftlichen Bibliothek? In: Mitteilungsblatt (MB NRW), N. F. Jg. 35 (1985), S. 10-16

Haß, E. (1997): Informationssysteme und Organisationsänderungen in Universitätsbibliotheken. Frankfurt/M.

Hatzius, A. (1996): Patentrezepte gibt es nicht. Mitarbeiterführung in Bibliotheken - Erfahrungen, Lernfelder, Handlungswissen. In: Buch und Bibliothek (BuB). Jg. 48 (1996), Heft 1, S. 43-47

Hauschildt, J. (1998): Nur Lippenbekenntnisse? Über den innerbetrieblichen Widerstand gegen Innovationen. In: Wirtschaftswoche, Nr. 46 (1998), S. 150

Havekost, H. (1996): Technische Entwicklung und bibliothekarische Organisation. Eine spekulative Projektion auf die Zukunft. In: Jochum, U. (Hg.), S. 129-140

Heidack, C. (Hg.) (1995): Arbeitsstrukturen im Umbruch. Festschrift für Prof. Dr. Dr. h.c. Friedrich Fürstenberg. München

Heidchen, G.; Pape-Thoma, B. und H. Schroers (1990): Management von unten. Neue Führungsriege made in Gütersloh. In: Buch und Bibliothek (BuB). Jg. 42 (1990), Heft 5, S. 450-451

Heidemann, F. J. (1987): Die Arbeitsmotivation von Arbeitern und Angestellten der deutschen Wirtschaft. Ergebnisse und Analysen einer Umfrage bei Arbeitern und Angestellten, durchgeführt vom EMNID-Institut, im Auftrag des Instituts für Wirtschaft und Gesellschaft Bonn und der Bertelsmann Stiftung. Gütersloh

Heidtmann, F. (1978): Verbesserung der Leistung durch formale und informelle Kommunikation. In: Habermann, A.; Havekost, H. und H. Sonntag (Hg.), S. 103-116

Heidtmann, F. (1974): Die bibliothekarische Berufswahl. Eine empirische Untersuchung der Berufswahl des Bibliothekars des gehobenen Dienstes an öffentlichen und wissenschaftlichen Bibliotheken. Pullach bei München

Heidtmann, F. (1973): Zur Soziologie von Bibliothek und Bibliothekar. Betriebs- und organisationssoziologische Aspekte. Berlin

Heim, H. (1990): Die Gründung der Universität Bielefeld und die Konsolidierung eines neuen Bibliothekstyps. In: Koppitz, H.-J., S. 229-256

Heim, K. M. (1987): Männer machen Karriere. Gründe für die Statusunterschiede zwischen männlichen und weiblichen Bibliothekaren. In: Buch und Bibliothek (BuB). Jg. 39 (1987), Heft 1, S. 41-45

Henß, W. (1973): Zur Leitungsstruktur im wissenschaftlichen Bibliothekswesen. In: Zeitschrift für Bibliothekswesen und Bibliographie (ZfBB). Jg. 20 (1973), Heft 1, S. 14-23

Herget, J. (1993): Aktuelle Herausforderungen an das Informationsmanagement in Zeiten rezessiver Wirtschaftsentwicklung. In: Ders. (Hg.): Neue Dimensionen in der Informationsverarbeitung. Proceedings des 1. Konstanzer Informationswissenschaftlichen Kolloquiums (KIK '93), Konstanz, 29.-30. Oktober 1993. Konstanz, S. 111-124

Herget, J.; Galinski, C. und J. Tehnzen (1993): Qualität von Informationsdiensten, eine permanente Aufgabe. In: Nachrichten für Dokumentation (NfD). Jg. 44 (1993), S. 368-375

Hertlein, I.; Sarnowski, D. und U. Weil (1994): Finale Unterbringung, oder? Management-Seminar Gütersloh. In: Buch und Bibliothek (BuB). Jg. 46 (1994), Heft 4, S. 295-296

Hilbert, J.; Stöbe, S. (Hg.) (1993): Reformperspektiven im öffentlichen Dienst. Gelsenkirchen

Hilgemann, K. (1998): Veränderungen bei der Ausbildung zum wissenschaftlichen Bibliotheksdienst. In: Rundschreiben. Heft 1 (1998), S. 3-4

Hobohm, H.-C. (1997): Auf dem Weg zur lernenden Organisation: neue Management-Konzepte für die digitale Bibliothek. In: Bibliothek. Jg. 21 (1997), Heft 3, S. 293-300

Hoffmann, B.; Krueger, W. (Hg.) (1993): Berufsbild Bibliothekar. Stationen und Positionen. Ausgewählte Texte und Bibliographie zum Berufsfeld in wissenschaftlichen Bibliotheken und Informationseinrichtungen. Regensburg

Hoffmann, H. (1982): Wissenschaftliche Bibliotheken - eine Pflichtaufgabe besonders in Krisenzeiten. In: Zeitschrift für Bibliothekswesen und Bibliographie (ZfBB). Sonderheft 38 (1982), S. 19-31

Homburg, C.; Garbe, B. (1995): Das Management industrieller Dienstleistungen. Problemfelder und Erfolgsfaktoren. Vallendar

Humboldt-Universität zu Berlin, Philosophische Fakultät I, Institut für Bibliothekswissenschaft (1996): Bibliothekswissenschaft in Berlin. Kommentiertes Vorlesungsverzeichnis, Wintersemester 1996/97. Berlin

Iannuzzi, P. (1992): Leadership development and organizational maturity. In: Journal of Library Administration. Vol. 17 (1992), No. 1, S. 19-36

Ibrahim, M. (1980): Zur Berufskultur und zu beruflichen Werten des wissenschaftlichen Bibliothekars. Eine berufssoziologische Untersuchung zum wissenschaftlichen Bibliothekswesen unter besonderer Berücksichtigung der Verhältnisse in der Bundesrepublik Deutschland. In: Bibliothek. Jg. 4 (1980), Heft 3, S. 187-214

Institut für angewandte Sozialforschung/INFAS (1995): Betriebsklima. Ergebnisse einer Repräsentativerhebung im Auftrag des Bundesverbandes der Betriebskrankenkassen. Bonn-Bad Godesberg

Institut für Creatives Lernen/ICL (1996): Konfliktmanagement im Innovationsprozeß und in Teams. In: Wirtschaftswoche, Nr. 11 (1996), S. 193

Institut für praktische Psychologie und Organisationsberatung/IPO (1997): Umgang mit Macht, Hierarchie und Autorität in Projekten. In: Wirtschaftswoche, Nr. 7 (1997), S. 83

Ittermann, P. (1996): Sozialwissenschaftliche Organisationsberatung bei der Einführung von Gruppenarbeit. Eine explorative Studie. Bochum

Jänsch, W.; Plassmann, E.; Umlauf, K. und W. Umstätter (1998): Universitäre Ausbildung gesichert. Studium am Institut für Bibliothekswissenschaft der Humboldt-Universität zu Berlin. In: Buch und Bibliothek. Jg. 50 (1998), Heft 8, S. 512-515

Janke, E. (1998): Modernisierung der Deutschen Bibliotheksstatistik - 610 Spezialbibliotheken äußern ihre Meinung. In: Bibliotheksdienst. Jg. 32 (1998), Heft 5, S. 878-883

Janke, E. (1997): Reengineering und Chaos-Management in Informationseinrichtungen. In: Nachrichten für Dokumentation (NfD). Jg. 48 (1997), Heft 1, S. 3-7

Jochimsen, H. (1995): Ein virtuell integrierter Geschäftsgang. In: Wätjen, H.-J. (Hg.), S. 111-145

Jochum, U. (1996): Die Aufgabe des höheren Dienstes. In: Ders. (Hg.), S. 69-79

Jochum, U. (Hg.) (1996): Der Ort der Bücher. Festschrift für Joachim Stoltzenburg zum 75. Geburtstag. Konstanz

Jones, I. (1997): Beruflicher Alltag von Bibliothekarinnen an einer Universitätsbibliothek - Karriere, Abhängigkeitsfalle oder Geschlechterduell? In: Pro Libris. Heft 3 (1997), S. 153-158

Jürgens, U.; Lippert, I. (1997): Schnittstellen des deutschen Produktionsregimes. Innovationshemnisse im Produktentstehungsprozeß. In: Naschold, F.; Soskice, D.; Hancké, B. und U. Jürgens (Hg.), S. 65-94

Kamp, N. (1992): Aufgaben- und Zieldefinition. In: Borchardt, P. (Red.), S. 75-89

Karstedt, P. (1954): Studien zur Soziologie der Bibliothek. Wiesbaden

Kehr, W.; Sontag, H. (1986): Stellungnahme des Deutschen Bibliotheksverbandes zu den „Empfehlungen zum Magazinbedarf wissenschaftlicher Bibliotheken". In: Bibliotheksdienst. 20. Jg. (1986), Heft 11, S. 1037-1038

Kieser, A. (1994): Fremdorganisation, Selbstorganisation und evolutionäres Management. In: Schmalenbachs Zeitschrift für betriebswirtschaftliche Forschung (zfbf). Jg. 46 (1994), Heft 3, S. 199-228

Kieser, A. (Hg.) (1987): Handwörterbuch der Führung. Stuttgart

Kieser, A.; Reber, G. und R. Wunderer (Hg.) (1995): Handwörterbuch der Führung. Enzyklopädie der Betriebswirtschaftslehre. Bd. 10. 2., ergänzte Auflage. Stuttgart

Kirchgäßner, A. (1995): Von der arbeitsteiligen zur ganzheitlichen Bibliotheksorganisation. In: Wätjen, H.-J. (Hg.), S. 91-109

Kirchgäßner, A. (1986): Personalentwicklung. Ein Ansatz zur zielorientierten Mobilisierung innerbetrieblicher Produktionsreserven. In: Römer, G. (Hg.): Abteilungsleiter in einer wissenschaftlichen Bibliothek. Karlsruhe, S. 63-74

Kirschhofer-Bozenhardt, A. v.; Kaplitza, G. (1975): Der Fragebogen. In: Holm, K. (Hg.): Die Befragung 1. München, S. 92-126

Kissel, G. (1995): Bibliotheksmanagement und Verwaltungsreform. In: Fachhochschule Hamburg, Fachbereich Bibliothek und Information (Hrsg.): Biblionota. Münster, S. 149-168

Klaassen, U. (1992): Chefsache? In: Buch und Bibliothek (BuB). Jg. 44 (1992), Heft 5, S. 401

Klages, H.; Haubner, O. (1990a): Qualitäts- und Erfolgsmerkmale von Organisationen im öffentlichen Bereich. Teil 1. In: Verwaltungsführung, Organisation, Personalwesen (VOP). Jg. 12 (1990), Heft 4, S. 247-251

Klages, H.; Haubner, O. (1990b): Qualitäts- und Erfolgsmerkmale von Organisationen im öffentlichen Bereich. Teil 2. In: Verwaltungsführung, Organisation, Personalwesen (VOP). Jg. 12 (1990), Heft 5, S. 316-321

Klages, H.; Hippler, G. (1993): Mitarbeitermotivation als Modernisierungsperspektive. Ergebnisse eines Forschungsprojektes über „Führung und Arbeitsmotivation in der öffentlichen Verwaltung", durchgeführt am Forschungsinstitut für Öffentliche Verwaltung bei der Hochschule für Verwaltungswissenschaften Speyer. Gütersloh

Klages, H. (Hg.); Hippler, G. (Mitarb.) und H. Haas (Mitarb.) (1990): Öffentliche Verwaltung im Umbruch - neue Anforderungen an Führung und Arbeitsmotivation. Ein Symposion der Bertelsmann Stiftung in Zusammenarbeit mit der Akademie des Deutschen Beamtenbundes am 7. und 8. September 1989 in Gütersloh

Klages, H.; Schäfer, P. (Hg.) (1985): Leistungsmotivation und Leistungsanreize im öffentlichen Dienst. Rechtliche Rahmenbedingungen, empirische Grundlagen und Entwicklungsperspektiven. Speyer

Kleinbölting, H. (1988): Das Betriebsklima als Faktor der Unternehmenskultur. In: Brandes, U.; Bachinger, R. und M. Erlhoff (Hg.), S. 29-38

Klobas, J. E. (1990): Managing technological change in libraries and information services. In: The Electronic Library. Vol. 8 (1990), No. 5, S. 344-349

Klotzbücher, A. (1970): Der Funktionswandel der Universitätsbibliothek und seine Bedeutung für die Erwerbungspolitik. Überlegungen zur Tätigkeit des wissenschaftlichen Bibliothekars in der Buchauswahl. In: Libri. Band 20 (1970), Heft 3, S. 187-205

Kluck, M.; Seeger, T. (1994): Einführung in die empirischen Methoden der Informationsanalyse. In: Goebel, J. W.; Grudowski, S. und J. Herget (Hg.), S. 127-174

Kluge, N.; Grindt, C. (1994): TQM ist eine Möglichkeit, die Mitbestimmung von unten her zu fundieren. In: Die Mitbestimmung. Jg. 40 (1994), Heft 11, S. 11-15

Knoblauch, H. (1996): Arbeit als Interaktion. Informationsgesellschaft, Post-Fordismus und Kommunikationsarbeit. In: Soziale Welt. Jg. 47 (1996), Heft 4, S. 344-362

König, R. (Hg.) (1973): Handbuch der empirischen Sozialforschung. Stuttgart

Kommission Mitbestimmung (1998): Empfehlungen zur künftigen Gestaltung der Mitbestimmung. In: Die Mitbestimmung. Jg. 44 (1998), Heft 6, S. 19-24

Koolwijk, J. v.; Wieken-Mayser, M. (1974): Techniken der empirischen Sozialforschung. 4. Band. Erhebungsmethoden: Die Befragung. München

Koppitz, H.-J. (Hrsg.) (1990): Die Neugründung wissenschaftlicher Bibliotheken in der Bundesrepublik Deutschland. Symposium, veranstaltet vom Institut für Buchwesen der Johannes Gutenberg-Universität Mainz vom 23. bis 25. Februar 1988 mit Unterstützung der Fritz Thyssen Stiftung. München

Kortzfleisch, H. v. (1972): Die Bibliothek als Betrieb aus betriebswirtschaftlicher Sicht. In: Zeitschrift für Bibliothekswesen und Bibliographie (ZfBB). Jg. 19 (1972), Heft 4/5, S. 193-202

Kortzfleisch, H. v. (1968): Rationalisierungsreserven in wissenschaftlichen Bibliotheken. Die wissenschaftliche Bibliothek aus betriebswirtschaftlicher Sicht. In: Zeitschrift für Bibliothekswesen und Bibliographie (ZfBB). Jg. 15 (1968), Heft 5/6, S. 324-339

Kranstedt, D. (1996): Die interne Umstrukturierung der Stadtbibliothek Paderborn im Kontext der Implementierung des Neuen Steuerungsmodells. Eine Übersichtsskizze. Paderborn

Krarup, K. (1992): Towards a service-oriented library from the viewpoint of applied sociology. A case study of the Royal Library. In: European Research Library Cooperation. No. 3 (1992), S. 251-265

Krauß-Leichert, U. (1998a): Fit für die Zukunft? Aus- und Fortbildung für das Berufsbild 2000. In: Buch und Bibliothek. Jg. 50 (1998), Heft 8, S. 520-523

Krauß-Leichert, U. (1998b): Es geht los! Neues aus dem Fachbereich Bibliothek und Information der FH Hamburg. In: Buch und Bibliothek. Jg. 50 (1998), Heft 9, S. 539-540

Krauß-Leichert, U. (1990): Einsatz neuer Technologien im Bibliothekswesen. Eine Expertenbefragung. München

Kretschmar, A. (1994): Angewandte Soziologie im Unternehmen. Formelle Organisation, Informelle Organisation, Hierarchie, Status, Verhaltensnormen, Betriebliche Spannungen und Konflikte, Anpasungsprobleme, Vorurteile, Betriebsrat in sozialer Grenzsituation. Wiesbaden

Krieg, W. (1968): Bibliothekar (höherer Dienst an wissenschaftlichen Bibliotheken). Bielefeld

Krompholz, B. (1987): Hamburg: Mitarbeiterführung in Bibliotheken. In: Buch und Bibliothek (BuB). Jg. 39 (1987), Heft 4, S. 353-355

Krueger, W. (1992): Mehr Frust als Lust am Arbeitsplatz? Zum Personaleinsatz in wissenschaftlichen Bibliotheken. In: Zeitschrift für Bibliothekswesen und Bibliographie (ZfBB). Jg. 39 (1992), Heft 6, S. 471-483

Krueger, W. (1987): Neue berufliche Perspektiven für den Diplom-Bibliothekar. In: Bibliotheksdienst. Jg. 21 (1987), Heft 11, S. 1099-1115

Kruse, M. (1996): Ergebnisse der schriftlichen Befragung der Mitarbeiter/-innen von 18 Bibliotheken. Gütersloh

Kuhlmeyer, H.-J. (1991): Quo vadis Berufsstand? Wir kommen zur Sache! In: Rundschreiben. Heft 2 (1991), S. 19-21

Kutsch, T.; Wiswede, G. (1986): Wirtschaftssoziologie. Grundlegung, Hauptgebiete, Zusammenschau. Stuttgart

Lamparter, D. H. (1997): „Die Krise muß noch größer werden." Ein ZEIT-Gespräch mit dem Schweizer Kreativitätsforscher Gottlieb Guntern. In: Die Zeit. Nr. 9 (1997), S. 17

Landtag von Baden-Württemberg (1994): Mitteilung des Rechnungshofs. Erfolgreiche Behörden: eine empirische Untersuchung über Erfolgsmerkmale. Stuttgart

Landwehrmeyer, R.; Franken, K.; Ott, U. und G. Wiegand (Hg.) (1986): Bibliotheken im Netz. Funktionswandel wissenschaftlicher Bibliotheken durch Informationsverarbeitungsnetze. Konstanzer Kolloquium, 19.-21.2.1986. Vorträge Joachim Stoltzenburg zu Ehren. München

Lansky, R. (1971): Die Wissenschaftlichen Bibliothekare in der Bundesrepublik Deutschland. Eine soziologische Analyse auf statistischer Grundlage. Zugleich ein Beitrag zur Bildungspolitik. Bonn

Laufer, H. (1988): Mitarbeiterengagement durch Vertrauen. Vertrauen kann man nicht anordnen, man muß es erwerben! In: Zeitschrift Führung + Organisation (zfo). Jg. 57 (1988), Heft 3, S. 179-182

Lecheler, H. (1996): Der öffentliche Dienst. In: Isensee, J.; Kirchhof, P. (Hg.): Handbuch des Staatsrechts der Bundesrepublik Deutschland. Band III. Das Handeln des Staates. Heidelberg, S. 717-773

Lehmann, K.-D. (1993): Bibliotheken als kulturelles und wissenschaftliches Bindeglied Europas. In: Vodosek, P. (Hg.): Bibliothek - Kultur - Information. München, S. 61-72

Lenhardt, U.; Rosenbrock, R. und T. Elkeles (1996): Bedingungs- und Akteurskonstellationen für Gesundheitsförderung im Betrieb. Ergebnisse aus vier Fallstudien. Berlin

Leskien, H. (1984): Verändern die Neuen Medien die Bibliotheksarbeit? In: Bibliotheksforum Bayern (BfB). Jg. 12 (1984), Heft 3, S. 195-211

Line, M. B. (1990): Why isn't work fun? In: Library Management. Vol. 11 (1990), No. 5, S. 15-17

List, K.-H. (1995): Zukunftsmodell Partnerschaft. Untergebene werden Mitarbeiter. Stuttgart

Littek, W.; Heisig, U. und H.-D. Gondek (Hg.) (1991): Dienstleistungsarbeit. Strukturveränderungen, Beschäftigungsbedingungen und Interessenlagen. Berlin

Lohse, G. (1973): Die Universitätsbibliotheken und das Problem der akademischen Freiheit. In: Zeitschrift für Bibliothekswesen und Bibliographie (ZfBB). Jg. 20 (1973), Heft 1, S. 1-13

Lohse, H. (1981): Zwischen Verwaltung und Wissenschaft. Das Berufsbild des wissenschaftlichen Bibliothekars in der Diskussion der Gegenwart. Vortrag, gehalten auf dem 10. Fortbildungsseminar für Bibliothekare der Herzog-August-Bibliothek Wolfenbüttel vom 3.-6. Februar 1981. In: Verein der Diplom-Bibliothekare an wissenschaftlichen Bibliotheken e.V. (Hg.) (1993): Berufsbild Bibliothekar. Stationen und Positionen. Regensburg, S. 38-55

Loschelder, W. (1996): Weisungshierarchie und persönliche Verantwortung in der Exekutive. In: Isensee, J.; Kirchhof, P. (Hg.): Handbuch des Staatsrechts der Bundesrepublik Deutschland. Band III. Das Handeln des Staates. Heidelberg, S. 521-566

Lubans, J. (1998): How can something that sounds so good make me feel so bad? The Dilbertean dilemma. In: Libray Administration and Management. Vol. 12 (1998), No. 1, S. 7-14

Lux, C. (1998): 10 Thesen zum organisatorischen Wandel in Bibliotheken. In: Bibliotheksdienst. Jg. 32 (1998), Heft 3, S. 483-485

Lux, C. (1996): Kommission des DBI für Organisation und Betrieb. Arbeitsprogramm im Berichtsjahr 1995. In: Bibliotheksdienst. Jg. 30 (1996), Heft 5, S. 893-897

Lux, C. (1995): Schafft uns die virtuelle Bibliothek? Organisatorische und personelle Auswirkungen elektronischer Dienstleistungen. In: Reich, M. (Hg.): Spezialbibliotheken auf dem Weg zur virtuellen Bibliothek? Karlsruhe, S. 197-220

Lüdtke, H. (1994): Librarians' Wonderland? Neun Wochen an der Wellesley College Library, Massachusetts. In: Buch und Bibliothek (BuB). Jg. 46 (1994), Heft 3, S. 240-246

Lüdtke, H. (Hg.) (1992): Leidenschaft und Bildung. Zur Geschichte der Frauenarbeit in Bibliotheken. Berlin

Lüdtke, H. (1987): Belesen, einfühlsam, gering entlohnt: Bibliothekarinnen. Von den Anfängen eines Frauenberufes. In: Buch und Bibliothek (BuB). Jg. 39 (1987), Heft 1, S. 18-35

Manager Magazin (1996): Mut zum Widerspruch. In: Manager Magazin. Heft 9 (1996), S. 208

Marloth, H. (1994): Bibliothekar - eine aussterbende Berufsbezeichnung? In: Bibliotheksdienst. Jg. 28 (1994), Heft 5, S. 636-639

Maurer, H. (1986): Die Aufgaben des Abteilungsleiters in einer wissenschaftlichen Bibliothek. In: Römer, G. (Hg.): Abteilungsleiter in einer wissenschaftlichen Bibliothek. Karlsruhe, S. 27-45

Mayntz, R. (1985): Forschungsmanagement - Steuerungsversuche zwischen Scylla und Charybdis. Probleme der Organisation und Leitung von hochschulfreien, öffentlich finanzierten Forschungsinstituten. Opladen

Merchant, M. P.; England, M. M. (1989): Changing management techniques as libraries automate. In: Library Trends. Vol. 37 (1989), No. 2, S. 469-493

Meyer, E. (1992): Wollen wir uns bewegen oder wollen wir warten, bis man uns Beine macht? In: Rundschreiben. Heft 3 (1992), S. 17-19

Milkau, F. (1933): Der Bibliothekar und seine Leute. In: Ders. (Hg.): Handbuch der Bibliothekswissenschaft. Zweiter Band. Bibliotheksverwaltung. Leipzig, S. 635-716

Mittler, E. (1996): Die Bibliothek der Zukunft. Überlegungen aus Anlaß der Planungen zu einem Informations- und Kommunikationszentrum in Adlershof (Berlin). In: Bibliothek. Jg. 20 (1996), Heft 2, S. 259-261

Mittler, E. (Hg.); Cremer, M. (Red.) (1992): Drehscheibe der Information. Bibliotheken und Datenverarbeitung. Berlin

Mohn, R. (1993): Effizienz und Evolutionsfähigkeit im öffentlichen Dienst. Gütersloh

Morris, B. (1997): Understanding the impact of change. In: Records Management Bulletin. Vol. 83 (1997), S. 3-4

Mozer, A. (1992): Zusammenarbeit und Führung in wissenschaftlichen Bibliotheken aus der Sicht einer Angehörigen des Gehobenen Dienstes. In: Rundschreiben. Heft 1 (1992), S. 16-17

Müller, M.; Ridder, C. (1997): Berufliche Situation der Fachhochschul-Absolventinnen in den bibliothekarischen Studiengängen. Ergebnisse einer Befragung des Abschlußjahrgangs 1995. In: Bibliotheksdienst. Jg. 31 (1997), Heft 4, S. 590-599

Müller, R. E. (1980): Betriebsklima und Betriebserfolg. Praktische Psychologie der zwischenmenschlichen Beziehungen im Betrieb. Stuttgart

Müller, U. (1995): Controlling als Steuerungsinstrument der öffentlichen Verwaltung. Von der Ordnungsmäßigkeitskontrolle zur Bewertung von Controllingverfahren. In: Aus Politik und Zeitgeschichte. Heft 5 (1995), S. 11-19

Müller, W. R. (1995): Führungsforschung/Führung in der Bundesrepublik Deutschland, in Österreich und in der Schweiz. In: Kieser, A.; Reber, G. und R. Wunderer (Hg.), Sp. 573-586

Mursch, S. (1971): Überlegungen zur innerbetrieblichen Arbeitsteilung an wissenschaftlichen Bibliotheken. In: Zeitschrift für Bibliothekswesen und Bibliographie. Jg. 18 (1971), Heft 4/5, S. 262-272

Nagelsmeier-Linke, M. (1998): Professionalisierung tut not. Überlegungen zu einer Reform der Ausbildung des Höheren Bibliotheksdienstes. In: Pro Libris. Heft 1 (1998), S. 17-21

Nagelsmeier-Linke, M. (1996): Mitarbeiter - das wichtigste Kapital. Zielorientierte Führung als Mittel zur Mitarbeiterentwicklung und -förderung. In: Wefers, S. (Hg.) (1997): Ressourcen nutzen für neue Aufgaben. 86. Deutscher Bibliothekartag in Erlangen 1996. Frankfurt/M., S. 81-92

Naschold, F. (1995): Modernisierung des Staates. Zur Ordnungs- und Innovationspolitik des öffentlichen Sektors. Berlin

Naschold, F.; Soskice, D.; Hancké, B. und U. Jürgens (Hg.) (1997): Ökonomische Leistungsfähigkeit und institutionelle Innovation. Das deutsche Produktions- und Politikregime im globalen Wettbewerb. WZB-Jahrbuch 1997. Berlin

Neidhardt, F. (1983): Gruppierungsprobleme sozialwissenschaftlicher Forschungsteams. In: Kölner Zeitschrift für Soziologie und Sozialpsychologie (KZfSS). Sonderheft 25 (1983), S. 552-573

Neubauer, K.-W. (1994): Elektronische Medien und neue Organisationsformen für Bibliotheken. In: Buch und Bibliothek (BuB). Jg. 46 (1994), Heft 10/11, S. 868-876

Neubauer, K.-W. (1993): Diplom-Bibliothekar und Fachreferent: Bibliotheksmanagement im Team. In: Verein der Diplom-Bibliothekare an wissenschaftlichen Bibliotheken e.V. (Hg.): Berufsbild Bibliothekar. Stationen und Positionen. Regensburg, S. 139-152

Neubauer, K.-W. (1989): Diplom-Bibliothekar und Fachreferent: Bibliotheksmanagement im Team. In: Rundschreiben. Heft 3 (1989), S. 11-15

Neubauer, W. (1991): Die Ausbildung der Bibliotheksreferendare an den Ausbildungsinstituten aus der Sicht von Spezialbibliotheken und ähnlicher Einrichtungen. In: Tehnzen, J. (Hg.), S. 42-52

Neubauer, W.; Schmidt, R. (Hg.) (1996): 18. Online-Tagung der DGD, Frankfurt am Main, 21. bis 23. Mai 1996. Information ohne Grenzen. Wissensvermittlung im Zeitalter der Datennetze. Proceedings. Frankfurt/M.

Neuberger, O. (1995a): Führungsdilemmata. In: Kieser, A.; Reber, G. und R. Wunderer (Hg.), Sp. 533-540

Neuberger, O. (1995b): Mikropolitik. In: Rosenstiel, L. v.; Regnet, E. und M. Domsch (Hg.), S. 35-42

Neuberger, O. (1990): Führen und geführt werden. Stuttgart

Neuberger, O.; Kompa, A. (1987): Wir, die Firma. Der Kult um die Unternehmenskultur. Weinheim

Noelle-Neumann, E.; Strümpel, B. (1985): Macht Arbeit krank? Macht Arbeit glücklich? Eine aktuelle Kontroverse. München

Noon, P. (1991): Librarians as managers: a different set of skills? In: Library Management. Vol. 12 (1991), No. 5, S. 4-12

Oppen, M.; Wegener, A. (1997): Restrukturierung der kommunalen Dienstleistungsproduktion - Innovationsfähigkeit deutscher Kommunen in internationaler Perspektive. In: Naschold, F.; Soskice, D.; Hancké, B. und U. Jürgens (Hg.), S. 151-181

Oppolzer, A. (1989): Handbuch Arbeitsgestaltung. Leitfaden für eine menschengerechte Arbeitsorganisation. Hamburg

Oßwald, A. (1998): Konzepte zur Qualifizierung von wissenschaftlichen Mitarbeiterinnen und Mitarbeitern mit Leitungsfunktionen im Bibliotheks- und Informationsbereich. In: Pro Libris. Heft 1 (1998), S. 10-12

Oßwald, A.; Gödert, W. (1998a): Expertenbefragung und Hearing der Fachhochschule Köln. In: Pro Libris. Heft 1 (1998), S. 13-15

Oßwald, A.; Gödert, W. (1998b): Überlegungen zur Einrichtung eines Zusatzstudiums für wissenschaftliche Mitarbeiterinnen und Mitarbeiter im Bibliotheks- und Informationsbereich am Fachbereich Bibliotheks- und Informationswesen der Fachhochschule Köln. In: Rundschreiben. Heft 1 (1998), S. 15-20

Ott, U.; Stoltzenburg, J.: Aufgabenwechsel und Führungsstil in der UB Konstanz. In: Bibliothek aktuell. Heft 39 (1979), S. 53-58

Ouchi, W. G. (1981): Theory Z. Reading

Pantenburg, U. (1996): Betriebsvergleich an Öffentlichen Bibliotheken. Ein Zwischenbericht zum Projekt der Bertelsmann Stiftung. In: Buch und Bibliothek (BuB). Jg. 48 (1996), Heft 12, S. 914-919

Papmehl, A. (1998): Vom Mitarbeiter zum Mitunternehmer. In: Office Management. Heft 6 (1998), S. 64-65

Paris, R. (1995): Die Politik des Lobs. In: Kölner Zeitschrift für Soziologie und Sozialpsychologie (KZfSS). Sonderheft 35 (1995), S. 83-107

Parkinson, C. N.; Rustomji, M. K. (1993): Perfektes Management. Berlin

Passera, C. (1997): 10 Jahre VDB-Arbeitsgruppe „Frauen im höheren Bibliotheksdienst". Herzlichen Glückwunsch oder haben wir gar keinen Grund zum Feiern? In: Bibliotheksdienst. Jg. 31 (1997), Heft 9, S. 1680-1683

Paul, G. (1997): Kundenorientierung, Mitarbeiterbeteiligung und Nutzung neuer IuK-Technologien - Leitmotive der Informationsversorgung an einer Forschungsinstitution. In: Bibliotheksdienst. Jg. 31 (1997), Heft 12, S. 2268-2276

Paul, G. (1996): Leitungs- und Kooperationsstile in wissenschaftlichen Bibliotheken: Feldphase abgeschlossen. In: Bibliotheksdienst. Jg. 30 (1996), Heft 5, S. 829-833

Pauleweit, K. (1997): Betriebsvergleich an Öffentlichen Bibliotheken. Zum Abschluß des Projekts. In: Bibliotheksdienst. Jg. 31 (1997), Heft 12, S. 2276-2279

Pawlowsky-Flodell, C. (1995a): Bibliothekare, die unbekannten Wesen. Zur Soziodemographie einer Berufsgruppe. In: Deutsches Bibliotheksinstitut: Berufsbild und Selbstverständnis der Bibliothekare in Deutschland 1994. Berlin, S. 9-22

Pawlowsky-Flodell, C. (1995b): Berufsverständnis, Arbeitseinstellung und Zufriedenheit von Bibliothekaren. In: Deutsches Bibliotheksinstitut: Berufsbild und Selbstverständnis der Bibliothekare in Deutschland 1994. Berlin, S. 65-99

Peter, L. (1993): „Jeder irgendwie für sich allein?" Probleme und Chancen sozialer Interaktion am Arbeitsplatz. In: Zeitschrift für Soziologie. Jg. 22 (1993), Heft 6, S. 416-432

Peters, K. (1988): Bibliotheksrecht. Ein Bericht für die Zeit vom 1.1. bis 30.6.1988. In: Zeitschrift für Bibliothekswesen und Bibliographie (ZfBB). Jg. 35 (1988), Heft 5, S. 449-459

Pfeiffer, D. K. (1981): Organisationssoziologie. In: Beckerath, P. G. v.; Sauermann, P. und G. Wiswede (Hg.), S. 299-301

Posse, N. (1997): Veränderung und Widerstand. Vortrag auf der Abschlußveranstaltung des Projektes „Leistungsmessung an Öffentlichen Bibliotheken" der Bertelsmann Stiftung, 29. Oktober 1997 in Gütersloh. Gütersloh

Price Waterhouse, Change Integration Team (1996): The paradox principles. How high-performance companies manage chaos, complexity, and contradiction to achieve superior results. Chicago

Pröhl, M. (Hg.) (1995): Wirkunksvolle Strukturen im Kulturbereich. Eine Dokumentation zur Durchführung und Umsetzung einer Mitarbeiterbefragung in der Stadt Bielefeld im Rahmen des Projektes „Wirkungsvolle Strukturen im Kulturbereich" der Bertelsmann Stiftung. Gütersloh

REFA Bundesverband (1998): Managementpraxis und Führungspsychologie. In: Wirtschaftswoche, Nr. 3 (1998), S. 67

Regnet, E. (1995a): Kommunikation als Führungsaufgabe. In: Rosenstiel, L. v.; Regnet, E. und M. Domsch (Hg.), S. 205-214

Regnet, E. (1995b): Der Weg in die Zukunft. Neue Anforderungen an die Führungskraft. In: Rosenstiel, L. v.; Regnet, E. und M. Domsch (Hg.), S. 43-53

Reich, A. (1991): Bibliothek. Ein zufriedenstellender und erfüllender Arbeitsplatz. Zusammenfassende Ergebnisse einer Umfrage zur derzeitigen Berufssituation der Bibliothekare/innen im höheren Bibliotheksdienst. In: Zeitschrift für Bibliothekswesen und Bibliographie (ZfBB). Jg. 38 (1991), Heft 3, S. 207-226

Reich, M. (Hg.) (1995): Spezialbibliotheken auf dem Weg zur virtuellen Bibliothek? Arbeits- und Fortbildungstagung der ASpB/Sektion 5 im DBV, 21.-25. März 1995, Hamburg. Karlsruhe

Reinhardt, W.; Griebel, R. (1998): Harrassowitz-Preisindex für die wissenschaftliche Buchproduktion 1996. In: Bibliotheksdienst. Jg. 32 (1998), Heft 1, S. 22-29

Reisser, M.; Rothe, M. und H. Wirrmann (1995): Bibliothekartag Göttingen 1995. Die Herausforderung durch elektronische Medien und neue Organisationsformen. In: Buch und Bibliothek. Jg. 47 (1995), Heft 9, S. 766-791

Richter, B. (1990): Organisationslabor. In: Personal. Heft 7 (1990), S. 276-280

Riedel, S. (1989): Lust und Frust neuer Arbeitsformen. Bibliothekarische Teamarbeit in Theorie und Praxis. Hannover. Zugleich: Fachhochschule Hamburg, Fachbereich Bibliothekswesen (Diplomarbeit 1988)

Rieker, J. (1996): Mode, nicht Methode. Interview mit Eileen Shapiro. In: Manager Magazin. Heft 12 (1996), S. 170-176

Risch, S. (1996): Weiche Wende. Auf dem Weg zum Kunden hat sich das Gros der Unternehmen verlaufen, behauptet Professor Christian Homburg und belegt seine These mit einer Studie. In: Manager Magazin. Heft 1 (1996), S. 144-152

Römer, G. (Hg.) (1992): Neue Medien - neue Aufgaben. Eine Fortbildungsveranstaltung für Bibliothekare an den wissenschaftlichen Bibliotheken des Landes Baden-Württemberg am Mathematischen Forschungsinstitut Oberwolfach vom 4. bis 8. November 1991. Karlsruhe

Römer, G. (Hg.) (1986): Abteilungsleiter in einer wissenschaftlichen Bibliothek. Vorträge, Diskussionen und Arbeitsergebnisse eines Fortbildungskurses des Landes Baden-Württemberg im Mathematischen Forschungsinstitut Oberwolfach/Walke vom 2.-6.12.1985. Karlsruhe

Ronzheimer, M. (1998): Der „Cybrarian" in der Online-Bibliothek der Zukunft. Interview mit Karin Pauleweit, kommissarische Direktorin des Deutschen Bibliotheksinstituts in Berlin. In: Bibliotheksdienst. Jg. 32 (1998), Heft 3, S. 523-525

Rosenstiel, L. v. (1995a): Grundlagen der Führung. In: Rosenstiel, L. v.; Regnet, E. und M. Domsch (Hg.), S. 3-24

Rosenstiel, L. v. (1995b): Motivation von Mitarbeitern. In: Rosenstiel, L. v.; Regnet, E. und M. Domsch (Hg.), S. 161-180

Rosenstiel, L. v. (1989): Betriebsklima. In: Strutz, H. (Hg.): Handbuch Personalmarketing. Wiesbaden, S. 55-67

Rosenstiel, L. v. (1985): Messung des Betriebsklimas. In: Schuler, H.; Stehle, W. (Hg.), S. 25-44

Rosenstiel, L. v.; Falkenberg, T. und W. Hehn (1983): Betriebsklima heute. München

Rosenstiel, L. v.; Regnet, E. und M. Domsch (Hg.) (1995): Führung von Mitarbeitern. Handbuch für erfolgreiches Personalmanagement. 3. überarbeitete und erweiterte Auflage, Stuttgart

Rösner, H. (1997): Die wissenschaftlichen Spezialbibliotheken und ihr Nachweis in der Deutschen Bibliotheksstatistik. Vortrag gehalten auf der ASpB-Tagung, 7. März 1997

Roth, V. (1984): Fachreferat und Bibliotheksorganisation an wissenschaftlichen Bibliotheken. In: Zeitschrift für Bibliothekswesen und Bibliographie (ZfBB). Sonderheft 41 (1984), S. 185-213

Rundschreiben (1992): Hierarchie in Bibliotheken - ein Frauenproblem? In: Rundschreiben. Heft 1 (1992), S. 15-16

Ruppelt, G. (1994): Über Öffentlichkeitsarbeit wissenschaftlicher Bibliotheken. In: Lohse, H. (Hg.): 6. Deutscher Bibliothekskongreß, 84. Deutscher Bibliothekartag in Dortmund 1994. Arbeitsfeld Bibliothek. Frankfurt/M., S. 203-213

Rusch-Feja, D. (1997): Wandel in der bibliothekarischen Fortbildung: Fragestellungen über die Kompetenz zur Bewältigung neuer Aufgaben. Bericht über die dritte Weltkonferenz zu Fort- und Weiterbildung in den bibliothekarischen und informationsbezogenen Berufen, 27.-29. August 1997 in Kopenhagen. In: Bibliothek. Jg. 21 (1997), Heft 3, S. 366-368

Russel, N. J. (1992): The Management of Change. A view from Northern Ireland. Seminar, German Library Institute, 4 June 1992, Berlin (unveröffentl. Manuskript)

Schäfer, P. (1985): Leistungsmotivierende Organisationsgestaltung - Strategien und Entwicklungsperspektiven. In: Klages, H.; Schäfer, P. (Hg.): Leistungsmotivation und Leistungsanreize im öffentlichen Dienst. Speyer, S. 137-198

Schaudel, D. (1993): Ethik und technische Innovation: Verantwortung von Unternehmer und Manager. In: io Management Zeitschrift. Jg. 62 (1993), Heft 9, S. 45-50

Scherer, H.-P. (1994): Die Fetzen fliegen. Mitarbeiterführung. In: Wirtschaftswoche. Heft 11 (1994), S. 70-75

Scheuch, E. K. (1973): Das Interview in der Sozialforschung. In: König, R. (Hg.): Handbuch der empirischen Sozialforschung. Band 2: Grundlegende Methoden und Techniken der empirischen Sozialforschung. Erster Teil. 3. Auflage. Stuttgart, S. 66-190

Schibel, W. (1998): „Fachreferent 2000". 13 Thesen zur Differenzierung des wissenschaftlichen Bibliotheksdienstes. In: Bibliotheksdienst. Jg. 32 (1998), Heft 6, S. 1040-1046

Schlüter, A. (1996): Barrieren und Karrieren für Frauen im höheren Dienst. In: Bibliothek. Jg. 20 (1996), Heft 1, S. 100-107

Schneider, H. (1992): „Vertrauensbildende Massnahmen" als Komponenten der Unternehmenskultur. In: io Management Zeitschrift. Jg. 61 (1992), Heft 7/8, S. 27-29

Schommer, H.-D. (1992): Das Betriebsklima - ein zu wenig beachteter Humanisierungsfaktor. In: Fortschrittliche Betriebsführung und Industrial Engineering (FB/IE). Jg. 41 (1992), Heft 2, S. 39-91

Schreyögg, G. (1993): Führung. In: Enderle, G. (Hg.): Lexikon der Wirtschaftsethik. Freiburg, Sp. 325-330

Schreyögg, G. (1978): Umwelt, Technologie und Organisationsstruktur. Eine Analyse des kontingenztheoretischen Ansatzes. Stuttgart

Schröder, A. (1997a): Mitarbeiterbefragungen in der öffentlichen Verwaltung. Effiziente Verwaltungsmodernisierung durch Beteiligung der MitarbeiterInnen. In: Arbeitsweltreport. Heft 2 (1997), S. 1-3

Schröder, A. (1997b): Mitarbeiterbefragungen und partizipative Organisationsentwicklung. Forschungs- und Beratungskonzept. Dortmund

Schröder, A.; Feldmann, M. (1997): Beschäftigtenbefragung bei der Kreisverwaltung Osnabrück. Ergebnisdokumentation. Dortmund

Schuler, H.; Stehle, W. (Hg.) (1985): Organisationspsychologie und Unternehmenspraxis. Perspektiven der Kooperation. Stuttgart

Schwaiger, M.; Jeckel, P. und V. Saffert (1995): Kommunikationsmanagement in großen und mittelständischen Unternehmen. Augsburg

Schwall, H. (1992): Die Führungsleitlinien der Landesverwaltung Baden-Württemberg. In: Römer, G. (Hg.): Neue Medien - neue Aufgaben. Badische Landesbibliothek. Karlsruhe, S. 193-213

Schwarz, C. (1969a): Die Anfänge des bibliothekarischen Frauenberufs im wissenschaftlichen Bibliothekswesen Deutschlands 1899-1911. In: Buch, Bibliothek, Leser. S. 421-434

Schwarz, C. (1969b): Dokumente zur Geschichte des bibliothekarischen Frauenberufs im wissenschaftlichen Bibliothekswesen Deutschlands 1907-1921. Berlin

Schwarz, H. (1994): Zum Qualifikationsprofil von Bibliothekaren im Zeitalter der EDV. In: Rundschreiben. Heft 2 (1994), S. 14-18

Schwarz, H. (1993): Veränderte berufliche Anforderungen an Diplom-Bibliothekare. In: Hoffmann, B.; Krueger, W. (Hg.): Berufsbild Bibliothekar. Stationen und Positionen. Regensburg, S. 72-85

Seltz, R.; Mill, U. und E. Hildebrandt (Hg.) (1986): Organisation als soziales System. Kontrolle und Kommunikationstechnologie in Arbeitsorganisationen. Berlin

Shapiro, E. C. (1996): Trendsurfen in der Chefetage. Unternehmensführung jenseits der Management-Moden. Frankfurt/M.

Simon, H. (1996): Erfolgsstrategien unbekannter Weltmarktführer. Ergebnisse einer empirischen Untersuchung. In: Aus Politik und Zeitgeschichte. Heft 23 (1996), S. 3-13

Simon, H. (1995): Große Verwirrung. In: Manager Magazin. Heft 5 (1995), S. 134-136

Specht, K. G.; Wiswede, G. (1981): Betriebssoziologie. In: Beckerath, P. G. v.; Sauermann, P. und G. Wiswede (Hg.), S. 116-118

Sperling, H. J. (1994): Innovative Arbeitsorganisation und intelligentes Partizipationsmanagement. Trend-Report Partizipation und Organisation. Marburg

Stadt Bielefeld (1996): Ergebnisse 2. Mitarbeiterbefragung. In: Moment MaiL. Hauszeitschrift für Mitarbeiterinnen und Mitarbeiter der Stadt Bielefeld. Heft 6 (1996), S. 1-7

Stadt Freiburg im Breisgau (1996): Bei der Stadtbibliothek ist die Stelle der Abteilungsleiterin bzw. des Abteilungsleiters Organisation und Benutzung, zugleich stellvertretende Amtsleiterin bzw. stellvertretender Amtsleiter zu besetzen. In: Buch und Bibliothek (BuB). Jg. 48 (1996), Heft 2, S. 235

Staehle, W. H. (1991): Viele neue Anforderungen an Führungskräfte. In: io Management Zeitschrift. Jg. 60 (1991), Heft 10, S. 57-58

Staehle, W. H. (1990): Management. Eine verhaltenswissenschaftliche Perspektive. München

Statistisches Bundesamt (1997): Statistisches Jahrbuch 1997 für die Bundesrepublik Deutschland. Wiesbaden

Stein, K. (1994): Normierung - Formalisierung - Partizipation. In: Die Mitbestimmung. Heft 11 (1994), S. 27-28

Steinbrücker, U. (1994): Mitarbeiterführung und Organisationskultur. Die Bedeutung kulturbewußter Führung am Beispiel einer Reorganisation in der Universitätsbibliothek Konstanz. Fakultät für Verwaltungswissenschaft der Universität Konstanz. Konstanz (Diplomarbeit)

Stock, W. G.: Der deutsche Arbeitsmarkt für Bibliothekare. In: Nachrichten für Dokumentation (NfD). Jg. 48 (1997), S. 351-352

Stoltzenburg, J. (1993): Fortbildung der Bibliotheksdirektoren und des Ministeriums durch den Rechnungshof Baden-Württemberg. In: Rundschreiben. Heft 3 (1993), S. 12-17

Stoltzenburg, J. (1990a): Berufsbild in der Diskussion - Der Diplom-Bibliothekar zwischen Literaturverwaltung und Informationsdienstleistung. Eine Stellungnahme. Leserzuschrift. In: Rundschreiben. Heft 4 (1990), S. 14-15

Stoltzenburg, J. (1990b): Ein Rückblick nach vorn. Zum Werden der Neuen Bibliothek der Universität Konstanz. In: Koppitz, H.-J.: Die Neugründung wissenschaftlicher Bibliotheken in der Bundesrepublik Deutschland. Symposium, veranstaltet vom Institut für Buchwesen der Johannes Gutenberg-Universität Mainz vom 23. bis 25. Februar 1988 mit Unterstützung der Fritz Thyssen Stiftung. München. S. 121-168

Stoltzenburg, J. (1984a): Bibliothek zwischen Tradition und Fortschritt. In: Mitteilungsblatt (MB NRW) N. F. Jg. 34 (1984), Heft 4, S. 433-456

Stoltzenburg, J. (1984b): Die Bibliothek zwischen Tradition und Moderne. In: Bibliotheksdienst. Jg. 18 (1984), Heft 7, S. 695-706

Stoltzenburg, J. (1983): Vor Beginn der Datenverarbeitung in (wissenschaftlichen) Bibliotheken. In: Bibliotheksdienst. Jg. 17 (1983), Heft 8, S. 647-664

Strahlendorf, H.-R. (1998): Die Hilflosigkeit der Führungskräfte. In: Der Tagesspiegel, 1. November 1998, S. 71

Streeck, W. (1996): Keine einfachen Antworten. In: Die Mitbestimmung. Heft 10 (1996), S. 16-20

Strutz, H. (Hg.) (1989): Handbuch Personalmarketing. Wiesbaden

Sturzebecher, K. (1994): Konflikt. In: Fuchs-Heinritz, W.; Lautmann, R. und O. Rammstedt (Hg.), S. 356-357

Stutte, B. (1992): Zusammenarbeit und Führung in wissenschaftlichen Bibliotheken. Auf dem Weg zum kooperativen Führungsstil. In: Römer, G. (Hg.): Neue Medien - neue Aufgaben. Karlsruhe, S. 215-225

Süle, T. (1975): Personalstruktur, Personalpolitik, Personalführung. In: Mitteilungsblatt (MB NRW) N. F. Jg. 25 (1975), S. 338-350

Tegethoff, H. G.; Wilkesmann, U. (1995): Lean Administration. Lernt die öffentliche Verwaltung bei der Schlankheitskur? In: Soziale Welt. Jg. 46 (1995), Heft 1, S. 27-50

Tehnzen, J. (Hg.) (1991): Die theoretische Ausbildung der Bibliotheksreferendare. Die Umsetzung der Empfehlungen für die Ausbildung des Höheren Bibliotheksdienstes an den Ausbildungseinrichtungen. Referate und Diskussionsergebnisse einer Fortbildungsveranstaltung des Vereins Deutscher Bibliothekare und des Deutschen Bibliotheksinstituts am 22. und 23. November 1990 in Frankfurt/M. Berlin

Theis, A.; Knorr, H. (1979): Das Spannungsverhältnis zwischen Verwaltung und Wissenschaft. In: Die Deutsche Universitätszeitung vereinigt mit Hochschul-Dienst (DUZ/HD). Heft 6 (1979), S. 170-177

Thomas, E.; Seefeldt, J. (1996): Betriebsabläufe und ihre Optimierung. Überlegungen zur Reorganisation von Bibliotheken. In: Buch und Bibliothek (BuB). Jg. 48 (1996), Heft 8, S. 657-661

Tröger, B. (1997): Das Internet in der Lehr- und Wissenschaftspraxis: Aufgaben und Zielsetzungen für wissenschaftliche Bibliotheken. In: Zeitschrift für Bibliothekswesen und Bibliographie (ZfBB). Sonderheft 68 (1997), S. 176-187

Ulrich, P. (1991): Zur Ethik der Kooperation in Organisationen. In: Wunderer, R. (Hg.): Kooperation. Stuttgart, S. 69-89

Umstätter, W. (1999): Die Rolle der Digitalen Bibliothek im Wissensmanagement. In: Zeitschrift für Bibliothekswesen und Bibliographie (ZfBB). Sonderheft 73 (1999), S. 506-533

Umstätter, W. (1991): Was ist das Ziel der deutschen Bibliothekspolitik? In: Bibliotheksdienst. Jg. 25 (1991), Heft 1, S. 9-20

Verein Deutscher Bibliothekare (1997): Jahrbuch der Deutschen Bibliotheken. Band 57. 1997/98. Wiesbaden

Verein Deutscher Bibliothekare (1984): Berufsbild des wissenschaftlichen Bibliothekars. In: Rundschreiben. Heft 2 (1984), S. 7-13

Verein Deutscher Bibliothekare, Kommission für Ausbildungsfragen (1986): Empfehlungen für die Ausbildung des Höheren Bibliotheksdienstes. Darmstadt

Vodosek, P. (1981): Zur Entwicklung des Bibliothekarischen Berufs als Frauenberuf. In: Bibliothek. Jg. 5 (1981), Heft 3, S. 231-244

Vodosek, P. (Hg.) (1993): Bibliothek - Kultur - Information. Beiträge eines internationalen Kongresses anläßlich des 50jährigen Bestehens der Fachhochschule für Bibliothekswesen Stuttgart vom 20. bis 22. Oktober 1992. München

Vollers, H.; Sauppe, E. (1997): Arbeitsplatzbewertung für den wissenschaftlichen Bibliotheksdienst (AWBD). Beiträge zur Beschreibung und Bewertung von Arbeitsplätzen nach den Vergütungsgruppen IIa bis I des Bundes-Angestelltentarifvertrages (BAT). Berlin

Voß, G. G. (1990): Wertewandel. Eine Modernisierung der protestantischen Ethik? In: Zeitschrift für Personalforschung (ZfP). Jg. 4 (1990), Heft 3, S. 263-275

Warnecke, H.-J. (1992): Die Fraktale Fabrik. Revolution der Unternehmenskultur. Berlin

Wätjen, H.-J. (Hg.) (1995): Zwischen Schreiben und Lesen. Perspektiven für Bibliotheken, Wissenschaft und Kultur. Festschrift zum 60. Geburtstag von Hermann Havekost. Oldenburg

Webb, S. P. (1998): Managing change into the millenium. In: Information Management Report. Feb. 1998, S. 1-3

Wefers, S. (Hg.) (1997): Ressourcen nutzen für neue Aufgaben. 86. Deutscher Bibliothekartag in Erlangen 1996. Frankfurt/M.

White, H. (1998): Library director/provost relationships and faculty attitudes toward changes in libraries: addressing the specifics. In: Library Issues: Briefings for Faculty and Administrators. Vol. 18 (1998), No. 3, S. 2-4

Wieder, J. (1959): Berufssorgen des wissenschaftlichen Bibliothekars. In: Libri. Band 9 (1959), Heft 2, S. 132-168

Wiegand, D. (1976): Professioneller Status und Kontrolle über ein (symbolisches) soziales Objekt am Beispiel des wissenschaftlichen Bibliothekars. Ein Beitrag zur professionssoziologischen Theorie und Kasuistik. Frankfurt/M. (Zugl.: Justus Liebig-Universität Gießen, 1975, Dissertation)

Wienold, H. (1994): Signifikanz, statistische. In: Fuchs-Heinritz, W.; Lautmann, R. und O. Rammstedt (Hg.), S. 602

Wientgen, K. (1998): Berliner Arbeitnehmer sind häufig krank. In: Der Tagesspiegel, 5. April 1998

Williamson, J.; Stephens, J. M. (1998): Happily ever after? Motivating staff in times of change. In: Serials Librarian, Vol. 34 (1998), No. 3-4, S. 361-365

Windau, B.; Heckmann, M. (1992): Betriebsvergleich an Öffentlichen Bibliotheken. Projekt der Bertelsmann Stiftung. In: Buch und Bibliothek (BuB). Jg. 44 (1992), Heft 9, S. 750-751

Windau, B.; Pantenburg, U. (1997): Betriebsvergleich an Öffentlichen Bibliotheken. Band 2: Meßergebnisse, Richtwerte, Handlungsempfehlungen. Gütersloh

Winter, B. (1995): Frauen in Führungspositionen. Düsseldorf

Wiswede, G. (1981): Kommunikation. In: Beckerath, P. G. v.; Sauermann, P. und G. Wiswede (Hg.): Handwörterbuch der Betriebspsychologie und Betriebssoziologie. Stuttgart, S. 226-231

Wittel, A. (1998): Gruppenarbeit und Arbeitshabitus. In: Zeitschrift für Soziologie. Jg. 27 (1998), Heft 3, S. 178-192

Woll, A. (1991): Wirtschaftslexikon. 5. Auflage. München

Wunderer, R. (1995): Führung des Chefs. In: Rosenstiel, L. v.; Regnet, E. und M. Domsch (Hg.), S. 253-273

Wunderer, R. (Hg.) (1991): Kooperation. Gestaltungsprinzipien und Steuerung der Zusammenarbeit zwischen Organisationseinheiten. Stuttgart

Zündorf, L. (1986): Macht, Einfluß, Vertrauen und Verständigung. Zum Problem der Handlungskoordinierung in Arbeitsorganisationen. In: Seltz, R. (Hg.): Organisation als soziales System. Berlin, S. 33-56

Ebenfalls bei edition sigma – eine Auswahl

Hans-Joachim Fietkau
Psychologie der Mediation
Lernchancen, Gruppenprozesse und Überwindung von
Denkblockaden in Umweltkonflikten
2000   190 S.   ISBN 3-89404-201-X   DM 29,80

Martina Schäfer, Susanne Schön
Nachhaltigkeit als Projekt der Moderne
Skizzen und Widersprüche eines zukunftsfähigen Gesellschaftsmodells
2000   259 S.   ISBN 3-89404-200-1   DM 36,00

Barbara Maria Köhler, Ulrich Oltersdorf, Georg Papastefanou (Hg.)
Ernährungsberichterstattung in der Bundesrepublik Deutschland
2000   230 S.   ISBN 3-89404-202-8   DM 33,00

Birgitta Rabe
Implementation von Arbeitsmarktpolitik durch Verhandlungen
Eine spieltheoretische Analyse
2000   254 S.   ISBN 3-89404-205-2   DM 36,00

Sylvia Zühlke
Beschäftigungschancen durch berufliche Mobilität?
Arbeitslosigkeit, Weiterbildung und Berufswechsel in Ostdeutschland
2000   207 S.   ISBN 3-89404-199-4   DM 29,80

Elke Holst
Die Stille Reserve am Arbeitsmarkt
Größe – Zusammensetzung – Verhalten
2000   319 S.   ISBN 3-89404-476-4   DM 39,00

IAB, ISF, INIFES, IfS, SOFI (Hg.)
Jahrbuch sozialwissenschaftliche Technikberichterstattung 1998/99 –
Schwerpunkt: **Arbeitsmarkt**
1999   256 S.   ISBN 3-89404-598-1   DM 27,80

Gert Schmidt (Hg.)
Kein Ende der Arbeitsgesellschaft
Arbeit, Gesellschaft und Subjekt im Globalisierungsprozeß
1999   178 S.   ISBN 3-89404-471-3   DM 29,80

Heiner Minssen (Hg.)
Begrenzte Entgrenzungen
Wandlungen von Organisation und Arbeit
1999   294 S.   ISBN 3-89404-473-X   DM 39,00

– bitte beachten Sie auch die folgende Seite –

Ebenfalls bei edition sigma – eine Auswahl

Max Kaase, Günther Schmid (Hg.)
Eine lernende Demokratie
50 Jahre Bundesrepublik Deutschland
WZB-Jahrbuch 1999
1999   587 S.   ISBN 3-89404-295-8   DM 58,00

Meinolf Dierkes, M. Alexis, A. Berthoin Antal, B. Hedberg,
P. Pawlowsky, J. Stopford, L. S. Tsui-Auch (eds.)
The Annotated Bibliography of Organizational Learning
1999   310 pp. (incl. CD-ROM)
                ISBN 3-89404-192-7   DM 44,00

Hildegard Theobald
Geschlecht, Qualifikation und Wohlfahrtsstaat
Deutschland und Schweden im Vergleich
1999   200 S.   ISBN 3-89404-197-8   DM 29,80

Manfred Garhammer
Wie Europäer ihre Zeit nutzen
Zeitstrukturen und Zeitkulturen im Zeichen der Globalisierung
1999   555 S.   ISBN 3-89404-462-4   DM 58,00

Volker Hielscher, Eckart Hildebrandt
Zeit für Lebensqualität
Auswirkungen verkürzter und flexibilisierter Arbeitszeiten auf die
Lebensführung
Forschung aus der Hans-Böckler-Stiftung, Bd. 21
1999   292 S.   ISBN 3-89404-881-6   DM 33,00

Ernst Kistler, H.-H. Noll, E. Priller (Hg.)
Perspektiven gesellschaftlichen Zusammenhalts
Empirische Befunde, Praxiserfahrungen, Meßkonzepte
1999   470 S.   ISBN 3-89404-459-4   DM 48,00

Helmut K. Anheier, E. Priller, W. Seibel, A. Zimmer (Hg.)
Der Dritte Sektor in Deutschland
Organisationen zwischen Staat und Markt im gesellschaftlichen Wandel
1997   285 S.   ISBN 3-89404-175-7   DM 36,00

Der Verlag informiert Sie gern umfassend über sein sozial- und medienwissenschaftliches Programm. Natürlich kostenlos und unverbindlich.

edition sigma	Tel. [030] 623 23 63	Ständig aktuelle Informationen im Internet:
Karl-Marx-Str. 17	Fax [030] 623 93 93	
D-12043 Berlin	Mail verlag@edition-sigma.de	www.edition-sigma.de